把心交给人民

何迪　编撰

何康海南岁月
家信文稿珍辑

海南出版社 · 海口

谨以此书献给敬爱的父亲何康

·百年诞辰·

写给爸爸的心里话

何 迪

这是两篇写于父亲节的感言。一篇在父亲生前，一篇在他身后，尽管他已看不了、听不着，但这是我想说给爸爸的心里话。

2021年6月19日，父亲节的前一天，我写下了第一篇《父亲节感怀》：

今天是父亲节，微信里都是祝福与问候，偶见两三篇回忆的文字。而我，则在整理、核对老父亲的生平。上周北京医院的主治医生约我谈了三次，已发了病危通报，98岁的父亲生命将以日计。准备后事提上日程，我前往农业农村部离退休干部局商谈。按相关规定，父亲的生平简历及评价都得由组织作主，由农业农村部起草讣告送中央组织部核定，作为部级干部，父亲由中央组织部管理。

作为儿子，这些日子我过得非常揪

心。因为新冠肺炎疫情医院禁止探视，每次都是借着与医生商谈病情，方能见上父亲一面。对父亲的牵挂只能靠护工

2019年2月，何康在禾苗居与家人共度96岁生日，这是他在家中过的最后一次生日

小陈夫妇的一日三报传递。因父亲在发烧反复之中，每天我睁眼的第一件事，便是看手机上小陈通报的父亲体温、尿量等，心情随之起伏。我本来得靠安眠药入睡，现在睡得更不踏实，半醒半睡之间，想的都是老父亲。评价他的一生是组织上的事，但看过那么多的格式化、公文化的讣告，绝大多数留不下什么印象。我想，将来父亲的讣告也大抵如此。于我，不甘心只看到"公文"中的父亲，更想怀念爱我、育我，与我骨肉相连、心灵相通的爸爸，一位我打心底里敬佩的人生楷模。他的一生，丰富多彩，可讲述的故事很多，可记载的业绩不少，但萦绕在心头的始终是：他是怎样的一个人？他为什么会是这样一个人？

2019年6月2日他因突然晕厥，叫120急救入院。两年来我们眼见着他的健康每况愈下，从可以散步，到轮椅代步，到卧床不起，到昏睡不醒，直至靠输液、血滤维持生命，从可以交谈到只盼他能睁眼看看我们。父亲97岁生日时，我们还能一起切生日蛋糕；98岁生日时，我们只能捧着蛋糕，对昏睡不醒的父亲唱"祝您生日快乐"。医生说，病床上的老人因脑功能严重退化并无很大痛苦。但对我们来说，目睹这一过程，痛苦万分！

在我心中，父亲阳光、乐观，充满了对国家、事业、同志、亲人们的热爱。由爱而奉献，爱得那么纯粹，奉献得那么彻底！从小学习"老三篇"，白求恩、张思德、老愚公，看似离得很近，其实隔着很远，他们活在书本中，活在人们的心里。而父亲，他就在我身边，耳濡目染、润物无声。我也由此理解了为什么有那么多人喜爱他，包括他的领导与同事，朋友与亲人，以及那些未曾谋面但心灵相通的人们。

虽然我是父亲最喜爱的儿子，但要书写他的一生，写出神、透出彩来，恐力所不及。可是我仍当尽力写下他的故事，为了找到答案——他为什么会选择这样的人生道路，在这条道路上他何以成为如此纯粹的人？也为了给喜爱他、怀念他的人留下一个读本，使怀念得以长久，爱心得以传承！

一年后，我写下了第二篇感怀，《第一个没有了父亲的父亲节》：

2021年7月3日，父亲永远离开了我们。7月15日告别仪式，10月10日将他与妈妈的骨灰盒送入家族墓园，与爷爷奶奶和逝去的亲人"团聚"。之后，我们踏上了追寻父亲足迹、安放父亲灵魂的路程。我们来到重庆，访问了南开中学、曾家岩、红岩村，在这里他加入了中国共产党，走上了革命征途；我们来到广西，访问了广西大学农学院的旧址柳州沙塘与桂林雁山园，这是他结缘农业八十年的起点；我们来到海南，访问了"热作两院"，现已分别是中国热带农业科学院和海南大学，他将生命中最好的25年奉献给了中国的橡胶、热作事业。最后回到北京家中，慢慢整理他的遗物：大量的笔记和照片，包括父母的"两地书"、亲友信件、聘书奖状、相机幻灯片、生活用品，以及"文革"时的交代、证明、思想改造汇报的材料……一字一图都镌刻着生命印记，一枝一叶都牵动着父子深情。

为了给自己一个答案，也为了满足爱他、怀念他、希望传承他精神的人们的心愿，我开始整理与撰写父亲一生的工作。

2023年2月23日是爸爸的百岁诞辰，届时我们将把他和妈妈的一部分骨灰安葬在海南儋州的宝岛新村。那是他们筚路蓝缕、开创事业的地方。我们将父亲的藏书捐赠给了海南大学（华南热带作物学院是其前身），其他遗物拟分别捐给中国热带农业科学院、海南大学和中国战时农都博物馆。我计划编撰一本记录父亲在海南创办"热作两院"和开拓新中国橡胶事业的书。这一切不仅仅是尽孝与怀念，更为追寻一种世代相传的精神。

近半年来我眼睛不适，查出得了青光眼，右眼已严重到中重度。但编撰工作只能加紧不能停，"黑夜给了我黑色的眼睛，我却用它寻找光明"。

"他是怎样的一个人？"一边细读文字一边思考，一边撰写一边探求。梦中萦绕，醒时体悟，总想提炼出几个字概括父亲的为人。我岳父，这位老区出身的老革命当年总说："你爸爸这个人纯，太纯了。"这当然是褒义，他眼中的父亲，没有沾染趋炎附势的恶习与人情世故的虚伪，从不违心做两面人，也可能过于单纯难免吃亏，不精于计算有碍升迁。但是毛泽东的那句名言，做"一个高尚的人，一个纯粹的人，一个有道德的人，一个脱离了低级趣味的人，一个有益于人民的人"，其中"高尚"是做人的姿态，"道德"是做人的修养，"脱离低级趣味"是做人的底线，"有益于人民"是做人的目标，唯有"纯粹"是做人内在的品格和为人的本真。唯有"纯",才能干净地守住本性,唯有"粹",才能去私为他人。"纯"就是守真求善至美,达到"真、善、美"的境界。求"纯"才有自我改造的动力,才有以小我从大义的选择,才有"己所不欲,勿施于人",才有同情、同理的善良之心。

这本书的主要内容来自我父母的"两地书",从来没有公开过。我每每读来,都被父亲的真情、激情、深情所打动,为自己生活、成长在这样的家庭而感到幸运、幸福,觉得整理、撰写父亲的生平故事,也是在弘扬人性光辉、在传承真善美。

在编撰中,我也逐渐弄清、明白了这本书的定位和价值:不是记载父亲的事功、经历,而是着重彰显他的思想、情感、人格。信中写到的细节和听来的故事深深打动了我:从"两院"乘卡车去海口,他让同车孕妇、儿童坐进驾驶室,自己坐在车厢货堆上;为只见过一面的学生写介绍信,他能纠正原信上姓名的错误;清理"文革""三种人"时,让他指认打他的学生,他说当时眼镜被打掉了,没看清(但他告诉秘书,如指认了,将毁掉那个年轻人的一生,哪个年轻人不会犯错误呢?);在

考察云南热带雨林时,他乘独木舟沿澜沧江急流而下逆流而上,老旧的汽车途中抛锚遇险,骑车是"车骑人"……但是胶树椰树摇曳、傣寨风土人情、山川壮美秀丽,都使他激动、流连,一派乐天向上的精神跃然纸上;在国外采种,识别花草树木,探寻新鲜物种时求知喜悦的情感,凡此种种细节令人动情。

这两天我正在编撰"艰辛岁月"的部分,读着父亲的交代材料、劳动改造的思想检查、为别人写的证明、应造反派做的揭发……上千页的材料,二三十本的笔记,读得让人心痛!我永远不会忘记那一晚:父亲去接受批斗,有人叫嚣要让"走资派"去祭奠武斗牺牲的"烈士"。父亲出门时穿上中山装,并从容系上了风纪扣。在生死未卜的关头,父亲仍坚守了做人的最后尊严!

我常常为自己的笔拙,难以最真实贴切地描述父亲而内疚,于是直接引录父母的通信、日志笔记、交代材料、思想检查等父亲的亲笔文字。这可能是一个最能保持真实的好办法。我还是有所顾虑,这些太个人化的文字可以感动家人,但能打动读者吗?特别是80后、90后们。爸爸的一生,距现在的年轻人已

隔了两三个时代，他们能理解吗？昨天儿子给我过父亲节，自然是大吃一顿，谈的是比特币、以太坊、美股大跌、俄乌冲突、中国疫情……眼下的事情都忙不过来，哪有工夫去关心过去？即便关心过去，没有亲身体会，能读懂吗？

尽管如此，不能停笔。父亲离开我们快一年了，这是一个没有了父亲的父亲节。但是，笔在我手，书写我心。我要写下我眼中的父亲，因为他永远活在我心里！

一年来编撰父亲海南岁月的过程中，我一直在寻、在问、在思、在答。74年的共同生活，对父亲，我熟得不能再熟，亲得不能再亲。在梳理的过程中，我仿佛又重新认识了父亲。从事新中国橡胶、热作事业的25年，他的书信、文字展示了人生中最艰苦也是最美好的年华。他曾为"热作两院"题写的"山野崛伟业，丹心耀南疆"这两句话，是最真实的写照："为了事业，奔赴山野；献身南疆，一片丹心。"特别是在1958年，时年35岁的父亲决心扎根当时还很落后的海南，和战友们白手起家，开创中国热带作物事业。当年7月29日，他在写给妈妈的信中说："把心交给人民，交给党，将命运同海南人民结合起来。"这段话在今天读来仍然掷地有声、感人至深，于是，我们将他的铮铮誓言作为书名——《把心交给人民》。

我将不断再寻、再问、再思、再答，我真正读懂了父亲和他的那个时代吗？我已76岁，正走向无际的人生汪洋，难以掀起浪花。但是有缘读到这本书的曾经一起弄潮的同伴，以及生活在新时代的后浪们会相信、愿探寻、能理解父亲和他的那个时代吗？我的答案是肯定的，所以有了这本书。

2022年8月于北京禾苗居

代前言
艰苦创业的壮丽诗篇

何 康

天然橡胶是重要的工业原料和战略物资。我国从1904年起，陆续从国外引进橡胶种子和胶苗，在云南、海南岛、雷州半岛和台湾岛等地种植。但在新中国成立前的40多年间，橡胶生产发展十分缓慢，到新中国成立前夕全国只有4.2万亩胶园，年产干胶才200吨。天然橡胶科学技术近于空白。

1950年，朝鲜战争爆发，美国介入并对我国实行封锁禁运，妄图切断我国急需的橡胶等战略物资来源。当时社会主义阵营中除我国和越南外，均无热带作物生产，而越南主要热带作物地区又尚未解放。因此，社会主义阵营国家都把发展天然橡胶的希望寄托在中国华南热带地区。当年毛泽东主席访苏，斯大

2011年春，88岁的何康最后一次返回海南"两院"

林提出中苏合作在中国华南地区建立天然橡胶生产基地的建议。党中央同意这个建议，正式签订了中苏联合发展天然橡胶的协议，作出了建立华南橡胶基地的战略决策。1951年8月31日，中央人民政府政务院第100次政务会议，作出了"关于扩大培植橡胶树的决定"，对华南种植橡胶树作了部署。10月在广州成立华南垦殖局（后移至湛江）。新中国的第一代橡胶科技工作者，正是在这种特定的国际国内环境下，肩负起为国家研究和发展天然橡胶这个神圣的"秘密"使命，从祖国四面八方会聚到华南垦殖区来的。1952年，在海南儋县（今儋州市）的联昌胶园组建了第一个橡胶选育种研究单位——那大橡胶研究站。同年开始筹建天然橡胶科研机构"华南特种林业科学研究所"。1954年3月，"华南热带林业科学研究所"正式成立于广州。不久又随着天然橡胶生产管理体制的改变，先后更名为"华南热带作物科学研究所"和"华南亚热带作物科学研究所"，1958年迁至海南儋县，并创办华南热带作物学院。1965年，研究所更名为"中华人民共和国农垦部热带作物科学研究院"，以后又更名为"华南热带作物科学研究院"，并于1994年

经农业部和国家科委批准，更名为"中国热带农业科学院"。华南热带作物科学研究院与华南热带作物学院一起，简称为"热作两院"。此外，广东、广西、云南、福建各省（区）农垦部门也先后成立了橡胶育种站、热作研究所、试验站，从而在华南地区形成了以橡胶为主的热带作物科学研究网络，建立起一支天然橡胶科技队伍。新中国的天然橡胶科学技术研究事业从无到有，从小到大，迅速地发展了起来。

自从有天然橡胶人工栽培以来，世界上各植胶国都是在赤道以南10度到以北15度之间的低海拔、低纬度的热带地区种植橡胶树，北纬15度以北被认为是大面积植胶不可逾越的禁区。我国天然橡胶大面积种植的范围，从海南省三亚市到福建省云霄县和云南省瑞丽市，其纬度在北纬18～24度之间。由于纬度高、海拔高，常年有风、寒、旱、瘠四大自然因素的威胁，对橡胶树的生长十分不利。因此我国天然橡胶产业是资源约束型产业，受气候条件制约，其产品具有明显的地域性和不可替代性。我国的橡胶科技工作者和广大农垦职工，经过几十年的科学技术研究与生产实践，克服了重重困难，终于探索总结出一整

套适合我国华南地区自然条件的橡胶种植与初加工技术，形成了独具中国特色的橡胶科学技术体系。这一技术体系的建立，填补了我国热带作物科学技术的空白，改变了中国在天然橡胶科学技术研究方面的落后局面。同时，独具中国特色的热带北缘橡胶树栽培技术，被载入了世界天然橡胶科技史册，丰富和发展了世界天然橡胶科学技术体系的宝库。我国成为世界上第一个在北纬18～24度范围内大面积植胶成功的国家，为世界橡胶树在非传统植胶区种植创造了比较完整的经验与成套技术，对世界天然橡胶事业的发展做出了特殊的贡献。

1982年，在全国科学技术奖励大会上，国家科委授予"橡胶树在北纬18～24度大面积种植技术"重大科技成果发明一等奖。1987年《热带北缘橡胶树栽培》专著正式出版。该书理论与实践相结合，系统地阐述了我国华南热带北缘地区大面积成功种植天然橡胶的科学技术。具有中国特色的天然橡胶科学技术体系的产生与发展，是我国广大橡胶科技工作者与农垦职工数十年艰苦奋斗，不断探索与实践，经历挫折与失败后取得的丰硕成果。

华南热带农业大学是新中国创办的唯一一所学科齐全、办学层次完备的热带农业大学，其前身是华南农学院海南分院，建立于1958年，1959年改为华南热带作物学院，1996年扩建为华南热带农业大学，是为培养华南热带垦区的专业人才需要而设立的。自创办以来，草房上马，白手起家，在莽莽的荒山野岭中安营扎寨，与华南热带作物科学研究院一起，艰苦创业，探索进取，教学、科研、生产三结合，为华南垦区培养了大量高素质的以天然橡胶为主的热带作物科技与管理人才，实现了"凡有热作处，皆有宝岛人"的愿望。

我国天然橡胶科学技术的诞生和发展，是以华南"热作两院"为中心，全国橡胶科学研究大协作的结果。从20世纪50年代起，天然橡胶课题被列为全国科学研究的重点项目。国家组织了以华南"热作两院"为中心，华南五省区农垦部门科技力量为骨干，包括全国许多科研单位和高等院校参加的多门学科、多个专业的专家学者组成的"全国橡胶科研协作组"，联合攻克天然橡胶北移种植生产技术难题。正是由于全体科研人员的团结协作，紧密配合，齐心合力，联合攻关，勇攀高峰，我国天然

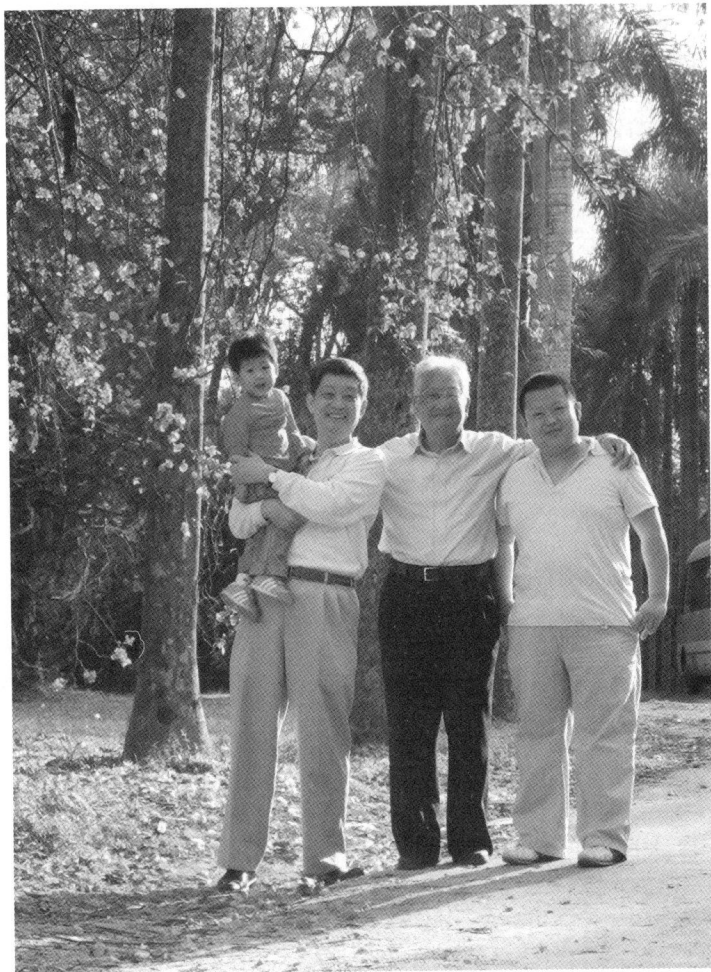

2011年，何康与儿子何迪、孙子何昭、重孙何昶四代人在"两院"植物园

橡胶科学技术获得迅速发展，最终在世界热带北缘独树一帜，创立了具有中国特色的天然橡胶科学技术体系，为祖国赢得了荣誉，为世界天然橡胶事业的发展做出了杰出的贡献。华南"热作两院"的老一辈创业者，在几十年艰苦奋斗、无私奉献的非凡历程中，取得了许多具有国际或国内先进水平的重大科研成果，培养了一大批热带作物专业人才，为祖国的橡胶科教事业谱写了一部艰苦创业的壮丽诗篇。

2007年8月10日

编者注：本文摘自《山野崛伟业》（海南出版社，2009年6月出版）序言

代前言

"两院"创业从"小家"发展到"大家"

——在庆祝"两院"迁所建院30周年大会上的讲话

何　康

同志们、同学们!

　　刚才听了现任国家副主席、我们曾经的老部长、老领导王震将军充满激情的讲话,我想,全体同志和我一样,也是心情激动、百感交集。想我们30年前正值青春年少,在这里,王老(编者注:王震,曾任农垦部部长,1988年当选为国家副主席)领着我们艰苦创业。记得当时我们的云南毕业班的同学曾给院里送了一面锦旗,就是"桃李遍天下,难忘宝岛家",现在1072位校友回到老家来了。而这个老家在党中央、国务院,各级领导和农垦部,特别是王老的亲切关怀下,现在已不是过去的那个"小

1988年12月,庆祝迁所建院30周年大会上,老院长何康代表农业部向时任院长黄宗道授旗,后排站立者为王震同志,其左为时任海南省委书记许士杰

家"而是一个"大家"了。我们的教师、研究人员已经有1000多人。1956年，我们开始归农垦部领导的时候，王老交代我的第一件事情就是把华南热带作物科学研究所的教授们请到北京来，在王老的家里会见；同时，安排他们去参观各个科学研究机关和橡胶工业单位，在那个时候参加会见的教授、副教授也只有十个人左右。当时在座的黄宗道、陆大京、刘松泉等几位老同志，也参加了这儿的校友会。而现在我们有200多位副教授、副研究员及以上的科技人员，学生已经由建院初期的一两百人发展到现在的两千多人，所以可以说是一个"大家"了。这个"大家"一直是在中央领导同志和历届的农垦领导的重视关怀下，以及广东省和海南党政的领导与重视下发展起来的。

我们"两院"的前身是华南热带林业科学研究所，1952年由陈云同志和叶帅商定（叶剑英同志当时兼任华南垦殖局局长），为了发展中国的橡胶事业，必须同时建立一个科学研究机关，所以成立了这个研究所。研究所1954年成立的时候是由当时的华南垦殖局的局长李嘉人同志兼任所长。1956年，研究所和整个橡胶事业划归王老领导的农垦部

领导以后，王老十分重视科学，重视知识，重视人才。1957年又派我到研究所工作。1958年，王老认为要发展我们的科学事业，必须到热带作物生产的大基地（就是海南岛）来。当时我们全所300多人扶老携幼全部搬家到这里来，即"迁所建院"。

1959年和1960年，每年的冬季王老和农垦部的副部长以及司局长都到这个地方来现场办公，在"两院"、西联农场现场办公。我们招待所有个小平房，那就是王老每次来时住的地方，门口那棵树还是王老种的。当时他就一再要求我们艰苦创业（就是"草房大学"上马）、加速建设，在经费等各方面都给予大力支持，特别强调要密切地结合生产，服务于生产。所以当时我们提出要"一统"——在党委的统一领导下，"四包"——包教学、包研究、包生产、包推广，"三结合"——研究、教学和推广三结合。1960年2月9日，敬爱的周总理亲临"两院"指导工作，我们向他汇报了农垦部十分重视我们的工作而且提出要我们紧密地为生产服务这样的一个方针，总理非常肯定。总理当时讲：你们是"一统四包三结合"，那么从你们的机构来讲也是"一主二辅三结

合"。"一主"就是研究院以研究为主；"二辅"就是又搞教学又搞推广；"三结合"，学院是以教学为主三结合，农场是以生产推广为主，也是三结合。（我们"两院"从一开始就是在党委的统一领导下，一套班子两个机构，再加上一个试验农场。）在这个时期，农垦部在王老的领导下，各个方面都给了我们大力支持。在"文化大革命"结束之后，农垦部对"两院"也是一直非常重视的。在十一届三中全会以后，"两院"的工作、建设有了更迅速的发展。

回顾30年的历程，可以归纳为：十年的艰苦创业，十年的动乱波折，十年的改革发展。现在我们又面临着一个面向2000年近期以及更长远的时期深化改革、加速开发、全面发展的新阶段。党中央和国务院已经确定将"两院"下放给海南省，实行中央和海南省双重领导，以省为主。省领导十分重视"两院"的工作，许（士杰）书记、梁（湘）省长及各位领导多次到院里面来视察工作，"两院"已经派了8个副县长到海南的8个贫困县进行扶贫工作。省和部确定，今后要"两院"在新的情况下，进一步拓宽研究和教学领域，把研究院变成一个热带农业研究中心，同时承担海南农业科学院的任务；学院要逐步变成一个综合性的热带农业大学。

海南是我们国家最大的经济特区，是正在建设的宝岛。我们在建设当中还存在许多困难，但是有着光明的前景。在海南省委、省政府领导下，各方面的开发工作正在进行。在农业方面，我们要强化农业基础，逐步提高海南粮食的自给率。要发展以粮食、橡胶及热带经济作物为中心的热带农业，发展热带的畜牧业、水产养殖业以及加工事业，使我们的特区有个巩固的农业基础。这方面有两个关键的措施：一个是要把大广坝修建起来（现在已有一个小广坝，松涛水库修起来了，要更加发挥它的效益），现在已列入国家的计划，国家投资还有世界银行的贷款，将来装机容量要有20多万千瓦，特别是要利用它的水来灌溉开发海南的西北部和西南部的100万亩高产稳产的农田；另一个是利用海南的天然气逐步建设大的化肥厂以及复合肥料厂，这样可使海南的农业有更强的基础设施。我们农业部和我们农垦部门将一如既往加强对"两院"各方面工作的支持。这次我们已组织了由部的科技司、教育司两位司长带队，北京几个大学和我们中国农业科学院、中国水产科学院的领导组成的小组。他们准备和省委、省政府的领导，"两院"的领导共同研究出一个加强"两院"的方案。

我们深信，我们一定能按照王老所讲的坚持四项基本原则来深化改革，在党的十三届三中全会的指示精神指引下，在新的历史时期，把我们"两院"进一步建设成为一个热带农业的科学城、科学园地。我们的王老昨天一到，不辞辛苦地连夜请省、县及农场的同志研究如何根据中央领导的批示发展完善联产责任制，完善大农场套小农场的方式，加速发展庭院经济。根据王老的指示，我们农业部经研究准备把儋县建设成为一个热带农业的示范区。儋县的"两院"加上十个农场的橡胶产量，再加上民营橡胶的产量，有两万到三万吨，占了全国橡胶产量的十分之一，是我们国家橡胶和热带作物的一个集中生产地区。在海南省委和省政府的领导下，儋县县委和县政府的领导下，把这个示范区建设起来，普及到全海南岛，再普及到整个华南的热带地区。我们深信，30年这个而立之年是一个更新的开始，希望"两院"同志们继续发扬艰苦创业、勤俭治学、团结协作、服务生产这样的精神，和农垦的广大职工一起，在省委、省政府领导下，在各方面的关怀和支持下，为我们新的发展目标而共同奋斗。

1988年12月5日

编者注：此稿来自原"两院"档案馆，由章汝先、张海雁提供，标题为编者所加。此稿根据录音整理，未经本人审阅。

目　录

第一章

1952.7.25—1956.8.20

【打破封锁　种植橡胶】

南疆伟业

橡胶与钢铁、煤炭、石油并称四大工业原料,是重要的战略物资。新中国的橡胶事业一开始就与世界冷战、中苏关系相联,甚至成为制定橡胶发展战略的主要着力点。尤其是在抗美援朝战争爆发后,以美国为首的西方国家对中国实行橡胶禁运。同时苏联也面临橡胶禁运问题,严重影响工业生产和国防建设,迫切希望有热带资源的中国能尽快大面积发展橡胶种植,以最快的速度和最大的力度帮助解决橡胶来源问题。

1951年8月,根据中央人民政府的指示,当时主抓全国财政经济工作的副总理陈云主持召开了新中国第一次橡胶会议,中央林垦部(1951年11月更名为林业部)、中南大区、西南大区,以及广东、广西、云南、四川的农业部门领导和专家林山、罗耕夫、徐广泽、彭光钦(彭光钦,我国橡胶科技卓有成就的科学家,新中国橡胶热作科研事业的奠基人之一。)等应邀参会。会议提出橡胶来源断绝,必须发展中国橡胶种植

事业。一要有,二要安全,三要在数量上照顾十年以后的需要,四要快。在某种意义上,只要有可能,冒险一些也可以。会议还就橡胶技术发展路线进行了讨论,陈云特别嘱咐要特别注意台风、气候突变,根据中国的实际情况,在北纬17~22度地区,发展橡胶生产。

1951年10月,周恩来总理委托陈云主持会议并作出"关于扩大培植橡胶树的决定"。陈云亲赴广州,与时任中共中央华南分局第一书记的叶剑英一起开展调研,制定中国橡胶事业规划。华南垦殖局在广州沙面成立,由叶剑英兼任局长,华南分局秘书长李嘉人任专职副局长。下设海南、高雷和广西三个分局,分别由三个地区的党政主要领导冯白驹、易秀湘、陈漫远兼任垦殖局副局长。一些重点县设垦殖所,并建了95个拖拉机站。同时还调动了约1000名林业院校的师生对橡胶宜林地展开大规模的调查,并建议设立橡胶科研机构。1952年3月,政务院和中央军委决定组建中

国人民解放军林业工程第一师、第二师和一个独立团，分赴海南岛，粤西高州、雷州地区和广西合浦、龙州地区，参加植胶工作。

从1951年底至1952年上半年，领导机构就位，林垦部队组建，苏联农业机械与专家来华进入华南垦区，由周恩来率领的赴苏经济合作谈判代表团即将出发，一场打破帝国主义封锁、履行国际主义义务的种植橡胶攻坚战拉开了序幕。也正是在这个时刻，爸爸接到调令，就任中央林业部专为橡胶事业设立的特种林业司司长。

选择爸爸担任新职，我分析有三个原因。一是他年轻。种植橡胶周期长，从育种植苗到成树产胶要7～8年的时间，而且都是在穷乡僻壤、荒山野岭，是项艰苦而又耗时的事业，需要年轻力壮的领导干部。二是他党龄不短，职位不低。新组建的垦殖局干部来自天南海北，成分复杂，爸爸的资历有助于代表中央林业部团结各方，协同工作。三是他的农学专业背景，这可能是最重要的考虑。一方面有利于与苏联专家交流，另一方面橡胶及而后的剑麻、香茅、咖啡、可可、油棕等热带作物都是国外引

1957年，陈云同志（左一）视察西联农场（右一为场长吴修一，右二为时任华南垦殖局局长李嘉人，左二为原"林一师"政委王昌虎）

进的新品种，负责人需要具有专业知识的基础和学习新事物的热情。

1951年下半年，苏联林业部副部长高尔丹诺夫率团，由林垦部副部长李范五陪同，到海南岛、雷州半岛、广西合浦等橡胶宜林地考察，提出8点建议。我方负责同志很重视苏联专家建议，强调条条照办，尽一切力量，不计成本完成国际任务。指导思想是，一要安全，二要快。根据中央的指示，李嘉人副局长在第二次垦殖工作会议上，传达了"先大陆后海南，先机器后人力"的垦殖路线，并解释了海南隔海，安全性差，国防任务重，而且老胶园主要担负增产种子的任务；苏联机械折旧期5年，不用则浪费，可先用于草原地，然后森林地，便于机械开垦，2年内完成开垦400万亩的任务。这是爸爸南下首次参加的垦殖会议。会后，两个林建师，一个林建团与三个分局、所合并，开始大规模采种、育苗、开荒工作。9月，中苏签订橡胶协议后，又将种植任务提升到2年800万亩。

1953年3月，高尔丹诺夫率专家组再次来华，由时任华南垦殖局局长易秀湘和爸爸陪同考察，这次考察重点检查了1952年大发展的结果。由于抢进度、赶时间，在海南的橡胶种子收集、分类

工作粗糙，在粤西雷州地区的播种、育苗粗放，对于机耕地块选择、土壤分析缺乏，更重要的是对种植地区的风、旱、寒灾害估计不足，使得开垦面积312万亩（海南79万亩、粤西183万亩、广西50万亩），定植面积却只有172万亩（海南39万亩、粤西108万亩、广西25万亩）。因寒害，粤西种苗几乎全军覆没。4月15日，苏联专家组向林业部领导罗玉川、李范五等作了汇报，一方面强调种植计划要在1955年前完成，建议重点种植区由大陆改为海南，并就农机有效使用、民工待遇、种子选择、土壤改良、种植面积等等提出改进建议，特别对垦区领导不熟悉业务、领导多为兼任、机构过于庞大提出批评，认为关键在于组织专门科研机构，提高技术，加强研究，并拟派林业专家古里来华支援。高尔丹诺夫一行4月中旬返回苏联，5月中苏重新签订了《关于苏联援助中国种植和割制橡胶的协定》。1953年7月27日，朝鲜停战协议签订。同年12月，我国与锡兰（今斯里兰卡）签订了《关于橡胶和大米的五年贸易协定》。在外部形势的变化下，中国橡胶发展进入"大转弯"的调整时期，将计划的耕荒面积由800万亩降至400万亩，植胶重

1982年10月18日，"橡胶树在北纬18～24度大面积种植技术"获国家发明一等奖，28日，何康缪希霞携何迪向叶剑英元帅通报喜讯，并向叶帅传记组回忆了叶帅率领大军开创新中国橡胶垦殖事业的历史

点转移到海南，"压缩种植面积，提高产量与质量"。

我父亲正是在这样的时代背景下，坚定选择把开创中国橡胶大规模种植、发展中国热作作为一生的事业。他足足奋斗了25年，把最美好的年华奉献给了祖国宝岛海南，和他的同事们共同创造了北纬18度以北，大面积成功种植天然橡胶，建成中国最大的天然橡胶生产基地的奇迹，为共和国立下了不朽功勋。

本书摘录的是这一时期父亲的家信和相关文稿，以期还原一个既有家国情怀也不乏儿女情长，一个有血有肉、可亲可爱的何康。

编者注：上面引用的文献出自《俄罗斯解密档案选编：中苏关系》《陈云年谱》《陈云文选》等书。

一、新事业开端

1952年7月25日至10月3日的6封家信，讲述父亲从7月19日离京，在广州、湛江、雷州、海南、合浦、龙州考察的情况。当年橡胶之金贵，真是"一粒种子一粒金"。同时他对橡胶种植面临的台风灾害有了直观认识。父亲可能没想到，在不久的将来，自己会与海南岛这个美丽的海岛结下持久而深厚的情缘。

"对这事业我倒有兴趣、有信心钻研下去。"

霞：

我现在在湛江华南垦殖局给你写信，想你盼信一定盼久了吧！

我上星期六（编者注：7月19日）中午离开北京，星期日下午七点多到汉口，住在汉口交际处，当晚见到唐同邓（编者注：南开中学同学唐天培和邓裕民），谈到十二点多钟。汉口真是非常热，晚上都睡不大好。第二天一早到军政委员会拜访张秘书长（编者注：上海

地下党老领导张执一），他很忙，身体自是很胖，谈了一会儿问候你好，就到农林部林业总局谈工作。下午同唐、邓一同过江到东湖去玩，中南军政委员会在东湖附近有计划地盖了很多办公大楼，全是钢管水泥的，有的已快完工了。整个东湖与我十几年前去时已大不同，整理得很好，沿着湖有长廊、亭子、游泳池等，草地花木都修理得很好。我又到周德佑的坟上去看了看，已经荒得不像样了，连个墓碑也没有，问了很多人，凭了当时的记忆及小树形成的墓道才认出。大家都知道是个老党员的坟，真应该好好修一修。我们在东湖谈了很久，到七点钟才回来，张秘书长请我们吃饭，饭后谈到十一点才过江上车。

到广州去的车票不大容易买，我改乘了硬席卧铺。车十一点五十五分开，第二天早上就过长沙。车沿着湘江走，景致很好，一路庄稼都长得不错，过了耒阳就有点亚热带风光，榕树、杉木很多。车子一直在丛山中穿行，山洞铁桥过了不少，到坪石（广东界）天已黑了。

星期二凌晨五点多到了广州，垦殖局有人来接，就一直到沙面垦殖局办事处。早上与中央林业部李副部长（编者注：

李范五）谈了一下就随他去见叶主席（编者注：叶剑英），华南垦殖局的李副局长也在（编者注：李嘉人），谈到中午才回来。大家都不知大哥在哪办公，我从中午一直打电话到六点多，问了五六个地方，家里都找不到他，七点钟我就上船同李副局长一同到湛江去，只好等回来再看大哥了。

到江门的轮渡晚上七点从广州开，睡一晚，第二天早上七点就到江门了，一路上很平稳。江门市很热闹，我们在那吃了早饭，修了修吉普车，八点半才动身，公路好得很，车跑得很快。新会、台山、开平乡村的房子很好，到处都是砖砌立体式的楼房，看不见一间草房，碉堡"林立"，有高到七八层的，但是房子外表都极破旧。这些都是华侨带头盖的房子，碉堡是为防土匪的，抗战及胜利后侨汇有时中断，很多华侨家属都外出了，房子也年久失修。过了恩平，沿路就荒凉了，荒地荒山很多，越往南走热带的植物也越多，榕树、露兜树沿途都是。中午在阳江吃了饭（阳江是出皮子的地方，我们那皮图章盒就是那儿出产的），晚上八点多才赶到水东过夜。

水东就是老曹（编者注：南开中学同学曹湘）搞盐田的地方，现在是电白县府驻地，地方很干净，离海不远。在水东吃了早饭，八点动身，经过梅茂、吴川，沿路荒地更多了，都是大平原，同时可看见大海。到东营已下午一点多，东营过海就是西营（湛江的一部，原来的广州湾是由赤坎与西营组成，西营是法帝称的），西营的洋房很多，但都很破旧，街道也失修，树木长得很茂盛。我们憩了一会儿就到赤坎华南垦殖局，局设在一个大旅馆里，房子很好。我们一到就卷入了工作。这儿的局面很大，工作繁重但干部经验不足，问题是很多的。吃过饭后休息了一下，躺在床上不知不觉睡着了，到十一点才醒，醒了后还参加他们的会议，到十二点多才睡，一夜没有怎么睡了。

一个星期走了三千多公里路，还没有感到什么疲劳，我身体还很好，请你安心。我在此参加他们的局长所长会议后，即到海南及雷州半岛去。**这里一切问题都是新鲜的，需要很好地考虑研究，我常常警惕自己多看、多学，慎重表示意见，不要下车伊始就乱叫一番。对这事业我倒有兴趣、有信心钻研下去。**身体自己知道保重，请你安心，来信请寄广东湛江华南垦殖局李副局长转我即可。

盼来信，余再告。

康

1952.7.25　湛江

　　编者注：在爸爸妈妈的通信中，"霞"指妈妈（缪希霞），"康"指爸爸（何康），"迪"指我（何迪），"禾"指弟弟（何巍）。

"整个的采种运种包装等等是一个复杂的组织工作。"

霞：

　　二日晨八时离开湛江，出湛江不久到遂溪就可见到大片的荒草平地，一片片地连绵数万亩。海康也是一样。土质深红色，是火山喷出物玄武岩风化成的，很肥沃。中午在海康吃了饭，午后二时半到徐闻的坑仔垦殖场去看了一下。场设在茂密的林丛中，盖的是草房，开拓者是很艰苦的。我在那第一次看到成年的大胶树（编者注：橡胶工作者习惯将橡胶树简称为"胶树"。），一千多株。那里原来是私营的胶园，因橡胶跌价，

四五年就荒芜了，现在才从丛林中砍出来，有的还长得极大，可见巴西橡胶树的生命力是很强的。坑仔的土壤很好，刚才下过大雨，但因土壤团粒结构很好，走上去一点不黏。在坑仔又看了斩岜烧岜的林地，斩岜就是将林木斫去，烧岜就是将林木烧掉，将地垦为胶园，一大块（七十亩）一大块相连的烧岜地约有一万亩，看起来很凄凉。晚上七时到徐闻，这是雷州半岛最南部的一个小城，人口只约十七万，是橡胶树的主要种植地区。晚上与徐闻垦殖所的干部谈了很久。夜里睡未盖被子还有些凉。三日一早即去徐闻城南及西连看两个私人的胶园，因为不认识路又不懂话——当地讲的是雷州话，同广州话完全不同，跑了四分之三的冤枉路，下雨路又不好走，颇感疲惫。西连的胶园是大陆上开发最久的胶园，最大的橡胶树已有二十四年树龄，枝叶茂盛，已结了很多果子。午后二时去海安。到海安后刚好有海南分局运卡车的帆船去海口，我们就坐帆船于四时一刻出发。一路顺风顺水，海风吹着两张大帆，船走得很快，只两小时就到了海口港外。海安离海口七十里，一般乘帆船要三四个小时，帆船顺风就快了。有一些浪，我一直坐在外面看海，

1952年7月，何康与"林一师"政委王昌虎相识，两人为中国橡胶热作事业发展一起工作了25年，成为亲密的战友

还没感到晕船。因为是海峡，海水是深黄与浅绿色的，不像深海一样的湛蓝。到了海口港外，因为逆风船进不去了，花了两个小时才进了港。此时天已晚海潮已退，再进不去了，我们只好雇了船上的驳船上岸，四个水手将小船划得箭似的，四十分钟就到岸了。海口给我的第一个印象是房子高大，街道很宽，人很多。海南分局驻在五层的高楼，是海口最高的一所房子，在海外几十里就可看到。这儿因为天热每层楼都很高，五层楼比上海的八层楼还要高。当晚住在旅馆里。四号与分局及"林一师"的首长研究布置种子工作，五号参加了"林一师"的党代会议。四号晚去见了冯白

驹同志，他人很高大，四十多岁，头发白了很多，可见过去的坚持斗争是很艰苦的。

现在橡胶种子已陆续成熟了，因为胶种落地后七天内不播种，发芽率就要减低，因此抢采抢运是极重要的。从产种地到广西合浦有四五百公里，还要过一道海，必须日夜赶运才行，任务是异常紧急的。但胶园有2165个，极为分散，现在只将一个师的部队几千人全部分散下去，每一战士负责一百至三百株树的采种工作——整个的采种运种包装等等是一个复杂的组织工作。今年原预计种子八月十五成熟，而现在是八月一日即成熟了，因此工作非常被动。我准备明

天即同总局副局长，分局副局长及师长一同下去，先到东路文昌、乐会、万宁看两天，再到西路那大那边去看，以便进一步掌握情况，将工作掌握起来。

我身体很好，只是有时紧张兴奋不易入睡，海口的天气并不热，早晚有风很凉快，只中午较热，雨多半是下午下一阵就过去了。因为天热，这里几乎没有人穿雨衣与胶鞋。

我准备月底前回湛江，信还是寄湛江李副局长转我，祝你、迪、禾好。

康

1952.8.6　海口

"我会在工作的锻炼中变得更老练的。"

霞：

我现在在天任胶园给你写信，这是一个有一万多株胶树的国营大胶园，离海口有一百六七十公里，在一片茂密的树林中。我是昨天午后到这儿的，**这几天来从东路到西路跑了不少地方，看了不少情况，也给了我不少教育。我感到**自己在华东工作三年，官僚主义是极严重的，主要是不了解下情，高高在上。这次一直下到胶园了解，的确发现很多问题，同时接触一个新事物的感觉极为敏锐。这说明我过去"当局者迷"，在工作方法上有很多毛病。

我七号一早离开海口，同垦殖局副局长等坐吉普车去嘉积，一百一十公里，三个钟头就到了。嘉积位于万泉河旁，它所属的琼东（编者注：今琼海）是海南第二大都市，但并不很热闹。在嘉积吃了午饭就坐船溯万泉河而上到石壁。万泉河两岸的风光是很美丽的，水很浅，不很急，两岸都是茂密的椰子林。我们沿路停了两个地方，上岸看胶园。到石壁时已十一点了，连夜召集干部汇报种子情况；吃完饭，入睡已是一点多了。第二天一早我同一位师政委同去胶园检查锄草情况，沿路都在椰子槟榔林中通过。村子的房屋都是白色瓦房，新建的有一半，很干净，庄稼也长得很好。这地橡胶、椰子出产量很大，真是个万全地方。胶园是在山坡上，杂草长得很茂盛，因此必须将草锄掉，树上落下种子来才看得到。但是发动民工锄草的工作做得不够好，政治动员与组织工作均不够，来的小孩子、老弱、妇女很多，工作效率只到规定的一半。我们同民工队长研究了改进的办法，午后又召集了胶园的园主会议，向他们解释了国家的政策，动员他们保护种子并具体布置了当地的收种工作，就回嘉积。船下午较快，四个钟头就到了，吃了饭，九点钟才从嘉积坐车回海口。在公路上看见很多猫头鹰同野兔，它们看见汽车灯亮就警觉起来。沿路是很荒凉的，走几十里看不到一个村子。

九号在海口住了一天，十号又同他们一起到那大。那大离海口一百五十公里，在西路。这一路比东路荒凉，大片荒地很多，公路比东路差得很多，到那大已是午后了。这里的种子成熟较迟，锄草工作进行很慢，我们当夜召集了干部会议，听取汇报并解决问题。十一号垦殖局的同志回去了，我决定留下来到

胶园去了解情况。最苦恼的是我的右脚烂了一个洞（香港脚）走路不便，但与其回海口不如带一些药住到胶园去治。当天晚上我找了当地胶工工会的干部来了解一下胶工的组织情况，发现我们国营胶园对工人的福利、生活关心是不够的，领导干部对依靠工人阶级的思想也存在很多问题。**十二号我同林业第一师的副政委一同到胶园检查锄草情况，我们到天任时正下大雨，有一连战士在锄草，他们在暴雨中高呼口号，加紧工作，毫不休息，带动民工也不休息，一同工作。战士的热情使人很感动。**下午我就住到联昌胶园来，部队的团长派了一个警卫员照护我。在联昌我住了四天了，头一天到胶园去转了转，但脚烂得凶起来，就不敢再走了，这两天就躺在一个小炮楼的楼板上，一个人很清静。这儿

1952年何康在联昌胶园夜宿的小炮楼

有一个橡胶试验工作站，做了一些初步的工作。我每天同工人谈，有的老工人在此做了三十六年，有的华侨工人有廿多年的植胶经验。我看了一些试验报告、书籍，感到受益很多。刚好这儿有一个医生，脚也慢慢好起来，我估计再有一两天就会好了，请你勿念。

这里的工作由于领导工作不深入等原因，是很不令人满意的，各方面都存在很多问题，问题也很复杂。我自己少年气盛，常常容易很快提出自己的意见，同时又常常为这些问题焦虑，晚上睡不着觉。但是造成问题的原因是多方面的，我这次从北京出来就时常警惕自己要谨慎，要深思熟虑，我想我会在工作的锻炼中变得更老练的。

一个人在小楼上常常想到你，想到迪儿和我的呆禾，你们一定很好吧？你身体怎样？家里都好吗？我回去时因还要到中南农林部汇报，恐怕不能经过上海了。你预备什么时候来北京？我意我回北京安顿一下，你就可去了，在一起生活同工作是较好的。

我想再住一两天等脚好了后就回那大，在那大了解一下苗圃情况，就回海口去，准备月底前回到湛江，了解那边育苗及机械开荒情况，来信还是寄湛江

李副局长转何司长。

祝你同迪、禾好！

你的康

1952.8.16　联昌胶园

"对一些植胶的主要问题摸到了一些门道。"

霞：

我在联昌胶园住了六天，脚已稍好，十八日即回那大，十九日了解了两个新垦场的情况，感到对民工的组织领导、工资等方面存在很多问题，廿日在那大开了一天会布置工作，廿一日回到海口，脚已完全好了。

在海口因垦殖局李副局长来开了三天会布置工作，我也参加，提了些意见。廿五日午后又转到东路去了解情况。我这次是由嘉积一直向南，了解海南南部万宁、陵水的胶园情况。廿六日晨由嘉积动身到万宁县胶园的集中地区禄马乡，看了一个新垦场及一个较大民营胶园的情况。到新垦场的公路是发动民工在十天之内开成的，那里次生林很茂密，开

公路很是困难，但依靠群众很快地完成了。从新垦场到胶园要走八里多路，沿途经过新垦场地到胶园以及苗圃地区。这些胶园都是在抗日战争初期群众躲在山中时开垦的，同我们一同去的是坚持了十多年游击战争的海南部队的同志，指给我们看了一处被国民党全部烧毁的村庄，这里进去的山区就是过去的老根据地。当晚住在万宁的垦殖所。廿七日由万宁动身到南桥陵水垦殖所，路过六甲看了一个一千多株的民营胶园。南桥是海南最南方的植胶中心，在王姆岭以北，温度是很适宜，过了王姆岭气候就干旱了。我们在那看了胶园及苗圃，午后又从南桥出发到藤桥（编者注：今三亚境内），从南桥走出不久就翻越王姆岭，一过岭就是陵水平原，自岭上望下去一片青葱的平原稻田，豁然开朗。陵水是个平原，沿路河畔村庄椰林茂密，有很多大的椰园。公路两旁是大片的草原，短灌木林，很多牛在吃草。有一段公路还在海边不远，经过时可以看见蔚蓝的海水及远处的帆影。晚上宿藤桥农业试验场，场址原是日本侵华时三井株式会社的农场，房子还不坏。当晚与农场人员谈海南农林情况，了解不少材料。当夜十一时起了台风，风雨很大，所幸房子还好，安稳睡了一夜，第二天凌晨还未停止，我们原定到保亭县（少数民族地区）去看胶园情况，只好作罢。早上看了一些热带作物的书籍，午后去榆林港，沿途都是沿海的灌木林、草原，近山边、海边、村边就是成片的椰子林；翻过一个山就到了榆林港。日本人花了很大力量建设榆林，港湾修的不坏，有铁路通田独与石碌铁矿，盖了不少房子，但都被日本人撤退及国民党逃跑时破坏了，街道也全部烧光了，到处是残墙败垣、废铜烂铁，很是凄凉。港湾很深，一万吨船可靠岸，口外波浪滔天，湾内平静如镜，海水碧绿，是一个很好的天然港。从榆林又到相距几里的三亚港。这港较小，是换船的主要集中地。沿海有很多盐田及椰林。廿七日晚的台风在这里也吹倒些树木、房子，但损失不大。廿九日一早我们就乘车去保亭，公路很狭窄，车几乎在草丛中穿过沿途经过的都是黎族乡村，妇女都穿裙子，衣服是麻布织成的，因为他们没有棉花，织一件衣服要好几个月，布很粗。车过一个华侨开垦的新民公司，因路被风雨吹垮无法前进，在那了解一些民营开垦情况。保亭县在海南中部五指山下，是黎族、苗族群众居住地区，土地很肥沃，我们在这儿有两个国营胶园，一般胶树较外面生长好，五年就可割胶，但困难就是工作基础差，人工少，崇山峻岭很荒僻。我们本来预备步行前进，因急于回南桥了解台风受损情况，就中途折回。到南桥途中看到越往北受风灾越大，近晚时到南桥，见胶树被风吹折不少，一万零五百株树中受损的有一千七百多株，房子很多都被吹倒了，连垦殖所的砖房也被吹塌了。要是廿七日我们在南桥过夜，可能被塌房打伤，工人被塌屋打伤的有十几个人。我们与所中干部研究了风灾善后处理情况，慰问了受伤人员，又连夜赶到万宁，万宁风灾亦很大。第二天一早即去禄马坡，得知胶树胶种受风灾情况与南桥差不多。我们又赶到乐会，过龙滚市的山岭后受风灾情况减轻，在乐会了解到风灾亦造成很大损失，但不最重。**因感到各处受风灾的胶园对善后处理尚存在很多问题**，原本决定从乐会步行到龙江、石壁再坐船到嘉积，即改变计划，当晚赶回海口汇报分局解决。午后由嘉积经文昌返海口，文昌是海南最大最富庶的县城，华侨最多，文化交通均发达，我们沿途经过烟墩沿海一带的椰林，景色极美，将来可作为海滨浴场及疗养院。我们到文昌垦殖所了解了台风情况，这里并不严重。当夜回到海口，得知西路那大地区台风不大，心里才轻松一些。

这次在海南待了近一个月，了解了一些情况，对一些植胶的主要问题摸到了一些门道，只可惜脚坏了一个星期，无法多跑一些胶园，是个很大的损失。我准备再待一两天，收集些材料，就回到雷州半岛了解苗圃及机械开荒情况，并到广西去看一下，争取九月底能全部了解完。

我身体很好，对疟疾及脚病已设法预防，经常吃奎宁，饮食也好，初来有些水土不服，现在已习惯了。你身体、工作如何，迪儿、小禾好吗？很想念他们。第一封信及照片已收到，请告诉爹妈我的情况，再谈。

康

1952.9.1　海口

"同阳朔所看见的一样"，"使我回想到我们以前的生活。"

霞：

我九月三日由海南返湛江，过海时天晴气和，风平浪静，坐的是大机帆船，两小时就到了。在海安住了一晚，第二天又去看了坐飞机的地点（预备空运种子），四日夜才到湛江。

在湛江连开了几天会，我汇报了在海南的工作，研究解决了一些问题。十日又动身来广西，九日到合浦。合浦离湛江一百六十七公里，原属广东，最近才划给广西，是个很富庶的地区；沿海荒地很多，是我们植胶的重点地区。十一号在合浦附近看了三个场，并到北海市。北海离合浦卅公里，在海边，地方相当大，两三千吨的海轮可以下锚。十二号离合浦来南宁，公路很不好，沿路又看了几个公路旁的垦殖场，**快到南宁时在平原上耸立几座石灰岩的奇峰，同阳朔所看见的一样。好久没见这样的山了，使我回想到我们以前的生活。**（编者注：爸爸妈妈1941年春进入广西大学，9月爸爸转广西大学农学院，是他献身农业80年的起点。）来到南宁已万家灯火了。今天看了南宁附近三个林场了解胶树过渡的情况。明天预备坐火车到凭祥转龙州，那里有一片大山——大青山，是橡胶发展很好的地区。准备在那看一天，大后天才回来，再由宾阳、玉林、陆川这一路回湛江。

本来预备十月一日赶回北京，因垦殖局计划尚未做好，恐怕要九月底才能动身。我身体很好，你工作身体如何，孩子好吗？勿念。九月底前还可寄信到湛江给我。

康

1952.9.13　南宁

"这两个半月比我在华东一年的收获大，给我的教育多。"

霞：

我从广西回来已好多天了，因为终日繁忙没有给你写信。我八月十四日离开南宁到凭祥，十五日到龙州，又从龙州走卅里到靠越南边境的大青山看橡胶宜林地，十七日回到南宁，从南宁北面经玉林、陆川回到湛江，共在广西待了十天。回湛江待了几天，汇报了工作，廿五日又到高雷地区北部廉江、化县、茂名、电白、阳江去了四天，廿九日返湛江。茂名就是大哥送我们的缅茄图章的出产地，我买了五个预备带回去送人，只有一棵大缅茄树，有好几百年了。卅日应垦殖局邀请陪苏联专家到湛江对面的海中四岛去旅行了一天，洗海水澡休息了一下，晚上参加招待苏联专家的国庆节宴会，有一百多人，气氛很热烈。一早又开始参加讨论计划的会议，目前华南垦殖工作的规模很大，存在问题很多，本来预计五日启程返京，现因计划搞不出来，推迟到八日走，十五日到北京，同时垦殖局副局长及两位处长同我一同赴京，这样上海是无法去了。看到你的来信，我希望你能早点去京，最好是在林业部计划司工作，这样在一起又不由我领导，一切都较方便。而林业部财务工作因经管的企业很大（如东北木材、华南垦殖），并不比合作社简单。我回京后即找迪儿学校，你最好在十月底就可来京，看样子我十一月底又要下来，要在我未南下前将家安置好。**我到新的工作岗位有两个半月了，这两个半月比我在华东一年的收获大，给我的教育多，虽然整日奔波、开会，日日十二点才睡，但我身体很好，也保养得很好，精神很健旺。**我愿在我们见面时详细谈谈我的体会，信实在是没时间多写了。

康

1952.10.3　湛江

二、从大发展到大转弯

本节小结了中国橡胶种植事业由大发展到大转弯，即压缩种植面积，将耕荒面积由800万亩降至400万亩，植胶重点从广东、广西等地转移到海南的调整。在这之前，从爸爸的笔记中，于1952年11月底至1953年1月，1953年3～4月，他曾两次陪同苏联专家考察华南橡胶垦区，对橡胶种植发展战略的调整起了重要作用。

"改造自己真是个艰苦的工作。"

霞：

给北京通电话知道文副处长尚未回京，因此估计你也还未回来。东北天气这样冷，尤其是最近又有寒流来，你身体怎样？真令人担心。像我这个怕冷的人这两天在广州还要盖丝绵被，你就更甭提了。希望好好保重，没事不要出门了，在房子里可能暖和一些。

在广州住了十天了，因为等总局几个局长一同下去，除了参加了几次会议外没有什么事，有时真闲得无聊。这些年来

1955年2月10日，在广州沙面华南垦殖局办公楼前合影，送别苏联专家尤金夫妇（左三为农业部热作司司长何康，左五为华南垦殖局局长、华南热带作物研究所所长李嘉人，第二排左二为武树藩，最后排中间彭光钦，二人均为热作所副所长）

的确很少闲过，在这样的环境下也没法好好休息，闷了就看看书，并看了好些电影（总有六七部）。昨天有位同志还请我看了广东戏《拷红》，还不坏，尤其是音乐抑扬顿挫，服装缤纷美丽（上面绣有很多彩色的云母片），可惜我不能完全听懂。

在大嫂这儿住得很好，就是广东菜吃不大来。她在对外贸易部特派员办事处业务室工作，管检查苏东国家贸易合同的执行情况。大嫂也进步很快。三个孩子都很好，尤其是美妮很可爱，非常安静，什么事都让姐姐同哥哥，两个大眼长得乌黑深沉。我们要是有个小女孩就好了。但是梦妮不大乖，比迪儿脾气还坏，不喜欢上学，动不动就发脾气。弟弟长得很瘦，都不大会讲国语。

闲暇中我看完了一部《远离莫斯科的地方》，这部小说真好极了，尤其对我们这些从事经济建设的人的胃口，看了后给我很大的感动。我感到苏维埃的新人是特殊材料制成的，是在社会主义教养下成长的，坚定，热诚，不畏困难，集体主义的精神真让人钦佩，这是新世界的一代，是新人。**我总感到自己虽有建设祖国的勇气，**

也经常为忘我的崇高思想而感动流泪，但总是有一条潜伏的个人主义暗流在作用着，很多热情都带着个人主义的情绪。在环境顺利时，这条暗流还不显著，但一旦遭到困难挫折，于自己不利的时候，个人主义就抬头了。同时新人是个全面的人，他无论对工作，对朋友，对同志，对家庭，都有着一致的情感，而我们则往往有他最保守的一面。改造自己真是个艰苦的工作，我是慢慢地在摸清自己，摸清自己的长处和短处，可是我改造得太慢。我有我美好的一面，这是在外表可见到的，但又有着极丑恶的一面，这是一般人不易见到的。而你是知我较深，受我情感折磨最多的，我在这方面改造得太差了。主要是我一帆风顺，未经过斗争的考验和实际工作的锻炼，未吃过苦，不知生活劳动的艰苦。当然最近几年来有很大进步，接受新事物较快，但在很多方面仍是个未改造好的"革命公子哥儿"。你同样也有这些缺点，愿我们互相帮助，互相更好地改造自己。

我明天就到湛江去了，信请寄湛。我身体很好，也自知保重，请勿念。

康

1953.11.2　广州

"粤西北部的胶树是可以产胶的，给我们大家很大的信心。"

霞：

来湛江已十多天了，整天忙乱得很，到现在才给你写信，你又该骂我了。

四号同总局惠副局长（编者注：惠中权）一同离开广州，因为起身很晚，到夜里十点才赶到水东憩夜。水东就是过去曹湘搞盐田的地方，是个换盐来往、客商聚集的市镇，现在是电白县城，还很热闹。五号我们由水东向北走到茂名、化县去看了胶树，先看了茂名县镇的五株老胶树，树龄有廿三年了，是华侨带回来种的，现在每株的产胶量每日约两公斤半。虽然长时期未割胶，胶量较高，但这说明粤西北部的胶树是可以产胶的，给我们大家很大的信心。当晚住在化县，化县是粤西北部物产很丰富、物价较便宜的地方，盛产香蕉、橙子。香蕉又大又便宜，一千元（编者注：旧币）一斤，一斤只三根就够了；橙子一千五一斤，就同四川的广柑一样。晚上睡得很好，因为走了十多里路，人很累了。第二天一早就去看化县的名产橘红，这是一种特殊的橘子树种，橘皮可止咳化痰，对气喘也有好处，地点就在城内的赖家园。树同普通橘子树差不多，土壤的特点是含很多云母片。**我买了两片橘红（价钱很贵，二十五元一片，不过可冲好多次茶），一小包橘红花，并买了一个用柚子皮做的小罐子盛起来（小罐上用人工刻了"幸福"两个字），准备带回去请你试试有无治咳止喘之效。**九点多从化县出发，看了沿途的胶苗，一般长得不坏，两三年生得蔚然像个小林子了。大陆北部的苗一般比南部草原地区好，原因是风小，纬度高。到湛江已两点了，人很疲倦，宴请专家我们也没参加。八号星期天，为庆祝十月革命，上午陪专家到湛江对面的小岛上去旅行。南方的天气很热，洗海水澡还不冷，我因很疲乏也没洗澡。晚上专家宴请我们并举行晚会及舞会，晚会是由中南军区海军文工团表演，演出还很精彩，舞会一直到夜里两点才散。

这几天来一直忙着开会、谈话及宴会。叶剑英主席及广州苏联领事曾来此视察，为招待他们，地方党政及垦殖局举行了几次宴会同晚会，弄得人很疲倦。王处长、陈司长等九号到的湛江，信及鞋子都收到了，知道你在东北喘得很厉害，甚为挂念。回来后好了吧？要好好地休息一下。这儿的气候可真好，现在还是穿单衣服，可以洗海水澡，你到南方来还是适宜的。

这边的工作还很乱，前一段转弯已告一段落，现在又要开始资遣工人及调整干部，工作是很繁重的。**但是根据实际情况，中央对垦殖工作的方针是完全正确的，经过这一转变后，明年一切可慢慢走上轨道。**我的行程是准备在此参加技术会议（十一月廿日至廿二日）、行政与计划会议（十一月底至十二月初），会后再到海南胶园去实际了解一些情况，总要到一月间才能返京。**通过对这些纷杂事务的处理，实际情况的了解，对我的教育提高是很大的。**

北京应该已生火了，我们的小屋已温暖如春。这边一时还不冷，我带的东西都很够，枕头这里也借了一个，不再需要什么了，一切我均知保重，请你勿念。来信请寄总局李副局长转我，请亲亲两个孩子。

康

1953.11.17　湛江

"我是不想再改行了，愿意就热带的经济作物（橡胶、咖啡、椰子等等）钻下去。"

霞：

今天是元旦，我昨夜才由乐会（编者注：今琼海市）回来，一年过得真快。去年今天我是同苏联专家在火车上过的，专家说苏联有句俗话，"在火车上过年，来年一定一年奔波"，果然不错。今年又是在外面过年，离开家这样远，不知旧历年前赶得回去不。因为这里会要开到廿一、廿二号，会后到雷州半岛，不能不看一下，再向总局及华南分局汇报，赶回去可能有困难。既然下来这么久了，能看的不看也不好，假如明年有机会出去，不仔细了解一下也不行。但又很想赶回去过年，离别快三个月了，心情真是矛盾得很，看情况尽量赶吧。我来海南后与海南分局谈了一天，廿八日即到海南中部的屯昌，屯昌是黎母岭下的一个群山中的盆地，是植胶最好的地区，离海口约一百六十公里。我们七点多由海口动身，下午一点多就到了。屯昌雨很多，十二月还是经常下雨，天气还很热，在胶园里跑只能

穿单衣。廿九日在屯昌待了一天，看了新旧胶园，同所场开了会。卅日一早由屯昌动身到乐会县，下午一点钟到了乐会的垦殖所，跟着就骑了自行车渡过嘉积河到西河岭下的几个新垦场及老胶园去。新开的马路坡度很大，桥很多，很多桥还未修好，只是用几根木头搭的，上坡及过桥都要"车骑人"，推着车或背着车过去。我好多年未骑自行车，来回近三十里路，居然不很累地跑完了。看到了有四十八年树龄的海南最老橡胶树，有一围半多粗，六七丈长高，真是好看。等我们种的树到这样大就好看了，那时我们已老了，国家大约已到共产主义社会了。卅一号由乐会垦殖所到石壁市旧胶园的中心看了一下，就经文昌看了文昌县的新垦场，到海口已七点多快八点了，同惠局长谈了一晚，就这样度过了除夕。今天同惠局长他们去海口市各单位转了半天，晚上参加了军区的晚会，未完就回来给你写信。准备明天一早就到海南西路的那大去，看看澄迈、临高、儋县的新垦场、老胶园及白沙县可能发展的地区，五天就回来参加海南分局会议，抽空还要到南部少数民族自治区（编者注：海南黎族苗族自治区）去一次。

今天早上独自躺在床上回想这一年来做的事，这一年垦殖事业是在大发展与大转弯中度过。我两次南下都有不同的体会，上半年来是懵懵懂懂的，下半年比较清醒些，工作也较深入，感到已开始钻了进去。这次下来因为有了过去一年来工作的体验，下来之前在家中又研究了一些世界植胶的材料，感到获得的心得更多，对下面的工作也帮助大些。但是我在技术上基础还不够，一般常识还算丰富，但不够深，对企业管理则更是门外汉，虽然这次看了一些企业管理、经济核算的书，但很皮毛，没有实际经验。我是不想再改行了，愿意就热带的经济作物（橡胶、咖啡、椰子等等）钻下去。明年争取能到外面去学习一下，这样对工作帮助将更大，目前华南也很难找到像我这种情况的干部。要是不能出去，我愿意下来到海南岛搞实际的垦殖工作。我们司里能做的大事已做了，现在已将华南垦殖工作放到一个较可靠的基础上了。今后问题在如何具体做，如何具体实现，我希望到下层干实际工作。我跑了很多地方，我深感现在很多领导干部业务不太熟悉，而又不肯好好学习，我自信我还能学着做好这一事业。过去垦殖工作花费国家的钱太多了，今后要用很大的努力给挽回来。你愿意下来工作吗？到下面来当然一切不如北京好，但是可接触实际工作，这对我们这样缺乏实际锻炼的人来说，正是灵丹妙药。高高在上只是发号施令，与实际深入、具体承担工作任务的感受是不同的，你觉得是不是？

　　同时使我高兴的是你这一年也有很大进步，开始正式地担负工作，虽然身体不好，但工作并未中断，还在各方面提高了不少。迪儿也一天天变得更懂事了，禾儿也一天天变得更可爱了，我们这一小家人大家都在进步，你说够多幸福呢？我预祝你今年身体一定比去年健康，你有更大的毅力来战胜病魔，工作上也将有更大进步。

　　明天一清早要动身，不再写了，祝你好，吻你并两个孩子。

　　党费交到十一月，请代缴一下，缴给庞尔东即可，建设公债代我买一下。

康

1954.1.1　海口

"能好好在下面多学习，了解些情况是好的。"

霞：

从屯昌开会回来后，元旦休息了一天，二号又出发到西路的儋县那大去。那大离海口一百四十公里，是海南西部的经济文化中心，也是我们新旧胶园的中心。在儋县住了三天，看了附近的新垦场、老胶园芽接，并到少数民族地区白沙三区新勘测的宜林地区去看了一下。白沙三区离那大约七十公里，是一大片人烟很少的灌木林，当地居民主要是黎族人。黎族女的穿裙子，面上身上文身的很多，男的包头，文化程度很低，生产也很落后。白沙是老区，少数民族对共产党的信任是极好的。六号回到海口，即参加海南分局的预备会议，会议于九号正式开始，主要是总结去年工作，安排今年任务，调整机构。我做了一天关于认识橡胶企业，办好橡胶企业的报告，因为来开会的都是场长，很多人干了一年工作，但对橡胶企业的认识尚不够深刻。这两天会议已转入讨论机构编制，因工作变动很大，整顿机构工作很繁重，但是很多事我也无法及不便插手。准备明天再到东路的万宁、陵水、保亭、崖县的

1952年底，何康从广东返回上海，与兄弟妹们一起探望患心脏病的父亲何遂。父母身后左起为何康、妹何嘉、二哥何世平、大哥何世庸、弟何达

胶区去看一下，预计五天可返海口，再参加会议讨论计划，廿四、廿五日可过海，去徐闻看两三天。一月底赶到广州，或是赶到上海过年，或就在广州过年，二月初即到京。**这样是赶不回去过年了，你不会怪我吧？能好好在下面多学习，了解些情况是好的，我感到几次下来以这次的收获最大。我已向部长请三天假，去上海看看爹爹。爹爹的病的确一天比一天重，也说不定哪一天会有意外，能多陪他老人家几天也是好的。你想在上海要什么东西，请写信到妈处留交我。**

这两天天天开会到很晚，明天一早就走，不多写了，吻你及迪儿、禾儿。

我现住区党委惠局长处，一切均方便，勿念。

康

1954.1.15　海口

三、云南考察

经过大发展、大转弯的调整后，两广的橡胶垦殖上了正轨。在云南发展橡胶种植业提上了日程。由中国科学院云

1980年代，何康重返西双版纳，在周总理曾看过的橡胶树前留影。何康曾在1954、1958、1960年带队考察了云南橡胶、热作宜林地，结论是"云南发展热作潜力较大"。1964年"两院"派出许成文、刘松泉、张开明等11人的科研队伍支持云南，将云南发展成中国另一个橡胶热作基地

南植物研究所的研究员蔡希陶陪同，在蔡先生1951年的调研基础上，爸爸探访了西双版纳等橡胶宜林地区。在给妈妈的这几封信中，爸爸有旧地重游的深情回忆，但更多的是对未来事业的美好憧憬。47天里，在崎岖的山路上，在湍急的河流中，在热带的雨林里，搭火车、汽车，骑自行车，骑马，乘独龙舟，步行，爸爸字里行间充满了乐观向上的精神和献身橡胶热作事业的激情。

"你还记得高高的七星岗、观音岩和狭窄的武康街吗？"

霞：

　　离开后一路上很担心你的身体。好些了吧？要多休息，搞垮了身体耽误事更多，同志们也会理解你的。

　　飞机八点准时起飞，掠过平静的昆明湖和新绿的垂杨向西南飞去，下面的土地是一片干黄的麦苗，还没有苏醒过来，不久就进入了太行山区。这班飞机是经太原、西安到重庆的，干黄峥嵘的山峦没有一点绿星，树真是太少了。过了山就是山西平原，耕种得很整齐的大块田野纵横着许多深沟。慢慢地房子多了起来，平原更开阔了。飞机九点五十分到了太原，憩了四十分钟又起飞。我因为昨夜未睡上，头有些疼，昏昏地睡着了。醒来已到关中平原，绿绒如毡，整齐的麦田一块块地嵌在土地上，柳树已由新绿转为青绿。这里的季节是要早一些的。在西安停下来吃了午饭，一点半钟又起飞。不久就爬越秦岭，秦岭山峦起伏，重重叠叠，从关中平原平地拔起一两千米，真相当雄伟。飞机越飞越高，层层的山峰看得我的眼也花了，机子上下摇动，使我很想吐，赶紧休息了一会，再看时已到了丘陵起伏，层层冬水田，草木葱绿的四川了。四点到了白市驿机场，下降时我忍不住大吐了一下——主要是没睡好，又飞得太久，且上下次数太多了。农林局有人来接我，晚上就住在农林局宿舍里。这两天除了开会听汇报外，到重庆市区及歌乐山林场去转了一下。重庆的市政搞得不坏，马路修得比从前好多了。**你还记得高高的七星岗、观音岩和狭窄的武康街吗？几乎全部改观了，再陡的坡都修得比较平了，再也看不见点步如飞的洋车了，公共汽车很多，三轮车及洋车几乎看不见，武康街扩宽，另外原来国泰电影院**

1939年5月，何康在重庆南开中学入党。1945年
10月10日，何康、缪希霞在重庆北碚温泉数帆楼
结婚。重庆在他人生中留下了美好的记忆

学校及工厂区都变了。

明天一早就要飞昆明了，头已经不疼了，牙齿到的第二天早上已镶好，手术还不坏，同时还配了药水漱口。为了怕这儿的摆子，已吃了自乐君预防，总之一切自知小心，请勿念。帽子已买，一万二一顶。这里皮鞋很便宜，十二三万的已很好，可惜未带你的鞋样来。晚上屈局长请我看川剧《玉簪记·秋江》，可一开眼界。愿好好保重身体，问候孩子。

康

1954.4.14　重庆

的前面开了一条大路，到都邮街不必再从较场绕了。我们又到菜园坝成渝铁路车站去看了一下，四川人对这条四十年来盼望的铁路真是关心极了，在车站旁边新修了缆车，上去就是两路口。同时又参观了西南行政委员会修的大礼堂，样子同祈年殿差不多，可容四千多人，真是富丽堂皇，全部为民族形式，有人誉为"第一小龙坎"。化龙桥仍很热闹，

"云南的高原气候 一见面就叫人爱。"

霞：

离开重庆的前晚，屈局长请我看了川剧《玉簪记·秋江》，是参加全国会演得过奖的班子表演，可惜主角陈书舫（川剧名角，剧中陈妙常扮演者）未出场，另由人代，较为逊色。其他的角色都挺不错，演技很细腻，戏词文雅而又平易

近人，连我们这第一次看川戏的人都能全听得懂且感到很亲切，后台的帮腔已不似过去那样喧嚷，而是表达剧中人内心的情感，一般唱辞即不再和。缺点在音乐配合得很差，主要唱辞只有板拍而无乐器伴奏，不如粤曲之生色。十五日五点就起身赴机场，一夜未睡好，头昏昏地就有晕机的预感，八点整起飞，我就尽力保持不动，设法入睡，但老睡不着。起初飞还平稳，到了贵州上空，向云南高原上爬时，正遇着山谷的顶风，机身就上下颠簸起来，我大吐了几场，非常难过。坐了这么多次飞机，就是这次最狼狈了。好容易熬到十点四十分才到了昆明，一出机门万里晴空，耀眼的骄阳使我的精神一振，云南的高原气候一见面就叫人爱。云南农林厅负责同志来接，即坐车去交际处。机场离城约廿里，公路两边都是几丈高的滇杨，挺直葱葱，在飞机上看起来像是一道绿色的城墙。昆明天气近来很旱，已有三个多月未下雨了，麦子已全莠了穗。进了城穿过了南屏路、近日楼、正义路几条热闹的街道，就到了交际处。交际处在翠湖公园的旁边（天旱，翠湖也干了，老昆明说这是六十年来的第一次），地方很好，小花园充满了初夏的景色，茶花杜鹃也开过了，只是少数的几朵还在枝头娇艳地开放。我因头昏，躺了一会，连饭也不敢吃，下午又休息了一下，才去城里转了转。昆明的街道很整洁平坦，有的还铺着石板，我感到它有点像成都，有的小街又有点像杭州，走在街上人感到很悠闲从容，不像重庆、广州那样拥挤局促。当晚睡得很好，十六日身体已复原了，早上到郊外黑龙潭的植物研究工作站去参观，那有个小型的植物园，看见了不少云南的植物。**云南是中国以及世界植物最丰富的地方（有全国植物三分之一的种类）之一，因为它地形复杂，高山峻谷兼有寒、温、热三带的气候，如茶花有四十多种，杜鹃有四百多种。可惜来晚了一个月，现在茶花只剩下少数的几朵，杜鹃也只有些晚花的品种在开了，但这些仅开的双色、重瓣、黄色、粉色、紫色的杜鹃也够让人爱的了，不难让人想见那如火如荼盛开的繁象。**十七日在昆明附近参观了几个苗圃，下午听了云南农林厅林业局的汇报，晚上他们请我吃云南菜，味道还不坏，但不如川菜够味，最好的要算汽锅鸡了，还有种锅贴羊酪，是云南名产，我怕膻不大爱吃，鸡枞菌因未下雨还没上市。十八日林业局局长陪我到昆明近郊看了看造林情况，并到节竹寺、西山去玩了半天。西山在滇池之滨，有龙门、太华寺、华亭寺几个名胜，山上松柏参天，峭壁耸立，登上龙门（在半山峭壁上辟出的一个石室，有很险的窄路通上去），可看到碧波万顷的滇池。可惜天旱，池底很多都裸露出来，水也变成了浅绿色。太华寺、华亭寺都很幽雅，花草很多。回来人也很疲倦了。十九日要参加林业局会议，准备二十二三日出发，行程及此处休养情况（已告人打听）再函告。

康

1954.4.19　昆明

**考察西双版纳32天，
骑马、骑自行车、乘汽车、
划独龙舟，历经艰辛，
但心情舒畅。
"这情景真让人向往，
连走路的疲倦也忘了。"**

霞：

我五月廿三日自滇南返回昆明，看到了你四月廿五日及五月十七日的来信，四月廿二日的信则还未见到。知道你身体尚好，生活已渐入正轨，很感高兴。

我们四月廿二日由昆明出发，五月廿三日返回昆明，卅二天内转了德宏傣族景颇族自治区的六个县，西双版纳傣族自治区的版纳景洪。骑了八天马，坐了十二天汽车，除了景洪因澜沧江大水无法过，额外休息了一天，其余工作都很紧张，因而原想好好写写的纪行就抽不出空动笔，只好先写简单的平安家信了。

五月十日自大理给你的信当已收到，十一日我们一早就从下关起身顺滇缅公路到弥渡即转南行，顺弥（渡）宁（洱）公路南下。弥渡是个葱绿可爱的镇子，水田的田埂上大部栽了垂柳，衬着油绿的秧苗，充满了江南的风光，可惜山上的林木大都被砍伐光了。越往南行山上的林木越坏，经过燥热的礼社河河谷到蒙化县的南涧休息了一下。南涧真是个穷山恶水的典型了，举目童山濯濯，旱象及水土冲刷很凶。过了南涧就开始爬山，路逐渐窄小难行，云南松林逐渐稠密起来，不久就在一千五百米左右的山上顺山脊南行。过阿克塘后一百多公里都沿川河河谷在半山腰间忽上忽下地南行，急弯窄道，有些地方真让人捏一把汗。沿河谷两岸松林稠密，山泉潺潺，密布着层层的梯田，是景东的谷仓，年年外调粮食支援普洱地区。有山、有树、有水、有田、有庄稼，真是不错。晚八点才到景东，住县委——过去一个大地主的房子里。

十二日由景东南行，一路上经过了不少茂密挺直的云南松林，一山连一山葱茏的林子看起来叫人有说不出的愉快。只是烧山盛行，刀耕火种到处皆是，让人触目惊心。七点多就到了景东，宿县府。

十三日由景东经普洱到思茅。思茅原是滇南的主要出口商埠，著名的普洱茶就集中到此外销。原来曾发展到十余万人，但经卅多年前一次大瘟疫（鼠疫），人死的死，逃的逃，解放前只剩下一万多人，旧日繁华的十三街三十七巷的思茅只剩下二千多人，到处残垣荒草，寂巷无人，有时黑夜山上的老虎还跑到街上找食。解放后逐渐恢复起来，但思茅街上还大部是干部及部队。我们傍晚的时候特别到街上去凭吊了一下。在思茅街外新的思茅正在建设，机关部队都修了不少房子。

十四日由思茅到西双版纳傣族自治区的首府景洪，一路公路正在铺，路面很不好走。离思茅，过麻栗坪及松山林后，森林逐渐变为常绿的阔叶林。途中又坏了车胎，九点才赶到澜沧江边，顺利地过了江，住在自治区政府。景洪，傣语是"黎明的城"的意思，是个很美丽的镇子，爱好种树修路的傣族，使镇子到处是林荫大道，绿色袭人。

十五日上午，我们骑自行车到十五里外的景洪试验场去，一路都在竹林及杂木林中穿过。在林场工作了半天，下起大雨来，雨停天已快黑了，路滑泥泞，自行车无法骑，我们摸黑走了回来。一路说说笑笑，不感到累就到了，直到第二天早上才觉得腿有点酸。

十六日一早，由景洪坐小船顺澜沧江下行到橄榄镇去。船是元江木匠打的，急流中用的运货船舷高底尖、重心不稳，加上人多流急，一路上左摇右晃，煞是有味。沿岸是密密的竹林、杂木林，船顺流过走得很快，三个多钟头走完了九十里的水路，真让人有"两岸青山看不尽，轻舟已到橄榄镇"之感。橄榄镇是个傣族的小村庄，整齐的小道，孔明帽式的房子，每家都有个小庭院，种了几株亭亭玉立的椰子、槟榔，开着红花的扶桑或苏木，放着清香的柚子或香橼，路的两旁种着稠密浓绿供薪炭用的铁刀木。走过村子，浓绿中闪出一座缅寺，高大的贝叶棕（和尚用以写经），衬着钟楼（佛堂）黄黄的瓦顶，穿着黄袈裟、戴着小红帽的小和尚带着好奇的眼色，从佛堂的小窗洞中向我们窥看（傣族信佛教，有钱人家在男孩七八岁时即送入缅寺当小和尚，实际上是学文化，学好后再还俗，傣族过去无正式学校），这情景真让人向往，连走路的疲倦也忘了。

下午到林场后即进行工作，十七日一早冒大雨从橄榄镇坐原船逆流返景洪，途中雨霁天晴，船上水走得还不慢。中午在江畔的沙滩上，用手抓吃了一顿冷饭，吃得津津有味。大家都说澜沧江畔吃抓饭是我们此行一绝。到傍晚

1954年5月25日何康信，描述了在云南景洪考察的情况。信中画了很有意思的示意图

才到景洪，就在江边洗了个澡，感到很痛快。

十八、十九两天在景洪林场开会，十九日下午回景洪向自治区政府党委汇报。廿日一早我们就驱车沿江畔准备北返，不巧因大水将渡口冲坏，等了一上午还无办法，只好颓然回来。午后去景洪近郊转了一下，看了宣慰使（土司头）的大象（他的坐骑），晚上听自治区刀副主席（傣族）谈傣族几百年来的历史，令人很感动。傣族是非常爱好和平的小民族，七八百年来经过了三十多次战争，饱经忧患，除一次被缅甸强迫为雇佣兵外，余均为被人侵略，人口几百年来一直是廿多万人，没有增加过。很多地方是荒村废田。年老的一辈，在十多年前常常每晚预备好饭包及衣物睡觉，不知什么时候就要逃难，到共产党来了才真正见到了天日。傣族有很多有意思的风俗，回去再详细同你谈吧。

廿一日可以过渡了，当日到普洱。廿二日由普洱到元江，这是云南最燥热的地区，一般旅客都不愿在元江过夜。当晚因为有风，很凉爽，吃到了芒果、西瓜和香蕉。廿三日傍晚回到昆明，在昆明整理了两天材料，向部里写了报告，准备明天（廿六日）去河口，卅一日返

昆明，六月一日向省委省政府汇报，二日到南宁（飞机）转湛江参加华南技术会议（六月三日到十日），至迟六月底一定回北京。

我身体极好，在下关称了一下，比来时还重了一公斤。我也很知小心保养，吃饭睡觉均好，常按时吃预防药，请你千万不要挂念。

很想念你及孩子，请向迪儿及禾儿讲爸爸很想他们，要他们好好听妈妈话。你要好好保重身体。

康

1954.5.25 昆明

南下河口，路险车旧，
"好在一路福星高照，
逢凶化吉，真是吉人天相。"

霞：

我昨日已平安由河口归来，现在才向省委汇报回来，明天一早就起飞往南宁转湛江开会，平安地结束云南几千里旅程。我身体更强健了，你该很高兴吧。

二十六日乘汽车离昆明后先到路南

参观了石林，是石灰岩淋溶而成的一片各式各样的石山峰，瑰奇秀丽。参观了一下又转向南行，半路上汽车水箱漏了，无法前进，但干旱得到处找不到水，好容易才从臭水沼挖了一点水，凑合着前进。一路路面坏极了，本预备当晚赶到开远，但晚上八九点才到离开远六十多里的竹园，天黑路坏，无法再前进，只好在区政府住了一晚。区政府无人照料，就在一个敞楼的楼板睡了一夜。廿七日天未亮就起来赶路，以便按原定计划赶到河口，不巧只走了廿公里到朋普，南盘江上的大桥昨晚才打开修理，想尽办法无法过渡，只好叫车子空车开回昆明。我们想了很多办法，才搭到一辆木炭车，下午两点多赶到开远。当时各方面找车都无办法，只好打电话回省委转蒙自地委借车，一直到晚十点借好了才安下心来，否则河口就去不成了。廿八日一早由开远坐滇越铁路到碧色寨，铁路很小车厢窄，一路爬山过洞，工程真浩大。九点到碧色寨，地委小车已在等候，十点顺碧河公路南行，公路是在原来铁道上修的，路平坡小但很窄，走过些险桥，真有些担心。沿途过了八十多个山洞，一座架二座悬崖间的人字桥，快到河口七公里处的南溪河

对面即越南地方，下午两点多到了河口。河口处在红河与南溪河的合流处，对江即越南的劳开及古柳（编者注：即今老街与谷柳），有铁桥相通。整个河口几乎没有平地，只是有一条街较平，机关房子全盖在山上，因为气候太热了——因无风，较海南大热。到河口后即去离河口七八里的槟榔寨林场，场中苗木生长很好。当晚及廿九号全天都在开会。法国飞机不时飞到上空侦察，一越境，我们的高射机枪就打它。边境的情况真不是我们住在北京所能想象的。卅日一早就离开林场到河口，向当地市委汇报后即赶回碧色寨。一路大雨，快到碧色寨时公路塌方，一块上千斤的大石头把路拦阻了，好容易想办法搬开，到碧色寨赶上五点半的火车返开远。卅一日由开远坐火车回昆明，今天准备了半天材料，下午到金殿及大观楼转了一下。**在云南这四十七天真是相当紧张，好在一路福星高照，逢凶化吉，真是吉人天相**，你千万不要挂念。昨天到南宁后准备即去湛江，六月廿日左右动身返京，愿你好好保重身体，我是一定增加重量回来。

妈要的白药已买，鸡枞尚未出市，野外未买到，你在广州要什么请写信大

哥处转我。

迪儿告诉他要好好读书，听妈妈话，禾儿告诉他爸爸就要回来了。

康
1954.6.1　昆明

四、缅甸、印度考察

1955年3月，爸爸随同农业部刘瑞龙副部长访问了缅甸，刘瑞龙的访缅报告刊登在当年7月10日的《人民日报》上。1956年9月至11月，爸爸率团访问印度，期间写了五封信。此次访问学习父亲做了大量功课，近百面的笔记本上记满了印度的农业、热带作物及橡胶发展的情况。随着橡胶种植计划的大调整，大力发展其他热带作物已摆到了重要位置。学习其他热带、亚热带国家的经验，引进新的优良作物品种提上了日程。在1955年的万隆会议上，周恩来总理提出中国外交"和平共处五项原则"，使得中缅、中印关系进入了非常友好的

1955年3月，何康（左五）随同农业部副部长刘瑞龙（左四）、中国农业科学院院长丁颖（左三）访问缅甸

时期。爸爸的信中不仅记录了缅、印两国的热带农业与作物的状况，也记载下了中缅、中印之间的友谊。

回顾第一次出访外国。
"我们都完成任务顺利归来。"

霞：

　　我现在在香港给您写信，再过几个钟头就要回广州了，三十多天的工夫过得很长，又好像很快，我们都完成任务顺利归来，你应该很高兴吧。

　　从出国的那天起每天都在紧张中，这不仅在工作上，而且在心情上，各方面的变化太大了。我们的行程大致（写到这我们就动身过海了，现在已到深圳，在深圳车站给你写信，再有三个多钟头就要坐火车到广州去了）是三号到香港，五号上午由香港坐美国海外航空公司飞机到新加坡，中途在西贡停了半小时，我们都没下飞机，到新加坡是万家灯火了。因为飞机误班，六号没走成，在新加坡住了一天，由缅甸驻新加坡领事陪我们去植物园转了一转。七号一早起飞，中午到加尔各答，住在加尔各答大饭店，

下午由驻加尔各答领事陪同经过恒河大桥到植物园去玩了一下，晚上领事馆请我们吃饭。八号中午由加尔各答坐缅甸联邦航空公司飞机，于下午四时到仰光，中途在缅甸海岸阿恰布停了一下，缅甸联邦政府农林部门很多官员来迎接我们。离机场即去总统府签字留念，住在海滨饭店，晚上在大使馆谈工作。九号上午参观了瑞光大金塔后，拜会缅甸外交部长，下午与缅甸农林部官员座谈，晚上赴缅甸外交部长宴会。十号一天参观了仰光附近露嘉橡胶园、养鱼场及毛比农业试验场。十一号到离仰光四十英里（编者注：缅甸曾为英国殖民地，其计量单位惯用英制。下文的印度亦然）的庇因县，参观了瑞摩都金塔，田间花生作业及县农业推广站，晚上大使馆为我团访问缅甸举行招待会。十二号坐船沿仰光河看了米厂、木材厂、贮木厂，晚上赴缅甸农林部部长宴会。在仰光的四天到处受到热烈欢迎，安排的日程太紧，白天看，晚上总结，忙得人透不过气来。十三号即乘飞机离开仰光去西北部掸邦首府东枝，在东枝耽了二天，参观了农场、水土保持站、美利湖、浮岛。东枝海拔四千多英尺，草木葱茏，气候凉爽宜人，比仰光好得多。十五日由东枝乘

飞机到缅甸中部干燥地区的密铁拉，参观了水利灌溉工程、棉种场、轧花厂等。十七号由密铁拉坐飞机到缅甸的古都曼德勒，当天下午就去拜访了曼德勒大金塔。十八号一早登曼德勒山，山上金兰佛寺佛塔，一共九百九十级，上去下来人相当疲倦。当天又参观了曼德勒农学院及科学研究所，在学院中看了缅甸的民族杂技藤球表演，晚上曼德勒专员请客并看了缅甸歌舞。十九号参观河岸作物，烤烟，中午登汽船溯伊洛瓦底江而上到敏贡，参观两百年前未完成的大塔及八十吨的大铜钟，缅甸人认为这是世界上能响的最大铜钟。莫斯科原有一钟较此大，但在苏德战争中被破坏打不响了。然后乘船返曼德勒，晚赴农民协会宴会。廿日由曼德勒乘汽车到四十二英里外的眉谬，眉谬海拔三千多英尺，气候非常好，树木也多，是缅甸过去的夏都。在眉谬参观了咖啡园、植物园，第二天休息了半天，下午向缅甸农林官员介绍我国农业情况并赴当地官员宴会。廿二日由眉谬坐汽车到实皆，经过了伊洛瓦底江的实皆大桥（长约一公里）。在实皆参观了佛塔、农场，即宿汽船上。廿三日一早汽船即顺流而下，我们都住在甲板上，白天很热，晚上凉快一些。

伊洛瓦底江沿岸景色秀丽，丛丛的糖椰子，绿绿的河岸作物，映着白白的佛塔。缅甸农业资源是很丰富的。在船上利用时间开了几个座谈会，下午到良吁，受到当地官员热烈欢迎。晚上在广场放映我国农业电影，有一千多群众观看，这是他们第一次看到中国电影。廿四日离开良吁到缅甸石油中心稍埠，廿五日一早参观了稍埠油井、油厂，我突然感到肚子疼，吃了药泻了肚子经过两个多钟头以后才好了。十一时半即上飞机回仰光，到仰光已两点多，缅甸总统请我们四时半茶会，即匆匆回饭店洗澡换衣服赴总统邀请，晚在大使处谈此段工作总结，写报告至深夜两点。廿六日一早乘飞机到仰光南的毛淡棉参观了木场、果园，受到地方官员、华侨热烈欢迎。看了大象运木材及华侨学校的表演，下午五时就坐飞机回来，晚赴缅甸国防部宴会。廿七日上午游览了动物园，坐了大象，下午休息整理材料。廿八日与缅甸农林部官员座谈了一天，谈了此行感观并介绍了我国农业情况。廿九日上午拜访缅甸农林部长，下午买书，晚上我团举行临时宴会，会后与使馆同志谈至清晨五时。卅日早十时离仰光乘飞机到新加坡，中途到缅甸丹老及马来西亚槟城停了一下。卅一日中午由新加坡乘"广东号"轮船（排水量一万六千多吨）到香港，四日一早到达。路上很平稳，大家都埋头整理材料。在香港住了两天，写完总结，转了一下，现在已回到深圳了。为了怕你惦念，先寄上这篇流水账，有空再将一些情况告你，并请你先转告爹、妈、二哥、小妹，请他们安心。到广州的车快开了，此信到广州车站就发，不多写了，今后行程到广州再告。

康

1955.4.7 深圳

"参观地方很多，
差不多整个印度走遍了。"

霞：

18号你走后不久就起飞了，一路停太原、西安、重庆，从重庆起飞后我就吐了，胃很不舒服，下午4点多到昆明，连话都懒得说了，住翠湖宾馆。卢庆莉的信已交吕鸣，他们都很好。

19日一早就到机场，因为中缅边境气候不好，一直等到12点，决定当天不走了，才回宾馆。下午找了一辆车到西山、大观楼去玩了一下，晚上吃过桥米线，庆祝中秋，还看了一场电影。

1956年9月，何康率团访问印度，长达70天

20日准时起飞，9点多就飞过边境，9点40到曼德勒，停了40分钟又起飞，11点40到仰光。大使馆派人来接，因为我们延期一天，原先预订的飞机票已退，可能在仰光还得住几天，仍旧住在过去住过的海滨饭店。下午由大使陪同在仰光市内转了一遭，当晚印度派专机来接我们，第二天一早就走。21日9点由仰光起飞，沿途气候不好，雨很大，但我却不晕机了。十二点多到加尔各答，换乘"空中霸王"大飞机。我希望在五点前赶到德里，因当天尼赫鲁总理要接见，但到德里已五点多了，印农粮部来人迎接，总理接见已改明天。我们住在海德拉巴宾馆，这是海德拉巴大君在德里的公馆，现为政府招待所，非常奢华，我一人住一间，有冷风设备。当晚农粮部长接见，态度很友好。

22日上午到农粮部谈日程，下午尼赫鲁总理接见，对我们很关怀，晚上8点在总统府举行欢迎宴会。

23日到阿格拉游玩。阿格拉离德里125英里，坐汽车要走3小时，我们在那看了泰姬陵，陵墓全部是白大理石做的，非常美丽。我们还看了阿格拉堡、阿克巴汗陵墓，它们表现了印度古代高度的文化艺术。回德里已10点了。

24日上午及下午均去印度农业科学研究所参观。天气很热，第一二天很不习惯，吃睡均不好，今天已正常了。

25日上午到计划委员会座谈，下午去椰村参观。

26日上午参观了市场管理处及研究所，下午拜访了农业部官员，今晚就要动身到克什米尔去。

我们全部日程安排了70天，印度政府接待隆重，参观地方很多，差不多整个印度走遍了。我身体很好，一切均知小心，请勿念。

康
1956.9.26　德里

"印度政府对我们招待极为殷勤周到。"

霞：

我们9月26日夜离开德里到印度北部考察，27日到旁遮普邦首府（昌迪加尔），在宾馆稍憩就坐汽车去参观印度最大的水利工程巴克拉-南格尔大坝。巴克拉-南格尔坝建筑在萨特列日河上，坝高700米，是世界第二高大坝，全部工程主要是印度工程师设计的，工程很大。参观回来已快天黑了。

28日离开昌迪加尔坐汽车到卡尔卡特，再换爬山的铁路汽车到西姆拉。爬山车仅坐十六人，和普通的大客车一样。西姆拉海拔6200米，一路盘延而上，植物由亚热带逐渐转到温带及雪松的纯林，很好看。中午到西姆拉，它是喜马偕尔邦首府，是英国统治时的避暑胜地，同我们的庐山差不多，到时天下雨，气候相当冷，要穿毛衣及夹大衣。在此住了四天，参观了小麦育种站、马铃薯研究所、植物研究站等，并在9月30日晚庆祝了国庆节。

10月2日离西姆拉，坐夜车到阿姆利则。2日晨到，在此参观了锡克族的宗教圣地金庙及印度著名的灌溉及动力研究所。印专家接待我们很热情。10月3日原定飞往克什米尔，因天气不好，在阿姆利则又耽搁了一天，下午又去灌溉研究所看土壤部分。

4日10时起飞往克什米尔。姆利则是印度风景最美丽的地方，海拔5000多米，气候凉爽宜人。我们起飞不久就由平原进入高山，雄伟的雪山一座座从机旁滑过。11时多就到克什米尔（编者注：这里是指克什米尔印度实际控制区）的首府斯利那加。斯利那加是杰赫勒姆河的一个大河谷，长120公里，最宽25公里，四周围绕雪山，中间有大小六七个湖，树木很多，山光水色极为美丽。我们到时夏季庄稼才收，高高的

何康（图中间者）率领华南热作所黄宗道（右一）、何敬真参加的代表团访问印度，参观农场

白杨已开始落叶，农民正在田间忙着耕地。住在皇宫旅馆，过去是土王的宫殿，很华丽，有极大的花园草地，面对着达尔湖。达尔湖很像西湖，不过四周的山更高。当天下午参观了农场及几个花园，花园都是大树荫深，喷泉潺流，是莫卧儿王朝的作品。

5日到帕哈尔加姆山谷游览，帕哈尔加姆意思是"香客之谷"，是从克什米尔到西藏进香的第一站，山谷中有Lida溪流出，两旁都是雄伟的雪峰，长满松树及雪松，风景极秀丽。我们在那吃了午饭，骑了马在松林中转了一转，下午才回来。

7日参观果园及武勒尔母湖，克什米尔是印度的温带果树产区，晚苹果正成熟，果实累累。果农热情欢迎，送了我们二大箱。一天跑了很多路，很疲倦。

7日离克飞返德里，**8日在德里由使馆举行酒会招待印农业界人士，差不多主要的科学家都到了，忙到深夜才休息，**连给你写信的时间也挤掉了。

9日一早离开德里，坐火车到拉克瑙。印度的火车设备相当好，我们坐的是冷气车厢，很凉快。一路大雨，下午六时才到拉克瑙。10、11两日在拉克瑙参观了植物园、甘蔗研究所、药物研究所，11日晚离开拉克瑙到坎普尔。在坎普尔住在一

个百万富翁的大花园中，陈设很豪华，花园也很大，有游泳池、瀑布、小动植物园。在坎普尔参观了甘蔗工艺研究所、农业学院、农业试验场。14日离开坎普尔坐火车到桑吉。桑吉是印著名古迹，有2200年前建立佛的坟墓。15日一早我们参观了坟墓。墓外的石栏及四个牌坊，牌坊上全是石雕，表现了佛一生事迹，很精细。十时离开桑吉到博帕尔，博帕尔是一个小邦（编者注：此处有误，博帕尔是中央邦的首府），该邦首席部长中午请我们在博帕尔湖旁的帆房俱乐部午餐，午餐后四时由博帕尔坐汽车到美朵尔，八时到达美朵尔市长为我们举行了一个欢迎会，农业部长请我们吃晚饭。

昨天在美朵尔参观棉花研究所，今天中午要坐飞机到奥兰加巴德去看阿旃陀石窟，按日程我们11月23日从加尔各答回国，旅程还有40天。

我身体很好，就是欠觉，饭也不敢多吃，**印度政府对我们招待极为殷勤周到，**回去时一定可长胖起来。

你学习如何？身体怎样？只有回去后才能知你情况，望多多保重。

康

1956.10.17　美朵尔

"中印友好，
在印度人民中传播很深广的。"

霞：

又是好久没给你写信，在孟买时起了个头，因为终日匆忙，一直没有写完，让你又盼久了。

我们18日离开美朵尔坐飞机到印度中部的古城奥兰加巴德，参观了有名的阿旃陀石窟的壁画与埃洛拉石窟的石雕，比我们在北京展览会看的当然更生动，表现了印度人民古老的文化。20日夜由奥兰加巴德坐夜车到安得拉邦，20日中午到达，这里是印度中部六百余年历史的古城，有100多万人口，城市有大湖，周围环绕石山，树木及古建筑很多。我们住在湖滨宾馆，地方很好。在此三天，参观了水土保持试验站、牛奶厂、邦农事试验场及一个很大的博物馆。这博物馆里的东西是安得拉邦过去的王公的私人收藏，规模很大，包括了各种手工艺品和雕刻绘画，其中绘画我感到最好。

23日离开这里坐飞机到孟买。孟买是印度第二大城市及西海岸的良港，有三四百万人口，城市沿海湾建筑，风景很美丽。我们住在泰姬陵旅馆，就在印度之门的旁边，印度之门是为纪念英王乔

治五世到访印度时在孟买上岸而建造的。

我们在孟买停了三天，参观了牛奶联合企业、农业学校、果园、棉花工艺研究所、罐头厂等。在孟买我们有总领馆，吃了一顿好的中国饭，还招待印度朋友看了中国电影《天仙配》。

27日我们经济作物这一组离开孟买到印度南部西海岸的科钦去参观。科钦是椰子之乡，从飞机向下望到处都是椰子树。在这里看了橡胶园、胡椒园及椰子研究站，对我们启发很大。印度南部的人民也特别热情，群众捧着鲜花及椰子油灯来欢迎我们——这是古代接待皇帝的仪式，还用胡椒做成花环给我们戴上。

31日离开科钦坐飞机到印度南中部的哥印拜陀，这是印南新兴的纺织工业中心，又是农业教育及科学研究中心。我们住在一个大纺织工业家的农场中，住了四天，参观了农学院、农业研究所、甘蓝育种研究所。农学院有五十年历史，甘蓝育种研究所有44年历史，做了一些工作。

5号离开哥印拜陀坐汽车到乌蒂，车行不久就爬山，沿途看到很多茶园及咖啡园并参观了三个园艺场，看到了很多热带果树及可可树。乌蒂是海拔六千英尺的山城，从很热的哥印拜陀到乌蒂，

感到非常凉快，城市里到处种的钻天的蓝桉树，很清新美丽。我们在乌蒂看了水土保持试验站及植物园。晚上睡觉盖了两床被子还感到很冷。

6日从乌蒂坐汽车到迈索尔，沿途看了大茶园、制茶工厂，桉树及橡胶树栽培站、茶叶试验场、金鸡纳种植园及工厂，收获很大。印度茶园管理很好，沿着山坡一丛丛的茶树修剪得同花园中的圆球一样，很低，便于采摘。在茶园中还种了许多防护林及遮阴树，青葱满目，同大花园一样。当晚很晚才到迈索尔。迈索尔是印南的一个邦，原来的王公现为该邦首席部长，就住在迈索尔。城市树木很多，有好些路旁公园、房子都是旧建筑，涂成黄色。

7日我们经济作物这一组，是到离迈索尔76英里的柯尔去。**柯尔是印南咖啡栽培中心**，沿途看了园艺场及咖啡研究站，晚上住在一个咖啡大园主家中，他们接待我们很热情。第二天参观了几个咖啡种植园，管理得相当好，给我们的启发很大。这些咖啡园主都希望有个和平环境好做生意，爱好和平。中印友好，在印度人民中是传播很深广的。

8日下午由柯尔坐汽车回迈索尔，晚上参观了附近山顶上的迈索尔王公的家庙。

9日上午参观了土邦的王宫并拜访了首席部长，王宫建筑很好，陈设很奢侈，大理石铺地，象牙及银子雕的大门，檀香木的天花板，墙壁上画了许多王族大典仪式的壁画，陈列了很多兵器。据陪同官员讲，王宫每星期六开放给市民参观。参观王宫当天又看了中央食品研究所、檀香油厂及丝厂。檀香木是个寄生树，寄生在其他树木的根上，三四十年成熟，砍下切碎蒸油，100斤木头出五斤油，是印度的特产。

10日离开迈索尔，坐汽车到迈索尔邦的首府班加罗尔。班加罗尔位于德干高原南端，海拔3200英尺，气候四季如春，我现在就在班加罗尔给你写信。

我们以后的日程是：14日离开班加罗尔到印南东海岸的大城市马德拉斯，17日离马德拉斯坐飞机到加尔各答，18日从加尔各答到印北大吉岭看茶园，22日返回加尔各答，26日离加尔各答坐飞机到仰光，29日由仰光坐飞机到昆明，在昆明要花10天总结工作，12月10日左右回北京。

到印度后整日在旅途中，日子像过得很快，又像过得很慢，好在剩下日子不多了，我现在已习惯于这种不安定的生活。吃睡均好，回去可能要重几斤，请你不要挂念。

北京天气想必很冷了，你身体怎样，孩子怎样？非常惦念。在克什米尔替你们一人买了一条羊毛围巾，质量还好，我很希望到加尔各答能看到你的信。

我们已开始总结工作，印度朋友很希望我们提一些意见，今后要忙于这方面工作。

康

1956.11.10　班加罗尔

"这次来的确看到不少东西，收获很大。"

霞：

我现在在马德拉斯，印度东海岸的大港，第三大城市给你写信。

在班加罗尔住了三天，14日早晨坐飞机到马德拉斯来，昨天参观了省博物馆、艺术馆、动物园、水产馆。马德拉斯有150万人口，很热闹，今天一早又去椰村参观了政府的农业推广中心及两个印度教的大庙，每个庙都养了一只大象，在门口举起鼻子发出嘶声来欢迎我们。每个庙都有石雕的高塔，上面刻满了神话故事，雕刻精细，充分体现了印度人民的智慧。我们今天还看到了印度的手纺丝质及棉质的纱丽（印女人穿披的衣服），棉纺得极为精细美丽，十五尺要25卢比（合12.5元），并不很贵，我本想买一件带回去，因为人家招待不好意思就没有买。因为看的地方太多，一直弄到下午四点才回来，现在刚刚吃完饭。

这次来的确看到不少东西，收获很大，英文也可马马虎虎地讲了（一般不用翻译）。印度人民对我们很热情，一般对中国解放后的进步都表示兴趣。今天我们在参观印度庙出来时被几百个小学生发现了，顿时就把我们包围起来，"印地，秦尼巴伊巴伊（印度人中国人是兄弟）！"叫不绝口，很使人感动。印度人民勤劳、智慧，有一股伟大的创造力量。

我们后天离开马德拉斯港口，坐飞机到加尔各答，住一夜，18日坐飞机到印北大吉岭，那是印度北部茶园的中心，准备住三天。22号回加尔各答，在此参观黄麻研究所。26日坐飞机到仰光，已包好29日由仰光飞昆明的飞机，若没有其他的变动，29日就回到自己的国家了。

我们这次看得很多，带的资料不少，

在昆明恐怕要总结十天以上。我冬天的衣服，可把我的毛衣寄来，大衣我已有一件，皮大衣可不必寄了，毛衣可寄戴澜或热带作物局江局长洪洲转我。

我身体很好，勿念。你身体及孩子怎样？极念。希望在加尔各答看到你的信。

康

1956.11.15　马德拉斯

两次搭总理专机，
由印度加尔各答飞越南河内，
由河内飞返广州。
"一路非常顺利。"

霞：

想不到这样快，昨天中午我们已安抵广州，你应该安心了吧！

我们17日离开马德拉斯坐飞机到加尔各答，18日由加尔各答坐飞机到波多格拉，再由巴格多格拉坐汽车到大吉岭，在大吉岭住三天，看了四个茶园及金鸡纳场，并看了雪山日出。22日回到加尔各答，一回来就忙于做离印的准备工作。原来准备26日离加，坐飞机到仰光，再由仰光飞昆明，但由仰光飞昆明的飞机不能包，全团一次走不了，正在为难时，刚好27日有一架印度"空中霸王"直飞河内去接周总理，我们经领导批准坐此机回国。27日八点半起飞，一直飞了六个小时，两点半到河内。在河内见到程照轩同志，越南民主共和国农林部副部长还请我们吃了一顿晚饭，在河内大街上转了一转。又凑巧28日有两架送总理来的专机要回广州，我们原本决定去南宁总结，因有便机就临时改为去广州。昨天七时起飞，十二时就到广州，一路非常顺利，现在住在和平旅馆给你写信了。

我们决定在此做总结。在全团总结写好后，我还要留下搞事务总结，预计要12日左右才能回京，到前当再告你，见面的时候很快了。先发此信请你安心，余再谈。

康

1956.11.29　广州

五、人生事业再选择

在橡胶种植"大转弯"后，特种林业司由林业部转至农业部，1956年又

1956年5月，时任农业部热带作物司司长何康（前排正中站立者）送许成文、肖敏源、郑学勤、肖敬平、孔德骞、王建群六人离京前往广州"热作所"，其余如王永昌等人，于1957年随何康一起到了"热作所"

转到新成立的农垦部，改为"热带作物司"，最后撤销编制，爸爸面临人生事业的再次选择。

当时，外交部门欢迎他，有意让他去印尼担任参赞。中国科学院更加积极，因为爸爸与中科院的专家一起考察过华南、云南等橡胶种植宜林地，和许多科学家建立了深厚友谊，深得时任中科院副院长竺可桢的信任。竺可桢亲自劝说，并发函到中组部，希望爸爸到他任主任的中国科学院自然资源综合考察委员会，担任主持工作的常务副主任。1956年8月20日，爸爸给妈妈的信中写道：

最近我反复思索，考虑自己这卅几年的生活过程，虽然很多日子没有白过，但也蹉跎了不少岁月。在党的培养下我有了一些分析问题及组织工作的能力，业务上还懂一些，做一个技术行政及研究部门的组织工作还较胜任。要是真正做一个领导人，自己要做研究工作，那就要下很大决心，从基础学科做起。

我年纪虽不大，但也不轻了，加上行政事务是无法完全摆脱的，要向科学进军就要下最大的毅力。解放后七年来，我接触实际工作太少，在下面锻炼一下是有好处的，所以我愿在热带作物这门专下去。另方面我有时思想又有游动，想想搞综合考察也不错，天南海北，见闻很广，部门很宽，在这方面做一些组织工作可能比专一门容易一些。这念头一出现，我往往又将它压下去，从基础搞起恐怕是更好一些的，你觉得如何？**我近来常有这样感觉，觉得生活宽广深厚，我们要做的事很多，心中充满了愉快，对事业充满信心，在这样的情况下，一些个人的思想都清除了。**高黎贡山的杜鹃花，西双版纳的傣族人家，海南岛迎风摇曳的椰子树，亲眼见它一年年长大的胶树，都引起自己的留恋与深厚情感，**我有时很愉快地感到，自己不会为个人用自私侵占我整个心灵！**

霞，我觉得你近来有很多进步，但几年来我没有看到你有为事业心浸透的愉快，我考虑一下这主要是因你的工作太少接触实际生产，未能切身体会祖国前进的脉搏，常年耽在办公室的人是会停滞的。我衷心祝福你考上党校，好好系统地学习一些理论，再帮助你选择更适合你所长的工作，深入地钻下去。你不是一个甘于自弃的人，身体要搞好，有了好的身体才能有广阔开朗的心情，孩子不要再生了，把一切力量用到工作上去，我们已经落后了就要奋起直追。

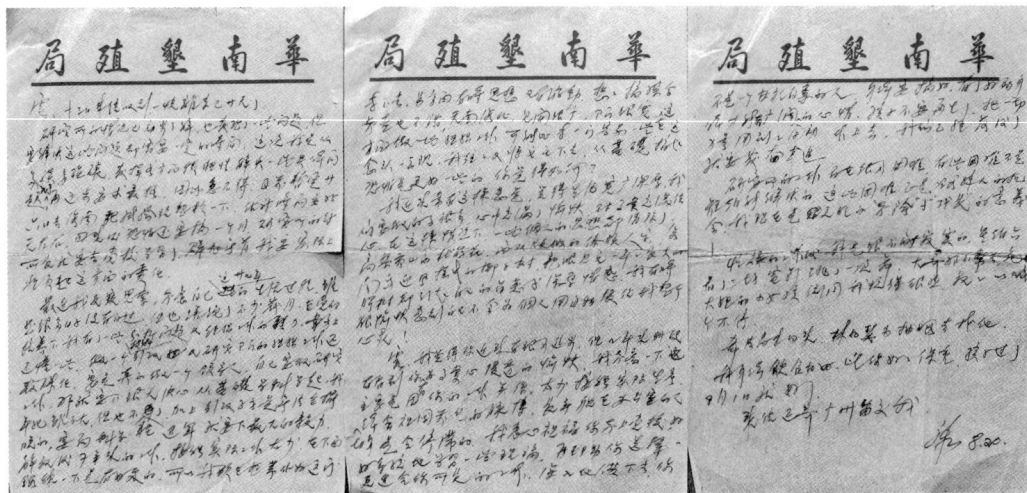

1956年8月20日信全文

研究所的工作存在很多困难，有些困难不是短期能解决的，这些困难正是锻炼人的机会，我现在是更明白"考验"与"成长"的意义了。

许多干部都希望能从农村进入城市，从地方调往中央；爸爸却选择了"人往低处走"，从城市到乡村，从中央下沉到基层。1957年2月，爸爸南下广州，担任农垦部华南亚热带作物科学研究所所长，一年后将研究所迁往橡胶生产第一线，即苏东坡的流放地海南岛儋县（今儋州市），并创立了华南热带作物学院。扎根儋县宝岛新村，爸爸妈妈在那工作生活了20年。

第二章

1957.2.3—1958.12.31

【身先士卒　下沉基层】

迁所建院

"迁所建院"是指将华南亚热带作物科学研究所由大城市广州迁往当时非常落后的生产第一线——海南儋县，并创立华南农学院海南分院（即后来的华南热带作物学院）。这是后来著名的"热作两院"开创的关键时刻，与1957年反右派斗争和1958年开始的"大跃进"运动紧密相联。这是爸爸第一次独当一面，开始担任单位的"一把手"。从熟悉情况、布点建站、决定迁所、反右派斗争、思想动员，到考察所址、研究设院、规划蓝图、分批下放，最终在1958年8月完成全所搬迁，华南农学院海南分院也正式成立，草棚上马，开门招生。

迁所建院，从繁华大城市到未开垦的处女地创业，爸爸克服重重困难，坚决执行上级领导特别是王震部长（时任农垦部部长）、陶铸书记（时任广东省委书记）的指示，这不仅体现了他沉到基层、真诚改造思想的觉悟，也将实现他进军科学、献身事业的理想。他要身先士卒、举家南迁。在此期间的多封信中，

爸爸不遗余力动员体弱多病的妈妈，特别是在1957年9月1日至9月24日，三周内有8封信催促妈妈带着弟弟由北京南下广州；1958年7月14日至7月29日，两周内5封信催促妈妈带着我们由穗（广州）赴琼（海南）。南下，再南下，直到生产科研教育第一线。在35岁那年，他利用在北京开会的间隙，去医院做了绝育手术，为的是全身心扑在中国的热作事业上。

一、离京南下赴任

1957年大年初三，春节假中，爸爸离京，赴任新职。他是带着任务下来的，要将研究所迁往海南生产第一线，广州只是中转站。尽管他对1954年成立的研究所有一定的了解，但真正接手工作，面临的"问题很多，思想颇乱，工作是相当艰苦的"。4月17日至6月7日，爸爸到湛江、海南调研，并就试验站的工作

进行安排。6月开展党内整风，进而转入反右派斗争。7月，妈妈从北京市委党校毕业，8月，爸爸利用赴京开会的机会，先将我带至广州并转学到华南农学院附小读五年级，并安排妈妈和弟弟南下。

南下首信："久闲驴儿上了套。"

希霞：

车程难走，雪还是下个不停，车上乘客寥寥可数，颇为冷清，真是"大雪纷飞独南下，人在车中心在家"。人很疲倦，但思潮起伏不能入睡。此去工作担子不轻，想起一九四九年才参加接管工作时及一九五二年开始搞"特林"工作时的情况，感到又是一番滋味。近两年来跑上跑下，内内外外，没有做什么实在的工作，而现在是"久闲驴儿上了套，只敢慢拉不敢跑"。要老老实实地学，好好地磨炼一番。

今天十点多准时到汉口，在江汉饭店休息，饭后同专家一同去看长江大桥，八个桥墩全部出水，五个桩九个梁已架好，七月桥梁可合龙，十月即可通车，从汉阳龟山脚下向蛇山望去，着实壮观，但桥的百分之八十工程都在水下，最深处达四十六米。基坚则桥固，根深则叶茂，为人治学又何能例外。

七点即动身南下，难得这样勤快写信。快手信，请向"衮衮诸公"报个平安。

康

1957.2.3 汉口

1956年，何康全家在北京的合影。次年举家南下广州，1958年迁往海南

就任后首信："我当戒骄戒躁，好好做下去。"

霞：

我现在已坐在冷清的小房间里给你写信了。

从汉口往南走，一路上雨下个不停，到广东雨更大了。专家叶尔马科夫夫妇一路为孩子沃洛加操不少心，中外孩子一样一会儿都静不下来，两个人为孩子也不时吵上两句。专家要看小说，玛利亚嫌他光看书不管孩子，吵急了每人打孩子两巴掌。可见对付孩子不独你我，中外都是一样，办法与耐心不多。

四日晚在大雨中到广州，农垦局及研究所几十个人来接，专家非常高兴。我当晚即住研究所，他们已将过去的招待所给我住，一共四间房子，一厕所，一厨房，一储藏室，房间很小，但还实用，我现占据一个小房间，空房子还可留住一位客人。饭由工人打来吃，一块钱一天，菜量很足，生活会逐渐安定下来。会客间中有两个沙发，一个小桌，空荡荡的，请将桌布等寄一些来。暖水瓶借了一个，我想再买一大水瓶，价格七八元，不知您意如何？

昨天去省委听了一天传达报告，今天正式上班。研究所问题很多，思想颇乱，工作是相当艰苦的。这对我是个很好的磨炼，我当戒骄戒躁，好好做下去。

昨天中午去大哥处看了看爹爹，一切还好，只是小孩吵，吃饭也不大好，我想此处稍安定，将爹接到我这住几天。我一切均知小心，请您勿念。

康

1957.2.6 广州

"首先要从整顿思想入手。"

霞：

我现在已正式介入工作，新的工作头绪多，每天从早到晚都很忙。所内积留问题很多，要用很大精力来整理。首先要从整顿思想入手，现在每天同人谈话，以便逐步深入了解情况及问题。

生活很好，饭从饭堂打到家中吃，做得很好，管理科专门找了一个小同志打饭及整理房子，早晚都有热水。因为天气较冷，爹爹还未搬来住。我二月下旬就要去京开会，三月中旬又要在广州开会，四月就要到海南工作两三个月，大部分时间不在家，周嫂也没有先来的必要了。

中国农业科学院成立大会决定在25日开，我准备20日由广州动身，22日到京，23日在农垦局谈一天工作，之后就开会。会要到3月1日结束，准备3日就回广州，因为11日在广州要开热带资源的学科讨论会，我是会议的秘书长，要及早赶回去准备。农科院的会议在西郊农科所开，住在前门饭店（离绒线胡同较近），希望到了星期六能在绒线胡同见到你，24日可能开预备会。

四月后我决定到海南、粤西搞建立试验站的工作，需要在下面两个月。今年上半年的主要任务是整理所内部及加强试验站。自己搞学科研究工作，要到明年了。

农业经济组所内只有两个女同志在搞，正在学习及了解有关资料。她们都是

1957年2月，何康就任华南亚热带作物科学研究所所长，主持召开热带作物科学讨论会，讨论了"热作所"与中科院、热农所的合作与分工。竺可桢、杨显东，热作所的彭光钦、尤其伟和中科院、农科院的专家们座谈，苏联专家亦参会。这次会议初步明确了热作所今后研究的重点

学农的，缺乏财务、经济核算的知识，华南农学院有农业经济教研室，她们常去听课。我觉得你搞这工作对所学及身体均合适，搞所的财务工作没有什么难度，目前也有条件学习，这样我们的工作都可安定下来了，好一同从事这一工作。

专家来后一切均好，玛利亚同志跟我写信时问候你，只是他们住在城里，平常见面机会不多，她很希望你早一些来。

近一星期来广州天气较冷，我现在就是穿了大衣给你写信。大概天气就要逐渐转暖了。爹爹天一冷就不大舒服，懒得动，天好后要到我这来住几天。

很快就要见面了，这次分别得很短，但你在家的生活也的确是不好过的。我星期天进城看爹爹同大哥大嫂，去看了一场电影。广州是没有什么好玩的。

还未看到你的信，颇念，一切见面详谈。

又及：了解了一下，此地请保姆也颇为困难，不易找到合适的，周嫂还是决定让她来吧！多花一些钱，但可省操许多心。我们都需集中力量到工作上来。你看如何？

康
1957.2.13　广州

52

"为夫不才，亦当勉力为之。"

希霞贤妻庄次：

二月十一日惠书敬悉，嘱咐各点自当铭记在心，为夫不才，亦当勉力为之，望时刻加勉，并勿以为念。

我来后是颇为小心的，但是个人主义喜欢很快有一番作为，爱表现的思想时常作祟，看问题还有片面之处，的确要时刻警惕。 我这一段时日主要是了解情况，做整顿组织的一些准备工作，还没有对全所发表什么意见。这样的意见我当注意。

箱子我攒钱买，可能广州便宜一些，等明天进城了解。现在生活很好，吃饭也合口味，就是睡眠不能按时十点入寝，这点恐怕要您来才能解决了。

薪水还未发（十五日发），发后即寄。

家具有沙发两个，茶几一张，饭桌一张，书桌四张（一大三小），五斗柜一个，床三张（二双一单）。沙发没有套子，有些破了，窗户还要窗帘，我看有几块桌布及沙发扶手布就行了，其他要等你来再布置了。所长的房子比现在我住的要大一些，因为客厅较大开会方便，可能还要再搬走。

广州天气自我来后一直很冷，有几

天清早都到零度了，这两天已转暖，但天还未放晴，据报载这是广州解放后最冷的天气了。爹爹天一冷就不愿动，因此还未来住，我决定廿一日即下星期四去京，星期六晚到，恐怕无法接他来家住了。我们开会住前门饭店，离绒线胡同很近，星期六下车后我即到绒线胡同找你，希望你在那等我，或是在那住，或是回和平里都可。

身体很好，勿念。到前当再给你一个信。

康

1957.2.15 广州

"我一切自知小心，
戒骄戒躁，虚心谨慎。"

希霞：

我现在又安然坐在这小屋子的桌上给你写信了。

飞机按时从北京起飞，一路很好，我蒙蒙胧胧也睡了一会儿，十一点多钟到汉口，正下大雨，吃了饭，左等也不开，右等也不开，后来宣布因机件障碍当天走不成了，只好随车进城，住在民航局的招待所内。休息了一下，我就在霏霏的细雨中去武大看石泉、李涵（编者注：即我的二姨父与二姨）。

下雨路很泥泞，我忽然出现在他们宁静的小楼上，让他们颇吃一惊。坐下来就谈起北京的新闻，以及他们的思想情况。石泉很为秘书长的职务烦恼，但事实上很难也不会摆脱，问题是需要说清工作责任的主次（教书是主），明确与专职干部的分工，慢慢培养一个替身，否则苦恼也没有用。一直在他们那，吃了饭，谈到八点，才回武昌。

今天九点飞机起飞，一路在大雨中飞行，十二点来到广州，回所后就去广州开会，并去看了专家，代你向他们问了好。

明天就要开始正常的所内生活了，工作也要逐步深入下去，我一切自知小心，戒骄戒躁，虚心谨慎，请安心，并请多来信督促。

请打电话告诉妈妈我已安抵，待去看过爹爹后再给她写信。

康

1957.3.5 广州

"担子颇为不轻，
但又不能不加紧搞。"

霞：

　　接到你十日来信，很高兴。因为近来太忙，看到你第一封信，知你盼信也很感不安。**我自回所后一方面筹备开学术讨论会，一方面在所里动员大家精简节约，加强试验站。党内党外，民主党派，以及这样大的一个会议，我又缺得力助手，担子颇为不轻，但又不能不加紧搞。**

　　十日我已自所里搬到广州南方大厦。在开会地方工作（我担任大会秘书长），这几天从早到晚都是会，直到今天宣读论文，我还未参加，抽出时间考虑些问题和给你写信。

　　迪儿的进步快使我很愉快，我准备写信给他，并买几本书给他，希望你有空对他多多关心教育。我们在这方面确实做得很差，也很难为他们。

　　回来后天气热了几天，昨天又转冷了，我又有些伤风。爹爹很好，前到我们所视察了一次，准备在三月底回去。

　　我会议要20日结束，结束后即返所，再详细写信。

康

1957.3.15　广州

"将全副精力放在
整顿思想及试验站上。"

霞：

　　会议已经开完，我今早已回到所中开始正常的工作了。这次会议开得太紧，照理学术会议还应这样开法，但会议内容方面太广（植物、林、园艺、橡胶等等），来的人很多（出席一百多人），大部是研究人员及教授们，需要大家充分发表意见，只好除大会外晚上也开一些座谈会。我做秘书长自然更累，专家说我开会开瘦了。**会议收集了各方面专家的意见，大家均建议加强对开发热带资源科学研究工作的领导。我们所的学术委员会也开得还好，给同志们一些鼓舞。**

　　回所后又要抓紧精简节约，加强试验站的工作。研究所思想基础很薄弱，行政工作又没人搞，自然很忙，**好在也到了一个党内思想整顿的时期。干部情绪还好，也还团结，但工作很紧张，预计今年上半年我得将全副精力放在整顿思想及试验站上。四月初就要下去，六月间回来，下半年可以转到学术领导方面。我现在还无法抽出时间来学习，长期这样下去是不成的，**武副所长回来后行政事务可大大减轻就好办了。

　　开会很忙，都没有抽空去看爹，昨

晚去看了一下，爹爹身体很好，正在视察商业，他准备在24日以后回京。因为路远来回不便，我这又太寂寞，不预备来我这住了。大哥很好，准备4月间到印度去视察盐业。

替迪儿买了几本书，并写一封信去鼓励他，孩子大了，抓紧教育会越来越好的。禾儿近来身体不知怎样？

这月薪水因开会20日才拿到，已寄上150元到百万庄邮局。公债准备每月20元，共160元。我虽较累，身体很好，请勿念。

康

1957.3.21　广州

"有决心及信心在
三五年内把这所搞上轨道。"

霞：

谢谢你对我的鼓励与告诫，我当谨记。我自来后整天工作很忙，但精神很愉快，工作较过去几年具体、全面，又是独立负责。科学机关困难很多，因为我热爱这一工作，希望对自己多做磨炼，尚不以此为苦。党内党外思想工作做得很多，又

需照顾统战关系，必须耐心又耐心。会议开完后就返所动员勤俭办科学及加强试验站。因为研究所性质不同，工作基础薄弱，没有采取运动方式，而从改进工作、算细账、多做思想工作入手。现在动员工作已告一小段，已有40人自愿到海南、粤西试验站工作，经费可较前节约15%。干部工作情绪也较前提高，工作有进展，我自己也感快慰。我们所是"年轻"的所，已有相当基础，年轻人多，只要思想搞通，工作推动较一般老所还要好一些。我是有决心及信心在三五年内把这所搞上轨道。

忙中闲下来，有时感到颇为寂寞。广州没有什么去处，星期天只是看看专家，逛逛书店，无线电对我安慰颇多。好在整天都有人来找我谈话，闲空不多。

我原定4月7、8日去海南，因为省委要开宣传工作会议，可能要推迟到15日后再下去。我身体很好，所内中西医均有，有不舒服即可找他们，请勿念。

我给迪儿买了一些书，并写了封信给他。此地小学离所有点远（要走30分钟），孩子问题再好好考虑一下。

先发此信，再谈。

康

1957.4.2　广州

"最大的经验是，
从解决具体问题入手"，
"工作通过群众自觉来做"。

霞：

今天下午进城去为广东科普协会会议作一个关于发展热带作物的报告，路过黄花岗，看见香烛缭绕，很多人在扫墓。清明时节到了。广州的春天，有了初夏的风光。庞大的榕树、香樟的叶茎已吐出了新绿，英雄的红棉树已开始放出朵朵的红花。可惜太忙了，无暇游春，也无人同游。北京今年春光姗姗来迟，现在大概也有些春意了吧。

昨天下午向全所总结这一段时间的工作，并谈几方面的思想问题，足足讲了四个钟头。这一段时间的工作结果是有34个研究人员自愿调站工作，经费初步算账已节省4万元。我对工作的信心有所提高，从工作中我获得最大的经验是，从解决具体问题入手，充分、反复进行思想工作，党内党外，老的少的，大会小会，各个谈，能办的就办，办不到的明说，工作通过群众自觉来做。过去所内同志之间意见很多，一搞运动往往弄到个人意见上去，因此这次就不从层层检查工作入手，而从一项项具体改进工作入手，既改进工作，又增强同志们的团结。毛主席在最高国务会议上关于处理人民内部矛盾的讲话对我有极大的启示。明天起又要参加省委宣传工作会议，一定可以学习到很多东西。

工作很忙，精神非常愉快，生活是充实的。如今想来过去一两年实在不够紧张，浪费不少时间，实践果然是最好的先生。

我要十四五号才能下去，一去要到五六月才回来，说不定又有事到北京去了。你生活学习如何？

康

1957.4.5 广州

"遇到困难能安之若素"，
"真是一大幸事"。

霞：

4月1日来信收到。

我因开省委宣传工作会议，要15日后才去海南。这次同专家一起出去，准备2个月，如再到广西去可能六月底才回来。整天开会、谈话，能走出办公室真是解放，对身体的好处也很大。流行感冒我未被波及，足证抵抗力尚不弱，请您勿念。

八大（编者注：中国共产党第八次全国代表大会）文件未买到，请你代买。《斯大林全集》有的是1、2、3、8、9、10、11、12卷，8本。《毛选》我无第三卷，是否在京？有多的请寄我。

帐子出差前我会买，樟木箱广州很多，大的28元一个，还不错，我想等您来了再买。我夏天制服太少，想买一套。这次发薪，因要出差我想先给你寄100元，下月除扣公债及党费后全部给你寄去。我每天吃饭约8角，牛奶7角，吃得还可以。

药片是我在汉口买的。药片黑色，不知何故，当时也问了药房，他说成分一样。因怕北京不易买到，就买下了。希法（编者注：妈妈的弟弟，我唯一的舅舅）已从海南出差回来，他工作尚好。

近来学习《关于正确处理人民内部矛盾的问题》，体会颇多，对分析研究所内的一些矛盾、问题有很多启发，我已提出一些问题供所内同志讨论参考。下到基层工作的确实际得多。我现在工作安心，遇到困难能安之若素，看起来真是一大幸事。很多人干一行怨一行，真

颇为苦恼。

爹爹生日我去了封信拜寿，不知过得热闹否。

康

1957.4.11　广州

"只愿老老实实工作。"

霞：

4月10日来函敬悉。

阁下责备我粗心大意，本人接受，有时顺笔写来，又未重看一遍，错误自然难免，以后当多加小心。

这次农业部杨显东副部长来华南检查农业科学研究工作，曾和我谈让我兼任华南农业科学研究所所长，我坚决推掉。当然这只是他个人意见。**我尚有自知之明，只愿老老实实工作，决不在这些方面转念头。**

几个问题前信业已答复，樟木箱广州有，还不错，大的30元一个，昨天我想买一个，后希望你来一起看了再买，就未买。广州经常有卖的，可不必在上海买，来回搬运不便。罗纹帐子可在上海物色，我买了一个小方帐，12元。《世界知识手册1957》等，我不再买了。

八大文件你如能买到希望代买，我出差后不易买到。

昨天同李局长（编者注：李嘉人）谈起理论学习事，广州高级干部学习的安排还不坏，三个月一期，每两年一轮。学习地点在从化温泉，有爬山游泳的地方，对学习、锻炼身体均好。广州有报告可来听，每星期天回广州，星期一再回学习地点去。三个月一期不紧张，消化学的东西较好，同时每过两年学习休息三个月，对整理思想，锻炼身体，均有好处，这样比去高级党校集中学一年还好。同时你又南下了，又分两地也不好，我常考虑这一年离职学习问题，要是如此改变，转为短期离职，这顾虑就可解决了。同时在广州学习可多接近广东地区的领导干部，对了解地方情况是有好处的。**我目前就感到与地方工作脱离太远了，这样在政治上是不利的。**不知你意见如何，请告，以便向农垦部申请改变。

我决定4月17日出发，4月20日至5月20日都在海南，信可写海口海南农垦局王昌虎局长留转；5月20日到6月10日在粤西，信可寄湛江粤西农垦局陈文高局长留转。之后就回所或再到广西，尚未

定，你可少来信，我当尽量多写信回去。

昨天已寄100元给你。

康

1957.4.14 广州

"在实际工作中真是较坐在办公室中来得愉快。"

霞：

你及迪儿的信收到了，我刚从粤西过海到海口，专家才从广州坐飞机来，带来你的信，看了非常高兴。

我16日在所里做了整日的传达报告《关于正确处理人民内部矛盾的问题》上下午共讲了6个钟头，虽坚持下来，但人也颇为疲倦。当晚又赶办了一些公事。17日一早就坐汽车动身，晚宿阳江，第二天到湛江。走出了办公室，一路满目葱绿，正是插秧耕田的农忙季节，沿途新修很多水利设施，新造很多林，看起来颇令人高兴。

在湛江两天顺利地确定了粤西的试验站的选址问题，在离湛江市20多公里处，从垦殖场中划出5000顷地做试验站。

地方很合理想，大家都很高兴。我在场内跑了半天，在实际工作中真是较坐在办公室中来得愉快。

21日由湛江坐汽车来海南，过海时风平浪静，船摇得不凶，我因连日奔波颇疲倦，在船上蒙胧睡了一觉。

今天在海口待了一天，专家昨天到的，明天一早就一起到试验站去，大约在海南岛西部待15天后回海口，再到海南岛东部去半个月，再转粤西去。

海南颇热，叫夏游是颇不相称，不游已汗流浃背，但早晚还凉快。今天到街上买了一条苎麻裤，上衣是全年需要了，台湾席很起作用。

我一切知保重，请勿念，迪儿我已给他去信了。

请打电话告诉家中一下我的情况。

康

1957.4.22　海口

"有事业心的人是幸福的。"

霞：

我来联昌试验站已经五天，这五天紧张劳动的生活过得非常愉快。

你想不到在丛莽胶园的深处有这样好的地方。试验站建在一片老胶园中心的小山岗上，离海南西部的那大（你在地图上可找到）18公里，有4400平方米，20多幢小平房宿舍，有相当设备的实验室，自来水及电（晚上照明）均有。我们每天六点起身，六点半用早餐，有牛奶及包子（附近农垦场做的炼奶还不坏），七点就开始同专家一起在胶园实地检查工作。天气清凉，满目葱茏，在胶园华盖荫蔽下一边谈一边看，获益很多。中午十二点吃饭，就在大饭厅，专家也同大家一起吃，但分开坐，我是一块钱一天，吃得比广州好。午饭后睡一觉，在广州是从未睡着过一次，在这五天来四天都睡得很好。下午起来开会或出去跑。前天我同七位同志一起骑自行车去看试验地，在茂密的杂木林及新开的胶园中，连骑带推走了四五十里路。烈日当空，汗把衬衣都浸湿了。当时只觉得劳动的愉快而未感到疲倦，到昨天才觉得有些累。到底是坐办公室的秀才，劳动太少，解放后除一九五四年在海南去看老胶园骑过一次自行车外，恐怕这才是第二次。晚饭后就同专家一起下河去游泳，河水不算很清，但还干净，河底很浅，最深还不过人。那时天已渐渐凉下来，游完后真是遍体生凉，十分爽快。晚上又安静又凉快，大家都在看书。电灯很亮，没有纱窗，因疟疾防治站的历年处理，蚊子比广州少得多。十点多就睡了。每半个月有一次电影放映（农垦局工会的放映队），前天晚上看了《生的权利》，这还是我到广州后第一次看的那部电影。

试验站的条件是很好的，但因为所内长期对试验站缺乏明确的方针，站内没有有事业心的领导，在新站长派来之前已陷入瘫痪状态。**目前所内明确了加强试验站的方针，派了位安心于事业的副研究员为新站长，并调了一批研究人员来，也开始出现新气象了。目前主要问题是行政部门人太多，事少，安不下心来，思想还很混乱。最近编制已定，准备调出十几个人，思想再加整顿就会安下来。**

越深入工作，越接触实际，我越感到愉快，像是点燃了在内心的生命火焰。我的房前是一排结实累累的椰子树，房前的路我叫作"椰林大道"。昨天傍晚我与专家及刘松泉在一起散步，计划着哪

1957年4月，何康和苏联专家叶尔马科夫察看联昌试验站胶林，与站长刘松泉在"橡胶树王"前留影

里盖房子，哪里起花坛，哪里栽树。我替要来试验站的同志做了沟通，"让我们在试验站里安下家，让我们用自己辛勤的劳动拓荒播种，让茁壮的幼苗在这片土地上生根开花"。

有事业心的人是幸福的，我常常因亲眼见到一年年长起新的胶树即将开割产胶而心情激动，我往往因向往工作的前景而久久不能入睡，我很希望你将来对这事业也会产生同样的感情，我们可共同享受在共同劳动中的快乐。

身体只会越来越好，请安心。

康

1957.4.27　联昌

"事在人为，问题要有人去做。"

霞：

好些天没见到您的来信了，大概您也不知向哪儿给我寄信。

我仍旧住在联昌试验站，每天早出午归，下午休息后又工作，生活很是紧张、愉快。

"五四青年节"，我向青年团做了"树立共产主义人生观，发扬艰苦奋斗精神"的报告，第二天大家一起参加义务劳动，清理胶园内的杂木杂草。久坐办公室的人劳动一下，好处很大，整个衣服都湿透了。清完就坐在胶树的浓荫下，我给大家讲云南亚热带地区的风光。我对云南是有感情的，讲得大家也入神了。我现在从各方面做工作，激起大家对事业的热爱和信心，这样才能生根。我感到有事业心的人是幸福的，没有事业心的人惶惶不可终日是很苦恼的。而现在的青年人就颇缺乏克服困难苦干的精神，要鼓励他们。

前天到海南西部八所港及北黎去了一天。北黎离那大125公里，是西部干旱地区。我们中午到那，沿海是近乎沙滩的砂地，干旱，风大，尽生长些仙人掌等旱生植物。这块土地面积很大，有好几百万亩，如何利用？我们将来也应在这地区设一个试验场。我们看了八所港，吃了西瓜及芒果，又到北黎看了日本人造的木麻黄林，近20年已蔚然一片，环境也改变了。事在人为，问题是要有人去做。

我们准备在那大再住四天，就转到南部去，大约要月底才回海口，有信在月底前可寄海南农垦局王局长转我。

一切均好，勿念。请把我的情况告

诉家中一下，请他们安心。

康

1957.5.13　联昌

"到东南部兴隆，
选定新建的热带作物试验站地址。"

霞：

连日派遣奔波，生活不安定，工作又忙，就少给你写信。

我离开联昌后即到海南南部的保亭地区住了三天，检查育种工作，那里的橡胶树长得很好。后又到东南部的兴隆，选定新建的热带作物试验站地址，待了四天就回到海口。到海口待一天就过海，经过徐闻，到湛江。明天离开湛江到茂名工作三天就回广州去。原本打算去广西，现因所里整风开始，要我回去主持。出来时久，很多问题需回去解决，专家也感到有些疲倦。

我这次出来工作尚顺利。现在具体负责一个单位工作，担子要比从前重得多，下来工作也不如过去轻松，但对自己的锻炼较好。

昨天"六一"也没给孩子买点东西，请你买一些代送，我到广州后当给他们买些书寄去。

我身体很好，勿念。明天一早出发，再谈。

康

1957.6.2　湛江

"我们出外50天
在那好好地休息了一晚。"

霞：

我已于昨晚安然回到广州，今天看到你5月13日、21日的两封信，知一切尚好，很感愉快。

我从湛江出发后即去茂名工作了三天，就从茂名向北经肇庆回来。我虽去粤西七八次，但走北路还是第一次，过去都是沿海走的。粤西北部山清水秀，风景很好，我们路过肇庆时游览了当地名胜七星岩，同桂林的石山一样，没有阳朔那么好看。当晚住在鼎湖山。鼎湖山是粤西著名的胜地，树木保护得很好，中科院华南植物研究所在那设有植物园。

在大树浓荫中有一条清澈的溪水流过，非常清凉。**我们出外50天，在那好好地休息了一晚。溪水潺潺，百鸟争鸣，解除了我们多日的疲劳。昨天一早游了山，认识了很多新植物**，又游了水。下午2时才动身，7时多到了广州。

研究所正在整风，很多事正待我回来布置，今年经费又很紧张，所里要我到北京去请示一下部里，我还未定。你学习什么时候结束？要来广州最好是什么时候？我想去北京接你，但要与工作结合起来较好，请告。

回后很忙，再谈。

康

1957.6.8　广州

"我希望自己好好受到锻炼。"

霞：

6月27日来信收到，知你盼信焦虑，颇感不安。我自回来后就忙于整风，开会多，忙而没有什么变化。天天总是7点多一些起床，早饭是半斤牛奶和两个包子。8点办公，只是整风领导小组汇报，大半天就过去了，处理一些事就下班了，到大饭堂吃饭，接近群众很好。饭现在已有焖饭，每顿4分钱约两小碗，菜打2～3角的，加上一个鸭蛋，虽然胃口不佳，每顿都能吃饱。下午开会时间多，中午看一会报，很难睡得着觉。晚上也经常开会，每星期五有一次电影放映，我便到附近华南工学院去看。晚点看看书，听听无线电，总要到11点才睡。洗澡是淋浴，就在房子里，很方便。晚上不易一下子就睡着，往往躺下要一小时后才入睡。

进城很少，因为离城有十几公里，交通不便，到城里去又没有什么事，最多是看看书，看电影也不容易买到票。大嫂那最近都没有去，近两个星期日下午陪专家及专家夫人到广州一些名胜去玩了一下，他们很高兴，因来广州两年多了，连黄花岗还未去过。广州的确也没有什么好玩的，在北京住惯了，确实对广州兴趣不浓，最大的乐趣是逛书店，上饭店安静地吃一顿饭。这里没有什么文化古迹，一些公园也是一览无遗，而无法使人留恋。菜我更是吃不惯，好在所中南北菜皆有。有时下乡吃炒不熟的青菜及带血的鸡，的确不惯。

天气现在不算太热，晚上还很凉，

据说八九月最热，十月以后天清气爽，是广州最好的时候。最潮的三四月已过了，现在并不很潮。我们那些冬天的衣服，皮大衣等最好不带来，很难放晒，潮的时候晴天不多，冬天也没机会穿，放在北京，去时再穿也可以，放也好放。

你的工作，搞机关会计当然简单一些。但我们有几个试验站，将来这些试验站有生产，也可搞企业化，与农业经济结合起来。农业经济是可学一些东西的，但一切初建，从企业会计核算上很多可与你所学联系起来，我们已去信农垦部转森林工业部请调，来后再研究吧！在一起工作闲话是免不了的，但只要不徇私，大家总是看得清的。这次整风运动中在这方面也谈论不少，现在很多人还是庸俗地看问题，好在我们自己都很注意这些问题，也不怕人家说闲话。

保姆确实不容易请到好的，现在情况与解放前不同了，过去是顺德一带的女孩不出嫁，专门做"婆娘"，而现在合作化了，爱劳动的一般不出来了，出来当保姆的一般是较差的。我们所中就很少请到一个好的，尤其是我们一起出差时，家交给她是不放心的，我再设法找一找看是否有合适的。附近原有小学，今年名额已满，不收新生，而要与其他单位合办的小学还未办起来，现已请人事科再去打听。这儿是全天上学的，离研究所均是三四里，小孩中午送饭去不回来吃饭。如实在无法，带小禾来还是比较方便的，所中托儿所办得还不坏（日托），也很近。

我们正在进行整风，"三害"（编者注：指官僚主义、宗派主义和教条主义）暴露不少，右派还不明显，现准备进入反右派阶段。主要是通过对肃反问题的认识，检查立场，端正认识。这一运动又给我不少教育，人就是要在战斗中不断地成长。确实很多事看到了，明白了，不一定能做得好，火候、分寸需要长时间的斗争锻炼，我就是缺乏这个。到研究所后与司中情况大不同，现在独立负责一个七八百人的单位了，党、政、研究、思想，一切一切，斗争是很复杂的。这次运动给我在这方面启发很大，不能把人看得太简单了，要用阶级分析的办法来看问题，看人。因此要办好这研究所需要的不仅是学术领导，还要有政治领导和政治斗争，我希望自己好好受到锻炼。

再谈。

康

1957.7.5　广州

"思想改造工作是很艰苦的、长期的，必须点点滴滴通过业务实践去做，不能满足于一次轰轰烈烈的运动。"

霞：

这两天整风已进入提高思想，分清是非阶段，我所虽无突出的右派分子，但右派观点仍然不少，不过争鸣起来远不如鸣放时关于阶级等问题提得那样起劲。有些知识分子对个人问题是斤斤计较，争论不休，对国家大事反倒热情不高，确实令人寒心。也说明我所思想工作基础很差，教育不够，尤其是最近一年来，强调业务，忽视政治思想的风气有所抬头。这说明今后思想改造工作是很艰苦的、长期的，必须点点滴滴通过业务实践去做，不能满足于一次轰轰烈烈的运动，目前就要做一番细微的分析批判工作。你学习得如何？我感到你参加群众运动太少，"三反"也错过了，锻炼人最好是在群众运动中，因为阶级斗争尖锐，正是对自己立场的一个最好考验。

我入工会等要半身照片，如能找出原来的底片，请给我印半打寄来，或将底片寄来，否则我再在此另照。

金肇野同志（去印度的副团长）送你一件尼龙衣料（在印度时我要向他分账的，他不要），现在放农业部东单招待所中，请你凭条去取一下，招待所所长好像姓李。

彭老（编者注：彭光钦）去京开农科院学术委员会，只我一人在家，工作的确杂乱。整风鸣放这星期可结束，下星期要开始搞业务了。

康

1957.7.8　广州

"只要肯学习而不骄傲，总会进步的。"

霞：

小禾、你及禾、迪的相片三张已收到。7月10日来信收到。你学习了十个月，谈起道理来头头是道，足见有很大进步，我也很感高兴。你有些学习机会以补过去的不足是很好的，将来再经实际锻炼就更好了。我自己就是缺乏系统学习，虽然看了一些书，但不深刻，因此一般是能看到问题，也能稍作分析，但不全面，不深刻，这与学习有关。工作也是摇摆而不够坚定，现在当然是比初出茅庐时老练一些，但较诸久经锻炼的老将还差得远，我想只要肯学而不骄傲，总会进步的。

迪儿加入少先队是一大喜事，当写封信去向他祝贺。学校附近的师范学院附小因教师多是家属，很不好，现已去打听。另一个石牌小学很远，要走40～50分钟，是乡下小学，全讲广东话，他也没法上。新的小学要明年才能办起来。能来自然最好，我们可监督他，将来初中不是容易考的，考不上是很麻烦的。

"整风反右"还在进行，此地因开展较文明，温度不够，右派暴露不够明显，在肃反问题上还是要改进一下。我们花了一个星期进行辩论，星期一开了一天大会总结了一下，总算初步澄清。还有党群关系、工作评价问题，准备在月底前搞定。这里思想基础差，自由散漫，长期缺乏思想教育，历史遗留问题多（肃反，评级），骨干少，党的战斗力不强。**思想工作是长期、艰苦的，给我很大锻炼，不能满足于大起大落的运动，应当深入进行艰苦、点滴的思想工作。**

月底要开学术委员会研究明年工作，现已开始准备，工作颇紧，有时感到疲倦。前几天肚脐附近忽然发了一大块湿疹，非常痒，医生讲与神经紧张有关，

这几天涂药，每天洗两次澡，现已快痊愈。吃饭还可以，每月差不多要24～30元，牛奶每月6块多还在外，也颇不便宜。衣服小的都自己洗，衬衫、长裤外面洗，热水有人打，屋子有人扫，也还方便。有空进城买买书，吃一顿饭，星期天下午睡一个觉，躺在床上看看近几天的报纸杂志，是颇为快乐之事。按照我目前的情况要做研究工作是不现实的，有待领导人较齐全，工作较安定后才行。

昨天发了薪水，买了一条麻布长裤及薄的背心，因夏天衣服太少，还想买一条毛巾被（12元），及一双凉鞋（原来凉鞋已破，出国穿的太好，穿坏可惜，想买一车胎底的），怕花钱多而未买。雨衣已全不顶事，雨大即透，很想买一把好点的阳伞，雨天、大太阳天均可用，要12元，不知你意如何？

樟木箱这儿有，大小不等，价格20～30元一个，可到此再买。《世界知识手册1957》我已买了。

大哥已见到，希法现在文昌，很好，大概工作忙，少信。

再谈。

康

1957.7.9　广州

"生活就是斗争，
停滞了就会发霉生锈，
近来我对此体会颇深。"

霞：

今天是最近几星期以来唯一上午没有开会的星期天，我难得偷半日之闲，看了几篇党群关系的文章，准备明天下午做报告。又看完了《人民文学》七月号上刊登的陈其通写的《同志间》剧本，当我看到年老且久经锻炼的师长如何艰苦地进行思想上的斗争时，不禁落下泪来。我经常有这样的情况，看一场电影也好，经历一个令人感动的场面也好，有时情不自禁热泪夺眶而出，年事越长，情感有时越容易激动。但自己也感到这几年来深沉了很多，思想也进步深化了些，但似乎还不复杂。矛盾的社会，不断的斗争，成长，前进，越深入生活越能感受生活的乐趣，越能感受到党的伟大与生命力。生活就是斗争，停滞了就会发霉生锈，近来我对此体会颇深。反右的斗争更教育我了解思想斗争的长期性与艰苦性，在研究工作中有思想斗争也有政治斗争，要耐心，深入进行艰苦的工作。对这场战斗我是不会退却的，在巨大劳动后有着无限的愉快。党在实际工作中锻炼、培养、教育着我，自己每念及此，感到极大的幸福。

信写到这又因开会中断了，星期一上午办公室门庭若市，中午没休息，准备下午关于党群关系的报告，晚上为欢送复旦大学实习学生开晚会，到十一点才回来睡觉，但一躺在床上又久久不能入睡。这几天因为就要开会研究明年的工作了，老在考虑如何办。所、站、新、老、题目、工作条件等等，有思想问题也有具体工作问题。刚才接到部里的电报，要我25日去部里开会，我们自己的会又定29日开，走不走？颇费周章。想等一下打一个长途电话去问一问，我们也可能很快就见面。

迪儿上学问题可以解决了，因为我们正在研究与附近一个研究所合办小学，争取在暑假中办起来，华南师范学院附小也可设法进去。两个孩子还是带来好，最近此事即可决定。保姆一时找不到合适的。

广州天气热了起来，好在我不很怕热。希法已自海南回来，他一直没给你们信，惹得你们记挂，我让他即给你们去信。

再谈，很可能在25号去京。

康

1957.7.23　广州

"教育自己也教育别人。"

霞:

有好几天没给你写信了,整风已进入高潮,自己又不会安排时间,忙碌得很。

您的来信给我很大安慰,你如何从我湛江发出的信中感到我有些不愉快呢?的确,我当时是有些沉重的,主要是工作上的问题,因为加强试验站的问题,从生产部门接收了一些场地、工人,这自然增加经费上的一些困难,而所中的一些同志不够谅解。**研究所中在这方面是有思想斗争的,留在城市或到生产中心去,着重实验室工作或着重大田试验。我办事的缺点是方向看准了,但有时失之过急,与各方面酝酿不够。但这一加强试验站的措施是得到全所大部分人支持的,经费也可设法解决。很多思想问题我也愿借此次整风运动澄清一下,教育自己也教育别人。**

你工作调动的事,彭老(编者注:彭儒,时任农垦部人事司副司长,井冈山时期的老红军,陈正人的夫人)已告人事科,去函森林工业部请调。我想,如不参加整风,能请大家提一些意见还是好的,你很需要这方面的锻炼。九月初来好,否则路途中太热,孩子与你均受不了,这儿的工作又不多。孩子上学的事还是困难,因此地小学恐怕明年才能办起来,现在华南师范学院附属小学一是不好进,二是太远,有四五里路,来往很不方便。所中幼儿园日托办得还不坏,是否先将小禾带来,迪儿暂留京,明年再来?这里请保姆很困难,大哥这么久也未找到合适的人。在乡下更困难,所中经常出这方面问题。兆兰能来很好,她的病可否让医院再检查一下?如没有很大问题,南方气候无碍,最好来,免得天天为此事操心,我们可能两人同时出差,家内没人照顾也不行。

因为研究所距广州有十几公里,如在市内工作,来往很不便。农垦局现在精简,也无适当部门。在研究所工作,一是搞财务科(现无科长),一是搞农业经济,我意搞农业经济较好,这样能发挥你所长。华南农学院有农经教研组,你可听一些课。农经教研组目前只有两个女同志,恐怕都要调走,新调来一个场长任组长,这个同志较强,还未到任。因此一切都要重新配备,来后再慢慢研究吧。

广州很热了,我吃饭已到膳堂吃,生活还可以,只是睡得晚一点,忙过这阵可能好一点。本来为经费要去北京一趟，目前忙也脱不了身，看情况再说吧。

多来信。

康

1957.7.25　广州

二、反右派斗争

作为研究所的第一把手，爸爸担任了单位"整风反右"运动的领导小组组长。对于运动，爸爸最初思想准备不足，在"文革"中的交代材料里，他写道："在七月中旬开始反击右派时，我要去北京开会，行前与农垦战线领导小组组长李嘉人研究彭光钦的问题。我认为彭的言论不如社会上已揭露出的右派突出，彭是民主人士，在科技界有一定影响，应慎重处理。李和我看法一致，决定彭的问题进一步搜集材料后再定性，暂不开展斗争。思想右倾，庇护右派。我从北京会后回所，广大革命群众已在党的号召下开展了对彭的揭发批判。我在群众的压力下被迫展开了对彭以及尤其伟、曾友梅等右派的批判斗争，但为了将来在学术上还要用他们，根本未将他们从政治上、思想上以及学术上批深、批臭。"

1957年8月、9月爸爸的信中批彭的调子随着反右派斗争的扩大化而升级。研究所党组织关系归地方省委领导，爸爸的笔记本中有他参加省委会议的记录，领导要求反对"温情主义"，广州划"右派"的比例大大落后于中央，提出"要划得准、斗得狠"。在巨大的政治压力下，研究所最终划了"右派"21人，彭光钦被广东省委定为"极右分子"，撤销一切职务，由一级研究员降为三级。十一届三中全会后，研究所的"右派分子"全部获平反改正。但是在爸爸内心始终感到愧疚，不止一次地说"对不起他们"。爸爸在1962年为彭光钦等几位老教授，摘了"右派"帽子，这也成为"文革"中批判父亲的一大罪状。在交代材料中，爸爸写道："以彭光钦为例：1958年4月所下迁时，我就让彭和我及其他几个研究员一起同坐小客车到海南；1959年12月在西联农场开农垦誓师大会时，我竟让彭上主席台，坐在王震部长旁边；1961年9月'两院'第二批'右派'摘帽时，在党委会讨论中我以彭下迁后表现较好，摘帽可调动积极性，扩大影响为理由，由我定调子未经基层支部发动群众充分讨论就给彭摘了帽子；同年11月彭摘帽已上报省委尚未批准前，我就将彭带往北京参加王部长召集的橡胶七年规划重要会议，会后并和彭等四人联名提出《发展我国天然橡胶生产的几点建议》；到1963年我先后提名彭担任了院务委员会、成果鉴定委员会、编译委员会委员，参加北京热作十年科技规划会议，10月间评级时还建议给彭提一级，还曾考虑要彭担任图书馆馆长，及建议彭任省政协委员。"

尽管爸爸信中的措辞越来越激烈，但当时跟他一起住的我竟然留不下一丝反右派斗争的印象，从广州到海南，我与这些"右派"子女朝夕相处，一起学习、玩耍，爸爸从来没有干涉过，我也从来不知道有什么"黑五类"。邓超雄老师是21位"右派"之一，是我初中时候

1962年2月，何康之父何遂视察海南，送彭光钦画作，彭光钦题诗

的班主任，1961年暑假，她还曾带着我与她的三个孩子一起上北京。我一直管她叫邓阿姨，叫了一辈子。

"所内反右派斗争正深入开展。"

霞：

17日来信收到。知小禾生病入院很为惦念，希望有结果后即告我。广州的医生我当去打听，我所老中医是否长于治肾病，明天当去问他。小禾的病可能是早已有了，只是未经检查，望你也不要焦急。

广州这两天天气凉快下来，迪儿、兆兰也慢慢习惯了，房子也整理得比较好，天天打"六六六"，蚊子也少了。迪儿没事就在家中看书，不大出去，咬的包也好了一些。星期天我带他出去，准备买一双车胎底的凉鞋，要五六元，没找到合适的，下次还要替他买。买了几本通俗的《三国演义》，看得很起劲。饭已自己做，迪儿就是要吃洋山芋、青菜，别的不吃。午觉每天我都让他和我一起躺躺，他有时睡着，不睡则看书，而不往外面跑了。学校25日报名，28日考。

所内托儿所条件尚好，早上上班送去，中午在那吃中饭睡觉，下午接回，设备不坏。

所内反右派斗争正深入开展，已对彭的右派言论进行批判，看情况还要一番艰巨的斗争。

香港买的小钟上次已带来了，你是否还需要寄钱去，请告。广州新华书店预售《鲁迅全集》，并有1、2、3卷出售，我已买，花了6.6元，请不要再买了。

康

1957.8.20　广州

"孩子总要跟父母。"

霞：

20日来信收到，**知小禾病状，几个办法考虑再三，还是以小禾病稍好，可旅行时你带他来为好，孩子总要跟父母。**他住院到"六一"，在家如病未痊愈，总需人照料的，你若先来，更不安心，万一病有什么变动，还要赶去，广州总有我照料。**迪儿现在很听话，每天除到外面玩玩外，大部分时间在家画画**

看书，我开会他就在房内，从不捣乱，讲理也听，晚上常同我一起睡，我对他有感情，他对我也亲热。学校28号即考试。兆兰在此均好，情绪安定，只是买菜困难，迪儿也听兆兰话。因此除了我们要晚些时间见面外，这边的事可不惦念。运动现在进行得很好，对同志都有很大教育，但有实际困难也无法。在北京参加农垦部的学习也好，农科院太远了，农垦部艰难之事你还熟悉，同时也应向农垦部说清，否则很长时间不报到也不好。衣服如得时间就可给你寄一些去，我想招呼好可能有一个月就好了。不知你意如何？这儿的托儿所是日托，中午在那吃饭，一般照料是可以的，单独做饭恐有困难，多照顾一下我想是可以的。

这几天还凉快，生活只是吃饭买不到菜，油一人只六两，这两天就是吃点大头菜、洋芋，准备买一些罐头来吃。

下午又要开会，只发此信，请勿焦虑。

希法很好，积极参加运动，在搞大字报，对他也是锻炼。

康

1957.8.23　广州

"我昨天带迪儿到
工农学院附小去考试。"

霞：

我昨天带迪儿到工农学院附小去考试，先生说他转学不看成绩，有空位即可不要考了，等下兆兰就带他去看榜。工农学院附小离所较近，走十五分钟可到，教师较好，近两年来因名额限制，不收我所学生。我们这儿学生都在师院附小就读，师院附小很远，要走四十分钟，同时师资据说不大好。迪儿因为这儿的小朋友都在师院附小（彭的小孩也在那），吵着要去师院附小，我同他谈了半天道理。他没有理讲，但还有些不甘心，准备让兆兰也带他到师院附小看一看，同时给他介绍一些工农学院附小的同学，可能就好了。总之，学校问题请勿念。

小禾身体如何？我又想如晚一些时候来，可让农垦部介绍你到农科院农业经济研究所一边参加学习一边了解些农业经济工作情况，不知可否？当然这样要跑远一些，但对工作有好处，但只是要隔很久才见面了，否则今天你已在车上了。一切还是根据小禾的病症做决定吧，我所的老中医他说可以治疗此病，但他九月初要调到试验站中去了。西医一般病可看，当然还可到广州中医院去看，只是进城不大便利。总的原则孩子还是带在身边好。

参加运动较忙，生活上只是买不到菜，现买一些罐头吃。

康

1957.8.27　广州

"斗争还要发展下去，通过斗争解决党对科学的领导。"

霞：

26日来信收到，得知小禾病情甚慰，甚盼他早日好，你早日来，一家就安定了。

迪儿学校已成功，学杂费已交，只等9月2日开学，说这两天要好好玩。现

1957年，在广州，叶剑英、王震与华南农垦总局、"热作所"人员合影（前排左四叶剑英，左三王震，右一为时任华南农垦总局副局长危秀英，叶剑英右上为何康）

在相当听话，中午不睡也躺在床上看书，出去玩主要是打乒乓，交的几个小朋友还好，没事就同他下跳棋。好好讲道理是很好的，我告诉他每月买书不超过2元，买零食及体育用品2元，他自己支配不能向家中要了，这样也可节制他今天买这样，明天买那样。

衣服也拿出来了。你的绿黄毛衣，小禾的毛衣及长袖衣裤，准备今天就给大哥送去，我回后尚无暇到他那去。

反右派斗争已逐步深入，彭反党反社会主义言行是一贯的，历次运动保护过关，资产阶级反动的老根并未挖掉，通过对他的批判，对大家的教育很大。他起初很顽抗，在群众说理批判下，已开始认错，**斗争还要发展下去，通过斗争解决党对科学的领导，及两条道路问题**。希法积极参加斗争，对他教育很大，他是青年团的支委。

广州已渐秋凉，这两天都盖被睡觉，蚊子已少了，迪儿也不再觉得广州不好了。

希望早见面。

康

1957.8.30　广州

"马列主义的光辉使自己增加了无限的生命力。"

霞：

昨晚今天没有会，星期天好好休息一下，看了看文件，最近《人民日报》内容真丰富，陆定一同志论工人阶级知识分子，柯老在上海人代会的报告及"民主党派的最重任务"社论大大给我开了窍，使我逐渐明确为什么社会主义是**一涉及每一个人的深刻革命。这个关如何过，民主主义革命与社会主义革命有何不同？马列主义的光辉使自己增加了无限的生命力**，对当前的反右派斗争有了更深刻的认识与信心，自己感到在这短期间思想有很多提高。

大哥要九月十月间才去，衣服我已用邮包在大前天寄去了，用了一块多钱，共寄毛衣四件（大小），小衣三件，共七件。

迪儿很乖，明天就上学了，今晚带他去买鞋，看大伯伯。兆兰也好，只是家中无主，很想念你，希望禾儿早好，你也早些来。

迪儿请你寄信用纪念邮票。

康

1957.9.1　广州

"天天看书看报找材料，写提纲，对自己是很大的教育和提高。"

霞：

迪儿上学了，第一天起晚了，我们没在意也没叫他，起来就急得直哭，真像我小时的样子，提了书包就赶了去，幸好第一天开学并没有晚。学校看样子还不错，除了语文、算术，又增加了地理、历史、自然，念书的兴趣也高了。第二天就买了牛皮纸包好了书，一早七点就去上学，中午回来吃饭，下午一点半多就去，要走二十分钟，一般下午只一两堂课，有几天没有课。今天回来很高兴，说是被选为副班长，得了28票（全班48人），班长是他的朋友，少先队中队长得了38票，我说那更要好好的了。他说功课很忙，哪还有工夫做班长？看样子颇得意。我说"好好的，但不要骄傲"，现在就自己在做今天留下的功课，字也写得较工整了。这几天画了三小张画，都贴在墙上，有些还是用了心。新来的副所长钟俊麟先生（住了旁边）有个小女孩十三岁，上初三，人很好，没事何迪就找她玩，下棋看书，也不大向外面跑了。迪儿有所转变，真是我最大的愉快，想你一定也高兴，当然还要做

很多工作，要巩固继续下去，我已让他把他的朋友，那位班长请来玩，帮他择友。有空我要到学校去找先生谈谈，了解了解情况。学校就在市场旁，兆兰天天都去，隔一些时候就让她到学校去看看。我们各方面抓紧，孩子还是好教育的，环境的改变也起了很大作用，他现在对我很亲，吃饭给我夹菜，晚上有时就跑来跟我睡。迪儿这孩子还是有感情的，单纯而没有心眼，这是很大的好处，但近朱则赤近墨则黑，没有常性，需长期地培养。他同兆兰还好，不像过去对周嫂那样了。

斗争继续深入，星期一我作了六小时的报告，总结了前一段工作，根据当前思想情况、右派动态讲了很多正面道理。现在是利用右派分子当教员抓紧机会教育青年一代的大好机会，因此我们做得较细较稳，多讲道理——研究所思想基础差，这样有极大好处。我因此天天看书看报找材料，写提纲，对自己是很大的教育和提高。

禾儿的病怎样？很想你早些来，生活也可安排得好些。广州已渐秋凉，近来都不很热了，晚上我怕凉还要盖薄被。迪儿、兆兰均已习惯，就是吃饭还安排不很好。

请把我们近况告诉老太爷、老太太。达弟工作分配何处？盼告。

康

1957.9.3　广州

"还是早一些来吧。"

霞：

9月1日来信收到，知小禾稍好，你已上班参加学习，甚慰。

我们这儿斗争正深入发展，现已将彭鸣放以来反党反社会主义言行批判完，他自己在大量事实前不得不承认，群众已有认识，右派分子帽子已戴上，下星期即可上报。第二步准备批反对驳党的领导，第三步科学上的两条道路，最后挖思想根，抓这个机会尽量进行正面教育，除辩论会、批判会外，还要搞一些小讲坛。我也天天在看理论书，准备概括理论材料，你来也可一展身手，把学的东西应用一下。确实书本知识就是与实际有一段距离，非经锻炼是不行的。

一家都好，吃的东西这儿慢慢解决，不必带了。后天就是中秋节了，准备做几个菜请钟副所长、他女儿（他们在饭堂吃饭，家还未全搬来）及希法吃中饭，晚饭带迪儿进城去大哥家吃。

广州天气不冷不热正进入好时候，北京已冷，不知衣服已收到否？**还是早一些来吧**，否则病倒了又来不成了。广州看病还是较方便的，可惜所里的中医就要去试验站了，否则看病是很方便的。

再谈。

康

1957.9.6　广州

"每逢佳节倍思亲。"

霞：

"每逢佳节倍思亲"，今晚中秋月亮特别亮，天清气爽，广州也渐进入每年最好的时候。今天做了一些菜，请钟副所长及希法吃了午饭。**我自己则看了一天书，对知识分子及科学与生产问题准备系统地看一些材料，以备有武器解决所暴露出的思想问题。**

昨晚进城去看了大哥，他工作已定，省委不放他走，让他挂上食品工业厅的副厅长。大嫂说大哥因大材小用之前情绪很不安定，我也劝了他一下，现在已安定下来。第二个五年计划广东的盐业将有很大的发展，大哥也认为有搞头了。

迪儿学校从明天起到22号下午没课，教师进行反右学习，下午还要注意安排他的活动。他现在同钟副所长家的小姐姐玩得很好。

我出差的旅费还未报销，想等你来一起报，你未来我花钱确实没有准，现在是有多少花多少，还不能有计划。

小禾出院了吗？据说广东省人民医院中医科主任就不坏。你大致什么时候动身，希望早一些告诉我们，我们确实很盼你来。

康

1957.9.8 广州

"运动关系到每个人过社会主义关。"

霞：

9月9日来信收到，知道小禾病较好很高兴，真是颇盼你们早些来。广州此时真是好天气，每天天清气朗，不冷不热，

早晚已有些凉意，晚上要盖被。不过有气喘病的同志又开始发病，所里的支部书记（女）这两天就喘得很厉害，因为天气正在变，健康人是感不出的，不知你如何。不过我感到这只和北京的夏天差不多，白天还总热得只穿背心，你来后也较好一些。怕你们冷又拣出棉袄、棉毛裤大小九件给你寄去，看样子如再不来，恐怕要把整个箱子给你们寄去了。

今天星期日，清闲一些，早上谈了一上午，中午很困倦，刚睡了一会起来。这几天运动已进入高潮，我们有计划地公布了彭在解放前写的十篇政经论文的摘录加以按语批论，彻底揭露了彭利用九三组织（编者注：即九三社，彭光钦为该社社员）及一贯的反党反社会主义言行，群情震愤，半天内一百多人都写了大字报。我们准备加紧分化彭及九三成员，教育群众，下星期五、星期六要开大会，工作紧张，前天晚上我一直搞到深夜二点。看到右派分子被彻底揭露，战斗队伍在斗争中成长，群众觉悟提高，真是衷心无限地快慰。自己也感到提高很多，确实，这次运动比历次运动对人教育都深，因运动关系到每个人过社会主义关，面广而深刻。批右派分子不仅要在政治上而且要在学术上，要有深度，动嘴动手。下星期准备将

彭在政治上彻底打垮，即转到党对科学领导及两条道路，展开全所大辩论。

迪儿确实要很好注意培养教育，现在还很好，功课也较用功，做完功课也放他去玩，打羽毛球、乒乓球，身体确实不错，吃饭还好，较来时已胖了一些。兆兰很好，什么事都安排得很好，对迪儿也爱护，确实少让我们操心，闲下来就替迪儿补衣服。

这儿房子还不坏，也还凉快，客厅较大，好好布置起来挺好看的。你的相片已挂起来了，但房子还未很好布置，书也还未很好整。广州没什么去处，除了开会顺便买一些书，也不愿进城，星期天还是在家休息一下。

薪水明天发了就给你寄去。

康
1957.9.15　广州

"斗争已进入高潮。"

霞：

9月15日来信收到，颇感不安，希

1957年2月，何康就任新职后，工作重点在生产一线成立试验站，上半年已先后在湛江湖光农场和海南兴隆农场、联昌农场选址建试验站，任命站长，派遣科研人员，为"迁所建院"做好了准备。此为何康与首批赴生产一线的科研人员合影

望不要焦虑，索性将病养较好再来。天气冷了，需要什么衣服再由此寄去。好在皮大衣在京，可防燥寒。药随信附上，药当买几瓶贮藏，薪水昨天已寄150元去。

毛主席讲话已看到，并听到宣传会议传达，这边看文件比北京还好，一切重要文件、报告省委均铅印发至党组。看的东西多而快，省委也专门组织传达。

我们斗争已进入高潮，昨天彭已正式上报，后天就开大会，彭搞完后所内小右派尚不少，这对我们锻炼极大。现左派斗志很高，运动发展也较健康。

迪儿很好，天天跟我睡，回来也自知做功课，除先生布置的外，自己又将其他的习题做了。

我很好，只是睡觉不好，大多都睡得较晚。

望安心静养，不要急及后悔，早点养好再来也好，很快换季就过去了，否则到广州来也会发的。

康

1957.9.18　广州

"希望你不要因我们盼望而焦虑，好好将病养好，再行南下。"

霞：

几天没见你的来信，非常惦念，不知你同小禾的病况如何？希望你不要因我们盼望而焦虑，好好将病养好，再行南下，11月1日后京穗直接通车来也方便。药已连瓶寄去，请查收，还要什么衣服可函告。

我们这两天正开大会，非常紧张，彭已搞臭，表示低头，但不交代事实。下星期再揭发批判一下彭的资本主义科学道路，就准备向下转。所内思想情况复杂，小右派不少，但情况还掌握不多，斗争还是很复杂艰巨的。

专家已从青岛回来，休养得很好，很高兴，他们也问你为什么还未来。他这月下旬准备去云南，11月去海南，我希望也能于11月中去海南试验站工作。

广州天气很好，何迪也很好，晚上同我一起睡，中午也在一块休息，功课自己也懂得做。这段时间保卫工作很紧，他也同一些小孩一起要捉特务。兆兰也好。

望来信。

康

1957.9.20　广州

**"身体不好心情当然不好，
但有坚强的信念，
革命的乐观主义很重要。"**

霞：

20日来信收到，阅后稍慰。你们来的日期当然还看病症而定，国庆节前来自然最好，有三天假期，不过不一定赶日子，还是看病情吧。

身体不好心情当然不好，但有坚强的信念，革命的乐观主义很重要。奥斯特洛夫斯基的身体更差，但他能坚持，希望你能培养这样的精神毅力。我最近忙，瘦了一些，今天称了一下已不到100斤了（98斤）。我倒很注意休息，请勿念。

氨茶碱片广州也都缺货，问了几家都没有，望你在京再打听。今后一定保持一定的储备，否则经常有买不到的时候。

医生要去打听，广东省人民医院的中医科据说还好。

这两天台风侵袭，22日晚风很大，房前的树也吹倒了，雨下得很大，天气已转凉，今天起会逐步转晴。

迪儿这两天较贪玩，自然、地理因先生讲广东话听不懂，功课不大好，我晚上督促他温习，并为他讲解。

所的电报挂号是4282。

康

1957.9.24 广州

"都是失望而归。"

霞：

国庆节放三天假，在家看了两天书，开了一天会。去广州没有什么意思，人多嘈杂，除了逛逛书店，全无去处。大哥那也不常去，不如在家中沏一杯茶，安安静静地看看书好。平时工作很忙，一静下来是尤其盼望你的早来。你们不来我总感到生活不正常，房子院子都未去整理，吃饭也是随随便便。知道你1日来后，2日3日我一直在问是否有电报，3日晚上我去车站接了一趟，4日还是没电报，我怕是电报挂号错了，晚上又带迪儿去车站接了一趟，都是失望而归。昨天接到2日来信才知又病了，改为5日，这才释念。又盼这几天早早过去，今天星期日没有出门在家中看书，希望明天你能来了，但又想不一定吧。希望太浓了，失望就不好受，果然才接来信又不能来了。没有希望倒不思念，一变再变，确使人感到不安，因此我希望你千万保重身体，不要要走又走不成，同时在上车了以后再给我发电报吧，免得再变，使人更为难受。我的心情你是能体会的。当然有病的人更为痛苦，我也是深知你是着急的，我虽性急，但你也太优柔寡断了。

我们的运动已进入反击中小右派阶段，分成了八个小组深入进行，务必搞深搞透，在所中深刻地进行一次社会主义思想教育。我们已研究你来后到整风办公室工作，以便熟悉情况，受到锻炼。小禾托儿所已办好，一来就可进去，看病的医生也打听好了。希法现在搞团总支工作，正在主持陈雪生的大辩论，这次运动对他锻炼很大。我感到几次运动你均未很好参加，确是很大损失。

广州天气很好，中午都穿衬衫，晚上要盖被，10月是广州气候最好的时节。

迪儿还好，功课不大用心，几天来我有空就督促他温书，中午及晚上都同我睡，前两天他一下学回家就问："有没有电报来？"

我主要是有些累，多休息一下，心情好一些就好了，请勿念。望好好休养。

要人去接，不如另一个办法，就是坐飞机来，只要七八个小时就到了，自己贴一些钱，要235元，不过小禾也要半价。

康
1957.10.6　广州

三、走向一线

爸爸就任新职的首要任务是将研究所迁往海南生产第一线。踏点，建站，思想工作，派遣先头部队……反右派斗争大大加速了迁所的进程。爸爸是1957年12月27日与苏联专家，中科院院士、上海植物生理研究所副所长殷宏章一起抵琼考察，并与海南区党委书记杨泽江、农垦局局长谢育才、那大县委书记张文杰商谈未来的所址。

摘录1957年最后两天的日记："30日，天雨，转冷。一早同刘（松泉）、邓劢先生、范部长去三队，先去看了农业气象站及三队基建地址，选择尚好。在三队接那大县委电话，县委在等我们，即去那大。看了沙河水库，在牙拉河上面公路旁边，坝高30米，水库面积约1万公顷，可灌约12.5万公顷。约6000名民工在修，明年三月完工。我在工地转了一转，人民力量的伟大令人感动。与那大县委张书记谈了所址情况，他们极欢迎，介绍了那大建设远景，准备搞40万顷橡胶，8个水库及一些小工业，给我颇大鼓励。谈后午饭及去那大东面看了一下，不如牙拉河畔好。回三队前又至铺仔附近看了看地，在公路以西的一片相当平，约3000～4000公顷，倒很好，唯离那大较远。在三队听队长汇报了情况，今年生产情况尚好，防护林的茅草要继续除些，工人鸣放有一些生活福利问题要即解决，并要进行社会主义思想教育。后与工人一同会餐，情绪热烈，六时始返。晚开行政人员座谈会，又与生产股研究半企业化及增加明年收入问题，大家均表有信心。""31日，上午技术干部座谈主要问题是：1.课题庞杂、重复，脱离实际；2.人浮于事，不亲自动手；3.浪费；4.所址远离生产区。午后与刘、王站长一同看大河苗圃，有10公顷，今年做了不少工作。会餐，与专家一同过年，晚开晚会，很热闹，一直玩到1958年。"

爸爸在1958年记事本扉页写下："鼓足干劲，力争上游，实现规划，多

1958年元旦，联昌试验站的科研、行政干部与苏联专家的大合影

快好省。服务生产，结合实际，深入群众，红透专深。"首页记下了1958年元旦这一天：

在晚会的欢乐声中进入了1958年，大家共同欢呼拜年，12点半才入睡。一觉醒来，阳光灿烂，鸟声争鸣，透过胶树，天湛蓝得可爱，新的一年又开始了，一个愉快的开端！

一早同志们就来拜年，周总理给专家的拜年信、所中的贺电均赶到了，临时组织了一些人，举行了一个小仪式给专家拜年，宣读了贺信及贺电，大家一起在椰子树及明朗的阳光下照了相，专家很感动。

同二位站长及一些同志一同到马禄山去看新解放出来开割的树位，在大树浓荫里走上十几里一点也不觉得累。联昌土地肥美，杂木林还很多，开发好了是个大财富。回来时在热带林丛小溪旁休息了一下，极大的榕树遮盖了天，悬挂着盘蛇般的大藤，藤上多寄生着热带兰及蕨类，小溪从中间潺潺流过，大家称之为联昌一景，定名为"榕影蛇溪"。

回来后休息一下，考虑晚上的报告，晚饭后同专家谈了一下，根据专家身体情况决定明日一同回去。他抱病工作，感到自己没有如愿地完成任务，心里很

难过，都哭了出来，让人很感动。

1月2日在海口，"泽江同志及谢局长来访，他们均主张所址设那大，好处甚多，谢提出，土壤管理及育种作物为研究重点"。1月3日，爸爸记下："深夜即醒来不能入睡，今年一年要干些什么？各方面正以革命的干劲加紧加劲建设，我们又能做些什么？久久不能入寝。"4日、5日返穗后即与垦殖总局李进楷局长，所领导武树藩、龚硕蕙、吴修一研究决定，在15日前集中下放。1月9日"分头找第一批下放人员谈话"，"午后一时半开会，宣布名单，后由下放人员发言，情绪热烈"。1月12日，决定了第二批下放人员名单，并给农垦部领导写信汇报。1月20日，"一夜考虑，延迟不如提前走，以免又陷入两面作战。我对群众经验不够，对此不易看准"。"1月24日即公布了第三批下放名单。"学术与下迁骨干会议上，"谈所址问题，在海南建立文教科学中心，大家都很兴奋"。"当晚，临时通知开会，找不到司机，自己开出去，参加欢迎晚会。看见了主席，身体健康，高兴地流下泪来，很多感触。"这是毛泽东主持南宁工作会议，取道广州回京，在24日接见干部的

晚会。南宁会议上，批评了"右倾保守主义"，揭开了"大跃进"的序幕。

1月26日，爸爸与农业部高教局邢毅副局长、华南农学院杜雷书记商谈了建立华南农学院海南分院事宜。爸爸写信给老领导农业部副部长刘瑞龙请求帮助，2月经广东省委批准设立。迁所建院像1958年的报春花，似乎预先吹响了"大跃进"的进军号。

在迁所的紧张繁忙的同时，还要筹建华南农学院海南分院，这有"大跃进"的环境驱动，更有爸爸主观能动之使然。这里有当年在"战时农都"求学时，教育、科研、生产三结合的影子，也有对美国贝尔茨维尔（Beltsville）农业科学城的借鉴。在"文革"的交代材料里，爸爸写了他办学的初衷："我积极建议兴办学院并主动承担领导责任的想法是：要发展热作生产事业，光搞科学研究是不够的，还要办教育，培养热作专业技术人才，而我国还没有一间农学院开办热作专业的，建立热作的专业学院是必需。而在思想深处还有这样的个人想法，我感到历来创办一个新事业，都要办学校培养一批为这一事业服务的人才，而要建立热作科研中心的'事业'，光有科研是不够的，必须也办教育，这样科研、教育相辅相成，事业的规模才

更大，领导也更重视。同时，学院与研究所办在一起，研究所下迁后不感到'孤单'，更可使研究人员安心，并获得领导更多的支持。"

3月15日爸爸率一队由广州—阳江—湛江—海口—联昌，另一队由武树藩、吴修一率领由海路前往海南。看爸爸那一段时间的日记，每天都安排得满满的，除了所内的思想动员，打包搬迁，与省、区、县领导沟通，还要参加农垦部的工作会议和广东省第一届科学工作会议，向农垦部张林池副部长汇报迁所建院工作，与国家科委范长江副主任讨论热带资源的开发。择他两天的日记："2月17日，年卅，下午在家请主要人员座谈'大跃进'。土壤系细菌肥料，化工部制胶鞋，三系、四系制标本，都是好办法，大家劲头很大，争取自给自足是可能的。""2月24日，上午处理杂事，与领导小组几位同志谈下午动员报告。午后动员'大跃进'及社会主义捐献。三点半去农科所开农业机械研究座谈。我抓紧时间与陶（铸）谈了农学分院及细菌肥料事。晚送霞进城乘车去北京。今天是我35岁生日，日子过得太快了，要好好努力。捐献300元。"年三十和35岁生日，爸爸都是在工作中度过的。

1958年5月10日、5月21日、5月24日，爸爸给妈妈的三封信，描述了初下联昌，迁所建院的第一个月的情况，动员仍留广州的后勤部门尽早南迁。

"讨论建所问题。"

霞：

前函新达，来后尚未接你的信，近况如何？颇念。

这儿生活工作相当紧张，前二天睡眠不好，人有些不舒服，休息了一天，现在已复原了。每天早上六点起床，六点半吃饭，七点上班，十一点下班，午饭后可休息两个钟头。天气现在又干又热，来后只下了两场小暴雨，好在我是不大怕热的。下午两点上班到六点，吃饭现已改为每天七角钱，菜还是由老沈做，依旧很好，大家都满意。洗澡有自来水喷头，晚上电灯，很亮，大家开会看书到十一点熄灯才睡。晚上一般很凉快，前几天还要盖厚被。合作社一般东西都有卖，大家生活

1958年3月迁所建院，在联昌落脚，集思广益讨论"所院"建设蓝图与未来规划，11月29日开创者们大合影（前排左一为林令秋副书记，左三为海南农垦局谢育才副局长；右三钟俊麟副院长，右四何康；后排左三为卢有恒，左四为刘松泉；后右十为吴修一）

还好，没有感到特别不便。下放干部来所汇报后，又进行了站的干部下放，一共19个人，今天已欢送走。**今天又动员了所、站全体，联昌站已宣布成立试验农场科学试验场地，今天机构就可安排妥当。明天开始讨论建所问题，先讨论试验室盖大楼还是盖平房，我的意思是盖平房较好。经多方面考虑，我们是农业研究机关，室内试验要结合大田，又处在热带，要通风、荫蔽、多种树木；又在农村，要朴素，不受地皮限制，盖平房布置成一个大花园要实惠得多。孤零零盖一幢3400平方米的大楼有些脱离群众，现正发动大家讨论，统一思想认识。**

带的衣服短裤，运动衫最适用，制服太热。绿茶买不到，有便给我带一些花茶来。洗衣缝衣都有人管，很方便。短裤不够，天气热最好要绸的、短一些的。旧的两条也未带来，请补好托人带来，或再搞一两条新的。

孩子怎样？我考虑暑假可全搬来，房子可挤一下，有两间也能挤下了，希望你身体养好六月底能下来。王靖宇给你带的蜂巢请务必试用。再谈。

康

1958.5.10　联昌

"政治领导一放松，思想问题必然增加。"

霞：

来后只看到你一封信，甚念。

我们工作生活均很好，"所院"总平面图及房子蓝图最近两三天就可搞好。这次发动全所同志讨论效果很好，研究课题也抓紧时间进行检查，把这些工作安排清楚，月底前就可出发下场了。

生活也过得很好，大家都没有家在这儿，工作以外说说笑笑并不寂寞。吃饭也很好，老沈每天都变一个花样，大家都满意。天气虽旱，这几天午后都有一场阵雨，并不很热。

昨天接到老周来信，**知道有些干部及勤杂人员思想很乱，不愿来海南，这说明政治领导一放松，思想问题必然增加。相反，下来接触了实际的人，劲头反而大。**我们决定派龚硕蕙同志回去协助你们加以整顿，能下来的人都可下来，拖久了问题更多，也影响工作。我想你早一些下来也好，所内财务工作不多，又有老中医，一样可以休养（器材、基建工作均分开了，单纯财务是较简单的）。问题在孩子。家都搬来，照顾孩子较好，但六年级现在没有，要暑假后才能设法办起来。同时房子较紧张，搞间房子不容易多了，有些困难，住草房还可有办法。不带两个孩子来，兆兰在广州带也有困难。主要是迪儿上学的问题。如果家不来，一个办法是暑假后再将何迪带来在此读书，小禾及兆兰放广州；另一个办法是把小禾带来，何迪放广州。吃饭我有老沈做，我们一起吃还是不坏的，吃中药这边有专人煎熬好送来，洗澡也还方便，洗衣服可找人洗。这边气候还好，龚硕蕙来后病一次未发也未吃药，王靖宇发了几次，一早不大好，十点以后就好了。有些温差，不算很大，你应能适应。请你考虑怎样办好，因为区党委六月五日后在那大开热带作物会议，我们月底不能下场，要推到六月中旬才能去，如能来就要在六月上旬来，否则可待我下场回来，七月上旬或中旬再来，这样安排较好。

你来信太少，颇念，望多来信。

给专家的信附上，请在后签名并交老谢尽快译好，发出（航信）。

康

1958.5.21　联昌

"你在身体可能情况下以早来为宜。"

霞：

来后只接你一信，近况如何颇念。

驻穗办事处已分，人员思想很乱，支部所谈的一切措施我们都很同意，并决定在5月27、28日派龚硕蕙同志去协助处理，采取一切坚决的措施处理并无困难的。

根据这样的情况，**你在身体可能情况下以早来为宜，这儿一切都很好，工作及思想情况反较广州为简单，看病中医也很方便，医道不错。总之一切比原来所想好得多**，问题是家搬不搬。目前房子紧，家不好先搬来；如家不搬，主要是孩子的安置问题。我想根据现在基建情况，年底至迟明年初一定可搬来了。请你考虑一下。我考虑到的前信已提了，来的时间或者是6月10日以前，或者推到7月中，因为6月10日后我就要出发下场去了。

生活上这儿衣服很简单，我每天只穿短裤及广州买的短袖衬衫，有上三套换洗就够了。你可买一两条麻布裤子，我现在里面穿的短裤不够，最好能买到或做两条到印度去时买的那种纺绸的，裤腿短一些，洗起来也方便。帐子很要紧，我现在的太不通风，最好把家里那顶纱罗的改为方的，大一些双人床用就行了。其他这儿都很简单，好的衣服根本没有机会穿。

我买了一个饼干桶（是黄龙芳给吴修一同志买的），2.8元，请把钱还给黄龙芳。

我的脚又肿了几天，现在已好了，其他生活上都好。

下星期就要到附近农场去总结经验，并去我们的试验场布置工作，时间要一星期。6月初可能到海南西部去看一下，说不定到莺歌海去找大哥。6月5日就在那大开会，会期一星期，6月15日后就要出发了。

希望看到你的信及孩子的情况。

我有两本记各种热带作物的硬黑皮笔记本，没有带来，请找出，托人带来。

康

1958.5.24　联昌

"我对工作是有充分信心的，
有理想的。"

霞：

到北京几天了，一直在下雨，天气很凉，新做的制服带来正合适。

在郑州因风雨受阻憋了一夜。郑州街道宽阔，白杨成荫，是个很美丽的新兴都市，到处都呈现新的气象，连坐三轮车下了车，三轮车工人也问我有什么意见。晚上到街上走走，去看了半场河南曲剧《柳毅传书》，唱做还好。入境问俗，每种地方戏都欣赏一下是很有意思的。因为第二天一早就要走，未终场就回招待所休息了。

第二天原定六点半起飞，但因北京方面风雨未停，延迟到十二点才起飞，三点到北京仍是细雨霏霏，一直赶到西郊农业科学院，正在进行大会汇报。

会议开法是汇报三天，然后就几个当前新形势下农业科学研究的根本问题展开讨论。这两天正进行小组讨论大会发言，中心环绕政治挂帅体制几个问题来谈。发言很热烈，思想开朗不少。

抽空去家里住了一晚，爹妈（编者注：爸妈称我爷爷奶奶为"爹妈"，称我外公外婆为"爸妈"）身体很好，老邓来谈了一下，第二天就出差到湖南去了，二哥没看到，爸妈那还没有时间去。

想到你到了海南的胶园，接触了自己具体工作的地点与对象，不知心情如何？我之所以很愿我在的时候你来，就是很愿同你谈谈这些。我们对于工作问题谈得太少，这是我的缺点，应加改进。我很愿你心情舒畅，你上次的信里说我心情舒畅，而你不舒畅，看了很觉不安。为什么不舒畅呢？广州办事处的工作环境固然令人不愉快，身体不好令人烦躁，你对我不够信任，想得过多也是个重要因素。固然我很多的缺点造成你有这些想法，但有些方面也是你过虑。因此，我希望我们能不在这方面苦恼，把自己投身到工作上去。**我对工作是有充分信心的，有理想的，总路线的光辉更鼓舞了我，由于我经验不足，锻炼不够，缺点自然很多，但方向是对的，我希望得到你的共鸣、鼓励与批评。心情舒畅，干劲十足，对身体也会有好处的。**换一个新环境，小孩又不在身边，心情是否开朗一些？搞些轻的体力劳动是否有好处？可试一试。

这次会开得很好，对如何加强党对科学的领导，政治挂帅有了更明确的认识，我们走的方向是对的，回去后一定以加倍的干劲来干。

所长会议可能于18日结束，会议要到现场去参观，我想早一些赶回去了，农垦部部长不在，问题也很难解决。

我希望你在新环境中生活愉快，善于安排自己的生活，25日左右我们就可见面了。

康

1958.7.14　北京

编者注：1958年7月11日至8月2日，爸爸赴京参加中国农业科学院学术委员会会议和全国农业经济科学讨论会。农业主管领导提出了"大跃进"的目标，要在1962年实现粮食产量1万亿斤，棉花1亿担，生猪8亿～10亿头，油700吨～1000吨，这些指标体现了"大跃进"的一句口号——"人有多大胆，地有多大产"。海南等垦区也进入第二次大发展时期。这段时间，正是妈妈带着我们随最后一批人员南迁的日子，爸爸人在北京，心系海南，半个月内给妈妈写了5封信。

"方向对了，还要看方法，看速度。"

霞：

会越开越深入，我本与孙家七表叔约好今天去动手术（他可给我做，做后要休息一天，四五天后拆线），因为昨天听邓老（编者注：即时任国务院副总理邓子恢）指示，会期要延长，是否即出外开现场会议未定，怕做了影响行动，准备会期定后再抽暇去做，请勿念。

邓老的指示见另信，本想同信寄你，因怕你行期有变就直接寄给武副所长，情况请从他们那了解。**邓老的指示给我很大鼓舞，群众路线问题**（场社办研究室，依靠工农进行技术革命的广泛群众基础），研究所办学校、办工厂，生产研究教育相结合，全面发展而不片面（他称之为共产主义气象），**都正是我们在党委领导下做的，方向是对的。方向对了，还要看方法，看速度。这次会议要通过务虚解决科学研究工作的方向与方法问题**，我想回去后对我们的工作会有极大的帮助。

会期看样子至少延长一个星期，如外出参观开现场会，恐怕要到月底，但把问题谈透了，作用是大的，农业科学机关还是第一次开这样的会。

替你买了双尼龙袜子（北京出的，很好，2.8～3.3元一双），替自己和黄宗道同志也买了一双。塑料杯尚未见到，新品种东西不少，需要什么请快些来信。

就要到颐和园去开会，再谈。（见后）

昨夜到爸爸妈妈那去吃了一顿饭，唐文也去了，大家谈得很痛快。二老健康，也很愉快，请勿念。小妹及三妹都下乡劳动去了。又及。

康
1958.7.18 北京

"我希望你有宽阔的心胸与开朗愉快的情绪。"

霞：

前几天发出信，今日又上一书，当不至骂我了吧！

看到来信知你延期至18日动身，希望现在你已在联昌安然看这封信了。来到联昌观感如何？一谈到观感就有两方面，一方面是要求别人的，这个不好，那个不对；一方面是要求自己的，这个应如何努力。那么哪方面的观感为主呢？**我感到有些知识分子的特点就是要求别人苛，要求自己宽，不把克服当前的困难看成自己的责任**（这是集体主义的精神），**生怕自己吃了亏。人人都如此，共产主义从哪里来？**我同希法谈过这问题。

对搬家委屈不委屈？我的感想已写在给修一同志的信上，可一看，对否？请批评。总之，问题不在有无困难，而在缺乏克服困难的干劲。

出来看看，开开会，启发很大，感触很深。我觉得自己干劲是有的，方向也基本不错，但缺点在具体的思想工作，组织工作做得不够，主要是思想方面，充分发动群众不够。我很痛苦，一是自己锻炼太差，二是缺乏在这方面的得力助手，希望在这方面多得你的批评与鼓励。

在天津时去找了达弟，谈了谈，很好，思想有进步，最主要实际了，在这基础上前进是快的。

我希望你有宽阔的心胸与开朗愉快的情绪。当然一提起这点，你就会说谈何容易，各人条件不同。身体不好固然有影响，但主要还是一个人的共产主义的乐观精神。也许我是初生之犊，少年得志，身体健康，一帆风顺，但一向较乐观，肯干，没有包袱，应说是个优点。我说是主要的优点。再稳妥，而不肯干又有什么用？我感到这是个立场坚定、革命干劲的问题，千万不要把自己陷在小圈子里，尤其是在我的小圈子里，要解放思想，精神上振作起来。除了身体较差外，其他方面你是有充分条件的，

敢想敢作敢为，不怕犯错误，要通过实践把自己锻炼出来。

开会会址不一定，一会儿在家，一会儿又到碧云寺、颐和园，手术无法抽空去做——我已联系好，只要有两天在家不动的日子我就设法去做。

争取月初即回。

康

1958.7.23　北京

"真理是要斗争出来的。"

霞：

接到20日来信，知你已安抵海口，甚感欣慰。

关于搬家问题的意见前信我已详细谈了，对于工作是乱还是治的问题，我们应有个正确的看法。何谓"乱"又何谓"治"呢？不符合党的方针政策、宏观事物发展的基本规则，将会产生大乱；反则是大治。在总的方针政策对头时，因思想工作及组织工作跟不上，或具体工作安排不当，也还会产生小乱，但不会犯根本性的错误。

基于这样的观点，我们过去在广州，高高在上，脱离生产，脱离群众，虽然工作及生活上似乎还有秩序，但却是一个失去方向的大乱，矛盾迟早会爆发的。实际上几年来并没有人认真抓过研究所的工作，基础还是过去大发展时承受的底子，在领导看来已成一个不大起作用的机关了。而目前狠下决心及早搬下去，结合了生产、结合了群众，办学校、办工厂，全面地开展了工作，方向是对的，所采取的措施基本上也是对的。你能设想如果我们现在还留在广州，或是半下不下，不够坚决，没有鲜明的措施，我们在"大跃进"的情势下将处在什么境地？

但目前这样做并不是事事如意的，不会是不经过斗争的，何况在我们这个思想、组织及工作基础均差的研究机关。我绝不否认我们在思想、组织工作上有缺点，尤其我个人缺乏做深入的思想工作与组织工作，但这绝不是主要的，因为我们基本的方向是对的。

新生的事务总会有缺点，主要的是两方面：一是资产阶级知识分子及专家感到不满，感到目前"大跃进"的形势破坏了他们平静的研究工作，希望能保持原状，但是他们不敢直接来反对我的方针，而只在乱的幌子下来企图改变这一方针，动摇我们的决心；二是我们自己的同志，对新的形势还不习惯，惯于按部就班的工作方法，想慢慢来，而宏观形势却不能等待。

我感到我们久经锻炼的老同志并不多，许多骨干还是新入党的知识分子，党外的一些习气自然会很迅速地反映到党内来。我们研究所的党的领导核心还缺乏高度的原则、勇气与充沛的战斗力，许多同志还分不清九个指头与一个指头的关系，往往看到一些小的暂时的困难而忽略了基本的主要的一面。这里我绝不是否认我在具体工作上有缺点，我认为首先要肯定我们主要的方向是正确的，不能丝毫动摇决心。其次要分析分析这些意见，哪些是正确的，哪些是不正确的，是资产阶级知识分子对我们的反击。错的要坚决改正，不错的要坚持斗争，一切事物不会是没有矛盾的。我们这次全部人员都迁下去，大家都认为是很大的胜利，但绝不是很平静的，我们进行了斗争，同时准备更激烈的斗争。改造资产阶级知识分子走社会主义的道路，不是轻而易举的事。这次中国农业科学院检查批判了党组书记右倾机会主义、专家路线的错误，给我教育极大。**真理是要斗争出来的，越辩越明，我们还缺乏斗争的韧性和高度的政治嗅觉。**

会议快结束了，我想7月31日至迟8月1日坐飞机回去，希望2日到海口。匆匆发信，再谈。

康

1958.7.28　北京

"扎不下根来如何把事业办好？我是下定了决心。"

霞：

刚从余谦同志那回来，他本已决定调海南，也作了走的打算，但是现在病很重，严重的胃溃疡加上风湿性关节炎，连饭都不能吃，医生说要治疗一两年才能正常工作。在这样的情况下怎好叫人去海南呢？只好决定不去了。

在干部方面我是有些理想的，希望能有一批志同道合、齐心肯干的人，但是这只是想象而已。在这方面我并不是不努力，余谦不能去当然有些失望，但是我也逐渐明白了这一个道理：工作不是光靠一个人，而要依靠党的集体领导，依靠组织。我们现在虽然骨干不多，但是也有了起码的班底，要下决心培养干部。我曾这样天真地想过如何披荆斩棘

1958年10月，草棚上马的华南农学院海南分院开学招生，它是后来著名的华南热带作物学院的前身

"草棚大学"里上课，
老师与学生融为一体，
共同创业

来开创工作，自己办学校，自己训练干部，这是一些个人主义的想法。现在有党的领导，有海南几百万人民，什么办不成呢？

目前真正安心于热带作物事业，愿意终身为海南人民服务的人还不多。希法这次回来向家里诉了不少苦，感到海南只可暂住不可久留，让王唐文狠狠地批评了一顿。希法这思想不只是他一个人，是相当普遍的。扎不下根来如何把事业办好？我是下定了决心，只要坚持努力，大家在工作上深入下去，情况会

转变的，不要怕，这是事物发展的规律。有些人会掉队，有些人会开小差，但是事业之路会前进的。我们主要是依靠海南人民的力量，走几个资产阶级知识分子，最多造成我们暂时的困难，又有什么了不起。

工作重要不重要，领导重视不重视，关键在于人民需要不需要。你的工作干得有否成绩？热作所是在大发展中办起来的，规模不算小（现在是全国最大的专业所，棉花所才80多人，茶叶所还未建立，当然你不能说棉花、茶叶不

重要），但生产发展的规模并不大，热带作物的群众生产并未发展起来，因此除农垦部门还关心我们外，地方党委对我们是不够重视的。但是生产发展起来了，情况就不同了，广大人民、各级党委对我们都有了需要。因此要使我们工作有意义，首先是要促进生产发展，把生产搞好，否则我们将成为无本之木，这点一定要明确。另外领导重视不重视还看你工作搞得好不好，有无独创的经验，不能光空喊要人重视，只要做出成绩来，自然领导会支持你。红安县不就是个例子？因此，关键在埋头苦干。我们过去给人印象不佳，要通过实际工作才能转变群众对我们的印象。

你说我对外交涉太老实，我看毋宁说是个优点。这些年党内的锻炼使我了解工作必须老老实实，纵然是吃点小亏，将来也会有人了解的。**过于精明并不好，往往小事聪明大事糊涂。**比如我们同华侨农场打交涉，我同树藩同志就主张宽一些，不要太过计较了，好像是多出了几个钱，但是对群众关系可搞得好些，使县委也便于动员他们搬迁。自然，不讲理地吃亏也是不利的，要有分寸，我觉得过去橡胶第一的观念养成我所的娇气，凡事要人特殊照顾，把研究工作特

殊化，这点并不好，虽可鼓励鼓励干部，但会把干部惯坏了。再有应勇于负责，不推卸责任，凡事反求诸己，我感到在这点我还是注意的，这些年来没同人闹不团结，心情是愉快的。

我感到一个人应该有共产主义风格，心胸宽阔，干劲十足，经过下来这一年多的锻炼，我想是比过去坚强一些了。当前的困难，思想问题等等我是不怕的，越困难，越可锻炼干部，同时也锻炼自己。要培养出这样一批干部，把心交给人民、交给党，把命运同海南人民结合起来，日夜不息地工作，只要有决心、不动摇，一定可以办到的。

动了手术几天行动都不方便，我之所以下决心做，主要是为了你的身体。我们应心连心，互相体贴，互相帮助，把我们全副精力投身于工作，再不产生什么苦恼。我希望你用最大的毅力把身体搞好，同时永远心胸开朗。我常在想通过艰苦的斗争，搞好一个事业，对人民有所贡献，在群众中生根，这是最大的愉快。我们都还年轻，下个十年、廿年的功夫什么搞不透？我有信心依靠群众创立新型的热带作物科学体系，这是我们应担负起的任务。总有一天我们会看到热带国家的解放，那时世界热带作

物会有飞跃地发展。

也许我的幻想太多了，但一个人有些浪漫主义是好的，不敢想就不敢做，毛泽东思想给予我们极大的生命力。

出来后感触颇多，脑子简直没有休息的时候，总想向你一吐为快，你该不会又批评我吧。

平汉路因黄河铁桥冲坏，飞机很挤，最早只能买到3日的票，4日飞机一定回海口，有车回那大的话当天就可见面了。

望保重身体。夜深了，再谈。

康

1958.7.29　北京

"这样的领导，这样的时代，这样的国家，这样的人民，有什么比这更伟大更幸福呢？"

霞：

27日飞机没有来，等了一天，晚上看电影《生活的浪花》，讲一个知识分子的改造经历，影片并不很好，但颇有感触。深夜独自踏着月色归来，心中也激起阵阵浪花。**生活是多么丰富，我们在**党的培养下锻炼成长，这样的领导，这样的时代，这样的国家，这样的人民，有什么比这更伟大更幸福呢？

28日9点多飞机起飞，沿着长江西去。蜿蜒青绿的长江，一个个独自矗立的石灰岩峰林。不久就升高到云霭之上，只白茫茫的一片，什么也看不见了。等到飞下云端，烟波万顷的滇池已在眼下了。云南地方热情欢迎，请吃饭，又请看滇戏——《望夫云》，是一个白族的神话传说，很好，朴实优美，亲切动人。那高亢的歌声使我回忆起去过的苍山洱海，令人神往。

今天天没亮就起来，7点半开车去河口，汽车蜿蜒在山上奔驰。高原上的初秋确实美丽，稻田已收割了，田中一垛垛的禾秆象征着丰收。高高的滇杨，翡翠石绿的侧柏，一重重长满云南松的群山，远远的白云，秋高气爽，显得天都低了。

车不久便走在陡峭的山上，下面是在朝阳下闪烁的阳宗海，正是：白云在头顶上飘荡，湖水在脚底下发光，像一条大蛇在那里盘旋，原来是小火车奔驰在山上。一路上弯弯曲曲，穿山过洞，头都给搞昏了。

下午5点到了开远。车一到就见红

旗招展，锣鼓雷鸣，鞭炮声大作，我以为来了什么团体呢，原来就是欢迎我们的。小学生献花后由县委书记陪同，前有红旗锣鼓开路，我们每个人手捧鲜花一束，在大街上游行。真是没想到的局面，使人窘迫不堪，下面的热情真令人感动。

明天5点就要上车去河口，再谈吧，要睡了。

康

1958.10.29　开远

"通山路的工程险极了。"

霞：

昨天天未亮即起身赶车，8点多到碧色寨换车。从碧色寨到河口170多公里要过90多个山洞。车走得很慢，工程很险，因车误点一直到11点才开车。一路上一边座谈，一边看山景地貌，非常愉快。人字桥、通山路的工程险极了，坡度极陡，100米要弯三四个弯，可能你还记得一些这样的景致吧！车一直走到今天4点多才到，夜深大雾弥漫，寒气有些逼人，幸好

我带的衣服较多，还不感到冷。

准备在河口耽两天，后天才回昆明。**这里气候条件很好，橡胶生长也很好，并积累了很多经验，要好好学习一下。**

你身体检查情况如何？海南已到换季的时候，要千万注意身体。

信请转刘松泉。

康

1958.10.30　河口

"我们的情感已建筑在
共同信仰与事业的基础上。"

霞：

有了感触就想给你写信，可是旅途匆匆，写了公信，就写不了私信，只能"厚公薄私"，给你少写一些了，见面再详谈吧。

你身体怎样？颇念，写信可在25日前寄到粤西农垦局转我。我伤风已好，只是天天走路，睡得不够，有些疲倦。

孩子怎样？一定很令人操心，将来住校，集体化就好一些了。

我感到下来后在一起工作，我们彼此

更相互了解了，想起来颇是温暖。我们的情感已建筑在共同信仰与事业的基础上，同甘共苦，忧患与共，你说是不是呢？

再谈，要发信了。

康

1958.11.17　湛江

"我感到自己爱上热带作物事业也是一大幸福。"

霞：

恐怕你收到这封信时我们也快要见面了。

现在我在湛江的海滨别墅给你写信，皓月当空，照得宁静的海水闪闪发光，这个葱绿满目的清静的招待所也显得非常美丽。这片房子是我1952年时看着它建起来的，以后又在这住过多次。时间过得多快，当年新栽的树都已成林。搞橡胶工作已经六年多了，出来后天天跑路，坐在汽车上有许多时间让你思考，我又是个脑子闲不住的人，我已把我这一生，尤其是解放后经历的工作反复想过几遍了。人常常能清醒地回顾一下过去的足迹是好的。我

感到我自下到基层来后一年多来是逐渐踏实了，事实是最锻炼人的，困难使你想办法克服，从而获得经验。对目前的事业我是热爱的。昨夜在阳春县同一个以发展橡胶为主的人民公社党委及农场场长座谈，有两个场长对搞橡胶那样热爱，听说中央要大量发展橡胶业，那种高兴，充满信心，不怕任何困难的革命乐观主义精神，深深使我感动。一位先进的养猪场场长说他工作的秘诀就是四个字——"爱猪如命"，我感到自己爱上热带作物事业也是一大幸福。这次观胶万里，几乎走遍中国的热带亚热带地区，高山堤谷，大河小川，茂密的丛林，广阔的土地，那样辽阔富饶。一想到这些地方将要很快建设起来，真是情绪激动。走了很多农场，在"大跃进"中尤其是橡胶生产有很大进展，出现许多科学上有价值的问题，把我的脑子都塞满了。我们有广阔的工作园地，回去后我一定要把这种情绪感染给大家。

目前正在创业，工作中还存在着许多困难，而我自己能力有限，缺点很多，但是我自信困难可以克服，自己也愿谨慎虚心前进。

下来后我感到我们的相知更深了，情感更浓了，我们虽认识近二十年了，直接在工作中相处，互相关心的时间还

1959年2月18日，叶剑英在迁所建院初创的困难时期来到宝岛新村，对何康及"所院"的创业者们给予极大鼓舞。(前排蹲者左起：一卢有恒，三温健，四邓励，五陆大京。后排站立者左起：一王永昌、三吴修一、四何康、五叶剑英、七缪希霞、八林令秋、九龚硕蕙、十田之宾、十二叶帅秘书王守江、十三吴一萍，十四吴景田)

不多。而在近一年中你在工作中给我很多帮助，每当我发现我们在一个问题上思想一致时，真是感到巨大的喜悦。同时你对我生活上的体贴照顾也使我很感激，我的脾气与修养虽不够好，但终不是一个刁滑的人。希望你爱我并相信我，在工作与生活中互相帮助，互相体贴，共同愉快地进入共产主义社会。

快见面了，出来一个多月，跑路开会很辛苦，但各地都照顾得很好，也不如在家那样操心，人反倒胖了，想你一定很高兴。你恐怕是很累了，我希望你能好好在海南过一个冬，**让我们能安心在中国的热带安下家来吧。**

大家说我要"放写信卫星"了，的确，参观团中我写的信最多，这次你总不好再说我了吧。

康

1958.11.24　湛江

"我们总算在南方生了根，上海这样的大城市，对我也减少了吸引力了。"

霞：

我现在坐在锦江饭店安静的小房子里给您写信了。

12日向王部长汇报完工作，他同意我们的做法，明年给我们100万元经费，希望我们建设得好些、美丽些，人力、材料明年下半年他再设法协助。我们抽空到长江大桥上走了一趟，雄伟壮丽，令人十分振奋愉快。

为15日前赶到上海开会，没有船，刚好今天有飞机，就赶到上海来了。汉口到上海票价仅59元，比从广州到海口还要便宜。在武昌太仓促了，也没能去看二妹他们。

会议15日开，先开几天预备会，再正式开会，议程尚不得知，恐怕会期要在10天以上。饭后去看了一场电影，在淮海路上走了走，我想起我们住在中法大学那一段日子，不也是有空就在这街上走走吗？那时我们刚开始建立自己的小家。日子过得真快，一切也都变得快，我们总算在南方生了根，上海这样的大城市，对我也减少了吸引力了。我

们要做的事太多了，困难是有的，但定可克服。12月9日的《人民日报》上有一篇报道苏联高尔基农学院学习结合生产劳动的情况，题为《正确的道路》，希望你找来一看，并介绍给其他同志一阅。我们也正向此道路前进，任何前进的道路不会没有曲折，我们的条件已是太好了。

我很担心你的身体，该休息就休息，不要勉强，我们要为事业长期工作。孩子也不要过于担心，情况慢慢就会好的，食堂、托儿所、学校这些福利工作需要尽快地搞好，这样做妈妈爹爹的也可省一些心了。

所需的东西一定照单买好，只是没有布票，还需什么东西请即来信，25日前会议是完不了的。

一早醒来锣鼓喧天，满市都沸腾起来，原来是围剿麻雀。

上海天气还不很冷，屋内有些暖气，感到很干燥，有空当去找找老方他们。

会议日程今天大概可以知道了，再告吧。

希望看到你的信，注意身体。

康

1958.12.14 上海

"我们这时代的人是最幸福的，破坏旧的，建设新的，我们都经历了。"

霞：

今天没开会，到处去转了一转，看看别后数年的上海。今天又正逢星期日，南京路上确实热闹，人都挤不动。我专门跑到博物院路原来瑞明公司的地方去看了一下，那里现在是福建、浙江商业厅的采购站。顺着过去"拆头寸"的路一路走来，想想真是有意思，变得多快啊！我们这时代的人是最幸福的，破坏旧的，建设新的，我们都经历了。

人参精问了许多家都没有，后来在医药公司买到了，是北安出品，6.7元一瓶，只买了两瓶，因为看着比原来那种瓶子的大。是否还需要买两瓶？盼告。塑料水壶到处都没有，裤子倒很多，没有人造棉的，我又无布票。小禾的鞋袜都可买到很好看的。我还看到一种绒面橡胶底的女鞋，样子不坏，不知你是否喜欢，请将鞋样告诉我。

上海吃的东西不少，想起你们真恨不得连铺子都给你们搬去。我一定买一些吃食带回去。替儿子们买了一些书（两人都有），替你买了本日记本。因为你生日快到了，我想买件雨衣送给你，20多元，双层的样子也很好，不知你尺寸大小，你若喜欢请告我。书及本子先另邮寄上，让孩子也高兴一下。

生活很紧张，我自己又不会安排，

1947年夏，何康、缪希霞带着不满一岁的儿子何迪到上海创立了地下党经济机构"瑞明公司"

家庭孩子都没有好好照顾，希望今后能改善。你身体如何？甚念。盼能接你信。

康

1958.12.14　上海

"了解了不少全国科技界的大势。"

霞：

会议已开始了，开得不紧张，虽然直接关系到我们业务的少，但了解了不少全国科技界的大势，并争取向各有关领导部门汇报了我们的情况。

老邓没有来，遇见了唐敦静，准备同小易他们聚一聚，老方也打电话找了他，有空就找他谈一谈。（编者注：邓裕民、易占云、方行都是爸爸在上海地下党的同事）

会议28日结束，我想29日就走，如果农垦部有代表来，我想能早一点回去更好。听完了主要报告，了解了主要情况就可先走了，现在我成为农垦部的正式代表了。

你身体如何？极念，很盼能看到你的信。替你买了支新式原子笔及一个塑料小本，不知你喜欢不喜欢。又买了四块小花手帕，图样很好，不知你还喜欢什么，要是信快的话，可能还可以接到你的来信，你可根据我去信走的日子来计算来信的到达日期，在28日前能到的信我就可收到了。

上次在北京曾借二哥一个本子记录笔记（记的是活页练习本），如找到请用挂号寄还给他，如找不到我回去再找。

上海今天刮风转冷，室内有暖气，穿件毛衣就行了。海南不知转冷否，你气喘如何？

均在念中，再谈。

康

1958.12.18　上海

"工作要有节奏地进行。"

康：

今夜又发气喘，二时发作，现已四时半仍未平息，不能睡下，坐在这儿思潮起伏，所以提起笔来写信。

今天接到电报知你会毕仍将去北京汇报，那么只有明年见了，今年的时间便如此报销了。我们都有些失望，本盼你能早些回来抓些工作。目前区党委统一布置，开展整风补课，主要是基层农村，但根据我单位情况，党委会考虑机关中亦极需补课。实际上我们整风亦未结束，很不彻底，所以工作才会推不动。因此准备在农村整风告一段落后即开展机关整风，结合检查工作、思想、作风，期限要求春节前全部结束。时间紧迫，问题很多，因此很盼你能早些回来领导。但现实又是如此安排，你不能回来也是没办法的事，今后也还会出现这类情况，你不可能不出去，但家中的具体工作又缺乏领导力量，这是个矛盾，但也是必须更好地解决的大问题。点滴的、细致的具体工作会更充实你的思想，丰富你的领导技术，避免想得多做得少。理想要有，而且也应是美好的，应该能实现的，但是截至目前成为现实的东西做得还嫌太少。相形之下，便显得说得多做得少，会议多行动少，布置多执行少，总之还停留在理想阶段。

你敏感，接受新鲜事物快，对于党的方针政策也领悟得快，能够及时地依据党的方针政策来布置我们单位的工作，但是作为一个基层领导，还是远远不够。正像你过去所说你是善于"高瞻远瞩"的，那还是中央机关领导同志应有的特点，不能仅仅满足于这一点，我知道你也不会仅仅满足于这一点。但是你离开具体工作的岗位久了，对家中的实际情况了解得不够了，就会显得悬空的机会多，考虑实际的、具体的困难较少。**工作要有节奏地进行**，必须有整顿巩固的阶段，不能排山倒海似的一齐压下，一个任务没完，也许还都在开始，但第二、三、四……的任务便连串压来了，这会严重影响工作质量。而且总打被动仗，不是一环套一环，而是环环相叠，这样基础是不稳固的，一旦遇到个挫折，便会发生大问题。

方向对头，具体部署符合中央精神，这都是应该做到的，千万要警惕会由此而产生的自满情绪，那会让自己不能冷静地倾听现实所存在的不如理想的不愉快的事情，会影响自己不能虚心地倾听别人的意见，就会忽略了细小的但是也必须做好的事情。我感觉毛主席的《帝国主义和一切反动派都是纸老虎》中所说的"在战略上要藐视敌人，在战术上要重视敌人"那句话，也就是在整体上要藐视它，在一个个的具体问题上要重视它。这同样可以活用到我们工作中。在"指标"上，在理想上要有远大的目标并满怀信心认为可以完成它，但在工作中，必须重视每一点一滴的具体工作，不能忽视任何细小的环节，没有做好这些细致的工作，就是最大的错误。

现在气喘平息了，我要睡觉了。

霞

1958.12.22　所院

"目前应强调放在第一位的是协作精神。"

康：

气喘就是坏两天好两天的，总的讲还算不错，请放心。就是公私都不够愉快，感到烦躁，工作中推不动，各单位互相扯皮、顶牛，抵消力量。基建将石灰都包起来了，农学系要压绿肥需石灰却不能解决。王秉忠的苗要干死了，要些汽油抽水却不给。这些都是不应发生的事，却要花许多不必要的精力去解决，老芦和各方面都顶角。家中昨日兆兰又来电话说和迪儿吵了架，哭哭啼啼。迪儿来电话又说早上没早点吃，光喝点稀饭吃不饱，食堂有时有些米饼，兆兰又

不给买（主要是去晚了就没有了）。总之都是不愉快的事。现想把小禾和兆兰先搬过来，小禾只有暂时停学，留迪儿一人自己管理自己。兆兰说她要被何迪气疯了。我看兆兰是留不住了，真怕小禾把她搞出神经病来。

刚接到你18日的信，知29日才离沪，此信可能还赶得上。手帕若便宜可多买几块，我穿的皮鞋如有好样子的可给我买一双。我现在只有一双厚底的黄皮鞋（即和你那双一样的），还是一九五五年买的。另如有好看的钱包（即像老芦装小毛钱的那种小皮包）也请买一个。

听说海南行署农业处、林角农业试验站、土地规划等三单位合并，现改为海南农业科学研究所筹备处，专门做水稻、花生、畜牧的研究工作，热带经济作物不搞。看情况恐怕是担心我们负担不了这一部分工作。听说不包括热作还较安心些，详情不知。26日在海口召开各公社热作会议，林书记准备去参加。

那大粮食供应仍很紧张，过去各公社所报亩产数字都不确实，我们仍是每天拉一次米。我们公社的性质等的专门报告（林书记起草，只武、吴看过，我们都未看见），发出很久，至今尚未批回，再谈。

我感觉考核各单位工作成绩，应该加上一项，尤其目前应强调放在第一位的是协作精神，看谁与别人协作得最好。

霞

1958.12.24　所院

"要有坚强的信念，用革命的乐观主义去对待一切。"

霞：

你的信给我很大安慰，使我得以了解所中近况。我也没有因为看到一些困难的情况而感到不愉快，只感到工作责任很大，有更多工作要做。

学习八届六中全会文件，毛主席的几次发言使我受到很大教育。革命干劲与科学分析的结合，并不神秘，也不简单，两条腿走路，要多听一些倒霉的事，又热又冷——这些浅显而又深刻的言语，使人更产生一种坚定的、百折不挠的革命乐观主义精神。主席说干一件事总有两种可能，一是成功一是失败，而成功中一定会有失败，只看到成功而不估计到失败，必然缺乏警惕而招致更大失败；只看到失败而无成功信心，事情也办不起来。我们的工作也是一样，方向对头不一定具体的做法都对头，架子搭好，也不一定工作就能做好。我们的工作初创，无论在思想上，组织上，存在的问

何康、缪希霞在20世纪50年代的合影

题多得很，连我们自己也要在锻炼中成长，从缺点与错误中吸取教训提高。这些都是工作发展需经的过程，我们如果把这过程看简单了，必然会感到有无数的困难。我们在基层工作中的锻炼太少了，其实哪一件事业的成功不经过激烈斗争的呢？从报上看当然是比较简单的，而实际上里面有多少艰苦的过程，同时还有阴暗的一面呢？所以主席说对报上报道的消息也要冷静地来看。**我们目前工作存在的缺点很多，要正视这些问题，决不要因现有的成绩而自满。**我从自己内心来检查，我并不认为我们已做得很不错了。如这次参加农业先进单位会议，我有些感到意外，我认为这是对我们的鼓励——从我们的工作上来说其实还够不上。想一想，我们所做的工作还未巩固，有许多只是想法，提高生产只是靠老本钱，并未用巨大的努力。这样，对群众有很大的鼓舞是好的，就自己来说，区党委的殷副部长再三要我去北京参加会议，说这是很大的荣誉，而我只告区党委不一定非指定我参加不可，就建议老吴去。这一方面固然是对吴的鼓励，另一方面**我也没有要参加会议享受荣誉的强烈愿望。**就是这几天上海的会议开得较松，与我们关系不很大，而北京会议很

热闹，每天看报也没有因此而感到遗憾。为什么？因为感到自己付出的努力很不够，工作主要是群众做的，**没有经过艰苦的努力而享得荣誉，内心并不真正愉快。**歌德说过"只有经过巨大的劳动，才能享受巨大的幸福"，这些道理只有在实践中才逐渐深刻。西联场大出风头，我们"名落孙山"，对群众来说影响情绪不好，应很好检查我们在工作上与联系上的缺点，并向领导反映情况；但从领导上来说也不要因此激动。我看了你的信也有些不高兴，想想，也觉得没有什么了。主席说有名有实固然好，有实无名也无妨，就怕有名无实。问题在是不是有实！实是宏观存在，只要有了，它就会反映出来，这是迟早的问题，当然我们也不能放松宣传工作，但有名无实是早晚站不住脚的，老实人是绝不会吃亏的。

霞，你看看就我们亲眼看到的这些年来垮下去多少人，这些人不是在一些时候看起来很神气吗？就拿我来讲，想一想确实哪方面都不够的，这几年幸好未犯大错误，最主要的还是比较老实。有小聪明的人，终是要吃大亏的。有一点是要注意教育的，就是群众，甚至我们的骨干都还缺乏锻炼。下来之后，好像有这样一种思想，就是大家做了很大

牺牲，进行了巨大的努力，因此领导要特别照顾，否则就感到不愉快，委屈。我感到这正是一种自满思想的表现。这种思想是危险的，我们应该教育干部群众，过去我们是欠了债的，对生产贡献不大，现在要用加倍的努力来搞好工作，不要过多计较名利。这样可以避免稍有成绩就骄傲自满。

我很接受你对我的批评，我的领导方法存在巨大的缺点，这种不依靠组织的领导方法，实际上是个人主义在领导作风上的表现。这一两年来虽较过去有所改善，但仍然是很突出的，这一方面是自己的阶级出身、群众观点的问题，另一方面是受的基层锻炼太少，对群众运动缺乏经验与实感。说实在的，我们目前工作中存在这些问题是不奇怪的，下来后工作缺乏深入发动群众，提高与巩固，没有通过层层发动形成核心力量将领导意图贯彻下去，如此不出现许多不同的思想认识那才怪呢！我这些天也很好地回忆了一下这半年多的工作，同时同陆平东同志（编者注：时任农垦部热作局局长）交换了一些意见，他是经常鼓励我，同时希望更深入做群众工作，要有信心，任何事情都要经过一个整顿巩固的过程的。他讲了许多在根据地游击区作群众工作的艰苦工作经验，使我很

感动也很惭愧，同时也增强自己应对困难的信心，坚决相信及依靠群众的多数，只要工作做到位了，成绩就会很快地提高。为了革命事业我有决心在工作中改造自己，改进作风。

另外我感到目前工作混乱，一个很重要的原因是"所院"缺乏一个坚强领导核心，我没有一个得力的二把手，出了主意缺乏得力助手协助贯彻。我一出门，家中就无人掌舵，很多问题如部门之间的争执、协作，只要有人掌舵还是可解决的。我又不能不出来。像这次会议虽然时间久，但做了宣传，争取将热带作物列入全国科技研究计划，与各有关省区及部门领导挂上了钩，收获很大，这于我们今后工作有极大好处。而目前几个领导核心的实际情况就是如此，比较得力的是老武，但老武目前地位还不够，同时也不够任劳任怨，还不善于团结骨干。工作如何不吃力，为建立领导核心我也是做了一番努力的。固然我也有缺点，如上次党委会对武的批判太直率，应做个别谈较好，团结工作做得还不够，但实际上也存在很多困难，我也曾向部里反映此情况，这次之所以想去北京，主要也想去看看有无解决此问题的可能。找一个合适的二把手是不容易的，碰到一个不仅干劲不大，而且拖后

腿的就更不好工作。因此，现实的方法，一方面努力物色合适人选，一方面尽力做好核心团结工作，充分发挥每个人的积极性，虽然艰苦但也是可办到的。

写到这里，又接到你24日的来信，很感谢你对我的再次提醒，我虽因不能马上回去而内心焦虑，但是我却有坚强的信心来应付这些不愉快的局面，这也是工作发展必经的过程。我想回去后好好地深入群众，搞三四个月的巩固工作，短时内不再出来了。

我希望你有同样的信心，以愉快的心情来对付一些不愉快的事，要设法去克服、斗争。你比我更缺乏锻炼，这正是锻炼自己的机会。我有个感觉就是你的圈子还太窄了，几乎只同吴、龚等接近，对其他的领导同志以及群众都接触不多，对王、芦都有对立情绪。你想想，这样一些领导骨干，合得来的接近的人只两三人，这样是不好的。王、芦等是有缺点，但也有对的地方。各个单位固然闹独立性，但职能部门是否能深入工作，是否能抓住重点，搞出些经验来更好地说服他们？我想我们自己还有许多做得不够之处，许多问题要做科学分析，不能简单化，如"四包一统"，确实存在许多实际问题，不能一包了之。我想你是坚强的，会在实际工作

磨炼中成长起来的。

会议1月3日才结束，我要在大会发言，准备4日走，尽早在京汇报后就赶回去。**不要急，我是脾气最急的，我所负的担子也是最重的，但我也不急了。事物有它发展的规律，工作一定能办好的，要有坚强的信念，用革命的乐观主义去对待一切。这是我内心的言语，也是我在这一年最后的日子里对你的希望，我想你是不会辜负我的。**

康

1958.12.30　上海

"我有坚定不移的信念，愿从事艰苦的具体工作。"

霞：

今天除夕，信还未发出，抓住了点空，再给你写几个字。

如何来看今年的工作？应该说我们今年是"大跃进"的一年，研究所有了本质的改变。中国科学院副院长张劲夫同志总结科学院今年的工作说："方向对，成果好，希望大。"我想这九个字也

适用于我们。固然成果不如理想的好，但相对地说比过去的几年是大多了，更重要的是希望大。

肯定成绩是必要的，这样才能坚定我们的信心，才能鼓舞群众。当然我们绝不能忽视阴暗的一面，但是九个指头与一个指头要分清，一方面要重视处理这些问题，另一方面也不要因此而否定重要的一面、本质的一面，同时新生的事物要有一个成长的过程，我们要辩证地认识问题。

我们方针是对的，在基本问题上没犯错误，问题在这些方针的正确贯彻与工作迅速提高上，突出的是发动组织群众不够，核心力量未建立及每部门协作精神不够，没有组织到全所一盘棋中来。

但对这些问题也应加以具体分析。比如协作问题，在"四包一统"前我们工作开展是很慢的，试验基地的工作基本未动起来；"四包一统"之后将责任推到各系，各系的责任加重了，积极发挥了，工作开展了。当然，也必然带来许多新问题及部门与部门之间的协作关系，这就需要领导很好地预见到这些方面。一方面工作上具体加以安排，进行组织上、工作上的调整；另一方面在指导思想上反复进行协作及共产主义精神的教育，而这一切又要通过艰苦的点滴工作，层层发动群众来做，

在这些方面我们做得不够。固然我们一些领导骨干有缺点，但实际上也存在问题。全国权力下放后，协作问题就很突出，中央建立协作区，这次六中全会又极强调全国一盘棋，局部服从整体，就是为了这个。因此，这些现象是暂时的，工作做到了，就可以大部克服。同时像这样的问题将来也会永远存在的，领导的责任就是要及时发现解决这些问题。

今年我很多时间在外面，尤其是技术革命会议后，所中变动很大，我几乎都在外面，许多问题只是在会上布置而没有下手去摸，实际情况了解不够，许多工作还停留在理想阶段，出来后家中又无有力领导来贯彻，自然会出现一些不愉快的情况。但是我相信，我们的党组织还是坚强的，群众是好的，工作是会迅速走上轨道的。

因此我愿尽快回去，通过学习六中全会精神，整风，好好地整顿巩固一下现有工作，再在此基础上做更大跃进。**我有坚定不移的信念，愿从事艰苦的具体工作来达到此点。这就是我的元旦誓辞。**

祝你新年快乐，孩子们好。

康

1958.12.31　上海

第二章

1959.12.17—1961.12.25

【艰苦岁月　三年奋斗】

宝岛生根

　　"两院"编撰的《中国热带农业科学院、华南热带农业大学志》描述了迁所建院初期的困难情景："首先是住，数百名职工及家属全涌到宝岛新村时，仅有联昌站数百平方米的砖瓦平房。照顾年纪较大的教授、研究员，也只能两家住一间，中间用帘布遮隔，大多数人则住茅草房。""其次是食，1959年上半年干部粮食定量只有每人每月9.5公斤，大学生每人每月只有11公斤，还要搭配甘薯和木薯干。""食油在内的所有副食品几乎全无供应。"由于拉粮车不能及

1959年2月3日，王震部长和"所院"职工一起开荒种地，自力更生向荒山要粮

时赶回，"不得不发动科、教员工上山找野菜充饥。""再次是烧柴……所院生活用燃料无论集体或个人都靠到山上砍柴、拾柴。""第四是其他社会设施……水、电、子女教育、医疗卫生、副食商品、邮电、通讯，所有这些都要靠自己创办，在地方政府支持下，先后设置了银行、邮电、书店、粮站等机构。"宝岛新村名副其实地成了一个小社会。"第五是建立驻城市的办事联络机构。"这些都是我孩提时难忘的记忆，在茅棚里居住，在草房小学里读书，上山种过地（当时中小学生口粮才7公斤/月），拾过柴，吃过小球藻，喝过河井水。但是"两院人"艰苦奋斗、乐观进取的精神，给予我成长中最充足、最丰富的营养，受益良多、终生难忘。

一、困难时期的开始

1958年除夕，爸爸给妈妈的信中表示，迁所建院的"许多工作还停留在理想阶段"，希望在1959年"好好地整顿巩固一下现有工作，再在此基础上做更大跃进。我有坚定不移的信念及愿从事艰苦的具体工作来达到此点。这就是我

的元旦誓辞"。

誓辞要通过实干才能兑现，理想要战胜困难才能成真，1959—1961年三年困难时期是最大的考验。父母"两地书"中收存爸爸1959年的信件很少，只有4封，都写于12月份，由北京寄给在海南的妈妈。日记也特别简单，只有一份追记的1959年大事记，绝大部分时间都在与科、教职工在宝岛新村同甘共苦。这是迁所建院的第一年，也是三年困难时期的开端。春节前，农垦部的王震部长、刘型副部长，特别是华南农垦的创始人，爸爸入党后的单线领导人叶剑英元帅都到"所院"看望大家，更加坚定了爸爸妈妈与"所院"的科、教职工迁所建院的决心。

"没有个人主义作怪的人确实心情舒畅。"

霞：

一下飞机就碰到你所最不高兴的事——冷，好在部里（编者注：农垦部）派车来接，在王部长办公室过了一夜，昨天就回家来住。昨晚去看了一场中国歌舞

剧《鱼美人》，穿上了皮大衣，戴上了爹爹的皮帽子，妈妈的皮手套，围上了妈妈的围巾，寒气大消。歌舞剧很好，将京剧的舞蹈与芭蕾舞融合在一起，音乐很美，气魄颇大。

中国农业科学院正开专业所长会议，我今天去参加了，这次农业科学院开计划会议未发通知给我们，失去了一个学习的好机会。我同朱副院长（编者注：朱则民）讲，请他们今后不要见外。

这次来京心情与前次大不相同，心情舒畅之下，你可能又要怪我花钱太快了。买了两件衬衫，一东方呢，一绢纺，共费18.5元；一个塑料水壶6.8元，一支

双色新式原子笔6.8元，尼龙袜子3元，其他就是买一些书。总想给你买一些东西，看来看去还是等你自己来挑吧！你要买什么请快来信。

没有个人主义作怪的人确实心情舒畅，希望能永远具有这样的心情。

爹爹妈妈的身体很好，家中也颇愉快。

你身体如何？极念，爸爸妈妈那儿准备明天去。

望能见到你的信。

康

1959.12.17 北京

1959年2月，何康陪同叶剑英同志视察胶园

"现在橡胶成了突出的问题。"

霞：

　　来京后工作紧张，生活愉快，心情舒畅，日子过得也很快。今早去国家计委向**王光伟副主任汇报，他指示："橡胶国家极为重视，更要加强力量搞。"**我现正帮农垦部搞八年规划，科学教育要大大加强，准备一并搞好提出。

　　家里去了一次，同妈、唐文、三妹、小妹去新开张的四川饭店吃了一顿，很好，也不贵。昨天我又请爹妈、二哥、二嫂吃了一顿，七菜一汤，十块钱，很好。爹妈、爸妈四位老人身体、兴致均好，整个"大跃进"形势，对老人也有影响，我有空就去看他们。

　　在南方住惯了，一冷就不大习惯，尽力设法不伤风。衣服是够了，就是晚上睡觉很干热，有些不好受。

　　我们正组织各方面大协作，现在橡胶成了突出的问题，大家都重视，同时要参加研究长远规划。王部长年底才回来，他现在广州参加华南协作区会议，我要等他回来把工作确定后才回去。家中一切工作要抓紧进行，1日的会议要准备好，依靠党委集体领导，该决定的就办，不必等我，我会前一定赶回。这次把工作做好了，将

大大推动我们明年每项工作。过去就是家中无人看家，不能常出来联系工作。

　　中国农业科学院二月间开农业经济会议，杨大姐还希望你来开会，要是天气不太冷你倒可来并养养病。

　　一切均好勿念，望注意身体。

康

1959.12.24　北京

"寿婆：
猛然想起今天是阁下诞辰。"

寿婆：

　　刚才到百货大楼去为参参买一个围巾，路过教堂看见一个横额"庆祝圣诞"，猛然想起今天是阁下诞辰，未及早记起，该罚该罚，但是还不晚，买了**一本集邮册送您。**集邮公司只有一套新出的民族宫，其他选来选去也没有好看的，本想多买几套放上，只好作罢。看到纪念国庆的一套信封不坏，买了十个寄上。大会明天正式开始，看情况28日左右可结束，因为搞规划要等王部长回来很多事才能定局，看样子要拖过

年了。

　　一切均好，只是有时兴奋不易入睡，事忙而脑子不能很好休息，有空还想看看戏。真要把身体搞好，才有充沛精力来干。

　　望您好好注意身体，最希望明年成为一个不发气喘的人。

康

1959.12.25　北京

"除了全心全意献身于人民事业，还应有何求呢？"

霞：

　　去年除夕在上海锦江饭店安静的灯下给您写信，今年一样又在华侨大厦静静的小房子里给你提笔了。

　　出去买书回来晚了，人民大会堂的宴会未参加，二哥约我去北京饭店去找他，等了一会未见到。我原本打算今晚哪也不去，家也未回，能安静地在房间里想想、写写，所以很快就回来了。旅馆里很静，人都出去了，楼下不时传来舞会的乐声，我在此给你写信，感到十分宁静和安适。

　　今年是难忘的一年，是思想与工作大丰收的一年。1958年是"大跃进"的一年，是伟大的一年，但今年则更为深远。1958年"大跃进"的巨大深远意义也只在今年的斗争中我们才体会得更深，今年之所以可贵，是我们都通过斗争迅速地成长。要是说1957年反右派斗争我们树立了党的坚强、绝对领导，坚定不移走社会主义科学道路；1958年我们是大踏步地走了，不知走得如何；而1959年我们是通过自己的实践、斗争，明确了这条光明大道，找到了前进的钥匙。我相信1960年将会有更辉煌的成就。

　　今天会议结束了，结束前听了陈毅副总理关于国际形势的报告及对科学文艺工作的指示，他谆谆地说："要认真干，苦干，深入群众，深入实际，和广大群众、工农业生产结合起来，我们一定能超过前人，攀登世界科学高峰。"讲得很深远感人，几次我都不禁热泪满眶。**的确，生在这伟大的时代，真是太幸福，除了全心全意献身于人民事业，还应有何求呢？想到我们伟大的国家，伟大的党，伟大的毛主席，就会充满无限的信心和力量。这次会议我们本分工作的收获也极大，橡胶已正式列为国家的重点**

项目，还广泛组织了各方面的力量，中央、广东科委都将之作为重点来抓，中国科学院、中国农业科学院都将有许多研究人员来参加我们的工作，各方面对我们支持的力量将更为增加。我们的队伍通过反右在思想上更加一致了，基地已初步建设起来，对如何搞群众运动更有一些经验。明年我们将在更坚实的基础上，更大更全面地跃进。形势比1959年是更好了，我们要戒骄戒躁，好自为之，争取为国家做出更大贡献。

1959.12.31　北京

昨夜睡得很好，今早是一个灿烂的晴天，我的房间向东一掀窗帘就看见那初升的火红耀眼的太阳。我们的国家、人民、新生的事业正像那初升的太阳，前途无量。

王部长已回来了，约我今早九时去部谈话，我将抓紧这几天工夫处理未了事宜，一切见面再谈吧。

祝您康健，开门红。

康
1960.1.1　北京

1960年2月9日周恩来总理前来视察，对迁所建院给予了肯定，对未来寄托了希望。爸爸在1960年的大事日志上，唯独写下了2月1日和9日这两天的日记。

2月1日："椰庄的清晨美极了，蔚蓝的天，蔚蓝的海，疏落的朝阳透过扶疏的椰树洒下来，令人感到无限清新。7点40分随王部长乘机飞往海口，在云层上经过，矗立的五指山正像丘濬诗中所描"岂是巨灵伸一臂，遥从海外指中原"。40分钟就到了海口，宿农垦局，去高干招待所见中央各位负责同志，即邓、彭、李、杨等等。同吃中饭。午后王部长听局中同志汇报，晚看琼剧《双牡丹》（《追鱼记》）。"日记中提到的中央各位负责同志是邓小平、彭真、李富春、杨尚昆等。2月初，邓小平访问了热作所兴隆试验站。

2月10日追记9日："总理视察宝岛新村：十一点同宗道、学勤赶到县委等候总理来到。十一点半总理同陈省长、林李明书记到了。总理精神奕奕，比前几年胖了一些，提起来他还记得我（当时）的模样。"周总理记得1939年在重庆见到爸爸时的模样。当年爸爸两次去延安未成，1938年底到重庆，入重庆南

1960年2月9日，周总理视察"所院"时大合影
（坐者从左至右：刘松泉、林令秋、张文杰、何康、
周总理、曾江；后排何康左上侧为龚硕蕙、缪希
霞；膝下为何迪、前排右下角为何巍）

1960 年 2 月 9 日，
何康与陈郁（时任广
东省省长）陪同周总
理视察海南西联农场，
周总理与割胶的工人
郑红芬交谈

1960年2月10日，何康日记补记总理视察宝岛新村

开中学，仍想去延安，是爷爷与周总理诉说后，组织将爸爸留在了重庆，在南开中学入党并担任了支部书记。周总理"一坐下来就问我浓缩胶乳胶片的干胶含量和制造工艺过程，问得很仔细。稍休息一下就同车去西联参观，路上向总理汇报了世界植胶情况、橡胶产量、儋县的史绩。总理对各方面都感兴趣，对防护林很重视，到西联参观了胶乳厂、老胶园、油棕园，总理对很多职工都热情地询问他们的生活情况，和他们一起照相，对老胶园能再割多少年，出多少胶很关心。十二点多回县委，午餐，总理把出多少胶，出多少油都一一地记在小本上。他希望海南能出80多吨胶。两点出发到"所院"，沿路我向总理汇报了"所院"基本情况，总理说他要送一位亲戚到热作学院读书，并建议共青团中央组织一个代表团来海南参观，鼓励青年到海南来开发。车转了弯，总理看到我们房子的全景，说这地方很美。到楼

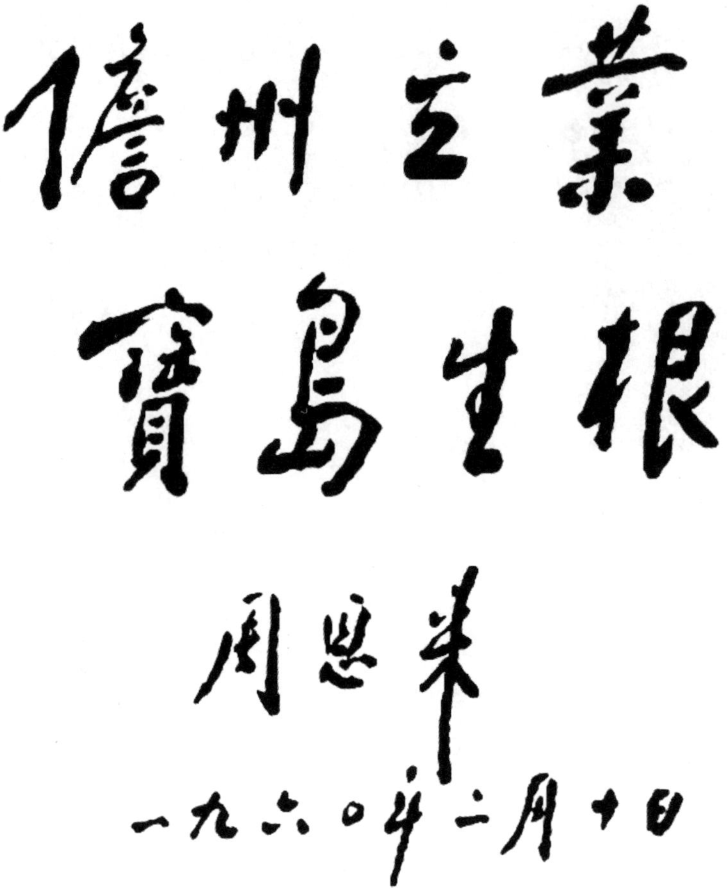

儋州立業
寶島生根
周恩来
一九六〇年二月十日

周总理的题字

前下了车，群众已发现总理来了，群众鼓掌，总理会见完休息，对我们的木瓜、香蕉、木薯饼很感兴趣，看见希霞还问参参及爸爸。"爷爷何遂和外公缪秋杰，都曾在国民政府任高官，抗战期间与周总理有许多交往。

这是一篇未完成的日记。后续的文字，我据爸爸的回忆梳理了一下，应该是这样的："总理说：'你们俩和我一样都出身于剥削阶级家庭，但都背叛了自己的阶级，为国家的事业作出了成绩，我真的很高兴。'"总理还特地到我家看看，正值春节期间，家家户户门口贴了春联。看到我家春联写着"儋州落户，宝岛生根"，总理说："立业才能生根嘛。"随后他题写了"儋州立业，宝岛生根"，这八个字后来成为"两院"的院训和精神支柱。

二、重点谈工作的"两地书"

1960 年 3 ～ 5 月，爸爸与妈妈的通信较多，有去有回共计 23 封，称得上是真正的"两地书"。但读这些信，字里行间几乎没有儿女情长，通篇都是在谈工作，特别是妈妈的来信中有两封的称谓都是"康并党委"，甚至还有"谢谢你的指示"的字样，这让我对爸爸妈妈的关系有了一个新的认识——他们是爱人，更是志同道合的同志。如同本人的性格，妈妈的信又长又细致，做财务的人总把事情来龙去脉交代得清清楚楚。本想做些删节，但不知从哪着手，因为这些细节不仅仅反映了三年困难时期的困难，还体现出计划经济体制下物资分配的难上加难！在这些信件中，爸爸在 4 月 21 日的信里有一句："发电机能这样解决，好极了。"宝岛新村大放光明的那一夜，在我幼小的心灵里留下了终身难忘的印记，欢腾的人群满溢喜悦，人民仿佛在黑夜中看到了黎明的曙光。

霞：

群英会今天结束了，"所院"的李锦厚、许成文、曾江被选为出席省群英会的代表。大家对我们的经验是很重视的，我参加今年的群英会与去年的心情不同了，你记得我在上海写给你的信吗？当时我对参加全国农业生产先进工作者会议是不积极的，那时感到没有做多少事，很多问题未解决，心情也不舒畅。但现在不同了，可是工作还是做得不多，再扎扎实实干上两三年就好了。党和人民的鼓励会更推动我们前进，对"所院"干部是很大鼓舞，我是会很清醒的。

5 月 3 日在广州开科协会议，我不打算去了。广东群英会拟于 15 日召开，因为全国群英会原定 6 月 1 日召开，如全国群英会延期，广东群英会也将延期。我希望推迟一些，因为热作生产技术会议 5 月中旬将召开，我在家较好，这是我们主要业务。回去要集中力量搞一下生产队军工技术革新及反官僚主义、反浪费、反贪污工作，月底要掀起一个高潮，向"五一"献礼。"五一"后要抓紧生产技术会议的准备。生活是紧张的，但很愉快。

1959年，缪希霞与儿子何迪、何巍在海南合影

回去后即寄款，不必多担心钱的问题，多则花之，无则省之，身外之物，不过于操心，主要把身体搞好。到上海住在什么地方？上海华东医院很好，并对哮喘有研究（就是爹爹住的医院），能否请部里或王部长介绍一下，可同彭大姐（编者注：彭儒）谈一谈。身体好了，可办更多的事，心情也更愉快。

席与烈等回来了，他们说你胖了一些，颇感安慰。谢谢你带的东西，自当省而食之，不会让皮猴当家。

明天一早回去，再谈吧。

我们的物、钱都差不多了，现在问题还是在人（骨干及业务人员，一般劳动力是够了），望抓紧多方设法。听说要到一些留苏学生，那是大好事。

我们选送的出国人员就是国家科委要派的，这事已同农垦部丁克副主任当面谈过，材料早已送去审查，为什么又说无人可派？请向丁副主任或人事宣教局一询。

康

1960.3.15　海口

"东西还未到手，所以心里不安，不敢放松，天天去催。"

康：

你由广州来的三封信都收到了，本以为你十三四号可回到所中，谁知十六号打长途电话给你，你还未到家，至今尚未接你由海南的来信，甚为惦念。孩子们到底如何？功课如何？身体好不？最使我不放心的是小禾，爸妈也都很想他，怪我不带他来，希望他照个相片寄来。请你找人给他们两人照个相寄来吧，老高（编者注：从小带我的高奶奶）也想迪儿。

来京已快两个星期，很少出去玩，每日都到农垦部去，至少待半天，因为有些事虽有了初步决定，但未最终定下，而且东西还未到手，所以心里不安，不敢放松，天天去催。邱志清已于18号离京去沪，催钢材后至温州订瓷砖，基建问题又去盯了高局长，他说已照我们上次所谈意见写成书面东西，请有关局去会签去了。至于材料只有等下半年订货，钢材110吨（除上半年已给87吨外），除高教部（编者注：高等教育部）再给30吨外，80吨由专案中解决；水泥1200吨，由专案中解决300吨（因专案只批了3000吨，不便多要），另900吨由农垦部在下半年订货中解决；木材上半年已给了920 m³，所以下半年不再给，因杂木在海南可以自己解决，老邱已同意。但前天又接老田由广州来的电报，叫再要1000 m³（不知老田是否又去广州，电报末尾署名是"田"），这恐怕有困难。

关于专案物资，已和王锡处长三头对案谈好，共分到钢材240吨（其中基建117吨，除基建局同意的80吨以外其余的是镀锌水管等，加工系用80吨，另43吨是给修配厂等的），水泥300吨。

铸铁管5吨，钢丝绳1吨，铜1吨，铝2.9吨，铅0.5吨，生铁30吨，动力线8公里，铁丝2吨，钢丝0.5吨，锡200公斤，锑100公斤，镁50公斤，铝板1吨，电石5吨，轮胎10套，磷矿粉100吨，电焊条2吨，氧气瓶3个，空气压缩机1台，油锯1台，车床3台，柴油发电机100千瓦，电动机50千瓦，排灌设备300匹马力，汽车4部，拖车4部，铁牛（编者注：拖拉机）1台。

要到的东西与我们原提的计划相差很多，但专案中所给的都是大项整批的多，种类不多，而且有些指标也只给了一部分，他们再次打报告争取，望按原提数字批给。我们是按照他们已批准的数字内分给的，如排灌设备他们提了2万匹马力，我们要了300匹，数字不大，全部照给了。又如电动机，他们一共才批了500千瓦，而我们就分了50千瓦，占了十分之一。总之还是根据李局长所指示的精神，尽量给我们一部分，但也不要太过分，要注意与农垦所的关系，不要把关系搞坏了。另一方面，他们所要到的规格都不大合乎我们的需要，如抽水机我们需要的是3-6K的，但批给他们的最小是24匹马力8K-12a的，所以我们只有提出24匹马力8K-12a的8台，40匹马力8K-12的1台，60匹马力10K的1台。发电机给他们最大的是48千瓦的，所以我们提的是48千瓦2台（准备另部调换成56千瓦的2台），5千瓦的1台。机床我们望要规格是大而精的，他们多是小型的。拖拉机只有东方红和铁牛两种。

目前专案中排灌设备已订一部分，机床先给了50台，废钢500吨，多已发货。我也在催排灌设备先给我们，机床需在下半年150台中解决。但王说要等部的正式公文，我又不便催部里太急，总之每天一次，韩处长说压在李局长处，又去找李，李说批了又去找韩，结果一直追到文印科，原来还压在他们那。碰到一位曾到过海南的熟人，答应帮我先打印，大约明日可到手。不过除了排灌设备能先分到一部分外，其他恐怕都得下半年才能拿到手了。**在家的同志很难理解和体会要物资之困难及周折，我在家时也是常说打个电报去要这要那，但是部里是按部就班另有一套程序的，只有在上下半年订货时尽量争取，指标如已充分配定后便很难再要到东西。**

关于农机具的事，据物资局讲，我们所开列的各种农机具，国内能生产的很少，均需向国外订货，但又都是一台，向国外订也困难，所以农机部（编者注：农业机械部）的同志答应逐步帮我们设法解决。目前不是需要我们选择的问题，而是国内没有生产的问题。据说只要国内生产的而已分给农垦部的，他们都给了我们（指上半年分的），下半年可能还要多几种，规格都是成套的生产，不需要人再来农机部。李局长批评说："再来人白交路费，有你在这儿还不行吗？"我不知所内是如何决定的？也许是不了解这儿订货的情况，以及农机具的生产情况。至于上半年所分配的农机具只要通讯订合同即成，部里指示也是催促叫去信订，不必派专人，如果郑立生已来，就叫他们到东北去吧。杨齐良上次来是找的机务处的王处长（机务处现已划到农业生产局去），他只是从农机部的角度考虑需要哪几种农机具，而不是物资局给哪些。此次专案所给没有进口的，所以我们所要的，短期间内无法解决。

至于外汇仍无下落，谁都不知。不知你上次来是和谁联系的，部内无人知道，国家科委李处长也不知道，请速告知以便去联系解决，否则今年一点外汇也没有。

齐秘书长已见到，他另写一信介绍我到国家经委去找孙志远主任和谢北一委员，但孙、谢不在，是谢的章秘书接见。章已知此事，他要我们提出最急需的物资（市场采购国家经委不管），国家经委可设法在计划外直接给我们。当时我想钢材等在专案中基本上解决了，汽车也给了4辆，还要什么呢，而且要得太离谱了也不好，所以当时提出最急需的是发电机及旅行车。我们提100千瓦的，他说没有，只有60千瓦，旅行车要进口货，设法解决，卡车可给1辆，老邱要求2辆，我又提柴油机1部，结果便这样订下来。他说再请示谢委员，叫我们再打电话联系，经再电话联系，据说谢委员已批，转交通局及机电局，是否能成功还待有关局批，至今尚未批下（我每天打电话去催问）。

关于翻译人员及建筑人员的名额已提交人事宣教局，据说不知合口的是否仍有，需去函先了解，然后再告诉我们。建筑人才需与新疆商量，至于其他的人才都得等今年的大学毕业生。我想届时最好龚硕蕙亲自来一次。我们必须在关键的时候来，物资要在订货时来，人员最好在分配大学生时来。

另听说国家科委招待所住满了留学生，都尚未分配工作，与王商量共同提出个名单：新化工机械1人，高分子化学1人，物理化学1人，一般化工1人。总之是碰运气，不管哪种，能分到一两个也好。名单提交人宣局，请他们去联系，并拟一同再去国家科委联系，并准备去找刘（尚不知刘回否）、萧部长（王部长到新疆去了），包钢齐经理不在，其他人尚未联系上（编者注：刘、萧分别为时任农垦部副部长刘型与萧克）。

北京天气已渐转暖，我在屋中只穿一件棉衣，出外加个呢上衣，大衣已不用穿了，仅早晚稍冷。与邱等去参观了人民大会堂，只看了大会堂、宴会所，及四川、湖南、广东、辽宁四个馆，其他均未看到。另参观了中国历史博物馆。

爹爹于昨晚回来，我去接他，趁机逛了北京火车站。他身体很好，参观得很高兴，人大会议25号开幕。依妈身体也还好。我自出来后日渐好转，自己感觉胖了不少，麻黄仅偶尔吃一次，一般四片氨茶碱就可以了。精神也很好，能去很远的路而不觉累，只是氨茶碱又缺货了，北京药房中买不到，我带出来的已吃完，临时由爹爹那儿分了些，另到部内医务室要了些，但是发黄色糖衣的，效力不好，请向梁医生要一些陆续由信封中寄给我。还要了全国粮票30斤，家中虽无鲜猪肉，但一般供应还是充足的，家中吃的还不坏，饭馆随便吃，糖果、蛋糕都有买,只是饼干少些。

湛江转运站请派黎科长去一趟,找高局长先借两间房也好,将详细地址定下来才好订货中转。

所内及家中近况盼告。

此致

敬礼

霞

1960.3.21 北京

"你们这次去收获很大, 大家均很高兴, 大大有利于今年工作的开展。"

霞:

来信及电报均收到,**你们这次去收获很大,大家均很高兴,大大有利于今年工作的开展。**

我14日同中科院的几位所长坐汽车从广州经湛江回海南,在湛江停了一天,陪他们参观了农场及试验站。16日晚上回到所内,中科院陆续来了不少工作人员,他们决定在所建立工作站,业务、行政由我们协助领导,预计今年在所工作人员将达50人以上,还代我们培养100个辅助人员。中科院广州分院王副院长、黄云耀主任也于22日来所参加会议,他们表示今后也将加强这方面的力量,在广州采购工作他们也愿尽力协助解决。24日中科院同志才陆续离所。

军工已来了800多人,家属100多人,800多人中有165个初中生,100多初小生,余均为高小学生,质量很好,来所后虽有一些思想问题,但一般表现还好,大大增加了我们的力量。我们准备从中陆续抽调人出来培养训练,现在已调出80多人当辅助人员,预计这几天还会有几百人来。

林李明、杨泽江(编者注:两人分别为当时广东省委和海南区党委的领导)同志均同意将宝岛公社划给我们,步骤如何,还待林书记来此具体商定,我们不希望太急,只要方针决定了,迟一步也好,目前工作的确太多了。

根据当前有利情况,我们传达了六级干部会议精神,总结了第一季度工作,提出大战四月迎接五一劳动节及迁所建院二周年(大家同意将这天作为一个纪念日)。农垦生产技术会议的召开(原定于四月底与广东省农垦厅联合在我所召开),及全国文教群英会,掀起群众高潮,准备明天党委总结工作,讨论第二季度计划,后天开干部工作代表大会传达，发动讨论，31日开誓师大会暨欢迎复员军人大会。大家劲头很足，今年形势比去年好多了，整风准备在运动开展后抓紧，集中一个星期解决一下。

你这次去京很好，许多事可顺带解决一下，一是物资，一是干部，也可多与有关部门通气，早一点晚一点回来关系不大。家中行政部门的工作还是有起色的，王松本去基建科，政治工作是加强了，现在设法加强运输工作。望你好好休养一下身体，我们有事当会打电话给你，有急事你可打电话回来。

两个孩子在家还不错，我们没有回来，在家比过去还好一些。我在家这几天还不坏，好好同他们谈都还听话。我让他们都给你写信。周嫂把我照顾得很好，请勿念。

向四老及大家同安，一天到晚很忙，不给他们写信了。

康

1960.3.28　所院

1960年，海南区党委送别林李明书记（前左七），前右四为继任书记杨泽江，前左五为副书记兼农垦局局长王昌虎。"所院"是中央农垦部直属单位，党组织由海南区党委领导，何康（四排右四）为区党委委员

"处处求人，滋味并不好受。"

康：

至今未见你的来信，什么缘故？想必又忙忘了！前天打长途电话给你，也是为了争取时间，在电话里何必那样恶声恶气，本想问声你为何没信，都被气忘了。挂上电话后，心里非常之不痛快，一夜未睡好，又是什么事情惹你情绪不好？

来到这儿整天为了物资、人、财而到处转，处处求人，滋味并不好受，玩的地方还多未去逛，病也没看，日子却是一天天过去，本来还感觉是较顺利而较快地解决了问题，但现在看来，并不太满意。基建指标虽然初步确定，实物尚未订货，专案物资虽也给了小部分，但当时谈时是按照他们现在初步批准的数字中分给的，但是现在正式公文上所列专案数字却是原报指标数字。如此看来似已成定案，就是再按原指标批准给他们而也不会再增拨给我们。我当即找韩处长、王处长提出意见，他们意见就是这样，我感觉不应如此，后又去找李局长，李局长说他们若都拿到时，当再给我们，不要再追这个文。但是我总觉得在文上未说明这点，今后只有扯皮，恐也再拿不到什么了。正式清单已寄黎科长，别的东西也还罢了，就是电动机

相差太远，原先协商时他们只拿到500千瓦，分给我们50千瓦，我当然不好再争，已占10%。但现列他们是3000千瓦，那至少应给我们100千瓦，因为这个东西最难弄，加工系一共要240千瓦（63台）。比较满意的是钢材，所列物资多半均未订合同，恐都在下半年订货时一同订了。至于除专案以外的物资，下半年到底能给多少还不可知，本想到萧部长那儿先去挂挂号，但去了三次都未见到，部内司局长以上的每日下午均集中学习，任何人均不接见。姜部长（编者注：姜齐贤）去南京，刘部长据说前晚回来，但病仍未好，在家休养未上班，你看是否要到他家去看他？请指示。

关于留学生问题，是邓平阳等到国家科委招待所去，听说都住满了刚回国的留学生，所以就找到李雨田处长，他说最好通过部里来要，另一方面他去专家局摸摸底。我即去人事宣教局，彭不在，赵（赵分工管宣教，不管人事）代找来李广瑞同志，当即谈了情况，请写一篇公文介绍我们拿了去，但李认为希望不大（部里开下放干部全体会所以人都不在），过去就没给过留学生，他要先打电话去联系看是否有留学生名额并再向崔处长汇报。第二日我又去，文已写好，说刚发出去，叫我等几日再到国家科委去联系，好使人家先考

虑考虑。但我说怕时间再等就都分光了，又找到崔处长，才把留底公文借了去国家科委专家局当面说明我所需人情况。李处长陪了一块去的，他原在专家局工作，所以很熟。但理工方面的留学生据说已分完，因根据中央指示，国防、二机、一机有优先权，他们选剩下的，教育部又挑了去。后来我说是否仍有漏网之鱼，可能碰上一两个，就又把各类名额分配清单一页页地翻找，果然发现仍有个别合乎我们需要的，一个学生化系植物生理细胞的，三个学农业气象的，两个学木材工艺加工（林产化学）的，均还未分出去，因此我们便提了出去。另有农林方面的学生73人，是由农业、农垦、林业、农机、中科院五个单位分，过去多数是农业部要去，农垦部从未提出过要求，这次本也是准备分给农业部请他们提出分配意见。我们去了才知农垦部也需要，因此叫我提出农林方面各需要多少。我想部内畜牧等还是需要人的，便将意见及名单带回部里，请一并提出需要名额。也是拖了两天，等到彭局长，才叫李广瑞和我一同再去专家局交涉，一共提了27名，是以三个大学及研究所、设计院名义提出。谈的结果，希望很大，据说下星期可定案，准备再请李处长去多敲边鼓。关于翻译人才，李广瑞及崔处长都答应代

我们去函东北查询是否仍有这样的人，但今早我催问李时，他还未写信去呢。真是急人，这位李同志什么事都不去争取，反先认为没希望，那怎么会去多方设法争取呢。大学生事我也和彭局长谈了，他同意我去找找刘局长，现在多是先和各部摸底平衡后再开会正式决定。事先酝酿准备过程，也很要紧，部里汇总需要的大学生人数是12000多人，恐很难满足，我们要多提一些学化工的人。

国家经委给了56千瓦柴油发动机一套（发动机、发电机各1台），解放牌汽车两辆，因机电产品很紧，所以另外的柴油机未给。这些都是由国家储备数中拨给的，有人觉得我要得太少了，你以为怎样呢？我怕要得太多了，将来拆穿了很不好，国家经委经办同志说这都是看齐的面子，是直接给我们的，没有通过部里。我也未向部内谈此事，我想还是暂时不谈的好。

王衡明日返穗，托带去吃食一篮及小禾的鞋一双，不知大小如何？是猪皮的，才3.5元，请将迪、禾脚样寄来。

3.26晚

56千瓦发电机手续已办好，是机械局开条至储备局开提单的，也是济南柴油

机厂的，与所内的那个一样。至于两辆汽车，转至交通局时，经办同志提出要通过部里，手续可由我们直接办，但要通知农垦部，说明拨给情况。当时我考虑，目前正在办下半年订货手续，专案中所给之四部尚未办手续，如在此时通知，是否会扣除我们的，而且我们事先又未向部里说明此事，恐怕不好。按理国家经委通知部里也是应该的，我这顾虑也许是多余的，不过我想最好还是将专案所给的四部争取在最近几日内订到手，然后再向部内说明国家经委给车的事，我再去国家经委办手续，所以当时未办，说好再过几日去领取手续，你看怎么办好？有可能部里会觉得多了。郑立生今日始到京，听他说老田叫司马又到广州军区借了20部汽车，使用三个月，给胶乳30吨，不知是否已肯定。我想这样不大好，30吨胶乳太多了，我们不能把这么多胶乳用到这种做法上，而且只用三个月也不合算，还有所中是否用得了这么多车？连家中的一共30辆车，不知老田是怎么考虑的。郑立生带来的农机具材料中，数量都很大，老郑也说用不了那么多。

基建图样，邱在京时曾和王唐文一起研究过，王的意见，我们五座楼的摆法，可将新旧二方案中和一下，即将礼堂和图书馆放在前面，中间大楼放在后面，这样前面的广场空地可缩小一些；另一方面，礼堂、主楼、图书馆正立面都可显露出来。邱和我都觉得这样摆比较前两个方案都好，避免一长条，像城墙，另外也更有层次一些，在原草图上比画时很好看，希望你们考虑。

老邓前日归来，昨日碰面，谈起赖坚（编者注：爸爸在马尾海军学校的同学），他现在一机部八局（即管机电的局），我想去找他一下，电动机、发电机等不知他能否帮助解决一些，我想至少可请他协助提前给我们发货，或者调换一些我们所需要的规格。专案中所给的100千瓦发电机，他们最大的是48千瓦的，而且只有两台，不愿意给我们，再小的是32、24、10、5千瓦等规格，他们想给24千瓦的四台。这对我们不合适，我想已有指标的是否可去找他换；另一方面，想在下半年订货中按所需要的规格提出需求。

总接不到家中的信很是惦念，在外的人就是想知道家中的事，你出来时不也是这样吗？整风进行得如何了？种蛋搞得如何？饲料是否解决？耿处长讲，如饲料没问题，可再给两万枚种蛋。杂粮蔬菜种得如何？副食品农场要加强，现在北京大搞机械化，很多食堂都机械化了，我已买了几本食堂机械化和洗衣

机的图样本交王衡带回，我们也可以搞，只是蔬菜、肉等物资基础也得抓上去才成。再谈，盼你的信。

霞

1960.3.28　北京

"大家都做了不少工作，尤其是研究工作方面的大联合、大协作有很大发展。"

霞：

3月28日来信收到，接受阁下的批评，那天晚上我主要是感到长途电话说不清，听不清，不是急事用电报更清楚一些，所以催你快打完，打完后估计你会有些不满，望勿介意。

最近进行了第一季度工作总结，第一季度大家都做了不少工作，尤其是研究工作方面的大联合、大协作有很大发展，中国科学院决定在所建立综合工作站，这大大加强了我们的学科力量。研究课题60%～70%已布置下去，开荒3300顷，种杂粮2300顷，热作600项。干胶产量已完成计划，生产浓缩胶乳16吨。《橡胶栽培学》《热作栽培学》《海南旱作栽培》初稿均已写好，教学质量较前也有提高。最近我们抓了一下，发现问题颇多，教育工作还不似研究工作一样已走出一条路来。进行了两次测验，党委亲自对学员进行了口试。基建因材料关系进展较慢，但组织了基建队伍，学生宿舍二幢、幼儿园四月底可结束。仓库600平方米，月中可盖好；新汽车三部已到两部；副食品生产正积极扩大，"所院"前活土地已收回，现已种部分蔬菜；种蛋运回1万个已孵上两天，一切还正常；饲料已找到一部分，问题还颇大，得此批搞好了，再要另外的2万个，一下子搞多了，无经验，不易搞好。党务工作抓得颇紧，整风因为工作忙，进行了一下又停了下来，武的处理还未批下来。

昨天下午举行了"大战四月迎接五一劳动节"暨热烈欢迎复员军人的誓师大会，情况比去年更为热烈，大楼前广场全部坐满了，有2000多人。大家劲头很足，思想更加明确，党委提出第二季度要将研究项目全部布置下去，做出初步结果。四月定为教学质量月，主要负责同志要深入到同学中去，我准备下去当一个星期班主任。基地要做好复员军人接待工作，大搞技术

1960年3月，何康向邓子恢副总理介绍油棕产品

革新运动，完成既定开荒种植任务。基建要搞近万平方米，生活福利工作要加强。党团现有340名党员，850名团员，力量大增，要好好做好。会后有节目、电影、舞会、游戏，搞得很热烈。复员军人工作我们一般做的还好，还没有人闹事，誓师大会后即进入更深入、细微的工作。行政部门在组织上又加强了一下，决定成立膳食科、服务科、副业生产科（与副食品农场合）、卫生科（与医院合）。王松本去搞基建，还不坏，最近又来一副科长自己到基建去搞材料，保证今年3万平方米的任务。

物资尽力而为吧！目前的情况已很不错了，主要的物资解决了（如发电机），有些物资（如汽车）多一些少一些关系不大，要得太多，与人家一比太悬殊反而不好，过犹不及，我现在经常同大家谈这些道理。拿30吨胶乳协作车事，我已制止，我最近经常同老田谈话，他还能接受意见，工作情绪很好。现在行政上各方面工作加强后，财务管理问题就突出来，第一季度支出116万元，数字惊人。财务如何抓紧，器材今后如何管理（统一领导，与各系分工管理），急需加强，你回来后可多抓抓这些事。

家中一切甚好，照片照了就寄去，这两天天气又较冷，望保重身体。

康

1960.4.3　所院

"有些事常又有些小变化，
必须合同到手才算石头落了地。"

康并转党委：

　　来北京已快一个月，各方面接洽的事情虽尚称顺利，但有些事情在进行过程中仍有些小周折，需要及时去疏通，所以时间便拖长了。专案物资已决定即照上次寄回清单拨给，除再多给铝板1吨外，其他各项不再增加。为此事曾找萧部长，他同意除专案内已给的物资外，由部里另给电动机50千瓦，钢材、发电机、车床再考虑增加一些，具体数字还得磨，估计不会多。因为专案事，部与广东省农垦厅之间也有矛盾，厅说部里直属单位应由部里给，还应从专案中挤（部直接领导的湖光农场、金江农场，还有个糖厂的物资，王部长都叫由专案中给）。但王部长批了，厅只有给，厅说部里在专案中多挤出一些物资，其他的就可分给其他垦区。部里说都是华南的事，都应该在专案中解决，互相推。**我们被夹在中间，有时很难办，但我是想两方面都能分到一些。**李局长意见，专

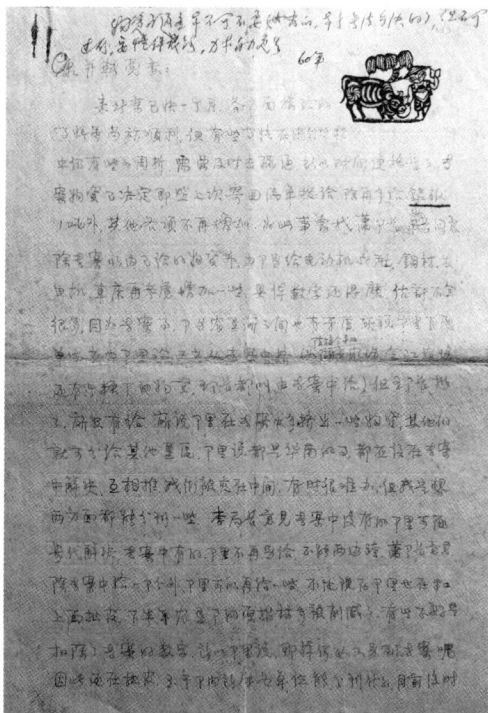

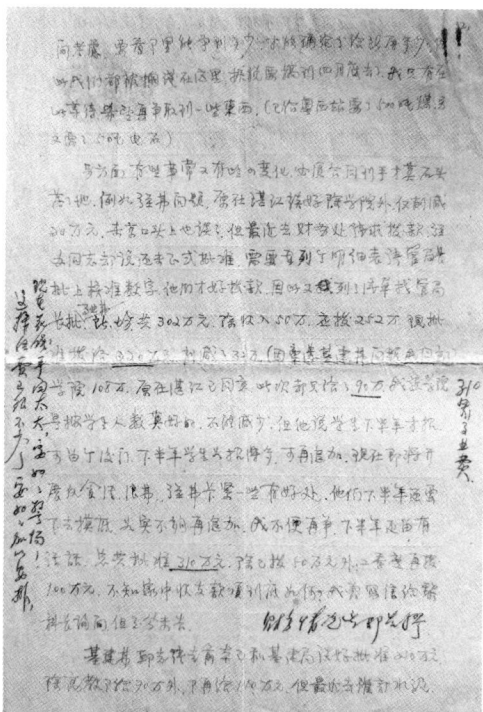

缪希霞给何康及党委的信，何康在信上作了批示

案中没有的部里可逐步解决，专案中有的，部里不再另给，不能两边跨。萧部长意见，除专案中给一部分外，部里可以再给一些。不过现在部里也在和上面扯皮，下半年农垦部的原指标多被削减了。有些不好的是扣除了专案物资的数量，所以部里说，那样何必又另列专案呢？因此还在扯皮。至于部内所属各单位能分到什么，目前没时间考虑，要看部里能争到多少，才能确定分给所属单位多少。因此我们都被搁置在这里，据说要搞到四月底去了，我只有在此等待，希望再争取到一些东西（已给粤西站要了500吨煤，另又要了5吨电石）。

另一方面，有些事常又有些小变化，必须合同到手才算石头落了地。例如经费问题，原在湛江谈好，除学院外仅削减20万元，来京口头上也谈了，但最近去财务处请求拨款，经办同志却说还未正式批准，需要重列个明细表请管局长批上核准数字，他们才好拨款。因此又列了清单找管局长批事业费，所、场共302万元，除收入50万元，应拨252万元，现批准拨给220万元，削减了32万元（因牵涉基建费问题我同意了）。学院108万元，原在湛江已同意，此次却只给了90万元，我说学院是按学生人数算好

的，不能减少，但他说学生下半年才招，可留个后门，下半年学生如招得多，可再追加。现在即将开展反贪污、反浪费，经费卡紧一些有好处。他们下半年还要下去摸底，如实不够再追加，我不便再争，下半年还留有活话。总共批准310万元，除已拨50万元外，二季度再拨100万元。不知家中收支款项到底如何？我曾写信给黎科长询问，但至今未告。（何康批示：这样经费已很不少了，要好好加以安排，**现在花钱手面太大，要好好警惕！**财务情况望即告缪。）

基建费邱志清去前本已和基建局谈好批准210万元，除高等教育部给70万元外，部里再给140万元，但最近去催订水泥，才知又有波折。基建局说已写好正式文件送各局汇签意见，生产、宣教局都同意了，物资局未表示意见，计财局却提出只给100万元；另一方面款项应由基建费开支，基建局意见是在事业费开支，由于意见不一致，所以水泥也不能确定。文件在姜部长出差前已送至姜部长处，姜部长见意见不一致便批了等王部长回来确定，他便出差了。我得到这个消息后便又去找管局长，提出运输费用高等理由，另一方面如基建费削减将影响三大材料的拨给，他要我们尽量

节约，可在事业费中多节约一些。基建费不能再减，基建局已削减了40万，后他同意再和高局长商量，似乎可以同意我们的意见。我便又去追查文件，看文件是否改了，但文件已送到王部长那里（王部长已由新疆回来，不久将去东北）。此事我也和萧部长谈了，但文件不在他那里，我准备去找胡秘书催，必要时找王部长——他也在开人代会，不大容易找到。**在这儿办事，等待的时间很多，要等人家不开会、较空而有利的机会，常常在部里待一天不一定解决一件事。部里除了移民局未拜访外，其他各局（物资、基建、计财、农业生产、畜牧、人事宣教）及办公厅经常去周旋，每天上下午都在部里（除了去国家经委等地）。**本想集中力量将一些要办的事都办完了，我再请几天假去看看病，但最近下半年物资订货被搁浅，不需要每日钉在部里了，因此我想每天去一次就可以了，另外抽出半天时间去看看病，因为看情形还要拖很久时间。能解决的多已解决得差不多了，不好解决的便得多拖时间了，我趁着稍空便去看看病。

专案物资中除下半年订货的以外，农垦厅已订好合同的，都在广州分给，如排灌设备，电动机等。发电机想在下半年订货中按自己规格提出，不知是要两个56千瓦的，还是要一个120千瓦的？请告知。（何康批示：请田考虑即电告）国家经委给的56千瓦的，已拿提单到济南去（王炳纲去的），但说没有现货，要五六月份才能拿到。汽车还未批下来，要国家经委主任签字。专案中水泥已订到150吨（300号的50吨，400号的70吨，500号的30吨），另150吨需下半年才能给。磷矿粉100吨已在给海南农垦局的数字中一起下拨（由其中分给80吨），另20吨合在粤西农垦局数字中拨给粤西试验站。不知家中够不够？如不够可直接向海南农垦局交涉，再要一点，他们有十几万吨呢。

农垦厅已拨海南铁牛30台，给我们的1台，可从那儿拿，手续即办好寄回。海南嫌铁牛多了，不需要，他们机务科的王科长也在北京，我们上半年分到的两台东方红如不用（郑、王讲已不需要）可和海南农垦局换4台铁牛，王科长已同意，你们如同意，我们即可和他办理正式手续，请告。不过听说铁牛轮子比热托25还要大，很容易翻车，但给我们抽水等做动力用，还是可以的。（何康批示：4台铁牛还是两个东方红，请大家研究办理。）

菜种已要到十几种，即将托运。梁荫东等已学习完，梁去东北看朋友后返琼。钟洪枢等四人已于今日离京，和他们碰面数次。家中来信告知所要的放射源数种（大约是8种）已由农垦部写信拿到原子能利用委员会去申请，他们已经答应按需要拨给。至于仪器问题也向核子管理委员会联系了，他们答应帮忙，是否有要过两天才能答复。至于水利科学院及农科院灌溉所，也由农垦部开了两封介绍信，由钟洪枢去联系过（何康批示：还在抓紧继续联系。），据说均很热情支持，都愿意考虑安排今后的研究计划，详情他回去面告。

包钢的事颇为不妙，王衡在京时到包钢办事处去了数次，均找不到熟悉情况的人，齐经理、何科长都不在，又怕跑到包头去也找不见，所以便写了一封信给齐光经理，并把你的介绍信一并附去，但现接来信，好像是鸡飞蛋打了。因此接信后即叫黄龙芳又到包头去了，做另信未收到又去催问，想向他说明，发电机我们已由部中解决（实际上也是基本解决了），目前仅缺少量钢材及电动机，因这些东西他们还是较容易解决的。200千瓦发电机是太大些，我们既已发出1.6吨胶片，不能就算了，能要

到点钢材也是好的，不知你们意见怎样？附上他的来信。（何康批示：吴修一同志来信，包钢已给钢材4.5吨，钢板6吨。）

需要明年向国外进口的仪器设备（包括去年、今年未订到的，彭定楚处有清单）请速准备提出，并请注明最急需的，以便向国家科委提出，因五月份即需提出正式卡片。（何康批示：请速办。）

国家科委今早召开了引种座谈会，田局长主持召开的，有外贸部、外交部、中侨委（编者注：中华人民共和国华侨事务委员会）的代表，农垦部王桂林处长及农垦厅王锡处长、生产局刘元第同志及我一同去参加的。交换了过去引种情况，并提出今后引种办法，拟起草个报告请国务院批，详情另信再告。

目前各地已引进一些种子，需要有专人去办理收购、检疫等手续，因怕有时效性的种子，所以王处长意见请你考虑，先由研究所派出专人来，在广州及湛江等地办理此事，今后的常设机构和人员再安排。目前农垦厅也有人参加引种工作，或和他们先挂上钩。另请广州工作站老谢（出差不知回去没有？）以及粤西站去联系办理此事，需要马上去联系。（**何康批示：请芦、植物园研究**

办理。)

余再告，急于先发出此信。

此致

敬礼

霞

1960.4.6　北京

（何康批示：物资问题应本不可不要
[必需的，本身无法解决的]，但不可过
分，要懂得让路，力求自力更生。）

"又重温一下大学生活颇有意思"，对物资"要争也要会让"。

霞：

誓师大会后同志们都分头下去了，我前天同林书记一起带23个教师下放到学生中去"三同"（编者注：指干部和知识分子与工人、农民同吃、同住、同劳动），我到59橡胶二班去当班主任，通过大家对情况的了解，准备20日左右开一次党委会，专门研究教学改革问题。我们的教学工作还没有走出一条路来，抓得不够深。这次推动一下大有好处，同学们学习是很努力的，又重温一下大学生活颇有意思。

教学与生产相结合，在
实验农场现场教学

1960年4月，何康到学生中"三同"，和学院副院长吴修一（左一）与学生们交流

10日要去海口开文教群英会，我们"所办院、三结合"的经验引起了各方面的普遍重视。苏联大使契尔沃年科同志来后颇给好评，省委专门写信来要我们这方面的材料，《光明日报》专派二记者来采访，今天六省省报有30多位代表将来参观。**最近开了几次党委的务虚会，统一思想认识，要大家戒骄戒躁，深入实际，不尚空谈，要刻苦钻研，创造性的劳动，发动协作共产主义风格。大家情绪都很不错，工作逐渐逐渐深化了。**

物资问题不可不要（必要的），不可多要，太突出、太过分是不好的，我们经常在党委会中谈此道理，大家均同意了。**要争也要会让，我们条件在海南算**起来是太好了，要自觉一些，你尽力而为吧！绝不要使部里感到为难。

家中一切均好，勿念。

康

1960.4.8　所院

"通过现场教学学了很多东西"。

霞：

昨天上午带学生去三队野生实习，与工人联欢，一路穿过副食品农场，同时采集标本认识植物。学生热情很高，通过现场教学学了很多东西，到下午二点半才走回来，人很疲倦。

到学生中"三同"了四天收获颇大，要大大提倡深入实际、刻苦钻研的作风，我们的工作潜力极大，领导应以身作则做出榜样。

复员军人已来了1154人，连家属共1700人，人才济济，大部分都已安定下来。这批人来后将大大加速"所院"建设，我们目前工作即以安排他们的工作与生活为中心，这部分人能巩固下来80%，将对我们的工作起到极大作用。

我昨晚到海口参加海南区文教群英会议，海南对我们的经验很重视，明天要我在大会报告交流经验。会议15日结束，我想借此机会整理一下思想，把文章写一写，欠债欠得很久了。

带来的食物已收到，极为感谢。生活最近还不错，吃了两次肉，开了几个罐头。同志们经常给我送一些木瓜、香蕉来，却之不恭，受之有愧。我们的两串香蕉也慢慢长大了。孩子一般还好，没怎样闹，周嫂照顾我们确实周到，日夜不息，真是大大减轻我们的负担。

中国科学院生物学部办公室主任葛俊杰，在我们这儿开过会议去上海，大约已回北京，你可先联系一下，去中关村（中国农业科学院再过去靠近北京大学）生物学部找他一下，一方面联系今后精密仪器供应问题（他答应帮助，目前科学院已有30多人在我所工作），另一方面可到中科院器材处学习一下仪器、器材管理方法，建立技术系统，培养干部。葛主任很好，这次来所开会对我们热情接待印象很深，当会尽力帮助我们。

身体如何？大约什么时间能回来？农垦技术会议大约5月中旬以后才能召开，群英会代表如果被选上，我可能5月底、6月间到广州、北京开会（广东群英会准备在全国群英会之前开，开完选出代表就去北京），请问大家好。

康

1960.4.11　海口

**"关于物资问题，
我也是较谨慎地去进行，
也怕过犹不及。"**

康：

4月3日来信收到，知道家中都很好，也放心了。四月份大家当更紧张，我在此是较清闲了，不过仍不能离京，有些事还得催促及想法早一点拿到手。发电机，我们已有156千瓦指标在手，只是没现货，想去找赖坚设法看是否能提早拿到，望你写封介绍信来。

你给我来信时请将我去的信再重看一遍，有些事你都忘了答复，我也记不清都是什么问题了，总之有些事想征求你意见的，便望逐一回答。想托办的事请委托有关人办理，如粮票30斤、氨茶碱片，请由信封寄来，来信一直未提。

关于物资问题，我也是较谨慎地去进行，也怕过犹不及，但又怕家中嫌少，所以很希望经常得到你们的指示，然而很长一个时期得不到你的信，郑立生来又说我们这次是打了败仗。我是不同意他这说法的，我觉得我们这次还算顺利的，要到的东西从专案总数比是较少的，但从一个单位看，还是不算太少了。此次若没有专案，单靠部里分配，还分不到这么多。如今在专案中拿到了一部分，部里再给一些，就算很不错了。发电机，部里经办同志讲，如果下半年部里分到电机指标，还可给我们一个100千瓦的。国家经委给的两辆解放牌汽车已批下来，明天即可向交通部去办手续，然后即交郑立生带到长春去交涉，也可能很快即能拿到车。连去年带专案的，一共11辆新车，也相当可观了，但老田来信讲似乎仍不够用，希望加强运输部门的领导、管理。一季度三辆新车是同时拿到手的，但只回去两部，另一部却停在广州等候大梁，为什么不马上开回去呢？我们的使用效率还是很不高的。

关于去锡兰的事，我又向人事宣教局去了解，李广瑞不知道，另一姓曹的同志知道。他说最初国家科委专家局提出来要部里选送一个人，当时姜部长说没人算了，后你来京又和国家科委谈好，可由我所派出一人，国家科委又找部里，部即写信给我所。后我所即将刘简历表寄来，部即将表转国家科委审查，但国家科委叫部里提出意见，部说是国家科委名义送出，应该国家科委审查提出意见，国家科委认为应该部里审查提出意见，即将表退回部里。部里说所党委已提出意见，经过组织部同意了，部里就不必再签注意见，如一定要部提意见，需经党组提意见，那就要国家科委正式写个公函来，是在电话上谈的。据说国家科委将有位局长来部里和部长当面谈，之后便停顿了，不是部里拒绝了，而是国家科委的问题，说时好像对国家科委意见很大。当时我也不便再发表什么意见，因从他所叙述的经过看，不是什么大问题，只是手续问题，而且是互相都有些不满似的，但不应当把事情就此搁浅。我只说我仅是听田局长如此说，所以来了解一下，我也怕人宣局又对我有意见，好像我们直接向国家科委打交道太多了，你看此事该如何办理？是否应再去促成一下？请部再向国家科委联系一下，还是我自己再去专家局了解一下？部人宣局彭大姐平日接见倒都是很和蔼，支持我们，但底下的处长及经办同志却都不怎么关心我们的事似的，我去几次崔处长都不大理我们事，我若直接找专家局多了，又怕局有意见，关系不大好处理，盼指示。我想去锡兰的事我们是应该争取去一人的，看样子历史审查已通过，只是谁签注批准意见问题。

周文彬送专家来京，他现在水利电力部上海勘测设计院工作，仍搞总务工作。

人代会今日下午闭幕，晚上在大会堂有杂技表演，二哥给找了票，我看戏去了，再谈。

前日和依妈去看了《文成公主》，很好。

康

1960.4.10　北京

"知道所内大战四月份……也给我和在外的人很大鼓舞。"

康并转党委：

6号上午国家科委王局长召集有关单位（农垦、中侨委、外贸、外交、人行）召开了引种座谈会，田野局长主持，大概是接到我所的报告，另收到了何敬真先生编的那本《热带经济植物引种资料》，所以开会座谈过去引种情况以及今后引种途径、办法等。农垦部先由刘元第同志介绍了一下引种数字、种类等情

缪希霞为"所院"财务器材处副处长，跑北京要钱、要物、要人成为她的重要任务

况，他是根据那个本子摘录出来的，所列较重要的是上次开给广东省农垦厅准备去年引种的那一部分（详见附表，不知他统计的对不？）。后又由广东省农垦厅王锡处长谈了一下广东农垦系统的引种情况。有人提出主要需引进的东西，需要说明种子如何保存处理，能够保存时间长短等。我则提出今后的检疫问题，田局长及外交部同志认为很应重视这个问题。

广东省农垦厅现也有人参加引种工作，或以他为主，我们配合，或由我们派人，总之，要我们有专人联系办理此事，并提出需进口的种类、数量等，以及检疫方法、引种费用及外汇数额，请国家批。会后由国家科委起草一个报告给国务院，讲明引种办法等，请国务院批示后即可具体化。

目前已有带回种子急需处理的，在国务院未批示前，王桂林处长要我所先派人到广州、湛江两地去联系办理。先将已到的各类种子种苗收集起来，款也先由我所付给，望速答复。（何康批示：即电广州老谢、湛江张连三处理此事并复缪。）

关于基建投资事，上星期一直未能解决，王部长很忙，直到今天上午，我才等到，他一下车我便跟了上去，并请胡秘书将基建局的报告找出请王部长批。刚好萧部长、姜部长也都到王部长房来，我只简单地谈了一下基建款问题，萧部长说就是40万元问题，王部长说给他们吧，你去批一下好了，其他的已没有时间再容我多说，他们即将开会，我便退了出来。萧部长叫我到他房间等了一下，他看了报告，原来高局长写的140万元，扣除1959年结余16万元，只给124万元。我说工程还未完工，多未结算，不一定结余16万元（因我不知这16万元是怎么报来的），萧部长又叫找来基建局张处长，他也不清楚，后萧部长说按最后决算为准吧，批得很仔细。原批大意如下："同意1960年基建投资数为210万元，除已拨70万元外，同意由事业费中拨给124万元，差额按以后决算为标准，如已够16万元即扣除，如不足，再拨给。"基建投资至此才算确定。

黄龙芳昨由包头归来，要到6吨钢板，详情他已有信电告所，我不再重复。他今后行踪望所决定后告知，因他接所来电叫"在京候命"已十余天，具体任务尚未接通知。（何康批示：是否由吴通知？）

发电机事，又和物资局张处长谈了

我们急需的困难，他说想办法给我们一个100千瓦的苏联进口大发电机。今年上半年部里分到这六部大发电机，多已分配给其他单位，但分给部直属山丹牧场的尚未拿去，现在双桥，他们考虑山丹不需要这么大的，部里下半年如分到50多千瓦的小发电机，便换一个给山丹，那样就可把现货100千瓦的给我们。目前山丹牧场尚未同意，他们正在交涉。（**何康批示：极好，再去电争取**。）

4.11晚

今天上午又和张处长谈，部已同意马上将100千瓦的发电机组一台拨给我们，作为补足去年未拿到的那100千瓦（去年指标已作废），这下可解决我们很大问题。国家经委给的56千瓦发电机，大约五六月份也可拿到，专案中的100千瓦，看是要什么规格的。粤西站的发电机，是将家中的15千瓦给他们，还是另订一台给他们？均请速告知，以便订货。

关于所内上报的一些统计报表、资料等，希望有专门人员统一审查归口（包括县内要的统计报表），因县里也逐级上报。如基建投资的报告，今早物资局同志又和我讲，最近我们报了一份车辆用油之类的统计表（原表我尚未看到，不知是哪条线报上来的），车辆大约20部，行驶才5000吨公里，平均每车不到几十公里，他说那样显然是车子多了，油也多了，就应该都削减。但他是到我所中去过的，知道我们车辆很紧，可从统计数字上看，就不符合实际情况，他们若也照此汇总上报，也将影响部里指标。所以他希望我们注意统计数字，并望查清原报数字是否有误，并叫我在此修改。因保管报表资料同志不在，原表明日我才能看到，希望基建科查查。上次我们报的三年规划中也有此问题，报表前后数字都不衔接。（**何康批示：请查此事！要密切注意统一归口，由所院长办公室审查，请永昌起草一份通知要大家注意！**）

今天接杜发兴的来信，关于广州房子事，我意见可以要下，交换条件还不算差，不知所内如何确定？另关于抗性组的问题，老谢若回来，还得进一步交涉定下来才好。

还有关于××的一些反映，我感觉问题是较严重的，联系他以前在海口的所作所为，现将杜来信附上一阅，希望检查此问题，并教育其他采购人员，否则恐将闹出大错误来。××的组织纪律性是很差的。

引种座谈会后，田局长又个别和我讲，要我所提出最迫切需要国外进口的加工设备或其他精密仪器，以及需要向国外动员回国的专家名单，他可设法通过非外贸正式途径去解决。因在会上我们曾提出两年来拟向资本主义国家进口的设备，能订到的很少，有些可能是他们不愿出口，如需向英国订的咖啡加工设备等。

知道所内大战四月份，同志们均很忙，干劲也大，也给我们在外的人很大鼓舞。还有什么指示，请随时告知，以便照办，并望多给指示。

此致

敬礼

霞

1960.4.12　北京

王部长约谈：
"一、学院招生人数不要太多
##　二、国家科委要我们
##　　　选派四人出国……"

康：

刚刚王部长找我，已经晚九点了，胡秘书打电话来，用汽车接到他家中，先谈了些家常，他说想找我吃饭，未找到（昨日下午部里学习，我未去，他找我未找到，今日我去他又开会）。

我向他汇报了所中近况，复员军人到达情况，以及基建需要技术人员等，**并将大礼堂初步设计图纸给他看了。他说要盖就要盖好一点的楼房，不好的平房就不要盖，另外粮食要想办法自己多搞一些**，多种刀豆，一斤刀豆可换两斤粮食，自己要储备一些。至于其他汇报的问题，似都不大感兴趣。**我讲我们正在争取粮食和经费逐步做到自给，他说好，这就是争上游。**另外，正式指示有两点，叫我写信告诉你：

一、学院招生人数不要太多，上次答应你的还是太多了，要少而精。因为今后大学多是业余大学方式，现在学制要改革，是个大革命，今后方针即七岁开始入学就要参加部分劳动，十六七岁毕业以后即可就业，然后再在业余大学学习，正规大学主要是培训师资及高级研究人员。今后各界都要有大学，农场也有"红专大学"，我们是培养最高级的人才，所以不要太大。他说今年他去时还要谈这问题（大约六七月份还将来海南）。后他又说要办文科，语文很要紧，要我们注意这个问题。这点我未弄明白，不大理解他的意图。

二、国家科委要我们选派四人出国，锡兰、印尼、印度各一人，一年一轮换，去荷兰的一人是搞畜牧的，二年，都是作为使馆人员出去。我讲锡兰的我们已经呈报过名单，是刘松泉同志，并介绍了他的情况。国家科委问得很详细，问他家有什么人，与爱人、子女的关系好不好？我讲他对家庭还好，他便叫我通知你们，叫老刘马上来京准备出国事宜，并可把老婆和最小的男孩一并带来，以资照顾，等他离京时再回去，因为要分别一年时间，后又说有的还可带爱人出国（详情明日我当再去人事局了解）。至于其他三人，请你们提出名单来，我本说再到人事局联系，部长说不用了，你直接写信回去即可。（4.13晚写至此）

今早来部里，我感觉还是必须和人事局勾上钩才好，去局里一问，都不知此事。我又向彭局长汇报了此事，并提出再向国家科委去联系了解一下，以便具体化。她同意我这意见，并说上次锡兰那件事，她们本来也不知道，是国家科委直接和你接洽的，你未向局里讲，后国家科委来联系此事，她才叫打电报去问你。姜部长说是国家科委直接向我们要人，又是国家科委名义送出，部里即不必审查过问了，所以停顿下来。我想我们以后还要注意这些联系关系。

彭局长意见，刘不忙来，还是要把审查手续等办好了，确定了出国时间再来，至于他爱人最好做好动员工作。不来，因为部里招待所很挤，条件又不好，

平地起高楼，"所院"人员与来访的科学家在新建的研究大楼前合影

他们来了没有地方住，招待得不好，反而影响不好。我也同意她这些意见，你们考虑吧。

国家科委是哪一个局管此事，经办同志也不知道，只知是位方处长来交涉的。我只好打电话找李处长，但他和田局长都出差了，王局讲可能是国际合作局，问了他们也不知道。后打听到创造发明局有位方处长，又打电话给他才联系上。他说只知去锡兰这件事，昨天他们米副局长曾去部找过王部长，详细情况尚未交代下来，现在尚未到局里来，所以要我等米来后再去谈。先发此信告你，详情再告。

另在人事局催问了翻译人员，李广瑞讲已写信到东北联系，尚无回音。现在有一个北京大学英文系毕业的人，是二参部来联系的，因犯了右倾机会主义错误，要调出转业，问部要不要？我们商议先将档案要来看看，如历史上无其他问题，仅是此次犯错误，便可要下来。你们意见如何？

下午和发明局的米局长、方处长联系上，当即去交谈了。和王部长所谈差不多，米局长是去谈锡兰使馆要人的问题，其他三个地方是王部长提出来，一年一轮换也是王部长提的，他说这样很合算。

所不同的是，去印度的主要是搞棉花、黄麻，兼搞热作；去荷兰的条件要高些，相当科长级的，去两年可带爱人。

目前需进行的手续，要我们提出人选，历史要经过审查，包括在历次运动中的表现，并附上全部档案材料，报给农垦部。由部党组审查提出意见（审查期间可与国家科委取得联系，先通通气，看是否出入太大），然后报国家科委复审后，再报组织部批准。

我初步考虑，刘松泉同志档案材料可先报部审查（据国家科委讲上次只是个简历表，没有档案），因条件较成熟，可争取时间。其他人选，印尼的可考虑，印度和荷兰的恐怕有困难，而且和我们的业务关系较少，是否由部里其他单位提出人选。方处长也这么讲，部里可提出四人，不一定全部由我们所抽，你考虑呢？我明日向彭局长汇报后，再看她意见如何？

昨接林书记加急电，嘱了解人工降雨问题，并嘱密电答复。我拿去找办公厅开介绍信时，王桂林处长批评不应如此发明电，而且明电也不能用密电回，这是错误。我也感此事不妥（你可找底稿看看）。不知所内的具体要求是什么，科委没资料，要通过省委开介绍信找国家科委大学党委，你考虑办吧，要注意保密手续。

老邓也嘱咐我写信也要注意这些事，因此我这封信上的其他事情也感到有些说了不妥似的，但不用信说又怎么告诉你们呢？只有用挂号了，再谈。

霞

1960.4.14　北京

"这次出来，收获还是不小的"，
"我是促进剂"。

康：

4月8日、11日信都收到了，谢谢你的指示。关于争取物资问题，我已注意适当掌握，一般关系还好，没有什么不良反应。我来京一个多月，在进行这些工作当中，也在每日思考、斟酌，看有什么不妥之处没有，常常反复衡量，既怕东西要少了，又怕弄得太突出、过分。关于这些道理，经常在你教导下，是早有体会和随时警惕的，只是希望所内能经常指示我，以便有所遵循和肯定所做是否合适、正确，以便确定下一步进行

的步骤。

这次出来，收获还是不小的，沟通了各方面关系，为今后工作铺平了道路，同时也了解了部内各局的要求，可在今后工作中更好地掌握安排，以满足上级的要求。另一方面物资虽未全部满足所内需要，但基本上是解决了不少问题，从一个单位来讲，数量是不算少的，而且这之中是有我全部劳动的成果。我若不出来这次，肯定不会要到这么多东西。当然，主要还是由于全所同志们做了工作，部里才大力支持、照顾，我是促进剂，也少不了我这份劳动，所以就怕别人说不好，说要少了。其实也没什么，又是老毛病犯了，好胜心作怪。

我出来以后，身体都还好，上星期王唐文陪我到中医研究院，找了党委书记和院长，他们说针灸研究所的郭效宗大夫正在试验用皮下埋针法治疗气喘，据说疗效很好，便介绍我挂号去看了。皮下埋针是将银针由皮下平行扎入，然后用橡皮膏贴上，两个星期以后才取出。现在我身上便埋了五颗针，胸前一个，背部四个，最初几日没什么感觉（药还是吃），五天后反倒感觉疲倦，有点心惊肉跳的感觉，总之周身不大舒服，便又到中医院去看。他们说不要紧，可能有

此反应。郭效宗又给我做了全身检查（上次是他徒弟看的），发现我皮下有出血现象（就是出现许多隐约的小红点）以及肝有些大，验血有些贫血，但血小板并不缺少，还待进一步检查。我准备到协和或北大再去检查，这几天反倒周身无力，不舒服了，不知是否针扎坏了。针灸所的大夫当然都说不是，郭大夫说从我脉上看人很虚弱，针灸是需要较长的时间才能看出效果。我说五月初走，他说时间太短。我是想过了"五一"便回去，**出来已快两个月了，而且接所中信说我七月份下放食堂劳动。另一方面财务上也待进步整顿，吕孝芳、王翰芳都请假回家了，王锡培尚未回，所以也很惦记家中工作。要想彻底治病，恐怕没那么多时间了。**这种病本是慢性病，要想很快见效较难，不要再添其他的病就好了。要想彻底治疗气喘，需有充足的时间，而且要在犯喘较厉害时医才能看出效果。你意见怎么样？

中侨委还没有再去联系，接到家中寄来的关于筹建中技校的初步意见，基建经费等都是区党委直接领导，那就不必再和中侨委直接打什么交道了，预算也是报海南区党委，只有要教师还可向中侨委呼吁一下。但老田来信说海南

侨委3月25日召开会议，确定教学楼 $5000\,m^2$，造价 $75\,元/m^2$，宿舍 $5000\,m^2$，造价 $36\,元/m^2$（原中侨委给我们的造价指标是 $65\,元/m^2$，共给65万元），要减少95000元。另外建筑材料已都比原指标扣减了。我和邱志清去中侨委时，管物资的同志给我们看了分配表：

列给那大侨校的	现海南拨给数
钢材78吨	39吨
水泥390吨	300吨
木材 $390\,m^3$	$390\,m^3$
玻璃56箱	56箱
油毡	均未给
沥青	
卫生陶瓷	

所以要我向中侨委反映，要求物资经费今后直接拨给我们。我想即是海南侨委开会决定，应先向海南区党委反映，说明我所院情况，以及王部长指示我们要盖便要保证质量。中技和我们在一起，房子也要相称。可请求仍照中侨委指标拨给，不要扣少，也不要完全和其他侨校一律对待。今后还是要直接向海南区党委联系的，若向中侨委直接要求拨给是否合适呢？和我们上报的文件精神不符，所以还未去。至于物资少拨了倒可反映一下，你看该怎么办？请速告知，

以便去联系。

广州300 m³木材由司马给了市协作办公室，老林说是你同意给的，只要准许在穗合法采购，是司马讲老田在长途电话上讲的，是否有此事？实际也未取得合法地位。

派出国人员事，又向彭局长汇报了去国家科委联系的情况，但王部长仍未向他们讲此事，所以她叫我向国家科委方处长联系，请他们再写个正式文来。我打电话去，方处长不愿意写，说米局长已当面和王部长谈了，不必再写文。彭局长又叫我去找胡秘书，说最好请部长批个条子来才好有个根据。之后才把胡中找了来，胡说米来谈时他也在场，所谈情况与我所谈一样。彭说："你怎么不告诉我们一声呢？"胡说："部长讲不用通知人宣局，我自己管。"所以他未通知。部长既已告诉我，我写信回所即可，但彭讲听我说，关于黄麻及畜牧的人，可能我们所抽不出人来，是否同时通知由新疆选两个人，以争取时间。但胡说不用，既然部长叫全由我所选，我们便执行吧，如我所没有合适人选再回报部长决定吧。我说审查手续、档案等当然还是得报人宣局。彭说怕部长出去，接不上头，胡说他出去还会回来呀。意思

局可以不管，弄得很尴尬。我向崔处长讲，我已写信告知所中，请所内提出名单并将档案报来，崔说你们如没那么多人，直接写信给部长吧。你看这事该怎么办？弄得我也很尴尬。

留苏学生我又向专家局经办同志联系过，据说生化系的已给科学院要去，林产化学或气象的准备给一个给我们，农林的又增加了一些，大约给部四五人，不知部里给我们多少？

关于外汇问题，我才到京时已向国家科委交涉过，5000美元购图书款，可以凭实际到货数付款，即先由农垦厅供应站代付后，开出所购到名册数、款数，国家科委即可付款，总额数不能超出5000元。至于预先拨给外汇款，不同意，怕再积压用不完，如今既已同意只要真正买到即可付款，也基本解决问题，所以未再强求再拨给外汇。我路过广州时已查问过杜发兴，由供应站拿过单子来看，只垫了23元港币，数量太少，所以未办手续，想等积累多一点再向国家科委来报。昨接赵灿文来信嘱再申请外汇，恐有困难，田局长、李处长都出差了，条件局是不会给的。至于供应站先垫问题，王锡处长已同意，我想问题不大，农垦厅的8000元，也是在我们去年

10万指标内拨给的，去年国外订货只订到六项，现已到货，其中农垦厅也分去130个钢饼，几百平方米不锈钢丝钢。

最近接处内信说，湛江点已设，王增锦调湛，今后重点将转湛。人员要重新安排，我意见杜发兴仍以在穗为佳，广州点半年内仍将很紧张而不会减轻，因专案物资大部仍需由农垦厅供应站转拨，供货单位不愿分散得太零星，而且今后加工多在广州，物资交换等担子仍很重。重点只能逐步转移，否则将会造成更多混乱。湛江地址仍不明确，是混在粤西农垦局供应站内，地址也是这样写的，将来很容易混淆，所以必须湛江点全部建立起来，通讯等都接上头，才好由湛江转运。又听说所内各部门都增加了不少干部，器材科增加9人，加工系也增加很多。我想，为了今后发展是需要的，但摊子也不要铺得太大，应该着重从改进工作方法、提高工作效率和质量来解决，要检查各单位工作量多少，以及质量如何，不要又造成人浮于事，也许是我过虑。

霞

1960.4.19　北京

"此行不辱使命，办的事甚多，大家均感满意。"

霞：

电报的事我问王永昌，火箭降雨二电均是用密电由县委发出，割胶刀发动机是用明电发，请一查看，县内是否有谈。

林书记去哈尔滨东北农学院开农业教育会议，6月5日后可能到北京，钟副院长已去江西开农垦宣教会议。

4月6日、10日、14日等信均已收到，急事已用电报答复。**此行不辱使命，办的事甚多**，俨然"所院"驻京办事处主任，**大家均感满意**（现在大家对情况均了解，没有谁做过分的要求）。

学院事我们自当遵嘱办理，只是与海南区党委的要求有些矛盾，以后再慢慢处理吧。派往国外人员事即办，我同意彭大姐意见，我当时与丁克副主任谈过此事，因为他是管科学研究的，时间来不及就未再同彭大姐谈了。发电报保密事我不知道，已查询，今后当注意。统计表事已加检查。翻译人员如历史上无大问题，仅右倾错误可要。

出国人员锡兰、印尼可由我们选派，印度、荷兰最好由部选派粮食及畜牧人员前去，请向部一提。

物资问题，汽车、拖拉机差不多了，拖拉机需一些福克森或小型的，e-80有一台更好，新的两台东方红已到，就是缺农具。绸丝绳、肥料、农药、油料、基建材料都差不多了，炸药还需要。发电机能这样解决，好极了。但愿早一些拿到手，准备两个100千瓦的配套，两个50千瓦的配套，加一25千瓦的，就可保证两三年内的用电。发电车可出售，15千瓦的给粤西，其余小发电机还可给兴隆及生产队，就是缺2千瓦的用以放电影及广播。

广州及湛江转运点及海口点的整顿正在进行，海南运输正与外贸部门协作，可基本解决，我们一切当称顺利。

"大战四月"成效颇大，学生学习质量大有提高，2000名复员军人及家属，基本安置下来。5月份准备大抓基本管理，增产节约，搞好生活，提高研究质量，大家正日夜奋战为"五一"献礼。

浪费现象颇严重，财务管理成为薄弱一环，必须实行内部经济核算，望你多多考虑。因农场生产太忙，原定5月中开的生产技术会决定推迟，我5月中去广州开群英会。家中一切均好，勿念。

康

1960.4.21　所院

"埋头苦干，任劳任怨，是个崇高的品德。"

霞：

4月19日来信收到，时间不算慢，谢谢您信来得很勤快。

好胜之心人皆有之，埋头苦干，任劳任怨，是个崇高的品德，革命的荣誉感也是必要的，但绝不能因此而妨碍工作，损人利己，为此耿耿于怀。对个人问题必须放开胸怀，这关我可能比您豁达一些。这次党内又选我为标兵党员（共三人，另一是龚硕蕙或肖敬平，大家意见还不一致），**这是对我的鼓励，但我对此并不念念于怀，望我们共同勉之。**

派人出国问题我们只能派锡兰、印尼二处，当去信向部长说明，你不必为此为难。

这次物资、经费均解决得较好，您出了力的，现在要抓人、领导骨干及业务干部。这两个月我们的工作有很大的发展，这是件大好事，好好地巩固下来，我们工作基础将更稳固坚实了，有些精密仪器准备还请你跑一跑，当再通知您。

"所院"工作五六月份准备这样安排：农垦技术会议已决定推迟召开，我们预备在27日、28日总结一下"大战四月"的工作（这一月成效颇显著，尤其是在提高教学质量方面），5月1日大大庆祝一番，并提出五六月准备增产节约，大搞技术革新，加强基地管理，提高研究质量，改进员工生活，迎接"七一"。**准备党委分片包干下到基层，一手抓工作一手抓生活，大干一场，根据此次领导带头及教师下放与学生"三同"的经验，很快解决了问题。**5月间能将复员军人巩固，普遍检查今年研究工作质量，搞好食堂，工作将更扎实。现在大家干劲都不错，队伍逐步锻炼出来了。

你看病的问题一是彻底看下去，家中工作虽忙，我们大家还是照顾得过来，你把身体搞好了，什么事均好办；一是马上看不好，就先回来，下半年再去，因为决定明年预算、物资，总还要去。今后您是少不了跑北京了，您核算一下时间看怎样安排好，总之身体第一。

最近许成文去北京接宇春，便可加照顾。

四老请代问安，据闻广东群英会要推迟，我想六七月份去京一行，向部汇报半年工作并决定明年打算，你看什么时间去最好，盼告。

再谈。

康

1960.4.23 所院

何康与所院同志们一起同甘共苦，共创伟业

"修配厂的潜力及
技术革命还很不够。"

康：

模型飞机的小发动机，去向国家体委联系，据他们说，1957年之前他们曾大量生产过几万个，但1958年后即交由各省体委去掌握。各省均有生产，现在改进最合我们用的，是用电池发电带动小电动机，只有手掌那么大小，用起来很轻便。他们原先造的是0.3匹马力的，要用螺旋桨，以手指来转动，可能不适合我们用。现在新式的多是少年宫青少年自己制造的，爱好模型飞机的青少年仿照大发动机原理，自己创造，自己做成什么样的飞机，便做适合它们的小电动机，所以没有正式在工厂生产。他们建议我们可以自己试做，并可做成小电瓶，以便经常自己充电，若大量使用电池，太不经济。我向他们要制造资料，他们也没有了，叫我们向广东省体委联系，可能他们有生产。我已将这些情况用航空信写给老吴了。

我本想向北京市的去联系，还未接上头，可能希望不大。**我想既然青少年都能自己做，我们的修配厂也应当能做。修配厂的潜力及技术革命还很不够，据**王衡等同志讲，许多机械厂的设备远不如我们，但却能制造很多的东西，我们的却成就太少。

同位素磷-32，今早接电后即去中关村询问，但他们现在也无现货，因4月份停产一月，要5月份才可大量供应了，许多大学也都在向他们那里要，他们只是要10毫居里（编者注：居里，放射性活度的单位，为纪念居里夫人而命名，1975年废止，新的单位为贝克，1居里=$3.7×10^{10}$贝克），也无法马上解决。现在由国外进口的有一些，都是医院中用的，而且都是已分配给各省市了（广东省科委上个月分给他们150毫居里，他们未要，已另分旁人了），此次分给广东的只有10毫居里，但分给上海第一医院的至今（已三天）仍无人来取。想请核委办托运，但火车运要十天，空运不收，必须有人押运，所以他们又打急电去上海联系（本拟打长途电话，但老打不通），如果他们不要了，或再无人来取，便同意全部给我们。这是个机会，否则其他一点办法都没有，只有等待明日上午再去听回信，如成功即派人空运回。

本来无人可派，因京中只剩我和徐文炳了，但海南农垦局有位同志被抽调来部协助物资局工作已一年，很想回家一次，据说已请准假，如无其他问题，即拟由他乘飞机带回。

今日列宁诞辰，爹爹买了纪念邮票，叫我马上发封信，以便盖纪念戳，所以匆匆写此信，再谈。

霞

1960.4.22　北京

"我们那儿一定要自力更生，有的是土地，又有劳动力，粮食、蔬菜、肉类必须抓上去。"

康：

今天接到4月21日信，承蒙过奖，磷-32虽经努力，终于无望，前信曾告可能匀到上海不要的100毫居里，在23号下午6点时，上海仍无回电来，中科院同位素应用委员会的谢科长便决定给我们了。提货单手续等均已办好，等走出大门了，却又被叫了回去，原来上海电报来了，说已派人来京取，那当然只好给人家了。后谢答应与工厂商量，帮我们突击生产数10毫居里，26日晚可给我们。我考虑27日早动身，要28日晚才能到所，

只剩29日、30日两天，不知能否赶上应用，而且要花200多元飞机票钱（虽是便人，需我们给买票），所以打电回去询问，得回电后再与谢科长联系。据说工厂机器均已拆了大修，时间赶不上，一定要28日以后才能生产，5月份出货，谢很觉抱歉，便又说叫我们再等一天，看有其他单位的国外到货没有，如有，也可先匀给我们。但直到今天仍无望，只有等5月初了，影响了"五一"献礼。

今早在办公厅看到4月10日所内申请放射源的公文，部是25号收到，不知为什么相隔那么多天？文中所提是追加数，不知梁荫东等上次所提那些是否仍都要？种类比追加的多，其中有一项"S"，据谢说毒性大，一般的实验室他们都不敢给，请问黄、梁一声，是否两次所开的都要？使用时间是否与梁等所提时不变？因为其中有两种保存时间特别短，民航局又不办托运，必须有人押运，所以我们想是否今后所需放射源，统一通过中科院广东分院去取，北京拨货时便注明其中有我所多少，我们由广州再往海口押运较方便，否则每次均需北京派专人乘飞机，甚至还得管来回（因不一定都有便人只去不回的）。不知是否可以，准备与谢科长商量，他专管同位素

分配的。

人工降雨是明电发来，发至徐文炳电报挂号，不会是县里代发的，只接过一个电报，未接到过密电。割胶刀发动机前后一共二电，前电是发给部里，后电是由徐转。

苏联发电机因无车皮，所以要5月份才能发货，现在双桥。专案中100千瓦，指标还未下来，下半年机电订货延到5月份去了，和部里经办同志商议，据说国内恐难配上与苏制的一样规格，我想找赖坚去想想办法。2千瓦的发电机统配物资中无此小规格，准备想法找。粤西站的2千瓦发电机据说已快修好，可以15千瓦的换回。

拖拉机下半年又给1台东方红，王秉钢本说不要，但经办同志说你不要可给海南，或换其他型号的，如铁牛。大概局里不知海南已给了我们5台东方红，从财务上看也尚无人来收款。我们东方红是否太多了？前拟换铁牛，又接来电说质量不好，不叫换，福克森是进口货，不易弄到，e-80号专案中只有几台，不可能给我们。我想是否可以用东方红与海南农垦局换些农具、零件等。又据经办同志讲，东方红都是带农具成套设备的，可去信追查一下。

炸药曾寄回一个10吨的提单，黎来信说未拿到，可再去追问海南农垦局，既有调拨单就应给我们，尚需多少？

前信讲部又给钢材50吨，其中包括教育部给的基建钢材30吨。水泥初步已定950吨，最近几日即可正式签订合同。因为部指标被削减30%，水泥又费了不少唇舌才给了950吨（前定是900～1000吨）。

其他没什么大进展，只等机电、冶金的订货了，估计不会再多给什么东西了，只要前定指标不要再出什么问题就好了。听说专案中有些未满足的数字，恐怕要削掉，其中包括车床，看样子五月上中旬应该能够确定了。

至于我什么时候回去？感到很矛盾，一方面很想回去，记挂处内积压的事情，财务、器材的管理、分工，现在又正处在机构改组的时候，人员也增加了不少，急待安排。但是另一方面看病又需要较长的时间，中医研究员讲我的底子太坏了，过于虚弱，要较长期的调整，气喘埋针也要三个月才能见分晓是否有效。前信我曾讲不想治了，想等犯厉害了再来治，但现在又想这次出来虽然未大喘，身体也胖了些，但是不是巩固的，稍累仍觉得气急短促，而常心跳急促。这次既已开始治疗便试到底看是否有效，慢慢将药不吃了，将身体养强壮一些，否

第三章　宝岛生根

155

则年岁越大越不好治，现在再不采取积极办法，就又拖下去了。

最近检查，皮下已无出血现象，前次出现红点，原因未查清。肝脏又到北大去检查过，据说可摸到（一般不应摸到），但并不算大，又无压痛，不像有毛病。因为买不到氨茶碱，只有挂号到医院去要，每次只给20片，你老兄怎么还不让梁医生给我开药并由信封中寄一点来呢？从来到北京就请你寄，这么重要的事，你怎么总忘记呢？（粮票已收到）

上海我又不想去了，因为治这种慢性病绝不是十天半月便可确诊是否有效，总要两三个月的时间，我既不可能在沪停留太长时间，何必白交路费。如果时间允许，不如在京多待两个月（因已开始治疗半个多月，5月上中旬办完事已治疗一个月，只要再请两个月假，不过离开所就要四五个月了），试完一种治疗，再试另一种。

到底是治病还是完了事马上回所，有点犹豫难决，你看怎么办好呢？大家在所都工作很紧张，我一人在此休息，也觉心里不安。

接到迪儿信说你甚忙，中午也不休息，尾骨又疼得很厉害，并找医生打针，你怎未告诉我呢？大概怕我惦念，但你也应当适当的注意休息，并应该进行彻底检查，应查清病因，不要耽误了。上次在广州你又不肯检查，这次望你一定要查查，为了更长远的工作利益。

大伯伯由杭州来了，去年即写信要来京探望，并建议将十婶从福建请到杭州代为招呼大伯母，以便他来京。依妈说都不考虑如此一折腾要花多少钱，当即去信拦阻了。大伯伯因此生气，半年多一封信都不来，每月寄钱给他都不回信，这次据说因有一熟人可以代为招呼大伯母，所以他便一人来了。既来了当然也就热情接待吧，大约不会住太久。他已76岁，身体还不错，连日来三位老人都出去逛北海公园，爹爹、依妈身体都很好。

要人的电报收到后，彭大姐已离京，宣教处的全体人马，倾巢而出，都到江西开会去了，萧部长也去了，只好把电报交给李广瑞。王部长到天津开会去了。

陆局长及张处长回来了，我也简单地向他们汇报了我来京的情况。他们说能解决问题就好，多待几天不要紧，**并望所内能经常来通气，简短的书面报告也可以，不一定要很成熟完整。陆觉得科技情报内部参考资料就很好，可将工**

作情况及时反映上来，使得各部门多了解我所情况很必要，我也是这么感觉。所内应指定专人负责这方面工作，王永昌可以写，梁子驯也可写了再修改，三月或一月一汇报也好，一事一汇报也好，不能全靠你一人写。当然有的也需要你自己写一些，你这次在海口，写出来没有呀？

在热作处看到邓老到我所视察的报告，见到王部长时我也提到这事，并把文中内容向他汇报了，他好像未看见我们的文，只说打井挖塘可以，但有的地方可能打不出水来。

5月份你准备抓的重点很必要，尤其增产节约，搞好生活，财务管理也要发动群众，走群众路线才成，光靠几个人来管是管不了的，要提高大家的阶级觉悟，爱护公共财产。老田最近来信说行政处增加了很多人，他说不同意"宁缺毋滥"，宁愿"宁滥勿缺"（意思如此），我不能完全同意。人多了更应先抓思想，抓政治挂帅，更不能"滥"。

抓生活，很要紧，一定的物质生活基础总是必要的。北京的供应比起其他城市要好，但仍然到处都有为了吃食去排队的人，去挤，去想办法买点好吃的东西。我们那儿一定要自力更生，有的是土地，又有劳动力，粮食、蔬菜、肉类，必须抓上去而有足够的保证。军工2000多人，除了抽出的一部分外，首先

三年困难时期，王震同志（左三）每年来"所院"，鼓励科教职工扎根海南。这是1961年5月视察期间的留影

要把生活底子抓稳了才成。夏天到了，蔬菜要想办法搭荫棚等，农村那部分人口我也觉得晚一点并进来较好。想到哪里就写到哪里了，还想到些问题，信上写不了那么多了，见面再谈吧。

今晚人大会堂招待全国民兵会议代表，梅兰芳主演《穆桂英挂帅》，有两张票，我准备和依妈两人去看。

霞

1960.4.27　北京

"开展'三反'运动"，"一手抓工作，一手抓生活"。

霞：

我们已经决定根据中央指示开展"三反"运动。明天进行大会总结"大战四月"工作成果，布置五六月份工作，开展"三反"运动。现在工作局面大了，工作虽然做了不少，但人、钱、物、时方面浪费都很大，尤其是复员军人来后工效还不高，情绪尚未巩固，生活又觉紧张，不好好整顿一下对发展不利。

工作做法大家一致意见抓：

1. 研究教学生产质量；
2. 生活；
3. 人，钱，物，时，文（文件出版）；
4. 贪污，盗窃，违法乱纪；
5. 领导作风。

准备先学习，再"大鸣大放"，然后分头下基层工作，一手抓工作，一手抓生活，最后再集中上来，搞思想建设，给领导干部整风补课。

行政方面任务很重，需要建设的地方很多，尤其是财务和生活方面。因此，你若现在不看病，早一些回来也好，老田一人太忙（老郭也病了），同时财务你也较清楚。最近我即将拟提国外订货给你寄去，办完其他事就不多了，请你考虑一下告我，当然还是以身体为重。

家中很好，迪儿是颇有才气的，最近画了一些植物图，画的不坏，文章也会做，就是人不够踏实，不爱劳动。小禾则顽皮，不过与周嫂相处还算好。

工作颇紧张，天还是旱，菜、杂粮都长不好。

迪儿的鞋太小，穿不下，书包倒合用。

康

1960.4.29　所院

"开展三反整风，我更应当回去。"

康：

4月21日、23日信均收到。机电、冶金订货推到5月上旬才能订货，因为平衡下不来，专案中未批准部分已写了五个报告，仍无结果。另外在部的全年指标中有些项目也扣除了给专案中的数字，影响我们较大的是专案中100千瓦发电机（部给的本旬可由双桥发运），如下半年无希望便准备向王锡处长交涉，在第一次拨的500千瓦中要四个24千瓦的，一个5千瓦的（因没有大的，最大的48千瓦的只有两台，以前谈过不肯给），拿到手后再想办法换大的，否则怕又有落空的危险。

磷-32四月底未能搞到，同位素应用委员会的谢科长虽然很帮忙和热情，但生产厂不是全部按他批准的数字供应。30日徐文炳和农垦部的熊同琦秘书一块又到中科院去，刚好碰上原子能研究所生产厂的主任（每星期二、五到同位素委员会联系一次），他说我们没有计划，前梁荫东等送的一份申请书，只是5毫居里的磷-32，追加100毫居里的文是廿几号才到部里，所以没有安排我们这份生

产量，只肯给60毫居里。要到5月6日（星期五）去办手续，然后买好飞机票等，他们再给送出来，厂子离京还有百余里地。另外分给了Co^{60}6.5毫居里，C^{14}10毫居里。铅管是租借的，押金很贵，4700元，C^{14}也很贵，7980元，附上清单，一共付了1万多元。C^{14}还要买个大口的暖瓶装，里面要放冰，我想不知所内的冰箱搞好了没有？如没有恐怕需暂放在海口厂。

今天又接黄宗道同志电报，说磷-32要300毫居里，恐希望不大，另说其他品种暂缓要，不知能否退得了，也得明天联系看。这些东西都准备等林书记带回，他来信说会议约五号结束，如6日、7日抵京，除向部汇报等，大约10日可动身，届时当再电告。（磷-32已购到135毫居里）

关于人的问题，目前人事宣教局的局长们都出差在外，宣教处的人也都走光了，只剩干部处几个同志，崔处长也不大活动，我看要技术干部，只有等暑期分配大学生了。国家计委不知如何了？我还未找到刘局长，留学生据了解已初步确定给农垦部六人，除其中一个学气象的肯定是给我们的外，其他的不知能给我们几个。我提要学植保、土壤的各

一个，或再加畜牧一个，看样子不会给那么多，顶多给三个，至少应给两个。部里说新疆、密山更缺师资。人的问题，还得费点劲，一方面是向部要，另一方面恐还得多替部里向外面争取，你如来京，要往这方面多努点力。还一个办法，以转业军官去换技术干部，如轻工、化工部，部里也曾有这个意思，只是没有具体化。

至于领导骨干更难一些，这情况彭大姐已和龚硕蕙谈过，部内现在还缺处级干部，没有配齐，而且有些也不够强，要选到我们那儿当系主任等，文化水平等更要求高一些，所以就更困难，这次来彭也是这么讲。另一方面东北的转业军官都抽得差不多了，仍当工人的已极少，多数成了干部或调到地方等其他部门，干部处也不同意我们再直接去东北挑选，说农垦局有意见，要什么样的人由部去信联系。如此，不知等到什么时候？！翻译事我已催问几次，至今无下文，据说已写信去，总参二部的那个人档案也未要来。我感到这方面的交道最难打，我意见只有你来时亲自找部长，请他批准，直接介绍到东北或其他有关单位去要，这样实现的可能性还大一些。林书记来时，我想陪他一起去见部长，

伺机也提一下。

我最近几天又发气喘，不知什么原因，从"五一"晚上开始，8点钟时还和爹爹等一块到天安门观礼台上看了焰火，9点多回来看了电视，但12点多刚睡下不久就喘起来，是来北京后第一次半夜爬起来吃麻黄片。2日晚仍有一点，4日又喘得睡不了，昨晚先吃了麻黄才睡，稍好。可能还是由于天气变化较大，忽冷忽热的，热时穿单衫，冷时要穿棉袄，又刮大风，我现在便是又穿上了棉衣还觉得冷，一般人只穿毛衣。因连续有冷空气过京，还有人说可能是节气，昨天立夏，是季节交换的时候。我怀疑是针灸效果不好，总之是又喘了，影响精神也不好，没力气跑了，这两天多半在家休息。

物资方面的工作，大约15日可告一段落，我想廿号以前离京，在穗还要停留几天，如果能赶上小轿车修好，还想在湛江停一下，看看湛江站的准备工作如何了。如无便车便乘船回去，病想下次来再治，这次离开所内时间太久了，已快三个月，再请假也不好，看样子今后来京的机会还有，下次一到便开始治疗，可节省一些时间。我这个病要断根是困难的，有个老医生说主要要注意避免风寒劳累，要靠自己

本身身体机能强壮来抵抗，少发作或发得轻些。

不知你什么时候出来？什么时候到广州开群英会？我怕我们两个人错过了，也可能在广州会面，又很想在北京等你，不过又不知你什么时候一定来，所以也不能等，那要看全国群英会何时召开，我想我们所可能会出席全国群英会，我们所不知出席几人？如果你不是来开会而专门来汇报工作，我意见最好7月份，将上半年工作总结一下再来。另一方面更主要的是得等部长在京的时候来较好，否则很难决定问题，我想你要来前，最好和部内联系好，王部长、萧部长总要有一位在家才好。另外，有关的局长也在家则更好。

刚又接4月29日来信，知道家中安排，**开展"三反"整风，我更应当回去**。所抓各点我均同意，五六月份很要紧，你最好能在家，但要开群英会你又得出来，老吴等什么时候回去？郑立生"五一"由京动身回去了，白跑了一趟。王秉纲回青岛家中探望后5月5日在济南参加柴油渗水的会议后即返所。听说林铁君要来京，不知干什么？我感觉我们出差的人太随便，控制不严，除了系处领导，应严格审查批准外，"所院"长办公室是否也可注意复查一次。有明确目的任务的，当然应当出来，但是有些人借口买点东西就也跑出来，而且时间拖得很长，回去也无汇报交代，基建方面这种例子较多。旅差费方面开支很大，**开展"三反"，爱护国家资财，除了具体事例外，首要抓思想、抓灵魂，大家要从思想上解决问题**。

你如果来北京，请把带东西的篮子都带回来，以便以后再带东西，因为北京也不易买到，连希法那儿的藤篮也带回来，你可放在那个白色旅行袋中带来，否则不好带。我想你一定嫌麻烦，这是妈一再嘱咐的。

我们如果在广州碰面，你出来时就请替我带两条东方呢裤和短袖绸衫出来。估计广州已很热，我未带夏天衣服出来。

雨衣两件请带出来上胶。

我想给你买一套白绸睡衣，但都没有合适的，多是花条的，或等你自己来时买。

另信请给梁医生。

霞

1960.5.6　北京

"磷-32已办妥。"

康：

磷-32已办妥135毫居里的手续。林书记今日也到京了，因为明日星期，后日所有机关都停止办公一日，支持日本示威大游行，将组织100万人。林书记要星期二（10号）才能到部里汇报，所以准备买11号飞机票，直达海口。但刚刚到民航局买票时，据说接到海南通知，不办理货运，只能到广州。因此很糟糕，原子能研究所是将货直接运送飞机场，交给民航局，下飞机时才凭单领货，不肯交本人随身带，还得想办法。

今日上午到中侨委去了一趟，本向你请示是否需要去，但一直未得答复，因想要回去了所以还是去联系一下。是到二司国内教育科，由仲育民专员接见的（孔司长及四司王一之司长都到广州去了），向他简单地谈了一下我们"所院"的情况及所写报告意见，顺便反映了海南侨委开会将基建投资及材料都削减了，另外教学设备及师资还望协助解决。他听了以后认为海南不应扣投资及物资，这是规定了专款专用的，为了要保证质量，所以给的标准都是较高的，

原来定的65元/m²，后又增至75元/m²，他叫我们查清楚，是否的确是海南扣了，如属实，他们要叫广东侨委去检查并予以批评。这批材料是国家专案给的，不能挪作他用，这是个政治任务，关系到今后政治影响问题，今后还要有人来参观，甚至拍电影。他很关心这事，叫我尽快帮他们弄清楚情况，为了照顾今后关系，他可不讲是我们反映的，因此希望你们迅速了解一下，海南到底给了我们多少基建费及建筑材料，是否扣了，还是暂时给这么多，以后再拨足？希望电复，及函详。

另外，关于我们的报告，他说：一、基建面积，可同意我们所提的每人14.5 m²，今年先建10000 m²，明年早点做计划，可再增盖4500 m²，但要有总体规划，分期建设，质量一定要保证，造价75元/m²，都是混合结构的楼房，拨给我们的材料，也一定要都用在中技校上。基建项目中，游泳池、风雨操场都同意，但提体育馆可不建（基建项目内容未寄我，我不知都列些什么）。二、实验室设备，文已下达各省，我也看了清单，有显微镜、幻灯机等，东西很多，再详细地叫我到广东省侨委去查（我准备回穗后再去找）。除了他们

和教育部联系所配备的仪器设备，问我们还需要什么，可列一计划给他们，包括图书、桌椅床凳（不过木制家具，恐怕只能给钱自己设法制造，不能另给木材了）。发电机他们也缺少，水电设备中，他说可列一台排灌设备，他们想想办法。运输车辆也少，需靠当地解决。三、教师仍需靠地方上解决，他们可协助想些办法，但不要指望，另叫我到广州时再去找找广东省侨委的符荣鼎副主任，请他和教育厅商量协助解决。

专案中的100千瓦发电机，尚无消息，不知国家经委什么时候才能再给指标，或是干脆不给了都难定。所以我又找王锡处长，查了他们第一次分到的500千瓦发电机，其中48千瓦的2台，32千瓦的5台，24千瓦的5台，5千瓦的2台，另外10千瓦汽油机11台，我们要哪一种都不合适。至于汽油发动机是南京汽车厂的，据说就是汽车头用的，尚未配套发电机，我们如愿要，情愿给11台10千瓦汽油机，你们看怎么样？

另外他们有水力发电机1500千瓦，最大的一个是200千瓦，不知我们要不要水力发电机？有没有可用水力发电机的地方？请你们考虑了速告我，还是等专案的第二次分配？

王部长已去东北，要月底才能回来，丁克副主任、陆局长都不在（听说陆去云南了），宣教局长也都去南昌了，林书记要汇报都没人，准备向王桂林处长谈谈，或找姜部长。

急于发出此信，再谈。

你身体好吗？我这几日都不大好。

霞

1960.5.7 北京

"还有什么需要我办的，请速告知。"

康：

近二日喘又稍好些，因天气已转暖，请勿念。五月份还没有接到你的信，甚为惦念，所内一定仍甚忙碌紧张，听说广州文教群英会廿四号开，不知你什么时候去？我原定廿号以前离京，但现在看来仍走不了。今天已经十号，十天来未办多少事，除了放假、星期、游行，办公的天数不多。专案中问题最大的是100千瓦发电机及车床，我不大想再等下去了，你们意见如何？水泥已订800吨合同，是广州水泥厂的，这样较好。（950吨中部里给了800吨，教育部给的150吨尚未定。）

林铁君已到北京，采购东西恐不大容易，他说还要到上海去，并说你讲我也要去，可和文化局老方熟悉一些，但现我不准备去了，你看是否仍要去？除了采购物资方面，我想到的是大礼堂的设备问题，据部里同志讲，部里小礼堂的丝绒幕也是搞了快一年才弄成功，所以我们的幕布等是否应早一点准备才好？如礼堂已盖好才弄，恐得晚半年还不成，如要搞，最好到上海去，其他一些需在上海买的东西，当然能去一趟也好，请你们考虑一下，是否要我去？如果去可把上海过去的旧关系打通一下，对今后联系恐怕也有好处，如一些生活日用品方面，想找合作总社关系，最好能代办小额函购。

超声波仪器，据说现在各地都在自己制造、推广，我们应往这方面努力。

出国人员，人事局讲国家科委要刘松泉的档案材料，可先寄来。另请将原报表再重新填报一份，签注上党委意见，并盖党委章。

还有什么需要我办的，请速告知。另请寄几张盖公章的空白信纸来，因现在到各机关去（如国家科委、国家计委、中科院）没介绍信就进不了大门，常找农垦部办公厅开介绍信，怕人嫌麻烦。

霞

1960.5.10　北京

"研究教学着重提高质量问题，学术思想及教学改革，也大有可为。"

霞：

"三反"运动推开了，三天内有674张大字报，大家情绪很高，群众与整风前大不相同了，大字报中有些问题的仅一两张，其余都是从积极出发，与人为善的。从昨天开始我们已分别组织人下基地，各系130人已下队，党委办公室下食堂，行政处下工地。食堂已做出初步成绩，大家比较满意。

我今天即去联昌，准备住三天，把队的工作摸一摸，半个月后全部收兵回营，集中力量深入搞"三反"。现已发现许多贪污问题，要好好地大整一顿，把行政部门健全起来。

研究教学着重提高质量问题，学术思想及教学改革，也大有可为，深入，扎扎实实地搞一搞对巩固现有成绩，及进一步提高大有好处。

昨晚接省高教局长途电话，要人5月23日去省里开群英大会并准备大会发言，他说中央文教群英会还是在6月1日开，不知将来时间变不变，如不变省里会就不会再推迟。大家意见还是叫我去，因为这是集体的荣誉，是党的政策的胜利，要好好讲一讲。如有可能去北京，6月初可到京。我原准备6月去京一趟汇报半年工作并请示来年工作，不知能否去成。

最近因缺油，邮车很少，信件极慢，有急事可打电报。

就要走了，再谈。

康
1960.5.8　所院

"我在最后定案前当然不能走。"

康：

这封信不知还赶得上否？怕你已动身，别忘了给带几件夏天的衣、裤和篮子。

机电、冶金设备订货会议昨日结束，全部订货会议到此完毕，因为拖得时间太长了，个别未解决的会后再谈。专案物资便属这一类了，机电、冶金设备是部里统

1958年上马的"草棚大学"华南热带作物学院，成为培养中国热带作物人才的唯一高等学府

一订货，然后再分配所属单位，因此具体还分什么给我们，就在这几天是个关键。我正在加紧活动，希望再争取到一些东西，因为原属销办供应的物资，现在也归口到农垦部了，所以这几天很紧张。廿号以前不一定能决定，因李局长请假一星期回乡看生病的父母亲去了，最后定案恐还得等他回来。**我在最后定案前当然不能走，因既已来了这么久，在这最后时刻，自然是等全部结束了再走较好，这样就要五月下旬了。**病我已决定下次来再继续看，因为也不肯定能除根，需要长期治疗，要从根本体质上强壮起来，这就较难。

看样子我们将在广州碰面了，不过如六月一号你即将来京，是否需要我在京等你一下呢？因为**关于人的问题，还得费些劲，**你来后还得各方面多去跑跑，如果我也在，可帮你去办些具体的事。另一方面也可带我去多沟通一些关系，因为你在开会期间，空的时间不会很多，有人协助跑较好。我是这样考虑的，不知你们的意见如何？请速告我，否则我事情一完即买车票回去了。

前天因为交涉翻译事又去人事局干部处，根据李、宋二同志所谈情况，**我们所需的政治领导骨干很难解决。**王部长曾在部务会议上谈过几次，以后干部调动一定都要通过他批准，否则不准再从东北调人，所以他们建议最好我们给部党组写个书面报告，提出具体需要哪些人，哪样的干部，请王部长在上面批几个字，同意给哪些人，有了这个文件就好办了。如果能提出具体的人名，现在在哪儿做何工作当然更好。我想最好你带一些盖好公章以及党委会章的空白信纸来，或先写好了，等你见王部长时，口头谈好后即顺便请他批一下。

至于技术干部，部长也是主张自己培养，不主张向外多要，大学生还需要多为部里争取一些，然后才好再请部里多分配给我们。建筑干部，宋同志讲新疆人事科长来时，他曾向他们商量调一两个人支援我们，他们答应考虑。关于我所人事科来函请部向东北调的人员，他（宋）说来信太零星了，十几天之中连接了五封信，都是指名到东北调人的，前三封他已代转了，后两封，他感觉不好办，怕东北也有意见。刚好我又拿了英文翻译名单去，他似乎有点意见，我也向他解释，因为我们太缺人，所以陆续得知人员名字后便赶快写来了，没有汇总一起。他又说指名调的人不知在东北现任何职、何事，如是人家得力干部，就别去碰钉子，我又说了半天，仍请他代办一下。

许成文爱人新华社干部科又不同意她马上调去，其实她寒假后已调出职工学校，未教课，准备调动的，临时做少年儿童辅导员（即机关新成立的少年之家一类的组织），但现说没人接替，不准去，甚至说可补贴许一些路费，弄得很僵。许没办法办事，来找我，我准备明日再去新华社人事处去谈谈，如再不行，想去找社长，根据他这种情况，新华社是不应如此为难的。

中技校的建筑材料了解清楚没有？急于发信，再谈。

霞

1960.5.15　北京

安心办事和治病，等我去后再做决定。

省群英会23日开，26日结束，要去的话大约28、29日可到北京，去前当再通知你。这月薪水已领，我准备带20～30元。

家中一切还好，周嫂累一些，有时身体不大好，同小孩闷气，我说说也算了，没有什么，请你放心。

5月以来，雨水很多，旱象已完全解除，作物欣欣向荣，只是今年台风很多，已作预先防范。基建任务很紧，家具更困难，正尽力设法解决。

希望去京面谈。

康

1960.5.17　所院

"5月以来，雨水很多，旱象已完全解除，作物欣欣向荣。"

霞：

林书记14日返所，书记处根据您的来信讨论了一下，**大家都关心您的身体，决定让您在京继续办理未了事宜，检查在京账目，看病。我去京后帮助我进行工作，因为所内工作极忙，派不出人同我一起去北京了，因此即打一电报给你，请您**

三、开展热作科技大协作

从5月下旬到6月下旬，爸爸先后到广州和北京参加了广东省与全国的高教群英会。1960年1月在热科所召开的热作科技工作会议，包括了粤、滇、桂、闽、川、贵等六省（区）热作研究机构和院校，制定热作科教发展规划。为了落实规划及加强与滇、桂的垦殖、科研机构的合作，7月下旬，爸爸率热作所科研人员赴云南、广西考察，得出结论"云南发展热作潜力极大"。在7月、9月、11月又参加了省、区的党内会议，都是围绕如何贯彻中央"调整、巩固、充实、提高"八字方针，在应对困难中开展中国热带作物科教大协作。12月中下旬赴京汇报。在1961年这新的一年里，爸爸与往常一样，在给妈妈的信中写下了对过去一年的总结，交流思想。

"目前各省均开始形成大协作形势，只要我们加以组织推动，可将热作科研教育大大推动一步。"

霞：

到昆明好几天了，因为行踪未定，未立即给您写信。

17日到昆明，一下飞机就觉凉风习习，我还穿着短裤和短袖衬衫，来接我的云南农垦局局长却穿着呢制服。昆明天气是"四时如春，一雨成秋"，有人还加上"反复无常"，早晚很凉，一不小心就要生病。

来后省内各有关单位热情接待，住在国际旅行社，住的人不多，很安静。看了两场滇剧，一场京剧，了解了不少情况。大队人马昨天才到，而黄、刘、芦三位为了想快一些到昆明，从贵阳坐飞机来，因气候不好，拖到今天早上才到。大家很好，没人生病。

云南发展热作潜力极大，初步勘察可种橡胶地已有1400万顷，自然条件很好，只是交通不便，劳力更缺。这次准

油棕是海南重点发展的热带作物之一，何康与同事们实地讨论

备好好帮助研究规划一下，云南省委对我们这次来期望很大，预定明日分二路出发，我带大队去西路德宏，再转南路西双版纳，刘松泉带一小组去东南路河口，8月7日会师西双版纳，准备仔细考察10天，并召开全省技术会议，预计8月底后才能回昆明，离开昆明最早也要9月5日以后。看情况，去广西的时间长不了。来一次不容易，也决心在此好好搞一些工作。

你身体如何？极念，湛江小病一场，回去不知补过来没有，我真担心你的身体。我一切均好，只是有时太兴奋，不易安眠，每天睡得少了一些。别的都好，我自知保重，请你勿念。

我们都出来了，家中工作一定很忙，你们多偏劳了。孩子怎么样？

昆明吃得很好，青菜颇多，一般机关也不紧张，据说下面更好，因为交通不便东西运不出来。生活是工作的物质基础，一定要全力抓好，我想你回去一定会多注意这方面的工作。今年年底科学院已决定在我所召开热作科学会议，许多领导干部要来，生活上要及早安排。

王部长到所去否？对工作有何指示？他可能对我们加强外线工作，今年开荒

定植太少有些意见。我们劳动力使用效力很差，这方面工作确实抓得不紧，亟待改进。外线工作这次出来，看起来确实很重要，能把一个地区的工作推动起来，比我们自己多做一点力量要大得多。目前各省均开始形成大协作形势，只要我们加以组织推动，可将热作科研教育大大推动一步。

再谈，有空还可写点游记给你。

康

1960.7.22 昆明

**"从实践中也积累了一些经验，
大家工作作风也较踏实深入，
对地方帮助还是大的。"**

霞：

23日离开昆明，26日到芒市，在德宏区工作一周，3日离开芒市，今晨又在苍山洱海之滨的大理市给您写信了。

离开昆明14天，9天都在走路，从昆明到芒市就要4天，一路上高山纵谷，平川大坝，大多的山上都是苍松翠柏，景色宜人，尤其傣族地区更是茂林修竹，

山清水秀，大片浓绿的稻田，闪着金光的缅寺尖塔从绿丛中露出，秀丽的傣族姑娘成群地在田间劳动，健壮的小蒲毛（傣族青年）赶着成行的牛车，带头的牛头上还结着红彩，挂着鸟头装饰。10多天来，工作是很紧张的，在汽车上也开会，一路进行观察，大家身心均很愉快，在昆明时因初来气候不适还有几个人生病，现在都好了。

全队人马除了所里的11个人外（有部分去河口），云南农垦局及州局场的技术人员均沿途参加学习，现已有20人了。一路住在宾馆，食宿均好。在芒市住在中缅总理会面时的宾馆里，庭院布置得还可以，很安静。芒市多雨，我们到的七八天中没有一天不下雨，对胶树生产很好，对产胶却不利。

杨志、萧敏源他们都很好，现在情绪较之前安定，杨志担任州农科所的副所长，所主要他负责，不仅管热作，而且管农作。所内有三四百工人，也布置了一些实验地，但工作设备、人员还是很差，除了所中调去的几个人外，没有什么力量。

德宏是个高纬度地区（北纬24度），海拔800米以上，是发展热作的边缘地区。这里的环境对咖啡生长还很适宜，橡胶及油棕等虽然也可生长（无寒流），但生产问题很多，气候属于无寒流、低温期长、迟缓降温的另一类型，与华南类型不同，有许多值得研究的问题。**这次来，由于他们原来有工作基础，我们这几年从实践中也积累了一些经验，大家工作作风也较踏实深入，对地方帮助还是大的。地方同志很热情，州农垦局局长从头到尾都陪同我们工作。不知谁传出去的，还是当地的待客方法，到处都以花生来接待，有的农场还送一包花生来给我，"却之不恭，受之有愧"，只好大家分享了；估计是杨志同志布置的。**（编者注：爸爸爱吃花生米，继母郁隽民给他封了个"花生米部长"的雅号。）

我身体很好，初来时大概事多，不大适应，老睡不好，近来好了，整整坐一天汽车，晚上不由你睡不着。此行比1954年学了更多的东西，大家学习精神很好，到一个地方就买书，车上一有空就看书，学矛盾论，大家均有收获。

家中工作一定进展很大，甚念。你身体如何？千万要多加节制，注意身体。

迪儿、小禾请向他们问好。替迪儿买了一双长筒翻毛皮鞋，胶底的，很好，12.5元。

再谈，就要上车去景东了。

康

1960.8.6　大理

除夕"当天晚上参加了晚会"，
"大家回顾去年，感到十分高兴"。
"我们是同志，又是夫妻，
自幼相识，相知较深，
一定可以很好生活、共同前进的。"

霞：

北京冬天的清晨是很冷的，经过了彻夜倾心的谈话，内心觉得很愉快。

7点到达机场，在机场吃了早饭，7点30分起飞，一路气候很好，飞机飞得很快，4点钟就到了广州，老杜等来接，住在越秀宾馆。行李刚好15公斤，没有过重。

在广州看了看龚硕蕙同志，她正大发气喘，医院条件并不大好，不安静，没有什么好吃的，本预备出院，看情况还要多住一个时期。戴月明好多了，张诒仙已可用拐杖走路了。

31日准时起飞，刘厅长、谢局长也同机返海南，10点到海南，老吴来接，下午4点就到家了，说起来也快。

海南天气还很热，因秋雨多，田间仍是一片青绿，完全是春天模样。一回到家感到十分愉快，家中一切均好，孩子也还听话，周嫂已用竹竿把屋边围起来，迪儿也参加种了不少青菜，绿油油的很惹人爱，南方的天气真太好了。

当天晚上参加了晚会，演了许多节目，10点起又开舞会，12点时鞭炮雷鸣，新年老人、春姑娘向大家拜年，我代表党委向大家祝辞，大家回顾去年，感到十分高兴。过节每人四两肉，一人一份茶点（两碗木薯糖水，一个木薯饼，共做3700份）。各小单位均联欢，东西不少，食堂每天已吃到两顿青菜（抓了后最近青菜大有起色），生活是有起色的，大家一直玩到两点才散。

年后大家投入总结工作，3日我传达了北京工作情况、形势以及中央各方面的指示，大家都更信心百倍，准备在党委会上将每个方面的工作均做一次安排。

生活方面，年来努力已有一些基础，但仍需很大努力，不能稍松。现在手中存有二千多公顷木薯、番薯，约135万斤，折合约27万斤大米，手中存粮约10万斤大米，可供现有人员吃3个半月。杂

在三年困难时期，业余生活是愉快的，经常举办舞会、文艺演出，逢年过节必有活动，宝岛新村像个大家庭（右一为何康）

粮基础是较好的，准备继续努力，再大种一批木薯，使杂粮面积达6000顷，这样我们粮食就有了较稳固基础。猪仔500多头，但饲养情况比过去好，愿年底发展到1400头，明年吃肉就可解决。今年还不行，每人只能吃两斤半猪肉。菜已很快赶上，副食品农场每人可供1000斤，学生已吃不完（每人两斤），但需巩固。准备另辟学生苗圃、新菜地。食油还需大大努力。

房子进展较快，农垦部宿舍已盖好一部分，大部已盖好二层楼，看样子春节前可完工。

物资器材情况大有可为，财务上好好抓一抓收入是大有潜力可挖的。要做的事很多，你如不在北京看病，回来抓一抓财务也是好的。

经过那天晚上夜谈，我心情反而愉快了，因为许多话积存了很久。你心地善良，要求进步，为人谨慎实际，有很多优点，但也有缺点，身体不好是原因，也有主观可以努力的。我对你帮助不够，责难过多，体贴不足，今后当力求改进，回来后再好好谈吧！我们是同志，又是夫妻，自幼相识，相知较深，一定可以很好生活、共同前进的。

我们正进行总结，准备1月20日的会议。春节前大家也要休息一下。北京工作情况如何，望随时函告。

照相机黄镜头忘在家中了，请带回。

食物大家都很需要，请在百货大楼买一些。

祝好。

康

1961.1.4　所院

"大家均感到三年来变化很大，尤其1960年是生长开花的一年。" "常常深深警惕，大好形势，好自为之！"

霞：

合家欢照的如何？我那卷刚照完才拿去洗。

前晚电话中知您还未收到我的去信，大约是5号发出的。

回来后感冒拖了很久没有好，吃了几副中药，这两天才好了。

总结工作还在进行，我已向全体同志做了总结性的发言，希望大家进一步讨论。内容与在京谈的差不多，党委一致意见：今年应以教学工作为重点，加强这方面工作。研究工作主要是提高质量，生活建设要巩固赶上，政治工作要深入，大家均感到三年来变化很大，尤其1960年是生长开花的一年，工作中问题虽然不少，但有信心克服。

我们邀请了中山大学、暨南大学、华南化工学院、华南工学院、华南师范学院、华南农学院及中山医学院这7所学校的党委书记、校（院）长来海南及"所院"参观，省科委及高教局均很重视，各院校差不多都是党委第一书记及院长来，一共16人，今晚就到。我们准备热烈欢迎，一切都准备好了。现在生活有些基础粮、菜，鸡、水果问题不大，农垦部宿舍已盖好一小部分，可住40人，二层楼已上顶，1月底可大部赶起来，后面一段要2月间完成，洗澡房已完工了，不久即可开放了。

农垦部会议延至25日召开，下月初结束，原定来35人，现又增加海南各农场场长、县农垦局局长90人及科研单位，总人数将达170～180人，我们正加紧准备住处，大致可应付下。高副所长积极负责，这方面我省了大力。中国科学院生物资源会议定于2月1日在湛江召开，我也需要参加，恐怕要晚去几天了。昨天又接刘副部长1月9日从广州来信，说国家科委已成立橡胶小组，萧副部长是组长，我也参加并担任秘书长，主持日常工作，2月10日在北京开会。这样我又要去北京了，三个会搞在一起了。但我们还是集中力量把现在这个会开好，对我们会后工作将有极大促进作用。

现在局面是打开了（广东省对协作也非常积极），问题在要好好深入下去，搞出成果来。常常深深警惕，大好形势，好自为之！

现在有点时间教教迪儿英文，同他谈谈。迪儿最近学习、劳动均有进步，读书很用功，待弟弟也好一些。小禾好玩成性，很不听话，要颇费一番工夫。

见面在即，再详谈吧。

康

1961.1.14　所院

"家里事要靠你们办了。"

霞：

一路平安，很快就到了广州，住新盖的珠江宾馆。会议已开了两天了，来后第二天作了一下午报告，主要是对橡胶、热作协作课题，中科院各单位仍继续投入力量，会明天就结束了。

3日早上动身时觉得右脚背有些发疼，到广州就肿起来，打了4针盘尼西林（编者注：青霉素），吃了一些药，今天基本好了，真是无妄之灾。

北京开会时已请示部里，因去越南国务院已定无法再改，而且出国日期可能延长，会期亦无法再拖，已告请吴、黄代表出席。因为协作主要部分已定，北京只是再肯定一下，不参加也可以了。

今晚大家去看越剧，我没有去，**去看了一个电影《换了人间》，写新旧矿山的演变及两对夫妻悲欢离合的故事，感人很深。人的情感是奇怪的，我有时看电影看书，常会有种奇异的感觉，使自己不禁泪流。**

没有时间，只去看了一下龚硕蕙同志他们（住爱群），东西还未去买，准备明天出去办。

没想到要出去时间比较久，家里事要靠你们办了，要好好注意身体。我是会照顾自己的，出去生活条件很好，请你放心。

让孩子给我写信，河内大使馆转农垦代表团收。

康

1961.2.6　广州

"人贵于知心，同志，夫妻，要更好地相互体贴、帮助，愿我们今后彼此更努力吧。"

霞：

会议结束了，明天一早就走了。

衬衣已买好，一件白色，一件米黄，都是100支府绸的，共23.5元，很好。毛衣买了一件比我现穿的更深更厚款的，44元，皮鞋买了一双深黄绉片底的，22元，都还满意。本想买一小箱，但无合适的，就算了。

脚已全好了，请勿念。

本想只离开一个月，看样子要延长，心里很惦念家中的工作，我同硕蕙、有恒、永昌均谈了对工作上的意见，总的是做深入。**我们在三年总结会上所规定的做法是正确的，我想党委一定会很团结一致，努力贯彻。**

协作大局已定，各高等学校已都多少抽一部分力量支援我们，关键还在我们自己把工作做好，拿出货色出来！

这次去北京对我的教育很大，你回来后我们的生活是愉快的，本想好好地在家过一个春节，又不行了。**人贵于知心，同志，夫妻，要更好地相互体贴、帮助，愿我们今后彼此更努力吧。**

到南宁将会知道整个访问行程，将再函告。

康

1961.2.8　广州

四、出访越南

1961年2月9日至3月25日，根据国务院的指示和安排，爸爸随农垦部副部长张仲瀚访问越南，考察并协助越南垦殖事业的发展。这是爸爸自1955年访缅、1956年访印后的第三次出国访问，尽管爸爸多次在考察滇桂时来到了中越边界，这次才是跨出了国门。1960年10月，胡志明主席在陶铸陪同下访问了"两院"，我还给他

1960年10月胡志明主席（中立老人）在陶铸、曾志夫妇（胡志明左右两侧）陪同下访问两院，胡主席非常喜欢孩子们，陶铸前为何迪

老人家献了鲜花。在抗美援越、中越友好的气氛下访问越南，爸爸不仅给妈妈写了4封信，还记了日记。回来后爸爸给我们讲了一件奇遇，让我印象很深。他在2月13日的日记里记下："阮副部长文智曾在黄埔军校求学，问候爹爹。"1928年阮文智被黄埔军校怀疑为中共党员而扣押，时任黄埔军校"代校长"的爷爷将他释放，得以追随胡志明革命。他很感谢爷爷的救命之恩。

> **"爆竹一声除旧岁，
> 鲜花友谊满名城"。**

霞：

到河内4天了，一直很忙，没法抽空给您写信。

10日午后因河内气候不好，没有走成，在南宁又多住了一夜。11日上午9时才起飞，9时半就飞离国境，10时到河内上空，穿过云层大气，整齐、青绿的稻田呈现眼前，细雨蒙蒙，正像我们过春节时的景象。下飞机，越南国营农场部副部长邓全江等许多人都来欢迎，很热烈。住在城内禅光湖附近的禅光路，一座很清净的小别墅中。

到后当天下午，胡主席即亲来住处看我们，他老人家仍是那样健康。5时范文同总理在总理府接见我们，对我们访问极为关怀。下午又在市区转了一下，看了一个花园。河内街道整洁，合围的行道树浓荫遍地，一幢乳黄色的小洋房很雅致秀丽，很有一个热带城市的风光。

当晚农场部设宴招待，越南菜同广东菜差不多，油少清淡，很合口味，量不多但很精致，看样子回去时要吃胖了。

12日上午，越南农场部的几位部长均来交谈他们工作情况。他们对发展橡胶很重视，极望我们帮助。午后去使馆了解情况，使馆在一个过去的王府里，房子很好，**我们农垦工作组在越南有43人，一个粤西的场长及海南南林场的生产科长在此担任橡胶专家。**晚上看越南朝剧（给朝廷贡演的，像我们京剧一样意思），据说很像我们的潮汕戏，剧名《神水瓶》，一个神话故事，音乐极美，演技亦佳，很感人。

13日谈了一天橡胶专业情况，晚上看了看农垦工作组的同志，他们住在一所大房子里，生活都很好，越南同志对我们是很殷勤的。

今天除夕，抽空上街买了一些画片，明信片准备带回去送给同志，满街是过节

气象。越南人爱花，商品街道都布置得很明朗，雅致清秀，看得使人很愉快。中午农场部宴请中国专家及我们过节，晚上越中友好协会宴请广东粤剧团及我们，晚上国营农场部部长将来同我们拜年，并一起去游春。**真没想到在越南过春节，有感："越南佳剧娱亲人，轻歌妙舞迎新春。爆竹一声除旧岁，鲜花友谊满名城。"**

春节休息3天，18日即下乡看农场，3月10日访问可结束，时间安排得很紧，再给你们写信。问候孩子及大家。因有专机去广州，匆匆写此以祝佳节。

康

1961年，除夕　河内

**"晚上越共第一书记黎笋请
我们及同来的几个代表团领导
同志吃饭，范文同总理、长征、
武元甲同志均到了，非常亲切，
像家庭聚会一样。"**

霞：

春节过得很好。

除夕晚上越中友好协会举办酒会，

请我们代表团及粤剧团参加，春节晚上农场部邓副部长又来陪同我们一起游环剑湖。湖畔人山人海，载歌载舞，湖边大树及湖心的龟塔挂满了五色缤纷的彩灯，靠湖的大建筑上也装满了电灯，很美丽。12时警号一鸣，大家相互拜年，回来后邓副部长一家陪我们吃年饭，2时才散。

初一一早许多越南领导同志来拜年，中午邓副部长一家大小又来陪吃饭，下午去逛河内百草公园，大树浓荫，百花齐放，也是人山人海，载歌载舞。晚上越共第一书记黎笋请我们及同来的几个代表团领导同志吃饭，范文同总理、长征、武元甲同志均到了，非常亲切，像家庭聚会一样。晚上在大使馆晚会，会后又吃了一顿饺子，1时且返。

初二休息了一天，晚上看马师曾、红线女的《关汉卿》，我对粤剧兴趣不大，觉得感人不深。

初三开始工作，工作组汇报了一天，18日又整理一天材料。

昨天即去离河内80公里处看了一天橡胶，那里自然条件和那大差不多，植物简直一样，很感亲切，越南有一些特殊的病害问题，需要深入了解。

今天要出发到离河内200公里的木州去，看羊毛、棉花，4天才回来，就要出发了，临行笔此。我一切均好，祝您保重。

康
1961.2.20　河内

"书到用时方恨少，用时就感到学得不够了。"

霞：

昨夜我们已由木州回来，来回4天去看了越南西北部一个绵羊场，一个植棉场。

木州离河内170公里，是海拔1000米的山间丘陵盆地，也是越南温度较低的地区（年平均气温19.7℃），我国援助他们办了一个细羊毛场，包养了2000多头新疆细毛羊，同时已下了108只新羊羔。越南北方过去全部只有2只羊，现在我国的援助下他们已开始穿上自己所产羊毛织成的毛衣，大家都很感激。我们到木州农场，农场职工列队欢迎，场长接迎10公里，舞狮子、歌舞非常热烈。细毛羊在农场生长尚好，只是温带干旱地区的牲畜养到热带，经度跨越太大，如何放养还需很好研究。在热带养细毛羊也是世界创举。

木州草原新疆羊，水足草肥羊见强，北羊南养创新业，中越同心情谊长。

我在农场帮助研究了一些牧草改良、水土保持的问题，我们在南方所经历的一套，用起来很亲切。

想不到有了点痔疮，坐车坐得太多了，经用热水洗，现已好，就此才知痔疮的味道。身体很好，大约已重了一二公斤。

昨夜7时多到家，今天在河内停一天，明天要出发到南方去8天，3号再回河内，准备还到云南边境去看一看种橡胶的问题。

出来后深感专家的分量，越南朋友对我们非常热情，书到用时方恨少，用时就感到学得不够了。

家中工作情况如何？深为惦念，望您好好保重身体，3月中旬我们一定可以回去了，张仲瀚副部长还准备去海南一游。张很潇洒，为人豁达大方，跟他出来很感愉快。

向孩子问好。

我的生日过了，不知您有否请孩子们吃面？

康

1961.2.24　河内

1961年2月，越南总理范文同（左五）接见中国农垦代表团，团长为农垦部副部长张仲瀚（左四）

"越南极重视橡胶发展问题，看情况我所今后将担负技术援越任务。"

霞：

今天收到你和迪儿27日的来信，非常高兴，因为我一直在盼你们的信，得知你们新年愉快，我也极为愉快。

自木州回来后，第二天一早（25日）即去北越南方，当晚住在义安省省会荣市，26日去荣市附近胡主席家乡访问。大家都为能去访问胡老伯家乡而高兴，张副部长在纪念册上题了一首诗，题得很好：

豆棚连瓜架，茅舍竹为篱。

立身天地间，耕读乐怡怡。

胡公本无畏，何堪帝国欺。

饮马东海水，磨剑长山石。（越南北部名山）

一呼全民应，百战灭敌迹。

江山面目新，统一志不移。（统一南越）

革命斯有种，争看旧时局。

当晚住在广平省省会同海，27日去永灵看橡胶场，并到北纬17°分界线的界河桥边看了一下，照了几张相，是个很好的纪念。

28日去看一个我们援助的橡胶场，自然条件很好，但病害较海南严重，有许多新问题要我们解决。

1日又去北越经济作物中心东南省的农场参观橡胶及咖啡，2日返回河内。

4日去越北名胜夏龙湾游玩休息，先到海防再从海防坐汽船去鸿基市，在海上游览夏龙湾。夏龙湾是"海上的桂林"，峰林耸立，碧海日出，非常美丽。第二天在宾馆休息了一天，整理了一天材料，第三天返回河内。

今天去河内农林学院座谈，明天一早就坐火车去云南河口对面的河内老街，准备同越南国营农场部副部长一共过河口去看栽培的橡胶。11日返回河内，预定17日离开河内返国，**农垦代表团准备返国后即去海南参观四五天，请告党委加以准备。张副部长对我们的工作很关心，他为人很潇洒，戏唱得很好，这几天没事就教我唱《劝千岁》，我们应很好地安排接待他。**

越南极重视橡胶发展问题，看情况我所今后将担负技术援越任务，要经常派人出国，请大家先做思想准备。

请把行程告党委，并告王永昌同志，我还未收到他们的信。

并告迪儿谢谢他的来信。

祝好。

康

1961.3.7　河内

五、"作始也简　将毕也奇"

"作始也简，将毕也奇"，这是董必武1960年1月29日视察"所院"时题诗中的两句。董老是爸爸入党后，与二位哥哥成立的特别党小组的直接领导，也是遵循了他的指示，爸爸转学进入广西大学农学院，开始与农业结缘一生。董老视察时还怪爸爸为什么出差，没在所里等他。1958年迁所建院，草棚上马，确实是"作始也简"，经受了三年困难时期的考验，"所院"在儋州立了业，在宝岛生了根，成为科教领域内的先进典型，《人民日报》文章《以大地为科学研究场所，农场为培养学生园地——华南亚热带作物研究所在生产中扎根》，《光明时报》发表了《华南亚热带作物研究所到生产基地扎根立业，找到研究、教学、生产三结合的新途径——实行一统四包三结合方法，使各项工作相互促进》，《南方日报》也作了二大篇专版报道。"将毕也奇"是老领导的夸奖，更是激励。爸爸从1961年6月1日至12月25日给妈妈写了20封信，既反映了三年困

1960年1月，董必武（前右三）、谢觉哉访问所院，董老未见到他当年单线领导的何康，缪希霞（董老右后第四人）参加了会见

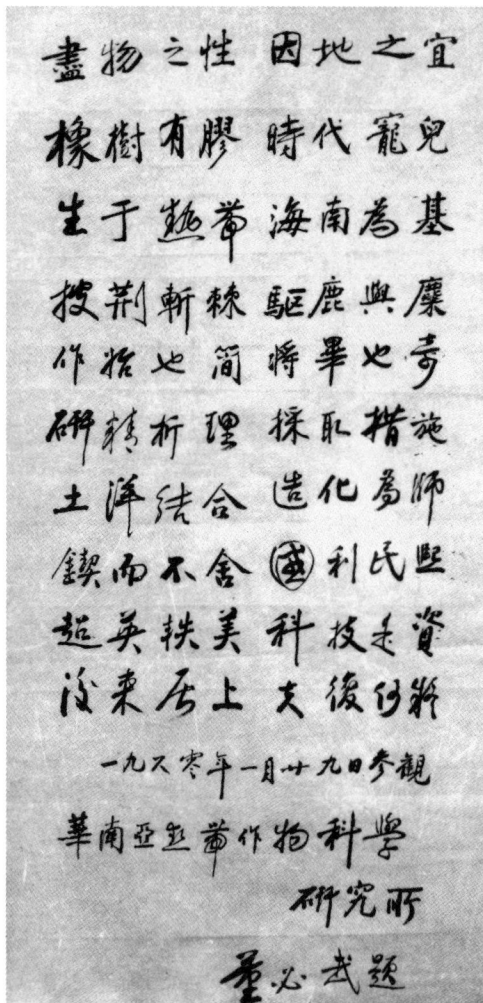

董老题诗

难时期最后一年"所院"欣欣向荣的气象，又表达了他将进入"不惑之年"的思考。他在信中写道："今早梳头发现两鬓已有星星白发，年纪不饶人，但心情很年轻。""我是壮心不已。"

"编《橡胶栽培学》看了许多外国材料，我们还落后，要努力直追。"

亲爱的霞：

二封信都收到了，你这样关心我们，使我感到很温暖，因为不知你何时离穗，汕头地址又不清楚，没有早给你写信。

你走后家中是更忙了，我很多时间放在搞《橡胶栽培学》上，40万字全都要看过，现准备再压缩修改一遍，8日由黄宗道同志带京出版。他们也准备8日离所出国。

这两天刘副部长带了40个人来开胶乳质量会议，前一个多星期潘局长及国家科委的严处长带一批人来开了农业机械化会议，大家对我们的工作都很称赞，尤其是刘副部长对我们的工作很支持。但感到担子很沉，我同刘副部长谈艰难困苦我们不怕，希望部里在领导骨干上支持我们（我把"所院"领导情况同他谈了一下），望部里能派来搞政治工作的党委书记，加强教学工作及各系主任、专业科长的工作；另一是注意抓与生产部门的关系，这点刘比较了解。

现在各方面对我们要求很殷切，确实感到力量不够，我感到必须壮大力量。

农垦部主管橡胶热作副部长刘型视察胶园（左二为农垦部时任热作处处长张维之）

有些则可压缩，如畜牧兽医专业我们现在无条件办，有些热作也可发展慢一下，而把橡胶、加工机械化重点加强起来。目前生活较前有基础，慢慢可抓上去，我同高都抓了一下，最困难的是房子赶不上。但我们不借目前这机会发展，将来找人也困难，看情况部里暑假可给40～80名大学生，只有努力赶上，抓住主要的。化工学院来人我们当好好做工作。工作一定会搞好的，你们安心养病，家里事不用担心。

牛已打电报不要，李还是可干一些工作的，还是请他们送档案来，此人老田了解。

你走后我把你年轻时穿大衣那张照片拣出来挂在床头，廿多年了，我们的情感也有过些曲折，但越来越深了，你走了，我感到更深的眷恋。迪儿很好，我们在想如何帮助小禾把功课搞好。他们三个很好，没吵过一次架，就是小禾还需要下苦功。

我是壮心不已（你一定说我不管小事），有时想得半夜睡不着，两三年来打下了初步基础，但我们要继续前进，真正拿出东西来。编《橡胶栽培学》看了许多外国材料，对大家感触很大，我们还落后，要努力直追，看到干部奋发有为的朝气，衷心欣慰！竭心尽智一定把这事业办好。

6月份不打算出去，编完书，一件件

深入进行整顿巩固工作，切实解决一些具体问题，如生活房子、工作条件。我绝不会自满，也不愿被困难难倒，现在形势很好，只要努力，工作、生活会一天天好起来的。请勿念，好好养病。

康

1961.6.1　所院

"决定要集中力量抓研究及下学期教学准备工作。"

霞：

趁郑学勤去京之便带发此信，可能与前封一起收到。

《橡胶栽培学》已初步写好，明天可先带六章去京付印。部里催得很紧，大家投入很大力量来写，较前次油印的已好很多。黄宗道同志准备8日去京，办理出国事，郑学勤送稿子先去京，郑冠标同志已来，将同黄一起走，但不去京，直接从南宁出国。

武树藩事区党委定5月开会复查，我们派林书记及萧敬平去，武也去，希望早些结束。

最近大家工作都很紧，昨晚开了一次党委会，决定要集中力量抓研究及下学期教学准备工作。生活建设正努力搞，副研究员以上及病人已到招待所开饭，大食堂准备分为固定及流动两组，尽力搞好。教学大楼一半已将盖好一层，我们要求基建8月15日完成一半；宿舍近日即可开工。看起来房子最紧，要大大努力。

水果上市很多，荔枝2角一斤，冰棍生意兴隆，一天可销180元，这方面还要好好搞一搞。

家中很好，没吵架，糖及饼今早已带到，正与迪儿共同教育小禾。周嫂招呼我们很好，生活得不错，最近又分了油，菜不缺，种类较多，请勿念。

没有必要的话6月份不打算出去了，好好在家整顿一下。部里答应给4台机床，汽车已给了一部，刘副部长已同意解决发电及冷冻设备，现已向部申请。

愿您好好养病，我就是不容易睡着，身体倒很好，请勿念。

愿知道你养病情况。

康

1961.6.3　所院

> **"海南今年雨水很调匀，**
>
> **作物生长很好，丰收有望。"**

霞：

　　接到5月31日来信知安抵汕头，非常高兴，希望能即进行治疗，生活安定，好好休养一下。

前已寄二信想已收到。

　　黄宗道、何敬真、郑学勤、郑冠标四同志明天即离所去京，一方面搞《橡胶栽培学》，一方面准备出国。

　　《橡胶栽培学》初稿已写完，约30万字，我也参加具体审改，总算忙了出来，各种《热带作物栽培学》大约也有

何康与科教人员共同编撰的
《橡胶栽培学》等教材

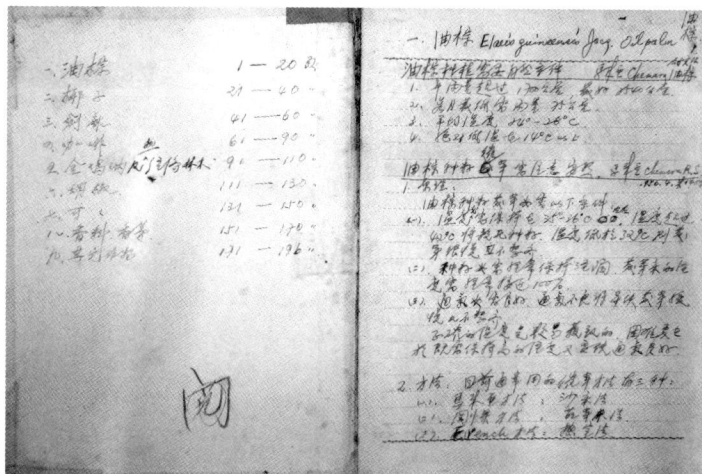

何康为编教材做了大量的
笔记

30～40万字，正陆续写好。

徐伟带化工学院20名新教师，定于8日乘船来海南，我们已做安排，好好地欢迎他们；他们思想还不安定，只有努力做工作。

海南今年雨水很调匀，作物生长很好，丰收有望。

最近总结了5月份工作，安排了6月份计划，**主要是抓队伍，抓工作条件、方向，课题均已安排好，教学工作较过去也有进展，学生学习很紧张。**

家中生活还好，迪儿读书用功，不用什么督促，小禾还是顽皮，只有慢慢下功夫。三个人倒没有打架，可堪欣慰。

两老的月费是否由我这直接寄，你每月需用多少？盼告。

问候吴、龚，情况请转告。

康
1961.6.7　所院

"今早梳头发现两鬓已有星星白发，年纪不饶人，但心情很年轻。"

霞：

6月5日由汕头来信收到了，知道休养及治疗条件均好，极为欣慰，前去三封信想已收到。

你主要的问题是体质太弱，正本清源首先从增强体质入手是对的，望能利用此时期好好彻底地养好。

家中一切均好，只是忙一些。华南化工学院18个学生昨天已到（还有3人探家未一起来），我们热情接待，昨晚即开了欢迎座谈会，今天派车送到联昌植物园参观，表现、情绪很好，明天准备去松涛参观，下星期才正式分配工作，准备大部分配加工系，部分充实基础课。

为解决用水问题在电锯厂后水田中发现一大水源，集中力量打了一口大井，水源很丰富，宽6～7米、高5米的大井几小时就可盛满，星期六所院全体干部去突击了一天，今天已开始砌井，预计"七一"可用水。水极清凉，大家命名为"七一井"，准备在中央大楼后建一容积为250立方米的大水塔，新村用水可彻底解决。

《橡胶栽培学》已编好送京出版，30万字，一般还不坏，这几天正在看《油棕栽培学》（10万字）。研究工作正在进行年中检查，准备7月2日至5日开六省年中工作汇报会，抓一抓各省工作。研究工作着重抓质量及工作量，决定关键是队伍及工作条件。

教学工作有起色，把学生抓得较紧，最近准备批准教学计划，加紧下学期开课准备，交流教学经验及抓学生纪律卫生。星期天大大消灭了一批臭虫。

生活也改进一些，大食堂每10天杀一头猪（现有13头可杀的肥猪），每人一大两花生油，菜直接由饭堂与队订合同，质量也有改进，花生、木薯生长不坏，猪已发展到700多头，荔枝大丰收，大家都吃个饱。

我最担心的是房子与家具，现大楼一层尚未盖好，职工宿舍毫无伸缩余地，下半年人来如何住是大问题，正千方百计设法突击。

今早梳头发现两鬓已有星星白发，年纪不饶人，但心情很年轻。 星期六是端午，准备星期天到灌溉站搞一次园游会，大家玩一玩。

阖家均安，何迪很用功，现在对无线电兴趣很浓。小禾稍好，但起色不大。周嫂招呼我们很好，勿念。

望你们安心静养，不要惦念家中工作。情况盼告吴、龚。

康

1961.6.13　所院

"目前学术空气、读书气氛较浓。"

修一、硕蕙，希霞：

修一同志三封给党委来信（已传阅）及希霞12日、13日来信均已收到，知道你们身体及治疗情况很好，潮汕风物宜人，很高兴，深盼你们能彻底治好病，一"逸"长"劳"。

家中一切均好，徐伟同志已带21名华南化工学院来的新教师返所，我们热烈地欢迎，带他们参观了基地、松涛水库、试验室，上星期六还组织盛大晚会欢迎他们。他们情绪很好，认为这儿的人们事业心强、待人热诚、团结友爱，事业前途远大宽阔，大大超出原来想象，都热烈服从分配。现21人均分配到加工系，12人搞教学，余搞研究，今天均已走上工作岗位，看情况对还未来的人会有很好影响，可能多争取一些人前来。

研究工作最近抓得较紧，《橡胶栽培学》30万字已写好送京付印，《热带作物栽培学》约30万字，我正在审查，不久也可送去。现在抓年中检查总结，王永昌同志慢慢也抓上手，各系的研究秘书要求他们发挥作用，橡胶系已调缪希法任专职秘书。我们决定7

月5日召开六省研究工作汇报会，强调抓质量。目前学术空气、读书气氛较浓，已决定每天早晨7～8时为业务学习时间，干部外语学习已开班。我们方向已明，计划已定，基础已有，问题是具体工作量做得少，质量不高，当前是要抓工作量和工作质量，深入下去，踏踏实实做有成效的工作。要大抓队伍，抓质量，最近中央对科学研究方面的指示特别强调质量、队伍，要求"五定"（定方向、定任务、定人员、定设备、定制度），我们准备先从橡胶系开始搞一下。几年来我们忙于安定人心，开辟工作，现在到深入的时候了，1961年将是我们一个新的前进起点。

教育工作计划，几经讨论，今天已正式通过，基本上是好的。加工、机电从1960班起改为5年学制，强调了质量和基础课，德、智、体全面发展。进一步准备抓教师培养及设备计划，尤其是下学期开课准备。目前化工学院这批人来加工系所开课程已解决，主要是数、理、力学等课及外语、体育、马列主义等公共课要加强，人员还有待安排。设备主要是教学及住宿房子均缺，家具需要量很大，还要下大功夫。

教工宿舍今天已开工，计划8月1日盖成两栋1500平方米，10月1日再盖两栋1500平方米，我们自己施工，现在工程队干劲很大，估计可能做到。水井最近出水很好，每天400吨以上，足够我们食、用。教学楼，基建进度不快，质量还不坏，正设法促进中。

生活逐步改善，大食堂10天杀一头猪，青菜不断，每月一人一大两油。最近每星期日都组织到灌溉站游园或在家开音乐会，昨天全体师生均去沙河水库游玩，很热闹。服务工作正在更好地组织，有了物质基础，会逐步改善。

"五好职工""七一"前评定，整风整场正进行，"七一"庆祝筹备会已组成，我已做了一次党史报告，准备大大庆祝一番。

总之，一切均好，请你们安心养病，有何意见盼告。

敬礼。

武事区党委又专门找我们（派林书记及肖敬平去）和武树藩去分别谈了一次，如何安排尚未定案。（又及）

康

1961.6.19 所院

"我不努力又如何
领导大家前进？"

霞：

看到你12、13日来信，知我去的信已收到，甚慰。

款明天即可汇上。（今日已汇上）

最近深感有读书必要。工作渐渐上轨道了，要深入，要质量，几年来着重于安定人心，开辟工作，跑上跑下，先把队伍带下来，再鼓起大家事业心，再组织全国力量支援，这一切条件均具备了，现在要求拿出货色来，要求真本领。大家均感到是时候了，要深入下去，《橡胶栽培学》《热带作物栽培学》的编案更促进大家的发奋求知。我不努力又如何领导大家前进？感到压力很大。自己虽有一些底子，理解力也不差，但要深钻下去，还是差得很远，现在正考虑如何钻法。

家中生活安排得很好，只是有时想得太多，不易入睡，午觉睡不着，早觉也睡不成，但精神很好。

迪儿读书还努力，但有些骄傲，不切实；小禾在慢慢改进；周嫂还是日夜地做，脾气大一些，但没吵架，对我招呼周到。

希法已回来，搞研究因底子差也难深下去，同他商量他也同意当研究秘书，这样可让橡胶系一些研究骨干（肖、潘、陆等）深入做具体研究工作。

19日　夜

最近中央对教育研究工作均有些新的指示，我想在"所院"年中工作总结后，7月中去北京一趟，向农垦部、国家科委汇报情况，争取干部，把明年计划也酝酿一下。这次刘副部长、朱局长来此，均感有加速建设必要，我们也在踏踏实实做工作，有可能争取今冬明春多盖一些房子，免得天天在这些问题上吃紧。

迪儿及小禾也让他们去京一行，不知你能否也到北京，养病行程如何？

费用问题我们研究一下，总要设法解决。

望好好休养。

康

1961.6.20　所院

> "年事已长，虽为中国热作
> 科学教育事业尽了一些力，
> 但总觉距国家、人民要求很远，
> 常常想得深夜不能入寐。"

霞：

几天没下雨了，很热，有些旱象，对早稻收割是有利的，作物是盼雨了。

研究工作正在进行年中检查，并结合中央提出的"五定"（定方向、定任务、定人员、定设备、定制度）进行酝酿，大家感到几年来做的工作不少，但拿出成果不多，主要是队伍质量不高，数量也不足，各方面的条件还赶不上去，我准备好好抓一抓这问题。三年来开辟道路，打下基础，盖起房子了。工作一往深走，越觉得任务重大，如何领导好？如何深下去？又想自己在业务方面钻一下，以研究领导研究，作出些榜样（我一般还有此条件），但关系、生活等各方面不操心也不行。年事已长，虽为中国热作科学教育事业尽了一些力，但总觉距国家、人民要求很远，常常想得深夜不能入寐。

基建、生活正在抓，新宿舍一幢已动工3天，进度不慢，已安窗子了，看情况7月1日可盖完一层。海建进展仍慢，器材缺人，远远赶不上工作需要，很想

彻底整一下。

生活强迫自己去全面考虑问题，这几年来对自己锻炼是很大的。

买的胶拖鞋很好，周嫂嫌夹脚趾头送给屠宁了，有便请再代她买一双，她对我们确实招呼很好，日夜不懈，家里没再吵过架。

你要的款及绒线胡同款均已寄，加上扣我去京用150元，这月只剩下50多元了。你给迪儿的书今日收到，他已感太浅了。

请好好养病，用费问题我们商量一下，总要设法解决。

24日

今天星期天，有些小台风，但风力不大（6级），带来一些雨，对庄稼倒不错。一早因《橡胶栽培学》开了一个会，讨论定稿的问题，大家谈得很热烈。**现在我们的干部的确与几年前不同了，但是水平毕竟不高，在政治上、学术上都能有见解，但有理论基础的人并不多，如何把这样的人培养起来，将是我们的主要任务。**

纪念"七一"已做了二次党史报告（我一次，林书记一次），7月1日那天

准备举行庆祝大会，7月2日星期天在灌溉站游园，中央还没有专门的布置，省委已通知7月1日举行庆祝会由陶铸同志作报告。

康

1961.6.25　所院

"我当努力自勉，极力学习联系群众、实事求是的作风。"

霞：

又有几天没给您写信了，看到23日来信知很盼信，您的心情是易理解的，在家里很忙，往往一天一下子就过了，在外面养病，自然感到寂寞，何况是爱热闹的人。望你善于自遣，难得偷一日之闲，有空也很好，设法加以度过。我看你们三个人应很好研究一下，如何使日子过得更愉快，心情对养病是最主要的。

睡觉最近好了一些（桑葚蜜已吃），主要是习惯不好，喜欢想事这也是小资产阶级知识分子出身的性格吧，想法很多，想把事办好，如何更好地发动群众、感染群众，我当更加注意。我在这方面做得不

够，但是我一般还是注意联系群众、鼓动群众的，工作也还是放手给人家干，而不是一人包办的。**我自己也经常想如何将一切能调动的因素都调动起来，将一切能团结的力量都团结起来，这几年主要的想法是如何将这一事业发展起来，人心安定下来，事业心鼓舞起来，打开局面，铺开摊子，建立基础，同时还要善于调整各方面关系（三结合、重点、一般），领导机关隔得这样远，就地很多问题也难得到支持。没有前规可循，谁更全面地来考虑问题呢？我并不是很有经验与能力的人，负责这样一个局面还是第一次。我是不善于处人的关系，办法是开诚相见，但许多时候是事与愿违，只有努力踏踏实实去做。请您安心，我当努力自勉，极力学习联系群众、实事求是的作风。**

"七一"前27日到南滨农场去检查了一下油棕生产及研究工作布置情况，28日从西路回来到莺歌海外场去过了一夜。第二天参观了半天，那里外田建设规模很大，今年因雨水过多，生产不是很好。房屋建设问题很大，因为材料贵，草房要20元/m^2，砖房要140元/m^2，质量也不够好，看起来基建条件我们还算好的。

"七一"午后4对新人结婚（橡胶系2对，郝永禄与中南分院的王佩珍，遗传组

1961年为减轻何康在后勤工作的负担，王震同志调359旅老部下高大钧（前排右正中为高大钧夫妇，右侧何康夫妇抱着高的孩子）由东北农垦到热作所担任副所长，全体干部大合影

邓玉皋、谭美芳，农牧系2对），很热闹，恐怕是宝岛新村最热闹的一次婚礼了，三四百人参加，闹得很欢。4时总务科支部做了72件高级点心向党献礼，请了科、组长以上及家人120人举行了一个小型酒会。点心做的的确不错，比送王凤亭同志时好多了，可惜材料还不够（牛奶、牛油、奶油），但已美不胜收了。蛋糕、小面包都做得很好，是一个原来橡胶系的技工，过去做过十几年面包师傅做的，可见我们的能人还不少，大家吃得很高兴。目前宝岛新村人口已达4142人，可谓是"胶粮双丰收，人畜两兴旺"。

6时半开庆祝大会，我作了一小时报告，进行了2个多小时节目以后就开游园晚会，一直玩到12点多，很热闹。

7月2日举行大团日，在灌溉站举行游园会，全体学生及大部分同志均去了，并邀请了那大的驻军同志来向大家讲革命故事。报告会后开展了各种游艺活动及游泳比赛（在沙河水库里），我也下去游了游水，长期未运动，虽然入水能游，但是气力不佳。

中午又请郝永禄夫妇及刘崇禧（他已被批准入党，作为去年发展的党员）、许成文、肖敬平在家中吃午饭，过节给了我们两三斤肉，大家都很高兴。

节后召集了两天的研究工作会议，讨论"五定"问题（定方向、定任务、定人员、定设备、定制度），准备两三年内教学人员发展到200人（按1600学生8:1），现已有98人，研究人员200人，现有102人，对方向、任务、比例均进行了讨论，决定组织几个工作组进一步研究决定。

后天开始要开华南几省的科学工作汇报会议，了解一下各省工作进展情况，以便向国家科委、农垦部汇报。

部大约在7月底8月初开教育会议，有很多问题想去北京汇报一下，究竟什么时候去还未确定。

《橡胶栽培学》已付印，8月间可出版，印一万册。《热带作物栽培学》最近可送去付印。黄宗道同志等因出国手续尚未办好，仍在北京。

盼您安心养病，不要急躁。你如不去北京，我会设法到汕头去看看你们，同时借便去闽南一行，您意见如何？迪儿7月10日放假，准备请邓超雄同志带他们去京（邓请假去京）。

家中一切均好，勿念，好好养病。

康

1961.7.5　所院

"青春虽不能重返，
情感却可长春！"

霞：

6月30日来信收到，感触颇深。

作物生长繁茂需要灌溉滋润，事业进展需要辛勤劳动，人的情恋也一样，何况共同生活的夫妇。你说的很对，我们虽然相识很久，相知也较深，但共同的情感基础还不深厚，主要是共同培养和为此付出的劳动不够。我们没有什么理由不成为一对好夫妻，共同的信仰，"门当户对"，廿多年的共同生活。前次北京之行，对我教育很大，每一忆及你深夜强抑伤心至极的哭声，感慨良深！心碎是没有伤痕的，恢复要加倍的努力，我好高骛远，不切实际，看不到你的长处，自私而不近人情，对你辜负很多。你固然也有短处，但心地善良，为人淳厚，几年来进步很快，对我更是情深体贴，自己想明白后对你的好处看到的也较多了。最近以来，感到一更新的共同的情恋基础在生长，你走后想念的情况与过去也不同，看到人家小夫妻吵架，更想到我们20多年的共同生活与相知的可贵。最近看了《燕妮·马克思传》，她与卡尔·马克思伉俪情深（她比马克思

所院人员上尖峰岭考察

大3岁，也是自幼青梅竹马），很感人。让我们慢慢培养吧，青春虽不能重返，情感却可长春！

　　迪儿、小禾已放暑假，决定最近有人去北京即将他们带过去，虽然目前北京正压缩城市人口，不过孩子去见识见识也好，北京安排有困难，可早一些回来。我本想月中以后去京，高副所长因开刀刀口发炎转重，昨天去广州看病了。我昨天来区党委开会传达中央最近工作会议精神，还有很多工作要安排，看能否在月底去京。农垦部准备7月底8月初开教育会议，我想早去几天。你如能去，可以先到广州，我们一起去。

可能的话我想请一星期假，休息一下也可同你与孩子叙一叙。因为家中人走得很空，不知能否如愿以偿，你的意见如何，盼告。因为不在会前去，一开会又是匆匆忙忙，无暇陪你们，我能否去当先用电报告你。

　　望消除情感上的顾虑，心情愉快，全心全意把身体搞好（你身体不好也是我们情感上的一个问题），更愉快地共同生活下去。

康
1961.7.9　海口

"愿我们用更多的努力来
丰富发展我们的情感吧。"

霞：

6月30日、7月5日两信收到了。

你说出了自己的想法后又怕我不高兴，说明你对我的体谅，同时又怕我不了解你的心情，从我回你的信里可看出我没有丝毫不高兴，而正愿彼此更多了解，**愿我们用更多的努力来丰富发展我们的情感吧。**

8号我到海口来参加海南区党委会议，听传达中央工作会议精神。9号同土壤所马所长一起返所主持华南热作科学工作汇报会议，昨天会议结束。今早送马所长出来，同时参加区党委会议（会尚未开完）。何迪、小禾决定随同邓超雄老师等一行赴京，小禾已同我一车出来，何迪下午同他们一起坐大车出来，明天随他们坐飞机到湛江，再坐火车到北京。一切都安排好了，跟老师走，孩子也较听话。**何迪带了花生（自己种的，很饱满，有小半袋）、香蕉、菠萝、淀粉，孩子都很高兴，应该让他们多看一看，通过这些教育他们。200元存款取出来了，利息有7.8元，钱花一些就花一些吧，反正身外之物，我们别无他**

好。如果可能我想25日前后即去京，赶在教育会议前去，我也想到几个学校、研究机关看看和休息一下，同时也和你及孩子叙一叙。难得偷一日之闲，**这些年来一直马不停蹄地过日子，有些问题也想静下来多想一想，最近中央正在调整文教科学工作，有很多新指示，我也愿借此好好学一学。**我准备区党委会后回家安排一下，如果一切顺利25日前就可离所，如区党委有新任务布置（最近要大大压缩城市人口，不知我们是否要缩减），高副所长不能早回来，可能要推迟一些，你可等我的电报，先一天到广州等我，我们可在广州住两天，看一看高等院校及科学院情况再去京，希望能早日成行，请您耐心等吧。

13日

海南区党委的会议还要开几天，看情况压缩城市人口，处理共产风赔退，如果高副所长短期不能回来，我可能在家要多待一时期。但是8月份北京开会，我一定去的，请不必焦急，等我的电报吧。

孩子都好，今天就可动身（何迪昨天下午已到），有几个老师带他们（邓超雄、鸿禄等老师都去北京），可以放心，爹爹已来信欢迎他们。

康

1961.7.14　所院

"现在常常感到担子很重，
工作压力很大，
发展较易，提高更难。"

霞：

飞机起飞后一路顺利，到长沙时因广州气候不好，多停了近一小时，我怕走不成了，还是顺利成行，4时就到了广州，杜等来接，住越秀宾馆220号。

迪、禾25日晚安抵广州，老杜去接，他们一路很好，在越秀宾馆住了一晚，26日晨随田之宾、徐伟同志一行40人同船返海南，一路有伴当不寂寞，请告四老、高奶奶安心。

因飞机票订到30日，今天去从化看了修一及硕蕙，他们身体稍好，但起色不大。我把在京办事情况告诉他们，劝他们安心静养，并告您可能也来从化，克琦、克平留在汕头由他们姑姑照应。

我明天去中山医学院检查身体，后天到珠江制片厂审片，我们拍橡胶影片碰到李进阶同志，他希望我农垦厅开四级干部会议时最好也来一下，与场内同志见见面，这样可能9月中下旬又来广州一次。

时间过得真快，一月前从这里同你去京，现又回来了。北京一月还是愉快的，虽然没有大休息，还是这几年来比较松散的一次。我好逸恶劳，对人对事都未下真功夫，热情而不诚挚，浮躁而不深沉，对自己的缺点领会也逐渐深一些，虽然逐步地改，但也颇非易事。你对我不断地提醒，教育帮助很大，有时虽觉说得多一些，但事后总是感激，因为没有人肯对我这样不断地督促。现在常常感到担子很重，工作压力很大，发展较易，提高更难。几年来热情将许多实际问题掩盖了，冷静下来，许多问题都要暴露出来，以我们的物质条件还要花很大力量改进，现在我们领导力量比较分散，回去还要做很大一番努力。

海南前一时很旱，对晚造有些影响，最近普遍下了大雨，旱象已除，蔬菜还很紧张，杂粮生长尚好。生活问题还需一番大努力，添人添丁固然可喜，添一张口吃饭又增一份困难，请告芦再挑选干部要特别注意质量及家口。

望你早日入院检查治疗，心情一定

要放宽，我这次回去一定好好分工，努力把当前这段紧张工作安排下，并设法深入业务，望你也专心致意如何更快把病看好。对孩子我将努力改进自己的缺点，好好帮助教育他们，自己的生活也会安排得更好，身体非注意不可了，请您安心。我想你是了解我的，我有缺点你也不会见怪。望锻炼自己，宽心养病，暇中可多看看书，以免寂寞。

康

1961.8.27　广州

向高拜寿，祝她寿比南山。

"大家对'十四条'精神及部的指示非常拥护。"

霞：

30日一早离开广州，一路顺利到海口，有车来接，下午五时就回到了家。

家中的香蕉、木瓜绿成了一片，迪、禾早一天到了家，两个人一路尚好，详情已由迪儿写了封长信寄上。迪儿牙齿有些发炎，他又拖延未看，回后几天打针吃药已全部消炎，即可补好。小禾有些感冒，吃了一些药，现已好了。周嫂在家很好，把门前都用篱笆围了起来，养了两只鸭子，芦花鸡孵了7个小鸡，养大了等您回来吃。

回后了解了一天情况，一切尚好，职工宿舍一幢将完成，教学楼正在盖第二层。新生录取226名，成绩均在300分以上，成绩很好。

9月1日上午向科组长以上干部传达了到北京工作情况，2日上午又向全体干部传达了聂总报告，4日又向全体师生报告了当前国内外形势及学院方针任务，号召他们勤学好业，尊师爱友。大家对"十四条"精神及部的指示非常拥护，决定陆续进行以下工作：

1. 确定编制，分配大学生；

2. 调整行政机构；

3. 调整各系领导，提一批党外专家担任领导；

4. 调整一批研究教学人员职别；

5. 摘一批"右派"帽子；

6. 发展一批党员；

7. 大力改善生活，设教授食堂，努力解决部分生活日用品，加紧宿舍建筑。

大学生今年前后一共调来100名，已经反复讨论，分配好，大家都感满意。

1963年9月，何康在所院作动员报告

还缺少数专业，正向广东省设法，大家同意先培养骨干的办法。

编制正在搞，总数是不能动了，各单位如何分配还未定。

行政机构，大家一致同意设人事处（徐伟任副处长）、总务处（王松本、黎潮任代副处长）、教务处（吴景田任代副处长）、实验农场（郭福群任场长，梁子驯兼任副场长）。总务处有的同志意见认为太大，可分成两个处，但大家感到事情反正这么多，都由高副所长管在一起更可协商，副处长可有所分工。王、黎、吴三人党委认为他们各有优缺点，从外面又调不来适当干部，为发挥干部积极

性可提，但级别较低，工作还要考验一时，均为代理，大家均同意这样安排。

人事处设：干部、劳动工资福利、保卫、学生四科。

总务设：基建、财务、器材、事务、服务、膳食六科。

教务设：教学、教材两科。

人要精干，质量要提高，干部也要适当补充，行政部门责任艰巨，力量太弱了。

很多同志提办公室必须加强，有人提由你担任副主任最合适，我说你正养病，暂不决定，以后再说。的确，现在"所院"事情多，头绪多，急需一协调部

门，你意如何？

医院、中小学均成为独立机构，分属行政战线、教育战线领导。

武树藩问题要平反，重新处理，支部正在讨论，帽子是不戴了。

我2日接到省委电报要我去新会参加省高教党委会议（2～10日开），因为事情很多一时走不开，只好延到7日一早才走，此信即带广州发出。

一回来头两天均睡不很好，现在逐渐习惯了，中午已能稍睡一会，本想回来即能深入下去工作，不想又要出去一趟，想争取尽早回来。

你身体如何？极念，望千万宽心静养，家中及孩子一切请安心。我也自知调养，晚上一般就看看孩子写字，听听音乐。我在广州又买了几张慢转速唱片，很好，每晚睡前听听，也易入睡。

工作虽忙，我有信心搞好，身体也会搞好，这次广州也还去检查一下，请你勿念。

入院检查情况如何？极念，信请寄杜发兴隆转我，我20日后才回海南。

康

1961.9.6　所院

"我们廿多年的相知，情感更深了一步，我们将要更愉快地共同生活下去。"

亲爱的霞：

回来后就一直想很快给你写信，可是杂事牵身耽误下来，想你不会怪我吧。

广州相聚7日，非常愉快，我们更互相了解体贴了，**人贵于知心，我们廿多年的相知，情感更深了一步，我们将要更愉快地共同生活下去。**

28日到海口住了一夜，29日返所，过节一切准备得很好，**新生已将近百分之百到齐，思想开始安定，新教师研究人员已来30多人。** 1日开了庆祝大会、运动会，晚上晚会开到午夜两点，每人半斤肉，一斤白砂糖，半斤水果糖，过得还愉快。孩子都好，迪儿很用功，我慢慢要教育他老实、扎实，社会活动已有改进（现做级长）。迪儿聪明，也很体贴我们，好好培养是很有希望的孩子。小禾听话稍好一些，但仍是不懂事，要耐心教育，三年级了字写得不像样。回来时他就感冒，早上不穿衣服，现在督促吃药已好了。周嫂很好，她希望你回来招呼你。芦花鸡孵了8只小鸡，可惜接二连三死得一只也没有了，大鸡也瘟死了两只，现在还剩3只。香蕉倒不少，周围人家我们都送了。新种木瓜已开始结果，新的蔬菜又开始种了。

节后党委讨论了当前工作，大家一致认为应以调整为主（与广州所谈意见大致一样），集中力量，加强领导。昨天已向党员骨干传达，大家也均拥护，准备逐条贯彻，今天午后大会向全体干部传达"六十条"。

教学楼已在盖第三层，看情况年底至少一半可完工，进度不算很慢；教工宿舍一幢已完，助研以上家庭已搬进，过节搬新居，皆大欢喜。另一幢月底可完。另设计了2000平方米的集体宿舍，即将动工，年内完成1000平方米，可住100人。教授宿舍两幢，每幢二家，二楼二底，已挖地基；现在房子最紧，要抓紧进行。

我19日将去广州参加20日开始的政协会议，当相会畅叙。匆此祝好。

康
1961.10.6　所院

> "这孩子正在成长，还是纯朴的，
> 　注意教育是很好的，
> 　看他日益进步也很感安慰。"

霞：

接10月2日来信，知顺利住院，极为欣慰。

让迪儿给您写一封信，他各方面均有进步，自学很努力，我也经常和他谈要他力戒浮、戒骄。这孩子正在成长，还是纯朴的，注意教育是很好的，看他日益进步也很感安慰。小禾进步很慢，玩心太重，不像一个三年级学生，我对他耐心教育不够，将来您回来要好好对他下功夫。何迪身体很好，小禾经常不注意穿衣服，有些咳嗽。

我19日去广州参加政协会议，您是否能出来一叙，估计会议不会很紧，因家中事多，高副所长又病了，会后即要赶回，不会在广州久留。会期大约7～10天，请您考虑安排一下。

硕蕙父亲去世，请代慰问，并望节哀。

樟木箱已运回，请假信林书记已批，同意继续休养，休养费用区党委批路费，宿费可报销，请勿念。见面在即，望好好养。

康
1961.10.11　所院

"'所院'学习情绪很高，学习'六十条''十四条'后大家劲头更足。"

亲爱的霞：

27日下午5时就回到了家，家中一切均好，小禾身体也不坏，较前听话一些，读书也用功一些，迪儿在教师指导下装了一个两灯的收音机，可以收到几个广播电台。这孩子学习努力，脾气也有所改进，很令人高兴。周嫂也很好，种了不少菜，等你回来吃。

回来后就要给你写信，谁知28号就接到王部长来电要我带3～5位教授、专家，携带国内外资料一同去北京谈橡胶规划，并要我们马上坐飞机去。原本想在家好好住几天，学习学习"六十条"，又办不到了。赶紧安排收集资料，把家中工作安顿一下，今天一早就离所，与黄宗道、许成文、彭光钦三人同坐飞机来广州，明天一早就坐火车赴京。

家中工作情况尚好，**中南区知识分子会议后大家对知识分子问题抓得很紧，统战部罗部长专从广州打电话给县委，要他们去我所帮助解决生活问题。现在高知及大学毕业3年以上均不搭配杂粮了，书报、邮电也将设法改**善。**昨天区党委林树芝书记又专程去所院召开座谈会，解决一些可以解决的生活问题。钟副院长原打算年内就离开所院，经林挽留答应再留两年，待院走上轨道再走，这样帮我们解决了一个很大问题。**

教学楼工程进行还好，但慢一些，年底可完成一半；另一幢维吾尔族宿舍月初即可完工入迁，单身集体宿舍已开工砌墙了，1000平方米3个月可完工。自来水已解决，水质清亮，日夜供应，大家均感高兴。生活市场上已可大批买一些菜（1角2一斤），鸭蛋4角一个，可以一次买到几千个。海南晚造丰收，只是面积种少了一些，情况比去年要好。

"所院"学习情绪很高，学习"六十条""十四条"后大家劲头更足，业余学英文人已有140人，现大家正总结今年工作，安排明年计划，之后两年将更抓紧干部培养工作。

看看家中情况，想你独自养病的心情，我也愿你稍好一些就回来，大家在一起，心情将更愉快。离开后心里惦念，怕你寂寞难过，今冬生活将更好一些。我去京可能10天即回，回后当设法去看你，到京再写信给你。

先匆匆笔此。

康

1961.11.1　广州

"这次来京主要是
王部长请来谈橡胶7年规划的。"

亲爱的霞：

匆匆赴京，在穗停留时间不长，免得您再出来，就未早通知您。

我们1日抵广州，怕飞机因气候关系不能按时到达，决定第二天就坐火车来京，沿路也好讨论一些问题，休息休息。车上两日一切均好，沿路庄稼长得均不坏，河南的灾区麦子也是绿绿的一片，但愿今冬瑞雪，明年有个好夏收。越走越冷，到京已将两件毛衣穿上了。

这次来京主要是王部长请来谈橡胶7年规划的，他要求到1969年能生产10万吨橡胶，而按目前情况只能达到5～6万吨，他希望我们来提一些意见。刘厅长、王书记等均在京。我们（黄宗道、许成文、彭光钦）都住在部里，天气较冷，又未生火，一来就觉得干冷，住惯了南方来此真不大习惯。这两天在算账，今晚王部长找我们谈话（已谈了一次），可能一星期事就完，月中就可回去，我们也愿早一些回去。

大哥也来了，星期天大家聚会了一下，一家均很好，二老身体如常，大家看到你10月4日来信，知近日又喘很关心。妈妈19日生日，准备提前在我走前的12日过，小达也将请假回来。北京供应也较紧，粮食配50%杂粮，高因长期吃油不多，前些日子身上脱皮，大哥带来3斤花生油，每天吃一些已好了。我给了妈妈10斤粮票，北京生活虽比下面好很多，但仍缺少很多。爸爸妈那还未抽出空去，一旦部里事安排好后即去。

王部长已回部主持工作，明年经费很紧，事业不可能很大发展。前两次来京都和你在一起，此次独自前来，事又不多，兴致不高，想把意见提出后，下星期即返。不知你愿意出来，还是我到从化住两天，请考虑告我。

身体不要着急，你有些急躁，也是人之常情。身体健康的人往往不能体会病人的心情，我前次对您讲话有些太重了，我愿你放宽心，是我体贴你不够，请原谅我。

在京自知保重身体，请勿念。换季气候变化很快就会过去，喘也会慢慢好下来，不要性急。在京需要什么？请来信告知。

在京情况请告吴、龚并祝他们好，不再写信了。

康

1961.11.7　北京

"年岁我们都共同年长，只要心情年轻，总会青春常在。"

亲爱的霞：

刚刚看到家中转来10月29日您的来信，爱我情深，很有感触。我考虑自己太多，体贴别人不够，对一个更需要人安慰的病人来说，无论有意或无意，总会引起不愉快，请原谅我吧。我总努力克制自己一些不切实际的念头，做一个好丈夫，常话说"少不经事"，很多事的确年事稍长体验也渐深。像对孩子，年纪渐大，眼见孩子成长，情感也油然而生。现在对迪、禾的情感也深得多，因此要向前看，放宽心。气喘虽然目前尚不能根治，但有法控制、减轻，关键在自己的体质与生活条件。我们目前条件

总不能算坏，你身体虽较弱，但器官都很好，再加你多年来自己已累积一套控制该病的方法，摸透了发病的规律，有利的条件是主要的、根本的。生活也是这两年困难一些，明年起就要逐年好转的，以我们的情况总不会坏到哪里去。我这次又向王部长提起，他也很关心你的身体，说上次为什么未跟他去，我说怕麻烦他，将来有必要再请他介绍去上海。因此，你要下决心养病，并首先要有乐观的养病心情，多往好处想，也确实是有利的条件多，年岁我们都共同年长，只要心情年轻，总会青春常在。

我已确定18日同爹爹妈妈一同去广州，现车票还未买到，也很可能推迟，到广州耽一两天就同去从化。你是否在广州相候，我们到后一起去呢？如还要一时出院，等我们去后一同去从化也好，或可在宾馆等两天，休息一下。请你决定吧，我现在是急于离京了。先发此信，再谈。

康

1961.11.14　北京

"关键是思想上、精神上要坚强，有向病作斗争的信心、决心。"

亲爱的霞：

来信及荔枝干均收到了，谢谢你。

这次能凑巧在你大病之后小聚几天，好好养养身体，又同爹妈一同回去，不乏人相伴，内心很愉快。再就是通过几次大病的经验，我对你如何与气喘作斗争也增强了信心。我原本也有个治标不能治本，反正根治不了的消极思想，但现在看清此病与一般传染性、器官性病不同，只要能控制，就和好人一样，不是那样可怕。而治病的关键在"养"与"防"，平时养身以抗病，发时加强防治以减少病的危害，让今后生活日益向好方向走。我们各方面条件都很好，把病控制在一定范围内，加强体质，逐步好转，完全是可办到的。**我想物质条件是会逐渐具有的，关键是思想上、精神上要坚强，要有向病作斗争的信心、决心及根据病情出发，切实有效的防治、养身办法。望您好好总结一下，吸取各方面经验，以"我"为主的来办，我看是大有可为的。**看你小住几天心情好一些，生活好一些，身体就很快好转，何况更有计划地调养呢？我的信心也大起来了，望您坚决地实行，身体好了，才能多

做许多事情，好好定个计划安排一下。

我今天开完会，2日与何主任一同坐飞机回去，10日左右再来开党代会议，那时再设法去看你。我自知小心调养，请勿念。

看到大哥，知你们一切均好，请向爹妈问好。

康

1961.11.30　广州

"最近来参观人很多，已开始应接不暇。"

亲爱的霞：

在机场等到11点半班机才起飞，下午3点半才到海口，肖敬平已在机场等候，稍谈了一下他就坐原班机走了。到招待所即叫了个长途电话到广州工作站及越秀宾馆，结果只叫通了工作站，老杜又不在，问陈有义不了解你看病的情况，因罗厅长等着一起走，就赶路回所了。

7点多到家，周嫂还以为你回来了，专门做了菜，结果很失望。孩子都很好，小禾病已好，大家都很关心你的身体。

所院成为中国热作科教中心，内引外联，何康向来访、合作的科学家介绍情况

第二天接到你电报，知道你开刀推迟，即打一电报给你。根据各方面情况推测应该是良性肉瘤，经过简单手术即可痊愈，万万不可过虑、过多地设想，反影响养病及情绪。好好把身体养得壮一些，以便早动手术，如果身体允许，回家过旧年最好，旧年前后家中也会热闹一些，生活一般吃的自由市场还可买到。

回来即参加技术工作会议，会22日结束，高副所长拟会后即去海口休养（海口供应较好），**我想这一两个月好好深入下去工作一阵，这一时期外出太多了，不去古巴亦是幸事。**家里具体要做的事很多，老吴一到家即带了十几位副教授以上

的高级知识分子去海口开会，龚才回来也需半休养半工作。我自知保重身体，主要是睡的问题，晚上不大工作，看看孩子学习，听听音乐，松散一些对睡眠可能较好。药仍继续吃，请不要挂念我。

爹妈请代问好，这次匆匆未能去从化请安，请代告罪。望注意休息，看书作画，不要太紧了。

最近来参观人很多，已开始应接不暇，中国科学院将有20多位科学家要来，现已专门组织一接待组负责接待。

康

1961.12.20　所院

"用'风移俗易史无前'句较好。"

亲爱的霞:

今天是您大寿之日，周嫂专门做了四菜一汤，阖家都吃了长寿面，祝您长寿康泰。

我回来后一切均好，工作紧张一些。我总是感到自己的工作抓得不深、不严，虽然局面打开了，工作都在进展，但总感不是那样深如人意。我也希望好好安定下来，深入工作一个时期。我已将第一季度工作做了安排，主要是总结工作、制定计划。

生活较前好一些，天旱对蔬菜、番茄有些影响。过新年组织了一下，每个人可吃到半斤肉，一斤半鱼，半斤糖果、饼干等，春节可能更丰富一些。单身干部宿舍新年可完成搬入，房子很不错。高副所长准备明天去养病，这一个时期他是相当累的。

周嫂对我身体很照顾，生活安排得不错，这几天每天早上可吃两个煎鸡蛋，晚上喝一碗杏仁粥，并已托人到汕头去买猪油。孩子也吃得还好，就贵一些，把身体搞好是主要的。睡觉还不很好，晚上已自知调剂。

孩子都还好，请您安心。

爹爹大人的信（11月30日）同时收到，大人诗兴画意大作，极好，望告勿过紧，他给王、张部长写的那首诗很好，用"风移俗易史无前"句较好。我春节后将去广州开会，您打算动手术后如何安排，是否就回海南，请考虑一下告我。

安心养病，早日康复。

康

1961.12.25　所院

第四章

1962.1.1—1966.5.31

【科研教学　快速发展】

建立中心

经过三年困难时期的考验，在党中央"调整、巩固、充实、提高"八字方针指引下，爸爸坚决贯彻"科学十四条""农业六十条"，为"两院"发展成为中国热带作物的科研、教育中心奠定了坚实的基础。在农垦部、国家科委和省、区党委领导下，研究所在1965年扩充为华南热带作物科学研究院，之前成立的加工所和热机所划归研究院领导，加上兴隆、文昌、保亭等试验站，与华南热带作物学院一起形成了较为完整的科研教育体系，成为名副其实的"热作两院"。根据农垦部的要求，"两院"对广东、广西、云南、福建四省（区）的热作科研指导工作，爸爸也提出了"凡有热作处，皆有宝岛人"的口号，"两院"的科技人员和毕业生遍布中国的热带、亚热带作物发展地区。海南被列为以橡胶为主的热带作物国家十大样板之一，经国务院批准，按《海南热带资源综合开发利用科学研究计划书》，海南拟建立热带资源综合开发研究中心，建立9个示范样板，儋县的国营农场和人民公社成为主要的"产、学、研"结合样板基地。

业务的大发展是在八届十中全会重提阶级斗争，开展社会主义教育运动（即"四清"）、知识分子与工农相结合，科研、教育为生产服务的大背景下进行的。作为"两院"党、政一把手，爸爸参与了规划的制定，提升了"两院"为热作科研、教育中心的地位，参加了国内外的考察与援助，最后亲自带队于1965年7月到万宁县东兴国营农场搞"四清"。但是阶级斗争的弦越绷越紧，一场摧残"两院"科研、教育事业大发展的风暴正在逼近。

爸爸给妈妈的信件1962年有23封，1963年39封，1964年只有年初的5封，此后没有一封信留存，可能是在"文革"抄家、没收后遗失了，也可能是其他原因导致未能保存。好在有爸爸那一段时间的工作笔记和日志，"文革"中的交代材料，可弥补信件的缺失。

一、脱帽加冕

1962年1月中央在北京召开了"七千人大会"，2月12日、13日，爸爸在海南区党委扩大会议上听取传达，接着赴广州，出席称为"广州会议"的"全国科学技术工作会议"，听取了周总理作的《论知识分子问题》的报告，陈毅提出给"知识分子脱帽加冕"。会议纠正了过去几年违反经济规律、缺乏科学态度、打击知识分子等等造成三年困难的错误政策。爸爸在信中写道："一开会，离开了工作，冷静下来觉得思潮起伏，感触很多，自己下半辈子如何办呢？"

迁所建院，儋州立业，"所院"如何发挥更大的作用？在中央和上级部门的坚强领导和亲切关怀下，爸爸与"所院"的同志们着手制定建立科研国家队和生产样板基地的计划。中国科学院的十几位学部委员和专家在生物学部主任童第周率领下，访问"所院"，建立起中国科学院与"所院"的合作关系。

在1962年上半年，围绕着召开和落实"广州会议"的精神，国家科委范长江副主任投入了很大的精力。爸爸的日记上记着："1月15日，接范主任电，要我去广州谈橡胶国家队规划。1月19日，上午去迎宾馆向范主任汇报，他很重视，嘱专家局杜局长即与我去海南会同田（野）局长搞基地队伍规划，以供二月会议参考……晚范主任来谈，他与大哥29年未见，相晤甚欢。（编者注：

1962年，农垦部、国家科委决定将"所院"列为中国农业科研十大中心之一，萧克副部长（中左）和范长江副主任（中右）到"所院"座谈

1933年，范长江作为北大学生，随爷爷何遂、大伯何世庸在热河抗日前线援军、采访。）1月21日，与田、杜局长安排日程，决定三天参观，三天座谈，六天拟方案。4月3日范长江到所院召开座谈会，他认为：'所院下迁方向正确，成就很大，问题不少。几十条（编者注：指2月份做的规划）是总结经验，热作在中国是大事，在亚非拉亦是大事，重要性越来越大。'"5月10日，爸爸陪范长江到湛江考察，然后去广州与农垦部刘型副部长商讨，解决"所院"的生活供应问题。5月21日与广东省罗天副省长、王阑西部长座谈，范长江、刘型参

加，"结果很好"，"所院"科教人员与职工享受广州同等待遇，解决了宝岛新村的生活问题。

另一条线则是农垦部的主管领导直接关怀"所院"工作的进展，解决前进中面临的困难。在3月中旬南宁召开的全国农垦工作会议上，王震部长、萧克副部长、刘型副部长等部领导亲自听取爸爸汇报，就"所院"的今后发展作了一系列的指示，王部长特别强调"科学作用"。3月15日，邓子恢副总理主持了橡胶座谈会，"实事求是，谈得极为愉快"。17日，"邓老召谈，详细说明了橡胶情况，他很同意，即将报告批转"。

1960年3月，主管农业的副总理邓子恢在"所院"听取何康的汇报。1952年，邓子恢任农村工作部部长一职，主管农林工作，对中国热带作物事业的发展非常重视

这就是那份年初在国家科委范长江等领导推动下，由爸爸与"所院"同志共同起草的《关于发展我国天然橡胶生产的几点建议》，邓副总理批示："这是一个关于橡胶生产和制造的报告，它把国内外橡胶生产的历史现状，橡胶的特性和生产管理，经营方针，制造与科研等都讲得很周详、很恰当。负责橡胶经营管理的干部不可不看。"邓子恢从1950年代起就是中央负责农业工作的领导。自1952年爸爸从事橡胶热作事业以来，多次向邓老汇报。特别在1960年3月31日，邓老来"所院"做调查研究，对爸爸十分信任，非常支持。他的批示是对爸爸与"所院"同志们工作的高度肯定，是对"所院"与农垦部门的合作，在科研、教育、生产服务方面的巨大推动。农垦部主管领导刘型副部长这一年在广州、湛江、海南数次就橡胶热作发展问题进行调研，并于7月初召开了四省热作所、站长会议，为橡胶发展十年规划的制定奠定了坚实基础。爸爸在日记本上抄下明朝琼州知府方向的诗句："海外风光别一家，四时杨柳四时花。寒来暑往无人会，只看桃符纪岁华。"这是他当时心情的写照。

> **"青年学生确实可爱，**
> **尤其是我们的学生特别朴实好学，**
> **更应好好对他们负责，**
> **教育他们。"**

亲爱的霞：

今天元旦，又是新的一年开始了。

年前就开始检查各系课题，30日上午向全体干部传达了省委党代表大会精神，汇报了今年工作简要情况，提出明年工作要点。下午召集毕业班学生代表座谈，了解他们学习存在的问题。晚上带业余文工团同志田等一起去八一农场联欢，受到农场同志热情接待，我们演示了一些传统节目，参加舞会，一直到11点多才回来。31日举行"所院"运动会，天气不好，细雨蒙蒙，又冷，但大家情绪很高，有好几项突破全院纪录。31日晚上海南军区文工团来做慰问演出，演出了许多舞蹈、歌曲及歌剧《三月三》，还不坏，大家很满意。演出及举行新年晚会，各种游戏，军区文工团也参加，很热闹。到12时，春姑娘引进新年老人，顿时鞭炮雷鸣，大家欢呼迎新年。舞会一直继续到今天早上2时半为止。

回来平静了一会才睡着，但一早鸡一叫就醒了，想想日子过得这样快，又是一年了，怎样过得更有意义呢？感触交集更无法入睡了。天亮了不久就有人来拜年了，一批来了又一批，9时多我约了几个人去县委和部队拜年，刚好在开公社党委书记会议，一下子把全县的年都拜到了，大家都说这是效率最高的拜年。回来饭后休息了一下，**下午2时又和毕业班全体同志谈了谈国际形势，读书方法及毕业分配问题。青年学生确实可爱，尤其是我们的学生特别朴实好学，更应好好对他们负责，教育他们。**

何迪懂事多了，用功，课外活动也经常参加，搞无线电很积极；小禾太贪玩，做功课不用心，我有工夫就让他坐在对面，慢慢教他做。他还是很聪明的，只要耐心下来，还是做得不错，现在就在对面专心给您写信，你看不是写得不错吗？

年后工作要更紧一些，高副所长即去海口休养，我想好好深入具体地抓抓。我是愿意办事的，只是与学习有些矛盾，往往定不下心来。

生活上周嫂招呼得很好，过年吃了三四斤肉了，分了不少糖、饼干，小孩都很高兴。我已寄了50元去北京家中，因过年用费较多我又还了路费，下月再寄去。

这几天有些冷，我已穿上夹大衣，你衣服、鞋有便即带去，请好好静养，勿念。

康

1962.1.1　所院

"春节较热闹，供应也可好一些，大伙都在家可好好团聚一下。"

霞：

托钟博文同志及小吴带的信及东西均已收到，谢谢您。

知道动手术很好又为良性病，心中十分快慰，知你近来较愉快，身体也较好，更为高兴。

我近来工作很忙，本拟月中去粤西，现在因中国科学院有一批科学家来参观（王部长请来的）就不去了。他们13日、14日才到，**国家科委范长江同志昨天打电报给我，说他中旬到海南，我还要等他来**，这样20日左右后去粤西，待上7天，月底前回来。林科院（编者注：中国林业科学研究院）打电报给我说他们16日在广州羊城宾馆开全国林业科学会议，希望我出席，我去不去还未定。春

1962年2月，全国人大代表何遂视察海南，与儿子
何康一家在宝岛新村过春节，在招待所前留影。孙
子何迪陪同他环岛行，以"所院"大楼为背景留影

节以后国家科委可能在广州开全国科学技术工作会议，我想大约2月中旬才能开，我大概是要去的。看这样，爹妈要来还是春节前来小住一时，春节后即回，赶回北京开会。您也在春节前回来最好，如到粤西一同回来更好。春节较热闹，供应也可好一些，大伙都在家可好好团聚一下。迪儿23日才放寒假，你们如来，他不去也罢；刚出去不久，时间不凑巧，也可节省一些。我倒希望您多转转看看，散散心，更愉快开阔一些，对身体也有利。您看如何安排，请早告我。

最近周嫂对我们生活安排很好，每天早上吃两个煎鸡蛋，四片馒头，一碗蛋花汤，中午晚上一顿饭，一顿面，人都吃胖了。自知休息，觉也睡得较好，人也长胖了。孩子也还好，只小禾不用功，要好好督促，请您勿念。

希法那里我给了他们两罐麦片、三瓶饼干，小蕾也长胖多了，请勿念。

已寄50元去北京家中，下月再寄。

爹爹的画收到了，很好，即寄去，家中钱下个月即寄，请两老勿念。

希望早日见面，早日生活在一起。

康

1962.1.7　所院

"程世抚先生来了，现正帮助我们规划设计一下。"

霞：

接你电报后我即去一电给广州工作站转，不知你收到否？迪儿21日放假，假期三个星期，从化可不去了。你们能顺道游览湛江再到海南过春节很好，我20日后要去一次湛江，时间七到十天，可以一起回来。爹妈来此过春节也较热闹，供应也可较好，春节后我可能去广州开会，如爹爹要赶回开人大会也可同行照顾，我希望你多转转、散散心，心情当更愉快。

这几天接连有人来参观，大有应接不暇之势，程世抚先生（编者注：程世抚是广西大学农学院园艺系的教授，当时任建工部城建局的副总工程师，是爸爸极为敬重的老师，爸爸曾请他对宝岛新村及海南样板基地的规划提出建议。）来了，现正帮助我们规划设计一下；赵朴初（编者注：赵朴初是中国佛教协会会长，也是爸爸在上海地下党工作时的战友）同周立波两位先生今早才走，盘桓了一天，晤谈极欢。等一下中国科学院的20位科学家要来，这都是王部长邀请来的，我们已准备好接待他们。

1962年1月，何康与
在广西大学农学院就读
时的老师程世抚合影

现"所院"都在总结工作，准备今年计划，今年一切均就绪，工作着手的也早，因为国家还困难，一切都掌握紧一些，工作条件还是当前主要问题。高副所长养病了，你回来后可帮我抓一抓，主要是督促检查。

生活还好，只是天旱，青菜、番薯产量均不如去年。自由市场可买到一些东西，总务科也供应一些，我天天可吃到鸡蛋。周嫂只盼你早日回来好有人当家，你的咖啡色西装已请关医生带广州交你。

望抓紧养好身体，见面时更胖一些。

今天发薪，给你寄上100元，爹爹要给家中寄20元，可否由你寄去，我不知地址，北京妈处已寄50元。

康
1962.1.11 所院

"已快到不惑之年了（快40了），时间不饶人，自己却空虚得很，有些一事无成的感觉。"

霞：

15日2点半安抵广州，从海口到湛

江有些颠簸，风很大，到湛江后又换了小飞机，因大飞机又要回海口接客。

到广州机场，田野同志来接，他已来接过几次了，真对他不起，住羊城310号，潘副局长也来了。当天下午开党员会议，由国家科委副主任韩光同志及科学院张劲夫副院长传达中央工作会议精神，结合此次会议情况强调畅所欲言，发愤图强，开好此次会。当晚去胜利宾馆305号，一切均好，紧一些，准备在广州住几天，到新会等去看看，待与大哥商定。

昨天下午开始开会，由聂总（编者注：聂荣臻）报告会议要求开法，主要是讨论我国科学大政方针，研究十年规划的做法，时间20天，先开一星期小组会，要大家畅所欲言提意见。陶铸同志也讲了说让大家住好、吃好，安心开好会。

晚上看上海青年京剧团《杨门女将》及《玉堂春》。《玉堂春》是俞振飞、言慧珠演的，他们刚从香港演出回来，专门留下给科学家演出的。言慧珠做的还好，唱的声音太窄了一些，俞振飞功不减当年。《杨门女将》是一批青年演员，唱做俱佳，后生可畏。演穆桂英的不亚于《雏凤凌空》的李玉英，比之京剧四团也不差，我看过四团的《杨门女将》，印象不如这次深刻。

今天开始小组会，大约要谈一星期，到会的有440人，大部是科学家，程副部长（编者注：程照轩，爸爸在华东农林部工作时的领导）也来了（朱未来），生活安排得很好，这20天人要吃胖了。

一开会，离开了工作，冷静下来觉得思潮起伏，感触很多，自己下半辈子如何办呢？已快到不惑之年了（快40了），时间不饶人，自己却空虚得很，有些一事无成的感觉。打基础的创业阶段已将过去，搞行政，搞关系，确非我之所长，真应该在学术上下些功夫，但自己虽懂些业务，但实学不足，十几年的行政工作使自己有些安不下心来做学问。总之，好逸恶劳，决心还不够，还舍不得下苦功夫，自己还要好好进行一番斗争，愿您也有所教我。

请注意身体，多多休息，不要忙于上班，同高副所长说明一下。我一切均好，勿念。

康

1962.2.17　广州

"大家感到科学民主是体现党对科学领导的关键。"

霞:

元宵佳节过了,中南局、省委、市委专门请科学家们一次客,这次会生活上安排得好极了,陶书记专派一省委副秘书长来管生活,各方面都很周到,可惜我吃得不多,睡得又不很熟,有些无福消受。

一开会先"鸣放"7天,这几天越谈越热闹,许多意见非常好,对这几年来的经验教训做了很好的揭发、总结。我们应尊重科学,按照科学规律办事,但在现实生活中有多少是真正按科学办事的呢?没有经验的不说,就连一些常识问题也都违背了,大家感到科学民主是体现党对科学领导的关键。科学家应做疾风劲草,本身不要随声附和,应有科学态度,但领导上应创造使人畅所欲言的条件、环境,同时还要有技术责任制度。"鸣放"今天可结束,下星期开始专题讨论,再下星期才能谈规划,看样子3月8日可能结束不了。

开会期间与各方面的科学家接触,获益良多,又促使自己考虑今后工作怎样做,自己如何办?工作看起来总的方向是对了,也打下初步的基础,今后是集中力量,提高质量问题。困难自然很多,根据目前国家经济情况还不易短时间解决,只有努力一步步做,性急也没有用。自己后半辈子搞什么呢?搞关系、搞思想确非所长,我感到今后我们的工作主要要在学术上拿出东西来,不再是多盖一座房子,多要一个干部的问题了,必须要学术上深入下去,领导需带头这样做。但做学术工作是不容易的,要痛下苦功,我虽有些根底,但与青年人毕竟精力不同,牵扯很多,时间也不允许。庸庸碌碌做一个科学组织工作者,谦虚谨慎也可以做好,但心有未甘,内心颇矛盾。我正在对自己做一些具体分析,望您也有以教我。

身体如何?望以休养为主,如条件实在不行,回去再研究一下,更好的休养打算,暇时望您找王松本、黎潮等同志多谈一谈。他们对知识分子,研究教学工作有些隔阂,因此就不能自觉地主动把中心工作做好。您是比较体会这方面心情的,有时间也可找研究、教学干部谈谈,帮助他们解决一些实际问题。

爹妈已再去从化小住,与其他人大代表一同返京。

康

1962.2.22　广州

"范长江同志处也谈了几次，他非常热心帮助我们推动工作。"

霞：

到广州好几天了，住在迎宾馆，连日开会听报告，尤其昨天又听了中南局传达中央最近中央局书记会议的精神，对当前情况更有较清楚的了解，感到更踏实了，工作更好做，也更有信心。

国家经济形势相当困难，比我们想象的还要困难。中南广东是较好的地区，因此我们除了请领导对我们予以照顾外，主要自己本身还要抓紧。这几年日子过得是不正常的，像这样搞下去，国家有多少钱，工作又怎样能搞好？我想基建、附属机构、学院还要压缩，潜力很大。这几年架子大，花在基建、生活方面的力量太大了，现在基础已有，能稳定几年，集中力量提高质量，工作上将有很大跃进。精简调整是很艰苦的工作，对干部也是很大锻炼。

范长江同志处也谈了几次，他非常

赠　热带研究所

海南万里是我家，儋耳古郡乐生涯。
穷研橡树探国宝，苦育青年培奇葩。
速生高产林中秀，低价优质艺非奢。
热作五料皆珍品，开遍琼崖富贵花。

范长江
1962.05.21

国家科委副主任范长江对"所院"的发展给予了强有力的支持，推动了热带作物国家样板基地的建设，与何康结下了深厚的友谊

热心地帮助我们推动工作，广东省委主要领导已指定省委候补书记张根生同志及文教部长王阑西同志谈我们的问题，时间尚未定，看情况至少可通通气。

这次来对情况了解更深，收获很大。

托袁子成带来的信收到，东西当购好带回。老杜的信、粮票已给，表姐夫的鞋已送去，高副所长14日晨走了。

我身体很好，余秉熙同志已住在此搞出口贸易（他在外贸部当处长）。昨天看到大哥，今天一起去大哥家吃饭。

希望早确定谈话的时间，大约18日后可以回去了。

看了"最后一幕"，演得不坏。

身体如何？望注意。

康

1962.5.14 广州

"这几年的经验教训将终身受益无穷。"

霞：

来广州一晃10多天了，真是归心似箭，一来因省委正在开会，无法抽暇谈我们的问题。一直等到21日才开会，会由副省长罗天（管农垦农业）、文教部长王阑西主持，范、刘及罗耘夫同志都参加了，谈得很好，大家一致认为我们执行中央方针坚决，方法正确，问题应予解决，标准还要再请示省委。这几天就具体找各有关部门接头，起草文件。急又急不得，希望27日能回去。

刘副部长昨天去海南了，我一个人住在这，更觉寂寞，浮想联翩。这次来收获很大，听了两个中央报告的传达，陶铸同志报告，省委会总结，对当前情况有更深的了解。对这几年来的工作也系统的想了想，头脑是清醒了一些，准备回去好好和家里同志谈谈，这几年的经验教训将终身受益无穷。

广州要实行工业券了，街上摆得琳琅满目，我对此兴趣不大，蚊香、小孩木鞋、飞机模型、小台布均没有，再找找。迪儿的书买了几本，衬衫已做，很合适（两件及一短裤）。

很想早些回去，找人谈谈心。你身体如何？极念，务望多多保重，工作服从身体。

康

1962.5.24 广州

1962年何迪初中毕业，
因所院附中未设高中，
决定返北京上学。
"迪儿考的不大理想"。

霞：

31日下午3时9分开车，3个人住一间房间，车上很空，只两间房有人，硬席卧铺也大部是空的。一路不算很热，湖南、湖北都下雨，沿路庄稼除河南北部同河北南部一段因旱生产较差，其余地区生产都不错。车上吃得也还好。2日下午4时零5分到北京，迪儿及部里的人来接，先住冶金部招待所，因开会不便，第二天就搬到民族饭店267号，同中科院开会的住在一起。到的当天下午见到刘副部长，说主要来是开专业组会搞规划。8日刘、田等还来谈橡胶工作，我们也参加，王部长及范主任现到北戴河开会，回来可能还谈谈，看样子月中才能完事。晚上去帅府胡同，**爹妈身体均很好**，一大家子很热闹，找了一个帮忙的，很能干，高也闲一些，人都胖了。**迪儿考的不大理想**，语文北京学得较浅，但作文走了题，题目是"完成任务以后"，写成如何完成任务，有人说只要文章写得好，走一些题没关系；政治深，答错了一些；几何有40%未学

过。大约10日发榜，有人说今年录取人数同去年差不多，并不紧。何迪很紧张，只好宽慰他，也不一定取不上。来后仲山管得最严，吃饭、睡觉习惯均好一些，只是很瘦，脸色不佳，缺乏运动。何达来信说10日后才能回来。4日星期六晚又回家见到二哥、二嫂及老邓，二哥胖了一些，头发留得很多，二嫂也胖了，生活都好一些。小妹到青岛养病去了，神经官能症，心跳每分钟110下，人很瘦，还需要一个时期才回来。老邓也很瘦，头发白得更厉害，工作较忙，原来被批评过，心情似不大舒畅。昨天星期日，去妈那（两家东西均已送去，很高兴，小霞粮票已给），爸爸妈妈身体气色均好，只是爸爸腿走动不便，妈妈说有些头晕。见到唐文，他关节炎又犯了，走动不大方便，现在家休息。三妹还未出院，烧已退。小霞养得已好一些，见我还很亲热，并不闹，只是户口还未入上，还要一番周折。中午妈自己去四川饭店端了两个菜请我们吃。8月13日是妈七十大寿，我同唐文商量，由我们两家出钱，妈来安排，请大家吃一顿，准备还是从四川饭店拿菜端回来吃，热闹随便一些。妈很高兴，衣料就作为您送妈过生日的，她一定高兴。下午因与刘副部长约谈话，未能去看三妹，准备星期四去。

缪希霞与家人合影（前排左起：小妹缪希陶、父亲缪秋杰、母亲李碧生、缪希霞，后排左起：二妹李涵、弟弟缪希法、二妹夫石泉、三妹夫王唐文、三妹缪希文）

民族饭店吃得还好，1.5元一天，开会也不大紧张，主要的议程10日便可开完，刘副部长还准备一同去参观一些研究所，要开部务会议讨论"所院"编制、方针等。

我身体很好，勿念，很惦记您，好好注意身体，要什么，来信。

小妹病已养好，昨天下午回成都，刘伯康脚号是42，是最大号的，一般不易买鞋。

康

1962.8.6 北京

"这两天忙着搞规划，由刘副部长主持召开了一次橡胶及热作专业组会议。"

霞：

这两天忙着搞规划，由刘副部长主持召开了一次橡胶及热作专业组会议，经过洽商修改已搞得差不多了，这两天又到几个科学研究机关参观，洽商一些协作问题，规划事就算搞好了。

王部长北戴河开中央会议可能十几天

后才回来，姜副部长才从北戴河回来了，萧副部长病了，刘从华南回后病了两星期，身体亦不好。王部长请刘、田等同志来开会，姜副部长说可能要我一起到北戴河去见王部长，看参加会议后情况再定。**现在中央对农业抓得很紧，总的情况好转较快，老黄、何先生准备先回去，我留此解决编制、干部经费及所院工作问题，也了解一下全国大势，**只可惜您不在我身旁，我还是想早一些回去，免您惦念。

昨晚到唐文处吃了一顿饺子，谈了很久，唐文关节炎又犯了，工作倒清闲，担任政策研究室主任，只20多人，杂事很少，现在家休息。三妹是肾结石，明天可以出院，这病一时还不易治好，我准备星期六同迪儿一起去看她。

达星期一下午回来了，二哥、老邓一起在民族饭店小食部吃了一顿，二哥请客，四菜一汤，9块钱还不错。达（编者注：我的叔叔何达）教初二近代史，看起来身体、情绪均较好。家中济博也来了，更显得热闹。幸好找了一个人，否则老高是忙不过来。

迪儿明天发榜，但愿能考中，我已安慰他不要着急，这孩子办事太不经心，要好好教育。因此，小禾我们要同他建立情感耐心地帮助他，经验证明我们待他好，关心他，他一定听话，多少次都是这样，您有空多多照顾他，共同努力慢慢把他带好。

大哥说他工业券有多，您想买什么请告，或寄广州老杜处转我。

大家听说您夏天较好都高兴，耿处长处，刘副部长告诉她找地方给您治病，她说问了一些地方都无特效药，我说主要是休养问题，目前还好，到秋冬最好能安排休养地方，我想再和她谈一谈能否到上海去休养治疗。

近来我们相处很好，日子虽苦，在一起总觉有所慰藉，我真愿我们愉快地生活下去，好好地做一些事。望您务必注意身体，关节还疼吗？喘还发吗？俱在念中，我一切均好，勿念。

康

1962.8.9 北京

"我想您还是下决心长期休养一时为好。"

霞：

接来信知您又小病一次，身体不好，

心中颇感不安。我想您还是下决心长期休养一时为好，在京各位也都是这样想法，地方还是在北京好，有家有孩子，不寂寞，医院多，生活也较好，菜很多，油可带些来，外面吃点好的也容易，比到从化单独休养要好一些。如果上海有条件能彻底看一看也好，我想再同部里谈一下。王部长在北戴河开会，不知这次能否看到他。当然您离开我，我会感到寂寞的，为了把身体搞好，为了将来的幸福，这样做还是对的，回去我们再好好研究一下吧。

今天给妈去做寿，把您带来那块纱料子作为您送妈的寿礼，她很高兴。爹妈、达、二哥、唐文一家、迪都去了，在恩成居叫了八个菜，还不坏，大人小孩都吃得很满意。我刚刚才回来，准备明天一早去兴城中国农业科学院果树研究所去参观，两天后回来。广东刘厅长等已来，也住在民族饭店，今天已开始汇报，他们这个会看样子要开十天半个月，与我们关系不大，争取能先回去。

今晚徐伟已到，明天他先向国家科委及宣教局谈编制问题，预算等我回来解决。明天一早走，先发此信，再谈，望保重。

康

1962.8.13　北京

"我总想以诚待人，从工作、事业出发，在团结搞好工作基础上什么都好谈，也许我太单纯了。"

希霞：

8月9日来信收到，我们刚从兴城的果树研究所参观回来，今晚到王部长（北戴河）处去谈华南工作。您关心"所院"工作，关心我，使我很感激，望您不要太担心激动。我总想以诚待人，从工作、事业出发，在团结搞好工作基础上什么都好谈，也许我太单纯了，不会看人。我今天下午就把此情况同刘副部长谈了，关于加强"所院"领导的问题，部还在研究，×的问题，准备返回后再谈，请安心。

迪儿考上了四十一中，很可庆幸。四十一中（仲山念的那间）是个中上等学校，不算好，是迪儿的第三志愿，能考上也好了。那大中学这么多人没考上真没想到，中学、医院等都要加强，以便使大家安下心来，努力一件件地办吧。

返后要谈编制，王部长、范主任也要找我谈，希望25日左右可返。挂念您，出来久一点就想早些回去，望保重。我一切均好，详情宗道同志面谈。

康

1962.8.17　北京

"近来我很不愿常离开您，苦乐都愿在一起，您体贴温柔，给我很大安慰。"

霞：

17日当天从兴城回来，应王部长之召当晚又同刘副部长、刘厅长一行去北戴河，11点55分出发的车，清晨不到6点时到达。海滨离车站约20分钟路，沿海是大沙滩，浴场、沿海公路及花园，一幢幢红顶小洋房散布在沿海的丘陵间，绿树相映十分好看。我们住在一个美国式的旧别墅里，房子不太好，但走廊宽大，住起来很舒服。王部长身体不大好，人很瘦，他很关心您的身体，他说已让王季青同志给您写信去了，让您到北京来看病，来京后就住在他家里，盛情令人感激。季青同志是在一针灸按摩医生处看病，据说效果很好，我想找她详细打听一下。王部长也要我给您写信请您来，您看怎么样？我意您还是以养好身体为上，看病如北京无效可设法到上海去看一看。见《参考消息》上说日本医生用切除高感神经办法根治气喘病，70%见效，不知上海能否做此手术？养病还是在北京好，有家、有孩子，地方熟，北京生活供应条件较前好得多，比海南还便宜，就是晚上看病也可找到相熟的医生打针，单独一人养病不是滋味。很想您现在就在北京，能商量一下。近来我很不愿常离开您，苦乐都愿在一起，您体贴温柔，给我很大安

王震同志一直关心何康的工作、缪希霞的健康，1986年何康携全家看望王老夫妇（前左二为王震夫人王季青）

慰，请考虑一下，是否回后详细研究再定。

在北戴河洗了一次海水澡，风大浪大，没能多游，**去山海关看了看天下第一关及孟姜女庙。中央的会24日结束，主要是讨论巩固集体经济、商业体制、粮食安全等问题**，今年税收较好，可能超过去年，明年的投资较今年还不少，农业投资比重是增大了一些。广东橡胶的粮食、投资还定不下来，还要算账。我们于昨晚返京，王部长24日返京再定。

我们的编制徐伟已同人事局、国家科委谈好，基本上同意我们意见，只待部务会议通过。经费今年下半年60%看样子无问题，再增加不可能，只看国家科委处能否补助一些。基建经费没希望再有了，明年事业费看样子大约相当于今年水平，不可能再多，也不会太少。基建则很少，要大力争取，管局长正在财政部开会，还未能找到他谈，总的情况是比较紧，我们比较起来还算是较好的。我想积极将这些事办一办，国家科委范主任那还有些事要办，下星期可以回去了，我也归心似箭了。

迪儿考上了，仲山也考上人大党史系，一家皆大欢喜。今天迪儿的班主任（是物理老师）亲自来访，据仲山说这位

老师不错，我想找他一谈，您可安心，再谈。

康

1962.8.22 北京

二、重提阶级斗争

1962年7月25日至8月24日，中共中央在北戴河召开工作会议，讨论农村、粮食、商业问题。在会议期间王震部长曾要爸爸前往汇报工作。接着召开了中共八届十中全会，毛泽东在两次会议上提出："千万不要忘记阶级斗争。""阶级斗争和资本主义复辟的危险性问题，我们从现在起，必须年年讲，月月讲，天天讲。"10月9日爸爸去海口参加中国热带作物学会成立大会，学术会议刚完，14日就在区党委会议上听了陶铸传达十中全会录音和区党委负责人杨泽江的报告。一场政治台风正在形成。可爸爸很不敏感，在"文革"的检查中他写道："1962年10月我在传达八届十中全会精神时，不是根据毛主席教导大揭'两院'阶级斗争盖子，而是着重解决知识分子'儋州立业，宝岛生根'的

思想问题。采取办好中小学，开设教授食堂，盖高级宿舍等物质刺激办法进一步扩大差别。"在给母亲的信中，反映了他年近四十时的真实想法。

"精神状态改变了，事情就好办。"

霞：

接海口来信及广州来电甚慰，我怕您一出去就喘得更厉害，看来异地疗养还是有效果的。

××的问题如耿处长问起，可将上次在海口学习时大家对他的意见提一提。我又问了林、吴及徐伟意见，大家都感到他人是很有能力，积极性很高，事业心也有，可是就是不能与人共事，个人太突出，民主作风太差，缺点掩盖了优点。当时我们考虑请调他主要是武、林、李三位教务长与他的安排，他对这几位领导都是不够尊重的，对同级的关系又不够好，要向部说明我们对他进行了多次教育，在党内就正式谈过三四次，个别又讲过许多次，改进较少，当然我们还可尽力帮助他，但如果有更合适发挥他所长的单位，能调动一

下对他可能更好一些。总之，我们还是从爱护干部有利工作出发，我们对他还是重用并抓紧教育的，这些情况您都可以第三者的身份把群众的意见向部里反映一些，还可请老田也谈一谈，这样使部里了解得更全面，也可知道我们工作的苦心。

×的问题，他那封信及干部们骨干们对领导核心的忧虑，都可向耿处长反映一下，能有老田一起去谈谈最好。

学习大有起色，上星期五召集骨干分子，由我把前途、有利条件及存在困难，大家如何团结起来克服讲了讲，大家感到比较亲切、感动；现又抓紧各方面工作改进，看起来各方面工作均在动，把大家干劲鼓起了，精神状态改变了，事情就好办。我想，努力一冬天，好好总结总结工作，情况会大大好转。

小禾咳嗽已好，每晚跟周嫂睡，我尽力督促他，等我走时，再麻烦李老师。看起来这孩子坏习惯已养成，要下大功夫才行。

您走后这些夜晚我都睡不很熟，常常半夜醒来，准备吃一些眠尔通（编者注：即甲丙氨酯，有催眠的作用）试试看。周嫂照顾我很好，请勿念。

注意身体，抓紧时间检查，顽强地

向病作斗争，我20日后去广州。

向家里问好。祝好

康

1962.11.12　所院

"自己要搞一个小社会，要好好地花些力量。"

霞：

想你定安抵北京了，希望你适应北京气候，办事顺利。

发了薪水，寄上100元，给了周嫂100元；寄了15元给仲山。

这星期来学习很有起色，现在抓紧生活、服务、文体、娱乐各方面的改进；自己要搞一个小社会，要好好地花些力量。

调整后本想有几年巩固时间，看起来形势不允许，我们的力量不足，如何更好为生产服务，把工作搞上去，大大苦思，颇觉担子沉重，看起来还要补充一些研究教学干部。部里不知有否恰当的人，你有空可了解一下。

武等一行今天可能回来，我准备25

日去广州，有事可打电话找我，大概住羊城宾馆，农垦厅在那开会。

最近花了几天晚上看完了《叶尔绍夫兄弟》（柯切托夫作），反映苏共二十大前后的思想状态，写得很好，颇有启发，北京找得到你可抽暇一看。

问候大家。

康

1962.11.15　所院

"各方面工作均在改进，准备一个方面一个方面地扎扎实实地搞。"

霞：

我20晚离所，21日午后到广州，住爱群10楼2号。

农垦厅这次会议参加的有220多人，各局长、场长、党委书记、热作县的县委书记均参加了，主要是根据八届十中全会精神，如何组织明年生产高潮，会议要开到12月3日结束，部里没派人来参加。

家里一切均好，**通过学习各方面工**

作均在改进，准备一个方面一个方面扎扎实实地搞。12月、1月、2月主要是总结工作，准备学术会议，看起来明年工作会有较大的改进。水电基本解决，事业费有所增加，各方面基础均较好，问题是在争取多一些基建费，能多盖一些房子，修一些道路桥梁，使职工更安定下来，望您努力争取一下。

听刘厅长讲中央还要开一个会研究橡胶问题，不知确否，是否需要我们参加及准备哪些资料，您可从旁打听一下。

小禾身体较前好，功课较前也有些进步。中小学工作颇有改进，出来前专门开了家长会议，大家对办好中小学企望颇殷。李伟同志要小禾到他那去住，因朱先生回来了，不便去麻烦她，让周嫂每晚带他去李老师那做功课。

我身体很好，在家时有些失眠，出来这两天较好。可能是看书想事太多了，樟木箱子的钥匙在黑猫盒子中找不到，可能是我忘了那钥匙的样子，结果没开成，好在毛衣，棉毛衫都在外面，还带了夹大衣，衣服很够用，请勿念。

有一份要调查李云谱（李云圃的哥哥）情况的材料，前寄上，请您从旁问一问参参写好退我。

想不到您在北京病反而更好一些，看来易地疗养对气喘是有效的，好好摸一摸这规律，以后一发作就转移。海南的几个地方，海口、三亚鹿回头都可试试，总控制它，不大发作就好了。

关于加工系安排问题，我当写信给刘副部长说明我们的意见，我们现在工作很需要安定下来，深入下去，不宜再做过多的变动。

望注意身体，有事即来信或电话，我准备会一完就回去，你在京打算如何，盼告。春节前我是希望能在家中将总结及会议准备好好抓一抓，**近来出来开会较少，工作就见成效，望能做得更深入一些**。

好好保重身体，问候大家。

康

1962.11.22　广州

"我总想一个人
如何活得更有意义。"

霞：

今天星期天，上午看了场电影，下午没有什么地方可去，在家里看书，从十层楼上远望那拥挤着房屋，雾气腾腾的广州。我对城市确没有什么偏爱，跑遍书店，买几本书，到百货公司转转，买些日用品，看几次电影、戏就完了，对城市的熙熙攘攘颇觉不惯。**我总想一个人如何生活得更有意义，有时想到自己年已四十，无所成就，各方面都深入不下去，颇觉空虚。有时又想到自己总算依附了一个事业，同它一起在艰难斗争中成长，又感到生活很充实、饱满。我恨自己这样出身的人，思想深处沾染着资产阶级、小资产阶级的灰尘，久久不易除去，没有一个无产者纯洁健康的情操，百折不挠的坚定性。我很想在业务上钻下去，可是自己底子太差，事务又多，如何能坐得下来，只有尽可能地学吧。能把这支队伍带出来，基础打好，就可让位给青年有为的一代了。**

生活上希望我们常在一起，把孩子带好。人年纪大一些，生活在农村环境中，没个家是不行的，我又不耐寂寞，不大会招呼自己。我要致力把我们那的生活、环境、文娱搞好，使大家有个温暖的大家庭，也有个温暖的小家庭。

会与我们关系不大，有时参加小组会，有时就看看书，有你在一起就好了。今天寒潮又到，天气相当冷，您打的白毛衣很顶事，还有夹大衣，衣服也够了。

北京一定更冷，您身体如何？极念，把部里事办好，打算如何看看病？明年我想多在所中工作，尽可能少一些出来，好好总结总结工作，读读书把底子打好，我们的基础是不错的，集中力量整顿一下会更好。这几年来我在外面跑的太多了，工作未能深入下去，最近在家时间多一些就较好。看来你要掌握异地疗养的规律，单独在一个地方休养的确太寂寞，你可好好规划一下时间如何安排。

时间过得真快，再过一个月又到你的生日了，不知是否能在一起过。没有其它事会后我就回去了，年终总结事很多。

保重身体。祝好。

康

1962.11.25　广州

**"希望明年能多读一些书，
把家中工作整顿好。"**

霞：

昨夜接到你的电话知道你身体不错，饭量增加，药也少吃，人也胖些了，感到十分欣慰，希望好好注意，巩固下来，并抓紧时间看看病。心情一定要愉快，要以乐观的心情来与病作斗争。我是不生病的人，很难切身体会病的痛苦，也不够体贴，请你原谅。看来要好好摸清病的规律，药物治疗、易地疗养、休息静养、乐观心情几方面结合起来，我看还是可以控制的，要有信心，要有毅力，精神上先不要服输。

会12月2日可能结束，北京的会去否请领导确定吧，**我倒很愿静下来好好把工作总结一下，这几年跑得太多了，自己也感到很空虚，希望明年能多读一些书，把家中工作整顿好，多到农场去跑跑，工作会更深入一些。我有个很大的缺点，广而不深，好逸恶劳，不容易集中精力写一些东西，钻研一些问题，望你能很好地鼓励我，只要努力，还是可以多办一些事的。**

我们在遗传、育种、病理、除莠、胶体化学方面还需要一些研究干部，最好是研究生、留苏生，或有几年工作经验的人，请你和人事处联系一下，或去找找田野同志（谢谢他们拨的款，告诉他已汇到，并派专人去提款），将有专门报告，看看有否适当的人。

好好注意身体，问候大家。

康

1962.11.27　广州

"趁着年轻，身体好，血气未衰，应该多搞一些基层的、创业的工作"，"我绝不后悔离开了大城市、大机关"。

霞：

昨夜接到你的来信反复思索久久未能入寐。

部里的情况确难使人满意，我很难想象自己在那样环境如何生活。做官，平庸地生活下去，日子可过得更舒服，容易一些，但又有什么意义，我情愿选择这条艰苦，但是扎实的道路。对我这样一个年轻、热情而缺乏锻炼的人来说是非常可贵的，这几年使我受了极大的教育，终生难忘。趁着年轻，身体好，血气未衰，应该多搞一些基层的、创业的工作，年纪大了，或地位再高一些，接触实际也不是一件易事。过去很羡慕唐文同志在拉锯地区当了6年县委书记，把人炼出来了，我们在建设的艰苦时期，担任这样创业的领导，岂非有同样意义？我绝不后悔离开了大城市、大机关，而向往那现成的平易生活。

但是我希望有个很好的家，能使我在生活的战斗中得到更多的慰藉，我深盼我们能常在一起，同甘共苦。年岁大一些，更感到需要一个家，不要长久分离。

明年看起来事业费问题不太大，主要是基建费能争取有今年的规模（水塔、图书馆在外）也不错了，胶轮拖拉机、吉普车等有否希望，你能解决这些问题，真不虚此行了。

国营农场体制中央已批下来，橡胶垦区均属中央农垦部领导，热作科学研究体制如何解决，根据加强农业科学研究的精神，各省的科学研究机构在业务上应统一领导为好。其它热作研究又如何搞好，如油棕、剑麻等等，加工系的变动应通盘考虑。我将再写一信给刘副部长说明这些意见，您有时间可去看看朱则民同志，看看农业科学院打算如何。

寒流过去，广州天气已开始转暖。这次会议生活、文娱安排得很好，昨晚看了战士歌舞团的《洪湖赤卫队》，还不错。会3号总结，会后即返海南。

问候大家好。

康

1962.11.30 广州

霞：

29日来信收到，知道您身体不错，心情愉快，极为高兴。**看来只要掌握了病的规律，变被动为主动就好了，好在只是生理上而不是机能上的毛病，只要能控制不发，善于自己调养不是同好人一样吗？我们的生活总会一天好似一天的，像1959年那样是不会再有的。好好休息，增加营养，再加易地休养这办法，很好，可以半年在京，半年在海南，在北京同样办事，还有海南鹿回头也可试一试。海南的胡局长（原崖县第一书记）说杨书记等的爱人也在那养病，每年都去二三个月，也劝您去，区党委介绍就行了。我也想我们能同去小住一时，休息一下。我们也很少悠闲地在一起住过。**

部里的事难办，尽力而为吧，慢慢总会解决的，生活本身就是战斗，一件事的办成总要经过一些曲折，有时觉得事难办，人难处，有些消极的想法，找

1962年12月，华南热带作物学院首届毕业生合影

个平静的事不是一样干，这思想很有害，是平庸好逸恶劳资产阶级思想的反映。但我的积极思想是主要的，雄心还有，一定要扎扎实实在基层做一些实际工作，很希望您能帮助我，鼓励我。

接你电话说要准备去北京开会，今天刘因同志和刘副部长通电话后又说会暂时不开了，因粮食问题未定下来，你再了解一下吧，可能年内去不成了，回去抓抓总结也好。你是否要在北京多待一些时间呢？

我明天一早就回海南了，给小禾买了点吃的同玩的，这孩子在家不知怎样。

我身体很好，很盼早些能见面，注意身体，迅速恢复，养得更好。

问候唐文及三妹，请去向他们问好，祝他们身体早日康复。

另寄上二本幻想小说，其中《80天环游世界一周》一定让你看得紧张而又好笑，看后可给何迪。

康
1962.12.5　所院

> **"'一刀切''行就行，不行就不行'的领导方法是不好的，事情的难办就在缺乏这样一个民主气氛，我要以此为教训对下面同志要更谦虚谨慎。"**

霞：

14日来信收到，近来较忙，所以没给您写信。

关于×的问题您讲得很清楚了，我看不必再讲，主要是个基本看法问题。既然看法已有定见，说也不易说清，越说反显得我们有什么个人的打算。对×从我来讲又何尝团结不好，他之所以外调主要是大家感到不好相处，工作不易发挥力量，调部所以提出意见，一是是否胜任，二是对"所院"工作同志有影响，而不是我个人事难办，因为不是别的司局而刚好是管教育人事的。对×来讲我也是看到他的优缺点的，绝不是一概抹杀他，我也同您讲过很多次，长期在一起工作也是可以的，我只是考虑其他同志工作是否方便较多。也许是太天真了，但心地是磊落的，问心无愧，过去想得太多，是全国形势，我自己也接受了教训。×有些意见，我是体谅的，态度上次海口学习时已说明。

过去工作中自然缺点错误很多，我

也不是妄自尊大，但多也是从工作出发由于没有经验所致。有很多问题多次提出意见，也是为了更好向领导反映意见，思想交流。"一刀切""行就行，不行就不行"的领导方法是不好的，事情的难办就在缺乏这样一个民主气氛，我要以此为教训对下面同志要更谦虚谨慎。

对处这些关系真有些怕了，真想慢慢摆脱，多搞些业务工作吧，的确，我又缺乏经验，不长于此。

家中很好，小禾在我去广州时一直住李老师家，我回来后即回家，较前已有改进，做功课主动得多，也不像以前那样整天向外跑，看起来平常也可到李家去住，管教进步要快一些，他要争取元旦入队。周嫂身体也较好，家中就是钱不够用，已寄去200元，没到一星期已用了70元了。我一再叫周嫂节省，拉杂用度依旧不少，我上次去京又差了200元，这笔账还得大大节省才能还清，这次到广州用钱不多，未欠账。

很想早些见到您，又担心你回来身体不好，颇矛盾，看情况春节前开会是无望了，春节后农业组要在京开规划会，很可能专业组也要放在北京开，大约在2月下旬3月初，如何安排请您考虑吧。

高局长来此，我们汇报了工作，他

表示宿舍应盖一些，经费如何，他也难决定，请你争取吧。

我很好，勿念。

康

1962.12.20　所院

"这两天把旧照片又翻了一遍，年华易逝，颇有感触。"

霞：

明天是您生日，中午发了个电报拜寿，祝您万寿无疆，身体健康，小禾昨天生日也吃了寿面。

刚才接到24日上午来电，甚慰，调干还是请领导去决定吧，我们已再三表示了意见，将来可用事实证明，否则还会以为我们不能容人！我只同林、吴交换了一下意见，他们均感如此安排不妥，如果武调要再商定，郑是否先来？希了解，或以后再定。

最近"所院"生活很活跃，改善较多，文娱活动也有进展，我们已安排在1月15日开党代表大会，总结工作，统一认识，布置明年工作，改选党委，现已成立筹委准备，大家都想好好总结一下。研究工作也在紧张总结，今年做的工作较多，可写出些东西，工作有成效，自己也颇感快慰。看起来明年经费是个问题，其他条件大致具备了，多一点钱，尤其是基建费，就可搞得快一些。

电报所提的两个人已交徐伟研究另告。小禾最近颇有进步，不像以前那样毫无约束乱闹了，看起来他开始转变，现在大胖、小林往来已少，每晚都有一帮女孩子（范世美、朱穗等）来做功课，再抓紧一些就可逐步巩固下来，望您回来我们两人共同抓，孩子可以教育好，我现在信心颇大。

我现在身体很好，买了一瓶眠尔通也很少吃，前几天因调干事颇有些不快，现已好了，请勿念，看来自己的心胸还不够开阔。

这两天把旧照片又翻了一遍，年华易逝，颇有感触，您回来把这些照片都剪贴一下好留作纪念。

这月薪水尚余百元，周嫂用钱很快，要用钱处又很多，可能刚够过年及这月用，我是力求节约了，只要不出差，在家是用度有限的。

愿好好保重，把身体养好。

康

1962.12.24　所院

> **"今年是伟大转折的一年，**
> **我们度过了建设时期最困难的几年，**
> **胜利了，没有被困难压倒，**
> **而大踏步地前进了，**
> **'儋州立业，宝岛生根'，**
> **又经历了一次最重的考验，**
> **看来根扎得更深了。"**

霞：

明天就是新年除夕了，日子过得真快，一年又过去了，再过一个月（2月1日）我也是40岁的人了。

今年是伟大转折的一年，我们度过了建设时期最困难的几年，胜利了，没有被困难压倒，而大踏步地前进了，"儋州立业，宝岛生根"，又经历了一次最重的考验，看来根扎得更深了。近来工作较顺利，主要是思想提高了，形势更有利了，现在大家都忙于总结，准备15日开党代会，看来今年工作较深入扎实，搞好明年工作的有利条件也较多。我想好好组织一下，以现有基础，再有个三五年情况就更好了。

新年也准备得不错，今晚俱乐部开放（新饭堂楼上），明晚除夕汇演迎新，后天还有大游园晚会，每人可吃到近一斤肉和一斤鱼，甘蔗已开榨，收成不错，估计可收7万斤，比去年多两三万斤，油已存1万多斤，肉始终保持2.5万～3万斤，菜也渐渐正常起来，日子会一天过得比一天好，春节准备再好好热闹一番。

近来大家都很忙，准备党代会，总结工作为专业组扩大会做准备，原本定春节后开四省热作科学会议并与海南一起开技术会议，昨接农垦部、国家科委电报，春节后农业方面各专业组要开扩大会议，这样将更忙了。农业组会议不知是否在北京开，开完不知是否再接着开热作专业组扩大会。我春节前是不会离所了，农办关于橡胶的会议王耕今同志写信告我准备好后再开，也不知延到何时，如在北京开我春节后就要去京了，您的安排如何？请考虑答我。

家中一切均好，小禾也较前有进步，正争取入队，孩子是需要人教育，我们在这方面尽力太少。

我身体也很好，几次坐飞机前过磅都在56～57公斤。只是感到实学不多，颇为空虚，想起来也很矛盾。一方面觉得10年来也做了一定的工作，学了不少东西；另一方面又觉得年事已长，没做什么，所知有限。我想工作学识有待积累，下决心好好把这一事业搞好。我学东西博而不深，也正在考虑如何有计划地研究一些问题，如热带作物资源开发配置等较广泛的题目，这我搞起来基础条件均较好，国家也需要这方面材料作为决策基础，将来亚非拉要大大开发，我们是有不少援助职责的。专门去钻一个小问题，时间、精力、条件均不够了，请您也为我考虑考虑。

你不在颇感寂寞，望早见面，祝新年好。

问候大家。

康

1962.12.30　所院

三、热作科研十年规划

1963年1月1日，在日记本上爸爸写下了代表"所院"领导向大家拜年的贺词：

1962年过去了，新的1963年已经来到！1962年是伟大转折的一年，我们在三年"大跃进"的基础上，战胜了在建设社会主义途中天灾和工作上错误与缺点的困难，国内经济形势迅速好转，在各方面均取得了很大的成就。我们"所院"同样在过去的一年中，在我们事业长远的路途中，留下了深深的足迹，在各个方面均做了很多工作，获得很大成绩。研究工作方面更踏实深入了，队伍有了很大的成长，通过总结，我们将在今年的热作科学会议上拿出下迁以来第一批较有分量的成果。教学方面教师队伍及教学质量有了很大提高，第一批近百名毕业生已百分百走上工作岗位，受到了生产部门的赞扬。行政部门做了许多平凡而又繁重的工作，生活有了很大改进，水电供应更正常。新建了四千平方米房屋，使研究教学重要建筑基本完成。试验基地管理更有很大改进，基本保证了研究教学工作。思想政治工作方面做了许多深入细致的工作，尤其是八届十中全会的学习，更使大家提高了认识，明确了方向，精神面貌有了很大改变。

同志们，同学们，目前"所院"是一片欣欣向荣气象，在过去四年坚实的基础上形势极为有利。研究教学队伍将进一步充实提高，房屋设备等将进一步配套，定点水电上半年可基本解决，生活将会更有所改善。与全国及生产部门的协作也有了更大的发展，中国热带作物学会今年即将成立，海南区党委已决定将百龙场作为"所院"试验场，并决定今年2月共同召开热作生产技术会议。

1963年党代会形成了"所院"的领导核心

为了迎接这一大好形势，组织今年研究教学工作高潮，"所院"党委也已决定一月中旬召开第三届党代表大会，总结及布置工作，改造党委会，会后将正式成立所院务委员会，组织全体同志开展学习，投入这一高潮，搞好我们的工作。

同志们，同学们，让我们在毛泽东思想光辉照耀下，八届十中全会精神指示下，在全国农垦及所院大好形势鼓舞下，一切围绕着提高研究教学质量这一中心目标，扎扎实实，克服一切存在困难，怀着"儋州立业，宝岛生根"的坚定信念，与发展我国热带作物科学教育事业的雄心壮志，团结一致，继续高歌猛进。不管困难再多，现代修正主义再

猖狂，帝国主义再猖狂，胜利一定属于朝日初升的伟大人民！

"附中的房子已盖好了"，"教师的信心也大为提高"

霞：

元旦愉快地度过了。

除夕下午附属中小学举行了成绩展览及新少先队入队仪式，小禾也被批准入队了，他很高兴，在会上还唱了一首《歌唱共产党》，唱得还不坏；其他的节目均表演得很好。附中的房子已盖好了，相当不错，

1964年全家合影

教师的信心也大为提高，可以逐步办好。

　　除夕晚会有许多新节目，干部业余文工团还表演了一个大型的歌剧《木匠迎亲》，比过去都有进步。12时鞭炮音乐雷鸣，共同迎接1963年的来到。我向大家祝辞后又开游园及舞会，俱乐部正式开放，大家一直玩到今晨3时才尽欢而散。

　　今天午后我同王永昌、文善静二家请兴隆站陈乃荣、张小胖等四人吃饭，希法也参加了，一家做了两三个菜，吃得很痛快，晚上又一起打了一会桥牌，新的一年就这样开始了。

　　看起来春节前主要是忙总结及党代会议，春节后即组织二班人分别参加北京热作组会议及海南技术会议，3月正常开始工作，今年工作各项准备较好，条件也较充裕，当可比去年获更大收获。

　　寄来的名单很好，已请徐伟办理。

　　您打算如何，盼告。

　　祝新年好

康

1963.1.2　　所院

　　"也是我们日夜所求的，能在开发海南、西双版纳中度过一生，也为国家做了一点事情。"

霞：

　　星期天给你发信后即去老邓处，同

他一起去看张副部长，向他谈了房子问题，他说和平里有新盖的套间房子，可以设法找4个主间的一套，其他地方调整较困难，看情况可能成功，准备过一时请二哥或老邓再去催问一下。

星期一，综合组的起草工作开始，任务很大，一是起草向中央的报告叙述会议情况、内容及要求解决的问题、贯彻规划重大措施，一是规划总纲要概括17个规划总的方向和精神，一共留了20多位科学家，还要我参加总纲的核心组，担任执笔人。这样可苦了，又无法摆脱，按进度要搞到4月初，我想赶紧将负责部分写好，争取月底回去。

热带地区开发问题，星期一下午又向国家计委王光伟副主任，农办陶大姐（编者注：陶恒馥，农办副主任）、范长江同志及肖、姜副部长汇报了一下，他们很重视，对开发的方针，解决粮食，定额投资，着重提高质量，搞芽接树都非常同意，国家愿意下力量搞。萧副部长提出为加强热作研究，要将我们所扩建为研究院，范、王等均同意，要部赶快上报。开发海南问题农办已进入行动，准备在24日请海南区党委人来谈松涛水库问题，并谈其他配合开发条件，陶大姐一定要我参加，不搞定不许回去。谭

副总理有个想法就是要发展橡胶，必先发展农业，要发展农业，必水利、化肥先行，要在较短时间内赶上台湾（海南现相当于台湾1900年水平）。这是件大事，也是我们日夜所求的，能在开发海南、西双版纳中度过一生，也为国家做了一点事情。我要尽力从各方面促进此事，只有这样我们所院工作才有所依附，才能更被人器重，才能有更大发展。这次建院，增加经费的顺利就是开发海南的形势促进的，我现又开始向范等谈援外远景，建立热带研究中心对亚非拉美开发的深远意义，中国热带小，世界热带大，要加强这方面的配合反修斗争，这样可促进我国热带开发进一步发展。

早晚开会，昨天下午听国家科委韩光副主任讲了反修问题（根据最近中央会议精神），更加清楚了。不知家中有否听报告？没有让记，我脑子里记了个梗概，回去再谈吧。

家中怎样？小禾好吗？要注意身体，有余力多做些促进教学研究的工作，要坚强一些，在艰苦工作中锻炼自己。

康

1963.3.21　北京

编者注：1月3日，爸爸接到北京来电，让他赴京开热作组扩大会议，为此要连夜赶写橡胶发展总结报告，待报告完成时"累极不能入寐"。1月20日，爸爸赴京，时正值春节来临，爸爸抓紧在节前后，向农垦部王、萧、姜三位领导拜年并汇报，又与国家科委范长江副主任和中国农科院的领导丁颖、金善宝、朱则民、程照轩商谈"如何解决一些关键问题"。将报告修订完，提交即将由中共中央和国务院召开的"全国农业科学技术会议"。会议由2月8日开到3月31日，其间爸爸听取了谭震林和聂荣臻副总理、周总理的报告。3月10日，毛主席接见了会议代表。爸爸负责热作科技发展十年规划的起草，并撰写了总纲。与此同时，还就海南开发问题作了专题讨论与研究。利用在京开会的机会，爸爸向农垦部，国家科委、国家计委、中调部、中科院、农科院领导汇报，沟通争取支持，同时向书记处常务书记彭真、副总理谭震林就海南发展橡胶热作基地建设作了专门汇报。农垦部同意将所升格为院，充实领导，扩大编制，落实经费。

"我愿你和我一样同具有对一个新事业及开辟一个新地区的事业心，才能摆脱对安逸生活的留恋，我们这一生就要竭心尽智将这一事业办好。"

霞：

这几天开始动手写总纲，国务院农办陶大姐已把海南行署及广东计委的同志请来谈海南开发规划问题，已就水利及农业谈了两个半天，明天还要谈林业、水产、农业机械，再要谈一次交通、铁道、轻工业、石油等，搞出5年发展热作，解决粮食主要具体措施，10年轮廓，20年设想。看样子松涛水库及其配套工程和水电可列入国家计划，这样海南开发速度就快了，是很使人高兴的一件事。科学研究方面，建立国家规模的热带研究综合基地，也要在总纲及国家科委的规划中列入，科学家们均赞成这意见，我们的工作是起了很大推动作用的。中国科学院有关所一致赞扬我们风格高，愿意同我们协作，通过这次会议我们这一事业的局面更开阔了。

昨天到部里谈了编制，大家一致认为我们这事业很重要，应加强。编制维持原来614人不变（精简到400人并未上报国务院），614人包括粤西站64人、所部550

人。附属机构农场所1108人（原1226人，拿一部分列入550人编制），粤西站150人，学院237人，目前所只有375人（1962年上报数），先用农场工人补充，以后再用干部替换。财务、人事、劳动工资，国家科委及办公厅均有人参加，大家一致同意这样办，如此解决了一个大问题。因为总理刚作了精简动员报告，要按1962年实有人数精简，不管你原编制多少。比如我们原编制为400人，1962年年底年报只375人，只能按375人算，但1962年报还有粤西站271人原未报，这样加起来为646人，比614人原编制还多，而614原编制减为400人又未上报国务院，就按646人减到614人定下来，否则很不好办，再增加编制是不行的，这样我们还可增加一百多个干部名额，主动多了。这增加的干部中包括30个援外后备队，人从全国调，放在我们编制中，不出国时由我们培养安排研究工作，这样可以不打乱研究人员工作，又可多了一份力量，具体人员安排还需与人事局研究，本来是一很棘手问题（原决定要按375人编制算），这样解决了，部将有正式公文下达，颇感愉快。

这星期天抽了半天同迪儿一起看了一场电影，到北海散了散步，参观了少年科技宫（他在无线电小组），同他谈了谈，再三要他戒骄戒躁，扎扎实实学习。这孩子素质不坏，近来也有进步，我们抓紧教育他是不会坏的，要多关心他，会很好成长起来的。

我愿你和我一样同具有对一个新事业及开辟一个新地区的事业心，才能摆脱对安逸生活的留恋，我们这一生就要竭心尽智将这一事业办好。创业总是难的，但是有更大的愉快。愿您好好保养身体，照顾孩子，有余力多从财务上推动教研工作，帮助人解决问题。

我4月初才能离京南返。

我请徐文炳给中小学买了一些新书，给教师参考，直寄杨海，请告他。

康

1963.3.27　北京

**"我们一方面要深下去，
一方面要看得更远，
只有这样国家才重视，大家才支持，
也才能更好地鼓舞大家前进。"**

俊麟、令秋、修一同志并党委诸同志：
前信请树藩同志转寄不知已收到否？

规划总纲初稿已写好，看样还要改二遍，10日前大致可南返了。

海南规划问题国务院农办（编者注：国务院农林办公室）请了海南行署罗文洪副主任及广东计委、水利厅负责同志来，先小会谈了三次，**上星期六向谭副总理汇报，谭指示海南要全面开发，目标应超过台湾。因此要好好规划，主要搞橡胶，但粮食一定要搞上去，因此要先搞好水利、电力、交通的全面规划，列入国家计划，按部就班实行。**指定农办副主任陶桓馥做规划组长，研究出具体行动方案，中央再平衡决定（五年计划要八九月间才确定）。同时，**大家主张加强海南农业科学研究，并要我们将农业研究也管起来，**我提出待与农垦部，农业部商量后再定。

台湾开发科学先行成效较显著，给大家的印象很深，我们专搞橡胶，不同热带开发（主要是海南及西双版纳）结合起来就显得单薄，力量不够，部已确定将所扩建为院，编制维持原614人不变（不减为400人），并已上报国务院，范长江同志等均同意，**表示要将我所作为国家热作研究基地。大家也考虑到中国热带区小，世界热带区大，加强这方面工作对争取亚非拉中间地带反帝反修意**义很大。我曾反复将此意思向范长江同志及国家科委几位领导谈过，他们很同意，并反映给聂副总理，聂认为值得重视。部已决定在我所614人名额中包括30名援外后备队，我已建议人员从全国抽调，最近就要派人去加纳勘查，协助建场，索马里、马里正在协议中。看来，**我们一方面要深下去，一方面要看得更远，只有这样国家才重视，大家才支持，也才能更好地鼓舞大家前进。**从热作生产规模、历史来看远不如果树、茶丝，但在国家重视程度来看是花力量较大的，主要不仅是橡胶有战略意义，还在与我国热带开发、援外结合起来，我想面广一些也可以，主要是力量问题。农业问题，我同农垦部商量还是采取中国农科院加强海南农科所，我们就近领导或指导的双重领导方式，我们没有农业方面的力量，全搞过来很被动，国家科委准备还找我们及农业部正式谈一次。

最近我同部人事局及国家科委谈了**中小学、医院、试验农场建设问题，必须要专列项目，国家专门给投资，加大力量办好，否则大家生活、工作很难安定，**他们均同意。请你们先酝酿一下，将来一个个问题作为专案上报解决。

国外订货部里只批准了一部分，其

余正设法与国家科委交涉，看能否另行解决，用作试验的肥料部里给了60吨（免费），白报纸已请国家科委设法解决（高副所长农场所产不是白报纸，质量较差）。

"五反"运动北京已开始动员，先学习文件以后先党内后党外，先上后下全面展开，不知省内如何布置，有空我当了解一些运动开展情况，以便更好地把"所院"运动搞好，把工作更推动一步。

出来两个多月，从大雪纷飞到桃红柳绿，实在归心似箭，我曾戏诗一首："春风绿京华，何日返家？待总纲草就，二度梅花！"大家均有同感，好几个人打来电报，催回去，范长江同志付诸一笑。看样子10日前可能走成，刚才范又打个电话来要我考虑替国家计委在全国规划中写一段农业科学规划，我希望能推辞掉，全面情况不了解，也无力胜任。

多住几天可借机会多办一些事，看来除基建经费再增加有困难外，其余均可解决一些。今年工作将比去年有更大进展，这次规划会议确实起了很大推动作用，我们要做好准备，将10月间在海口召开的中国热带作物学会成立会开好。

国外各系芽接的增植是个关键问题，联昌的水塔苗圃水能否很快解决，请修一同志抓一下，以便及早为生产多提供一些

成果，经费如不足可动用新追加费用。

　再谈

敬礼

　　　　　　　　　　　　　何康

　　　　　1963.4.1　北京

"谭副总理表示海南要好好开发，要搞得比台湾好。"

霞：

　星期六回家就接到你25日由新村来信，得悉家中一切尚佳，很高兴。

　妈妈最近身体不很好，经七表叔检查认为是扁桃体腺乳状癌（没有对二位老人讲），要入院烤电，希望不复发。大家商议了一下决定妈妈星期一去住院，七表叔已将一切办好，他就近招呼，大家也放心。

　柳惠庆夫妇调动事，七表叔很关心，但他们单位坚决不放，又不是兵团直属系统，属农垦厅地方农场，还颇为麻烦，再同部人事处商量商量看有否其他办法。

　星期天去绒线胡同看看二老，他们都还好，爸爸是很难出门了，我已让何迪隔一阵就去一趟。

报告初稿已写出来，再修改两遍，10日前可南返了。星期六去国务院向谭副总理（编者注：谭震林）汇报海南规划问题，他表示海南要好好开发，要搞得比台湾好，因此要全面规划搞水利、电力、交通等，解决粮食来保证橡胶热作，指定农办副主任陶桓馥为规划组长继续搞，然后国家研究后列入计划。

这次出来时间久一些，解决了不少问题，推动了工作，自己也感到愉快（只是基建经费还无法解决），希望再抓紧这几天工夫办一些事。

北京已开始搞"五反"了，程序是先学习，然后先党内后党外，先上后下，领导干部要层层下水。我参加过"三反"，好好洗洗澡，清理清理思想是有好处的，望你也有思想准备。再，我们还欠公家多少钱，请仔细查算一下（前次去云南的200多元，会不会报重复了，望再查一下，我实在记不清了），能否设法还清？向私人借一些钱，请考虑。

妈妈30元我这给了，白黑绒已拿来，小孩衣服小妹已拿走，小涛穿不上了，小字帖已叫何迪去买。

气候正在变，你千万留心，不行就休息，早晚不出门，必要时将窗帘挂起来，尽量减少昼夜温差，保重身体，不要病下来。

我很好，人也吃胖了，就是睡不太好，希望10日前动身回去。

北京已桃红柳绿，好多年未见北方春色了，可惜你不在此。

康

1963.4.1　北京

**"爹爹真是个好老人，
我们关心他也太少了"，
"我们对孩子花的时间太少了。"**

霞：

林书记电话中说您返后身体又不舒服，很惦念，这几天北京气候也在变，屋内已撤火，天气时冷时热，反不如前一阵适宜。昨天爹爹生日，我买了一些水果回去拜寿，二哥、二嫂、小妹等均来，高做了一些菜，大家相谈甚欢。妈妈星期一住院了，爹爹大人如"出笼之鸟"，星期二一个人就去逛颐和园，老人家兴致不浅。我今天上午没有会，同他一起到苏联展览馆看了美国水彩画展，在莫斯科餐厅吃了一顿饭，才送他回去。爹爹真是个好老人，

1963年春节，庆祝何康母亲70寿辰合影（前排左起：何康的奶母高爱、母亲陈坤立、父亲何遂；第三排左起：长侄何孟嘉、何康、妹夫邓裕民、大哥何世庸、二哥何世平、弟弟何达、小弟何仲山；第二排左起：小妹何敏、夫人缪希霞、妹妹何嘉、二嫂韩蕴、侄儿何仲苏）

很愿有人同他谈谈，我们关心他也太少了。

昨晚好好同迪儿深谈了一次，问他学校及在家情况，要他扎实学习，在家不特殊化，与何敏等加强团结，体贴高奶奶，多多劳动；谈的较好，多让他自己谈，从正面讲道理，关心他，他很接受。我感到这孩子最近颇有进步。我们对孩子花的时间太少了，最近我回去多给迪儿谈谈，他就对我很亲近。我体会到对孩子不能零零碎碎地说他，而要在适当的时候，集中地深谈，启发他的自觉，而首先要关心他，爱护他。何迪底子已较好，再好好教育，前途是不错的，小禾已到较懂事的转变时期，可加紧教育，愿我们共同努力吧。

报告稿正在修改，我准备买10日车票南返，不再跑了。

妈妈住北大医院，今早我同高去看了她，两个人一间屋，很安静，招呼也不错。烤电要住一个月左右，病情要看烤电后情况。她情绪还好，有七表叔招呼一切均较方便。

好好注意身体，如在新村不适，可否到海口小住看是否好一些。

愿早日会面，再谈。

康

1963.4.4　北京

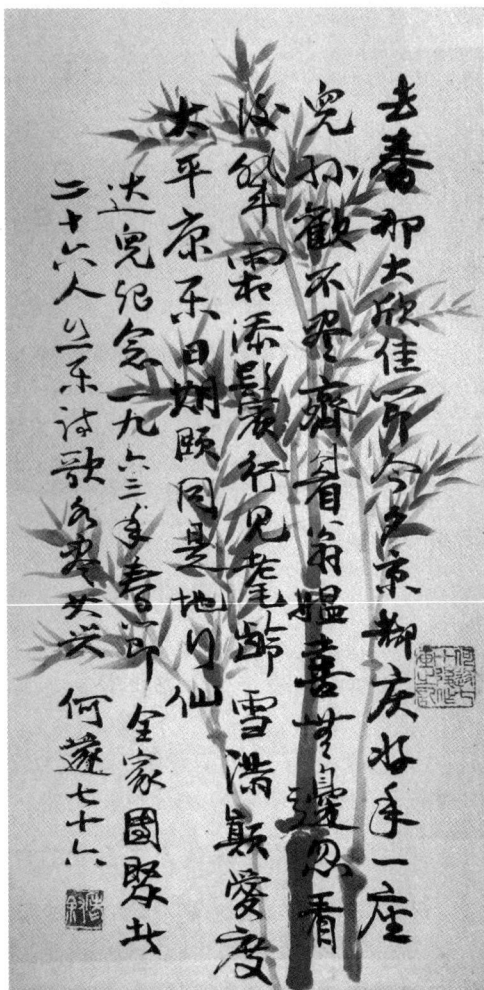

1963年春节北京团聚，何遂作诗记盛会

"这次真差点一命呜呼，
当时只觉心跳无力，
中枢神经麻痹便昏过去了。
自己想到死亡大概就是这滋味，
惋惜不能再见你一面了，
这样死太冤了。"

康：

你大概不会想到我是在海南人民医院的病床上给你写信，连我自己也没想到又会住了医院，才回来两个多星期，真是倒霉极了！前封信曾向你说哮喘又发作，希望稳定下来，谁知恶化很快。3月22号到家，23号开始每夜要爬起来加吃氨茶碱，几天后即需加吃麻黄片，4月1日开始注射肾上腺素，日渐增加次数，所以想到海口换个地方试一试。刚好尤其伟也因哮喘及发烧合并有支气管炎，要用小车送至海口的农垦医院，所以我即于4月5日一早搭便车来海口，王医生同行。当日尚好，但夜间发作严重，出虚汗不停，至夜里四时虚脱一次，经王医生打针缓和。黎潮等均惊动起来，请海南人民医院出诊不来，挨至天亮去医院前又昏迷一次，又打针，至医院时已周身无力，血压下降至86/54 mmHg，怕我心力衰竭而留住院。医院条件当然比省人民医院更差，但是不住也无其他办法，保命要紧。**这次真差点一命呜呼，当时只觉心跳无力，中枢神经麻痹便昏过去了。**自己想到死亡大概就是这滋味，惋惜不能再见你一面了，这样死太冤了，早知不回来哩，当时的心情真复杂极了，真的，从来没这么难过失望。当时身体确也衰弱之极，现在好转后想起又有点好笑，但对我今后的工作、生活到底如何安排好，还得好好地考虑考虑。在北京时看起来还不错，回来才廿天，又大病一场，瘦了一半，**海南的气候竟会如此不适应，是始料所不及的。**这一次特别敏感，正赶上气候变化最大的时候，早知如此，晚一点回来，等你一块回来就好了，但又怕别人说闲话。**如今是人既受了罪又多交了医药费，工作也不能做**，回去后只开了

几天会，听林书记传达及讨论，科里事尚未管便又垮了，**真是令人苦恼之至！**

这封信是前天开始写的，坐在床上不好写，病情较快好转，所以今天已要求出院，住在招待所休息，等你回来再一起回去。一共住了六天医院，服用了"强的松"（比"可的松"更好的一种激素），比较有效，第三天便控制住喘，不用打针和吃麻黄了，仅配合吃氨茶碱及中药。但此药不能长期吃，副作用较大，只能救急，在其他药都不能控制哮喘时才吃，控制住即慢慢地撤下来，我现在已在慢慢地撤。此药很贵，8毛一片，每次吃两片，一天三四次，上海信谊药厂已有生产，我已托梁定开在广州买一点，以备紧急时服用，不知能否买到。住了六天医院交了九十几元，加吃四环素也是8毛一粒，全部法宝都用上了，效果也较显著。

昨日新村带来你4月1日及4月4日的来信，得知依妈患了乳状癌，甚为担心，并且自己思想上也有点负担，因为我的喉咙直到现在还经常在疼，有时吃东西时有点噎，担心也生东西，不知海南能检查否？

这封信已写了几天，刚刚老郭学习回来，说你11号才由北京动身，那么这封信还能赶得上收到。钟所长、老符、老唐要

去广州学习，所以托带此信，最初想此信目的也是想谈谈老×的问题。他们原说10号动身的，想到在广州你们一定碰面，介绍点他来后的情况，你们谈话时可以有数。他来后一般情况前信已谈了一些，他情绪尚好，只是临行前转去的右派言论材料，思想上又不愉快有负担，曾简单和我谈了一下。我感觉问题不大，主要是帽子太大，与内容不大相符，但当时他具体怎么说的话，均附有摘录，问题容易弄清楚，劝他不要引起思想负担。另外就是他目前纯粹搞研究工作，没有什么行政名义，不知他思想上如何？是否有地位观念？未向他问起，但据龚反映，他口口声声说他一向担任领导工作，另外从他写给你的信中对于党组织的看法也是有问题，总之个人与组织的关系摆得不对头，这是事实。记得我看了那封信时也有些感觉，他对错误的认识是较差的。那封信你一起转给了人事处，从他的档案上，徐和龚都认为他的工作要慎重考虑，最好先不要负担什么名义，先从工作上搞出些成绩来再决定负什么行政职务，以免被动（他们担心像杨捷那样被动）。我认为这样也是对的，先从实际工作做起，要劝老×克服个人主义，从根上来改造自己。刚刚钟所长和老符已到，据说老×又犯病了，所以未能来，学习也只好作罢，他的病也是个问题。

我今天精神已比较好，中医开了高丽参，可能有些作用，这次病来得快，控制得也快。

托钟所长带上此信，再见。

霞

1963.4.12 海口

四、学习与反思

爸爸从北京归来，传达了全国农业科学工作会议精神，开了"所院"第三次党代会，选举了新党委，进行了分工。6月迎来了部里派来的新任副所长郑克临，逐步建立了以何、郑、吴、龚、黄为首的领导核心。与区党委一起召开了海南十年规划座谈和技术会议，确定了"所院"与海南的发展协作关系，共同创建国家热作科研中心，产研结合的样板基地。1963年7月至8月，爸爸第一次，也是唯一一次脱产参加了省委党校学习。1959年农垦部曾希望爸爸去中央党校学习一年，爸爸力陈迁所建院刚起步，作为第一把手不能离开岗位。这次"所院"的工作走上了正轨，他才同意到省委党校学习，在此期间，可以静下来总结与思考下一步的工作。他与妈妈坦诚的思想交流，自我反省，令人感动！

"安下心来读书的确是颇有所获。"

希霞：

我们7月8日下午2时到达广州，当天下午就去党校报到，这期470人，人还未来满，海南的都住在一起，黄、田等四人一屋，特别优待我们两人一房（房间较他们小），还很不错。当天我们在越秀宾馆住了一夜，听龚硕蕙汇报一些情况，9日一早就搬来党校。这两天都不很热，房间也不潮湿，我在靠窗有一小书桌，打开门，通风还很凉快；晚上蚊子也不很多，灯很亮，伙食也不错；早上稀饭和两件点心，午晚餐三菜一汤，质量不算太坏，每月36元（一天1.2元）。一入学校，交了72元饭费，10元办公费，买了一个水桶（4元多），加上出来花了4块多饭费，100元已所余无几了。学习时间是早上6：30起床，7：30早餐，8：00～11：30学习，11：30午餐，12：00～3：00休息，3：00～6：00学习，6：00晚餐，晚上10时

后休息；每星期两三次电影、戏（已看一次电影），星期五党生活。前几期学习抓得较松，有些人较散漫，打牌闲谈等，**这期很强调纪律，看来大家比较自觉也很安静。学习时间是两个月，头两周学阶级斗争，再两周学社会主义建设总方针，再两周学反修正主义，最后两周学党的生活，三分之二的时间自学，三分之一讨论辅导，大概是读两天书谈一次，安下心来读书的确是颇有所获。**

小禾9日中午到，下午送他到大哥家，他同他们那群孩子玩不到一块；代宁等没有考完，也不打算去了。大哥看样子很忙，晚上也上班，没有详谈，带小禾看了场电影。10号中午去宾馆送他，给爹爹，何迪都详细写了信带去，他表示到北京上学可以，但不住校，要住婆处。我觉得到育才等无望，还是去农业部子弟学校寄宿好，在家是无法管他的，我已让何迪向吴景田了解学校情况。

老吴来电话说十大块中央也批准了，要我们提意见，今年国家科委还可能补助一些经费，要我们提计划，我们已提了一个材料去，他们会议大约20日开完。

身体如何？望注意，不在一起，望特别小心。我这一切均好，不要挂念。

告诉老唐三个大芒果到现在还未熟，

可见还耐贮运。

学习情况望告郑、林一下。

有便请人带一夹被或毛巾被（带的小毛巾被不够）来，特诊证及工作证在公文包中，也托所里人带来。

康

1963.7.11 广州

"我对整日钻营、买点便宜东西、斤斤计较是不屑的。"

霞：

当学生已一星期了，学了社会主义建设几个问题中关于什么是社会主义，及阶级与阶级斗争两部分，看了一些文件与文章，今天又听了一天辅导报告。对什么是社会主义，及社会主义时期的阶级与阶级斗争问题有些收获。有些道理不是不懂，但不系统，尤其是精读了一些经典著作把一些观点更精炼、概括、明确了，因而，也认识体会得更深刻。只是自己还下苦功夫不够，精神还不够集中，苦读钻研思考不够，我是有思想准备来好好学习的，但好逸恶劳不大下苦功，要慢慢克服这关。

前两天借了本小说《山乡风云录》，在中午时看，一上手欲罢不能，也影响了休息，决定学习期间不再分心看小说，其它书也不看了，集中力量学些理论，我想日子是不会白过的。

生活已渐习惯，一切均好，都规律化了。昨天星期日，上午去看了罗耘夫同志，在他家吃了午饭。午饭后去理了发，看了一场电影《胡安娜》，去找杨书记，不在，到书店转了转。到太平馆吃了一顿晚饭，花了1.5元，这地方很久不去了，你要说我浪费。我确实走累了，也想看看广州的市面，不想多麻烦大哥，所以就在外面吃了，书是没有敢多买了。看来，在生活上无谓的浪费是不会的，但远远说不上刻苦；要求是较高的，但也未被生活所束缚。我对整日钻营、买点便宜东西、斤斤计较是不屑的，恐怕也有些"曾经沧海难为水"吧！

到大哥那去转了转，他晚上开会，大嫂又值班，坐了会儿就出来了。

广州的"五反"现在已进行到处级干部检讨，运动教育意义很大，学了阶级斗争对此体会更深。我们应好好地搞一搞，将会使我们工作及思想出现崭新面貌，先学习一下也好，可有更多更好的准备。

一星期过去了，还有7个星期，这星

期还学阶级斗争，希望能更集中思想多学一些东西。

想起了些什么，总愿找人说说，离开您很少可深谈的，想你也较寂寞，工作大概够忙的吧，有余力好好将财务整理一下大大必要，但望注意身体。

小禾到京不知如何？还未接迪儿来信，他顽皮成性，还要长时期教育才能改过来，不在身边，也颇令人惦念。

注意身体。

祝好

康

1963.7.15　广州

"深感作为一个中共党员
责任之重大。"

霞：

附上迪儿的信，小禾去京确属不得已，我已给张局长、耿处长、庞尔东同志写了信，请迪儿、仲山去办，这孩子今后的教育还很值得注意。

半个月学习过去了，阶级与阶级斗争一章基本学完，有些收获。昨天上午听了苏共、中共复信的广播，下午小组漫谈，晚上又看了报上发表的全文，大家很愤慨，真是大阴谋、大暴露，非常好的反面教材，深感作为一个中共党员责任之重大。我们生活在激烈的国内外阶级斗争的

所院领导和话剧"千万不要忘记"全体人员合影

何康与"两院"《千万不要忘记》剧组合影

时代，**如何能不更好地做好岗位工作，加速前进**。下周开始学社会主义建设总路线了，关于反修没有听到新的报告，陶铸同志在三级干部会议上简单地谈了一下，基本精神与上次海口传达的相似。

星期天上午去燕塘北移组了解了一下工作，下午王昌虎同志要来看我们。广州除了逛逛书店，看场电影，没有很多的去处，想利用晚上去拜访一下李嘉人、李进阶同志。大哥那去了三次，大嫂还一次未见到。

生活已习惯了，一切均很好。您身体如何？未见来信颇念，望保重。

敬礼

康

1963.7.21　广州

学习已入常轨，第一单元阶级斗争已学完，进入第二单元总路线总方针学习。这几天有台风，每天下雨，并不感很热（晚上比我们那热），**就是读书时老想着家里的工作，有时思想不易集中，晚上睡得不算太好**。

老吴已抵穗，明天就回去，我从他那拿了20元，可用到回去（因交饭费及公务费已用82元），请还他，不再寄钱给我了。

我买了一套新出蝴蝶邮票，后又想到你好像已有了，如有，我就用来寄信给你。

盼来信，保重。

祝好

康

1963.7.25　广州

**"读书时老想着家里的工作，
有时思想不易集中，
晚上睡得不算太好。"**

霞：

来后还未接到你的来信，近来身体如何？颇念。

**"我们这样出身锻炼少的人，
'少爷小姐'脾气还不是
一下能根除的。"**

霞：

22日来信收到，知道你能勉强坚持工作，心中很愉快。

郑副所长的作风我感到很好，根据短时间相处来看：1.对工作安心积极敢负责；2.严格，有原则；3.作风朴素深入。严肃、机械一点是难免的，每个人作风不同，到一个新单位有一个了解过程，不要要求过切。我们应该很好地团结帮助郑副所长工作，可以把过去一些客观情况多向他个别讲一讲，有些目前检查起来当然是太松的，这也是普遍的现象，我们可以接受教训。这次"五反"要求很严，多提高一些检查自己没有坏处，我已做了思想准备。

霞，我觉得你在工作中锻炼太少，只能处顺境，而不能处逆境，几次运动你都没有很好参加（尤其是1951—1952年的"三反"）。工作环境一直较顺利，不能忍受一些不顺心的事，要很警惕自己的"小姐"脾气。我们这样出身且锻炼少的人，"少爷小姐"脾气还不是一下能根除的。工作就是要经过许多斗争前进的，确实不能把一切想得太顺利了，我们对社会主义建设缺乏思想准备，就是对社会主义建设的长期性、复杂性、曲折性、波浪式的发展认识不足，不仅阶级斗争、生产斗争，科学实验也如此，人与人的关系，工作关系，也不例外。要坚强一些，做革命工作是不计报酬的，

凡事不一定处处要人体贴（这也很难，不是所有人都很了解你的情况），尽自己力量坚持下去，党和群众是会了解的。有意见可否多同郑副所长个别谈谈，我看他是个很好的人，又是直接领导，多谈就熟了，不要感到无可谈的人，要依靠组织和领导。

我很好，昨天去看了大哥大嫂，今天星期上午去了华南植物园，下午就在家写信，对所内工作已告老吴。

望你注意身体，心情开朗，经得起锻炼。你的缺点就是政治上太脆弱，不够坚强，只有锻炼才能坚强，多难兴邦，一帆风顺是培养不出人的！

康

1963.7.28 广州

"我愿严格要求自己 尽一切力量做好这个班长。"

霞：

文善静带来的信收到，阅后甚慰。

一个领导核心是不容易建立的，原则性、事业心、作风、情感等等，要一

个相当的熟悉了解过程，弹好钢琴是不太容易的，这几年我一直为这问题烦恼，事与愿违。自己有过很多的理想，核心高度团结，水乳交融，意气风发，上下齐心，一种如主席所说的那种生动活泼、令人神往的局面，可不是很容易做到的，首先自己也做不到。能有这样一个好领导同志（编者注：郑克临）来的确令人高兴，放眼看看其他的机关，十分令人称心如意、团结融洽的并不太多。队伍尤其是领导核心是个关键，这次"五反"也是重点解决这个问题。这几年在这方面我学到了一些（如何做好一个班长），我愿严格要求自己尽一切力量做好这个班长、新的事业。我们处在基层独立负责的具体情况，更需要一个团结、稳定、有事业心的班子和骨干，我们的队伍在慢慢形成，这需要一个艰苦的过程，我有信心扎扎实实地去做。

你要经常注意自己的一个特点：爱说，管得太宽，大小事看到了都忍不住要说二句。热心公务当然很好（像李双双那样），但琐碎了，不注意场合、方式，很容易给人家一个"管家主妇"的感觉，因为你地位不同（比较负责的干部，又是所长夫人）。你说上两句，情况不见得全了解，自己又不大能动手，人家就很难办，你记×对你的意见就是"说得容易，自己办办看"。我很了解你全出自好心，但这同在家里不一样，不是说说算了，一个机关各有所司，职责制度，大家都有自己一定的打算、难处，外人一插手事就不大好办。分得太清固然过分，管得太宽也不大好。这个脾气固然同你担任过总务方面负责的工作有关，但在家当小姐指使人惯了，又受你母亲爱唠叨的影响也是有关的，千万不要给人家一个自己事管不好，又爱管闲事的印象。真正下苦功夫办好一件事是不容易的，何况又力不从心，你应在力所能及之下，好好在财务上做一些工作，不仅说，主要在做。像对孩子老说，没有耐心教育，树立威信，再说就没有用了，这个脾气希望你从思想上挖挖根，改进了，对工作有很大好处。

话不知是否说得太重，因为这样的话大概也只有我向你说，因为我了解你较深，你是个识大体，并很克己的人，但应要求更严更高一些。有意见可通过组织，向有关领导说，也不是就漠不关心了。

我很好，望保重身体。

程副部长信已寄去。另信交林书记。

请告老唐派专人抓紧绿化树种的播

种育苗工作，我已告组织帮助采种。

康

1963.8.1　广州

"老徐等几人一致主张我们那办高中，都说是安定人心的佳政。"

霞：

学习已进入第三单元，我原希望能安心下来学学东西，现在却有些想家了。

外事处要我提去非洲的计划，初步确定以热带作物代表团名义出去，访问加纳、马里、几内亚、尼日利亚、坦噶尼喀五国，时间三四个月，大约10月间去，代表五六人，由我带队。目前国际斗争很激烈，出去带队责任很重，但出去日久又很担心家中工作，要去时间是秋季最好，不太热，正是热作收获季节，计划还要最后确定。

迪儿最近没有信来，小禾不知如何？目前城市中父母对子女升学问题很紧张，梦妮投考幼师的幼儿园班，大家都笑她没出息，她很怕考不上别的学校。**老徐等几人一致主张我们那办高中，都说是安定人心的佳政，并认为办起来质量不一定很差。**

爽身粉已买好，花了2.72元，即托人带回。席子补一补要10元，梁定开问我，我想只好补吧，买新的更贵。麝香已替你买了一钱寄回。

何康观看"两院"附中的教材，办好中小学是稳定人心的大事

昨晚去看了广东队对日本队的排球赛，我们男子队还不错，女子队太差，两队都败给日本队，看来他们实力不够。

很好勿念，身体如何，颇念，再一个月可见面了。

康

1963.8.8　广州

"我看'问心无愧'很好。"

霞：

13日来信收到，知近来身体较好，甚慰。

您心情的矛盾是可理解的，因为这是一个客观事实，自己感到竭心尽力但力不从心，而别人又感到不满足，如何解决呢？从你自己来说一方面是病，一方面是思想。身体病只能实事求是解决，无病装病，小病大养不对，有病硬拖，拖垮了也不对。思想上应是积极的，不因有病而消极、衰退，身体与思想是两回事，但也有联系，会彼此影响促进。我们这次学习也专门谈到年老多病算不算革命意志衰退问题，大家认为应具体分析解决。病是客观存在，只能实事求是解决，这是两回事，别人看法如何，要使每一个人都理解都同情是很困难的，因为每个人不会专门研究此问题，各人有各人的看法，了解也有一个过程，但是有没有病，努力不努力，经过一段时间总会被大多数人理解的。因此，不是思想衰退，自己已积极努力，就不必介意一两句话，及一些人的看法，**我看"问心无愧"很好。我对您比较了解，您是个好胜爱强的人，本心是不愿甘居落后的，身体是个根本问题，现在是勉强工作。您的问题是在这样具体情况下，还要每个人都体贴谅解您（应该如此），这是难做到的。因此，只要自己努力了，也不必多心，更不必有意的多方面去解释，因为事实最说明问题，大多数同志对您还是了解的。**

迪儿长久未来信，甚念。两个孩子都交给别人管，自己内心确实也感有愧，现在大家都注意对孩子的教育，这也是做父母的责任。

我们学习已进入反修正主义最后一单元，9月4日结束，时间安排得很紧，今天星期天还念文件，晚上也加班，这段时间想好好学一下。生活很好，只是中午不易入睡，夜间又常常醒，精神不那样好。

老唐请他不要着急，身体第一，不要急于求成，他所请调的那个人徐伟同

1963年，何康探望在从化养病的吴修一、龚硕蕙、缪希霞

志也不同意，可先从现有人员中调剂解决，将来我们回来后再研究调剂，总之，不要急，量力而为。

请告永昌同志陈列室拟请美术人员，广州可请得到，工资要7元一天，路费、材料在外，太贵了一些，还在继续打听，请他打听打听海口有否适当人员？

附属中学的初中生考上高中比例较高，田、徐、黄、刘等皆大欢喜，**并都积极主张办高中，谁无子女，这种心情很可理解。**

望注意身体，不久就要见面了。

康

1963.8.18　广州

"总理指示要在9月间派一橡胶加工及栽培考察团到柬埔寨、锡兰、印尼考察。"

霞：

刚才部里来一长途电话，外事处邸少武处长告我，**总理指示要在9月间派一橡胶加工及栽培考察团到柬埔寨、锡兰、印尼考察**，部党组决定派我去（可能带队），同时国家科委在9月15日前要十大块材料，要我们提出热带作物基地方案，因此，部里要我最好8月底前即去北京商谈此事。真是突如其来，我准备再打电话给刘副部长询问此事，争取有时间回家安排工作。

去非洲因无法兼顾已推迟，我想如非去不可，可向党校请假，先去京将代表团人选计划商定，再争取返所多待几天安排工作，看请示刘副部长可否？

学习已定9月4日结束，没有变动，结束后即返。

迪儿处我已去信，并请他代我去看望唐文。

此信托贺代上，匆此。

康

1963.8.21　广州

"我很了解您不愿我远渡重洋的心情，离开久了，都很想念。"

霞：

18日来信收到，知台风安然度过，甚慰。

前晚接部电话通知后，又与刘副部长及外事处邱处长通了电话，决定要我先去京商谈出国计划及名单，然后再回所准备。我考虑也是这样较好，否则匆匆回所，到京后提计划、人选，审查又要等很长时间，不如先安排好，在家中等候准备

安排工作较好。我已买好明天班机票飞京，在京还要谈热带作物基地问题，估计要5～7天，谈完即直接返海南。

我很了解您不愿我远渡重洋的心情，离开久了，都很想念，何况走得这样远。但看起来，将来这样的时候还会很多，希望您要善于安排生活、工作，把主要的精力放在工作上，多接触群众，多交一些朋友，就会从中感到安慰了。

小禾学校我到京当加安排，他冬天的衣服恐还要费一番努力，大概那时您可能已去京了。如来学习，下期9月中旬开始，就要11月中旬才结束。北京已冷了，需要及早准备。

夜深不再写了，千万注意身体，有急事要办给我打电报。

康

1963.8.23　广州

"他还是想海南，想他那一帮小朋友和海阔天空的游玩场所，对这边的学校不感兴趣。"

希霞：

我星期六午后4时抵京，邱处长及何

迪来机场接。回家后知仲苏已考上西安军医大学，星期日一早启程，当晚就去二哥处看他。

星期天上午同何迪一起去看刘副部长，谈了出国问题，他力主由专业人员去要配套，不要使考察变成参观，对加工系他还是主张设专所，包括设计——设在湛江。 我向他谈了大家对讨论的意见，他认为思想问题慢慢就可解决，他身体还不很好，未正式上班，还是老脾气，容易激动。

中午去绒线胡同，希法已从天水学习后来京，害了一场痢疾，原准备星期一走，因津浦路未通没有走成。爸妈身体尚好，就是都有些衰老，妈还好，爸爸已不愿多用脑子，张副部长已请政协派人来请他写盐务史（派人帮助写），他虽未拒绝，但积极性不高。我同他谈，他说记忆力不好，很多事记不清了，我说片段也可。对云南事已不再提。我还想找机会劝劝他。

午后同三妹一起去北京医院看唐文，他已住院一个多月，人瘦了一些，老是有低烧，什么缘故也未查出，情绪不怎样太好（当然，他是有修养的人，外表还看不大出来）。三妹身体也不大好，守着一大堆孩子，情绪自然有影响，我也劝三妹不要想得太远，不要想入非非。

爹爹妈妈身体均好，小禾比在海南时听话，但搞不好还是很别扭。这孩子思想问题很多，你不了解他硬来是不行的，他还是想海南，想他那一帮小朋友和海阔天空的游玩场所，对这边的学校不感兴趣，对这边大家都管着他很压抑。我想慢慢就会好吧，也很难为何迪，一暑假都尽量逗着他玩，急起来也骂几句，一般还耐心。学校决定进农业部子弟学校，就在人民大学旁边（仲山可照顾），宿舍不错。我问小吴及一萍，他们说老师都是大学生，质量还好。庞尔东为我们奔走了不少地方，育才一定要机关介绍信，农垦部也不愿出（"五反"后大家都谨慎了），明天农业部子弟小学就要考试，不能再犹豫了。冬天衣服我同妈商量一下如何办。总之，在京招呼的人很多，小禾也慢慢有进步，可尽管安心，何迪的确进步很大，颇令人高兴。

我来后有些伤风，但不重，已吃药，准备月底离京。

康

1963.8.26 北京

"家里事安排得还顺利，
郑副所长很得力。"

霞：

来信收到，附上妈及何迪的信。小禾的身体颇令人担忧，想你已同家里联系，知道他们的情况，望多去信叮嘱。

走后我一直很忙，前几天广东省科委副主任来此谈十大块问题，我还去海口一次，住了一夜。出国事今天接北京电话，柬埔寨、锡兰已答复，欢迎我们去，人员材料已在京审查，看情况10月间可成行，快的话10月中就要去京了。

家里事安排得还顺利，郑副所长很得力，他几次都帮我全面考虑安排工作，积极提出意见，并再三说明要我不要误会他多提意见。他对研究工作也很注意，考虑问题很细微，对生活问题他已主动提出过去希望多依靠县里解决，现在看来非二条腿走路不可，自己要积极搞。看来他对问题还敏感，也可接受别人意见，安心当前工作，还表示要好好学英文。与林书记商量，他也同意安排郑为副书记，也与区党委杨书记谈了，再向部请示一下即可报区党委批。**郑在研究干部中印象不错（有水平），我们的领导核心解决了一个大问题，很**感欣慰。

台风后生活安排得还算好，只是物价贵一些，房子准备较彻底地维修改建，估计要花10万元，明年基建队将主要干这方面工作。学生食堂已加大，可坐1200人，有小舞台，可暂代礼堂。图书馆已开工。电要彻底解决，多数意见还是买一台300～400千瓦的大发电机，现正专门研究争取今年能买到，国家科委已批准489000元。灯光球场已落成，路灯国庆节可全部安好。总之，这几年基础工作是进展较快的。

昨天迎新，新来大学生已到36人，分配到各单位后还要参加3个月劳动。这批人质量不错，情绪很高。

我生活不错，周嫂招呼很好，近几天来想事太多，晚上睡得不好。

希望再争取一些时间将工作安排一下，下月内就要见面了。望注意身体。

修一来信收到，请把情况告他们一下，以后再给他信。

康
1963.9.2　所院

"通过回忆对比，
想想过去五年创业的艰难，
大家感到收获很大。"

霞：

节日过得很不错，人也够累的，通过回忆对比，想想过去五年创业的艰难，大家感到收获很大。

29日晚举行了大型座谈会，由刘松泉、李教务长、李健行和我谈了迁所建院五年来的感想、收获，大家感受很深。30日晚举行晚会及球赛玩，到夜里11点多，1日上午开庆祝大会，午后我们去慰问病人和住草房的同志，晚上参加学生会餐，很丰富。请了6个58班、59班校友回来座谈，了解他们出去后工作情况及农场对我们毕业生的反映：一是吃苦耐劳，不讲价钱；二是业务上可拿得起来。教师同学都感到鼓舞很大。1日晚通宵发电，希法、陈文和、何瑞源、朱乃灿在我们家里打桥牌，一直打到第二天天亮，我到2点半就早睡了。

2日中秋请了10个单身汉来家聚餐，很热闹，晚上又有晚会、球赛，我11点多就睡了。

3日我们领导分四路下生产队慰问拜节，我去石灰场、联昌，一早出去，下午3点多才回来。晚上请民主党派、老先生赏月过节，大家感慨很多，认为这几年来无论事业还是个人收获都很大，会后大家到教学大楼四楼眺望，皓月当空，灯光灿烂（路灯已安好），宝岛新村的夜景是很美的。

4日下午又请了一百多位各行各业的工人，举行座谈，许多老工人回忆对比解放前后，有的都流下泪来，大家都受到一次很好的阶级教育。

这次抓紧迁所建院五周年进行了一系列的宣传活动，进行了"儋州立业，宝岛生根"的教育，有相当收获，可惜准备还不够充分，还要补补课。

第四季度工作已安排，准备还抓紧将几件大事安排一下。郑工作抓得很紧，很主动全面，有可能月中去京。我身体很好，只是一忙起来就睡不好，胃口不好，我尽量争取早睡。

天气有些转凉，身体如何？颇念，小禾、迪儿身体均令人担心，望多去信督促。

广州最近领导同志来往很多，一定可听到不少东西，愿你们好好学习，注意身体。

情况请告修一、硕蕙同志，不另。

匆此

祝好

康

1963.10.4　所院

"只要掌握规律，病不是很可怕的。"

霞：

国庆来信收到，知你盼信，我一来因为忙，二来想不久就要到广州去了，一切都平安，就少动笔了。

家中一切很好，准备月中出去，锡兰、柬埔寨都已有答复来表示欢迎，印尼农粮部长口头已答应，估计问题不大，现主要是一机部、化工部人选还未定，人一决定批准即可动身，估计月中差不多了，推得太迟对我们明年工作影响很大，现正积极做准备。

评级还未结束，17级以上的已上报，第四季度工作已安排，准备着重抓条件及干部培养，现正研究解决电力的方案，想彻底解决一下。

我生活安排得很好，周嫂尽做好的吃，到现在已用50元（当然还买了一些其它东西）。身体主要是睡觉的问题，我现已争取早睡，效果很好。

到党校学习，最初半个月是不大容易平下心来的，也不要想一下就学通很多东西，主要抓住一些要点了解透一些就不错了。**身体要注意，好好巩固，冬天就有本钱了**，这一时期你身体逐渐走**上坡路**，颇为欣慰，只要掌握规律，病不是很可怕的。

希望能早些见面。

康

1963.10.8　所院

"再调整一下，
坚强领导的核心就可形成了，
这真是一件大好事。"

霞：

很快一个星期又过去了，出国的事情因化工部、一机部人员尚未选定，一直拖到现在还未上报，这样最快也要10月下旬才能去京了。好事多磨，11月到北京已冷了，拖到明年一二月间回来，对明年工作影响很大，但也无法着急，借这个时间可较好地安排一下家中的工作。今年新来的干部，大学生38人（包括在院10人，学音乐、美术的都来了，还不错），中专13人，情绪都很好，质量也较强，已分配工作，参加劳动到年底。大家对安排也较满意，只是觉得生活贵一些。新的同学很活泼，程度还好，专业思想也较安定，已正式上课了。

干部评级工作已基本结束，工作做得较细致，详细情况请办公室详告你们；工人评级正进行。

现在抓紧解决电的问题，从明天起日夜连续发电两星期进行试验，测定电压，研究如何更好地发挥潜力。大发电机正各方面找资源，看情况必须下决心自己搞一套配电系统了。

明年经费已初步确定，基建费78万，事业费180万。基建费还靠不大住，计划会议还未开完，邸志清仍在京，我们已开始确定明年计划及重大措施。粤西及兴隆二站的负责同志已来，准备这一星期谈完，把条件抓上去，明年工作将有更大进展。

郑工作越来越合手，深感快慰，他考虑问题细致实在，政策观点强，抓工作具体，正好补我之所短，大家对他反映很好，尤其是研究人员。他较虚心主动，经常找人个别谈征询意见，也具体解决问题，并不很主观，如对生活问题，现在经常讲才来时估计不足，必须准备二手。**肖敬平就同我谈，郑来后在大家思想中解决了一个大问题——班子问题，**

1963年初，农垦部计划升所为院，对员工是巨大鼓舞，图为员工在文昌的团队建设活动

我走后即可放心了。**我现在尽力帮助他将工作抓起来，林也很积极，作用逐步发挥，再调整一下，坚强领导的核心就可形成了，这真是一件大好事。**

我身体很好，晚上已注意不太用脑子，这几天睡眠已较好，周嫂拼命地给我吃好的，青菜很少，又很贵，天天吃鸡吃肉，好在我吃得少，否则要发福了。

晚上天气已较凉，你身体如何，极念。望好好保养，学习及身体都搞好。

我已督促各位秘书向老吴详细报告情况，我就不详细写了。克平、克琦都没有怎样喘，请他们安心。

希望早些见面。

康

1963.10.13　所院

五、大家与小家

1960年的书信是爸爸与妈妈的双向交流，但谈的绝大部分是工作，而1963年则是爸爸给妈妈写信最多的一年，达39封，开始涉及更多的家庭内容，特别是妈妈的身体状况不适应海南的气候环境。唯一留存的妈妈在海口医院病床上给爸爸写的信，讲述了她两次休克、急救的经过，她甚至"想到死亡大概就是这滋味，惋惜不能再见你一面了"。妈妈陷入治病与工作的矛盾之中，爸爸多方开导，告诉妈妈一方面要有对待疾病的正确态度，乐观、斗争精神，另一方面要实事求是，从身体实际情况出发，"不是思想衰退，自己已积极努力，就不必介意一两句话及一些人的看法"。信中谈及了对孩子的教育。我1957年随爸爸南下广州，1958年夏与妈妈、弟弟小禾一起迁往儋县，经历了三年艰苦的日子。因所院附中没有高中，1962年夏转回北京，第二年10月下乡劳动时患心肌炎、肝炎，入院治疗，不得不休学一年。弟弟小禾也因爸爸经常出差，妈妈先后在广州、北京养病，无人照看，也于1963年秋转回北京读小学。信中谈及了爷爷和奶奶，高奶奶（父亲的奶妈），外公外婆及何、缪两家的兄弟姐妹们。在1963年的日记中记录了他"除夕在绒线胡同（外公家）吃饺子，又回家欢度"，初三在爷爷家欢聚，大小共26人，非常热闹。爷爷即席赋诗一首："去春那大欣佳节，今夕京都庆好年。一座儿孙欢不尽，齐眉翁媪喜无边。忽看后辈霜添鬓，行见耄龄雪满颠。爱度太平康乐日，期颐同是地行仙。"1962年的春节，爷爷奶奶随人大代表视察海南，我从海口开始陪他们环岛，一路来到宝岛新村过节。这是我到海南后第一次环岛，留下了很深的印象。爷爷返京后专门向全国人大常委会提交了促进我国天然橡胶事业发展的议案。在外奔波成了爸爸的常态，但他的心始终挂念着家人，家庭的温暖在那个特殊的年代里养育了我的一颗爱心，终身受益。

"车开了，见你们远远离去，又感相聚太短，许多话没有说透。"

霞：

车开了，见你们远远离去，又感相聚太短，许多话没有说透。我不善体贴，请多多见谅，务必放开胸怀，搞好身体。

一路都是丰收景象，湖北、河南的东西都很便宜，烧鸡1.4元一只，吃的东西很多，河北南部受灾的地区麦子都种上了，一片葱绿，生长得很旺。人们多在热气腾腾地下地生产及打坯修房，许多桥梁都被冲坏了，现在有的还是便桥，

车行很慢，比原来行车时间要慢3小时。这样大的水灾除了看见一些倒了的土砖房子外，受灾的痕迹差不多都看不出来了，人民的力量真是伟大。

在车上吃得不错，睡得不好，同房的有位中山大学的历史学家，一路上谈了不少历史。看了点书，昨晚8点多才到北京，何迪、刘日纪来接，钟老住前门饭店，我回家住。

爹爹去四川视察去了，现在成都，已写两封信来，说安排很好，兴致很浓，大约下月初绕到重庆坐船到武汉再转回来。妈妈身体也还好，迪儿看样子还好，就是鼻子还有毛病，我当督促他去看，小禾大家都说他身体、学业均有进步。

今天一早去部里，出国人选虽定，但有的人不大适当，看来这次出去困难较多，准备再去国家科委研究。经费已定：事业费180万（不是170万），基建71万，院7万元。准备将我们的安排向部里汇报一下。发电机因原无计划，物资局不管，要等我来，我已同刘部长谈，请他务必支持解决。下午日本展览会，同钟院长赶去看了一下，参展的主要是农业机械及电子光学仪器，水平的确不错，我们也抄了一些目录，刚刚回来，

赶着给您写这封信发出。人相当疲倦，请恕潦草，书报平安，免得您惦念。

爸爸妈妈那明天得空即去。

望保重，祝好。

问候吴、龚二位。

康

1963.10.30　北京

**"爸爸看起来
精神气色均较前好，
一见我知我要出去，
就忙着要请我吃烤鸭，
妈如数家珍地数道小禾的情况。"**

霞：

昨天参观日本展览馆归来，匆匆给您写了封信，希望赶上今天的班机，免你惦念。

今天中午抽空到妈那去，带去了香蕉、小禾的衣服。二老均很好，**爸爸看起来精神气色均较前好，一见我知我要出去，就忙着要请我吃烤鸭。妈如数家珍地数道小禾的情况**，看来这孩子较前有进步，回来玩前都先做完功课，但总觉玩不够，星期一回去总有点不愿意，表示不愿住校。小禾最近身体较好，人也胖了白了，学习较前很有进步，"三好"后又得了个"四好"，只是爱向同学吹嘘家里情况，团结不大好。他在帅府胡同都不大待，一回来待一会儿就跑绒线胡同三姨处，对何敏小姑很好，很重感情，看来大家对他印象开始有转变；听哥哥话，也对哥哥很好，把学校发的苹果也带回家给哥哥吃。冬天衣服都准备好了，这有一大帮人照顾他，我们都可放心了，我将抽空去看他。

迪儿就是身体不大好，今天又有些感冒伤风，已躺下休息。他这学期班里工作很多，经常开会，这次下乡劳动对他教育很大，现在已沉静得多，不大夸夸其谈了。这孩子领悟问题很快，值得好好培养，有空当带他去检查身体。

出国的事因人选问题意见不一，都等我来决定，明天范主任（编者注：范长江）召有关各部部长谈后即可定。这样最快也要11月下旬才能动身了（原争取11月中旬），签护照要半个月，还有一些人材料还未送来。钟副所长仅一个人带一翻译去，大约下月8日即动身。北京东西很多，傍晚我去西单商场转了一圈，鞋的质量比广州好，样子少一些，价格差不很多，凉鞋没有，可能出国置装处有，衣料则很多，还是到北京来置装好。若是拖到月底前走，我们或可能在京见面了。刘副部长也问你的身体，让你来京休养，你是否学习完回去安置一下，来京办理明年预算问题（事业费180万，基建71.6万已定，国家科委还有专款可争取，发电机也要人催办），我准备写信告郑副所长，部里的事有得力的人来就好办，在此起的作用更大一些。农垦会议已推到明年1月份开，郑、吴年内也不能来京了，你来是恰当的，身体也应好好调理一下。

我这一两天抓紧把出国事办妥，然后解决发电机问题，前次会议报告十大块中央已正式批准，国家科委抓得很紧，田野同志就要到我们那去抓明年工作安排、预算，约我明天谈，我当电告家中准备。加工系迁湛事刘因我们不同意已不再谈，总之一切情况很好，望好好保重，把最后的学习安排好。有空即给你信，这次我有了经验，一切自知小心，一点也没伤风，请勿念。

康

1963.10.31　北京

"十大基地中央已 正式批准并极重视。"

霞：

这两天很忙，星期五上午由范主任主持开了一个会，最后将出国任务及人选定了下来。我们原定的五个人全都去（黄、袁、邓、赵、杨），国外催促很紧，柬埔寨已来三次电报，去晚了怕政治情况发生变化，定在月中15～17日起身，人员5日集中到北京，我已打电话去所，他们即可起身。

十大基地中央已正式批准并极重视，国家科委即派田野同志去广东、海南及我所研究明年计划预算。对于热带农业研究所，范长江同志意见也是设在我所附近，形成中心，重点开发松涛灌区。松涛工程局局长现在北京水电部商谈明年计划（现已列为中央水电部直属十一重点之一），除渠道投资有所增加外，电站已列入计划，明年投资100多万即可提前开工。

出国人员决定，即转入抓发电机。明年投资，发电机部里已同意办，经了解物资总局无储备，要订货，这样今年办不成了（国家科委同意从50万中买），我准备再跑跑看争取解决。

这样一切顺利的话中旬即可动身，如办护照等延迟，可能要下旬才能走，走的路线是先去柬埔寨，从昆明—仰光—金边，坐飞机去。

昨天下午三妹去接小禾，我到三妹家待了一下午，吃了晚饭。小禾看来大有进步，脸色也白了些，人也胖了，有点干咳，但不厉害。穿得很暖，大衣也带着，他说早晚都没着凉，学校生活还好，功课检查了一下，大多是4分、5分，也有3分，字写得整齐多了。见人较有礼貌，不那样乱讲话、乱跑了。三妹同老师谈，老师对他印象还好，有进步，重感情，缺点是学习思想不集中，爱吹嘘家中情况。他对海南还非常留恋，对住宿的学校环境还未完全适应，我看过一时就会好的，大家都很关心他，好好教育这孩子转过来就进步很快。

迪儿烧还未退，昨夜高到39℃，夜里10点我送他到人民医院看急诊，医生说可能心脏还有些毛病，要留院观察诊断一下，现已留医。这孩子体质太弱，又不留心，全面检查一下也好，我就近照顾你可安心。

你身体如何，望安心学习，注意身体，我去医院看迪儿，再到妈家去接

小禾，再谈。

祝好。

康

1963.11.3　北京

"迪儿住院很好，今天去看他"，"小禾我今天一早送他去学校，勉励他改正缺点，力求进步"。

霞：

迪儿住院很好，今天去看他，烧已退到37℃，医生说他主要是连续感冒对心脏有影响，静养一些时候就会痊愈，没有多大关系。迪儿有些不耐烦，**我对他说正好借此机会休整一下，平时不注意身体及看病，小病就积成大病，要很好地接受教训，我们每天都有人去看他，也不寂寞。**

小禾我今天一早送他去学校，勉励他改正缺点，力求进步，又同他老师谈了谈。她对他印象还不错，进步很快，比想象中要好得多，他也表示听老师话。总之，小禾情况比我想的好得多，身体也壮了，各方面都有进步，只要专心一

些一定进步更快，棉衣婆也给他准备得很好，皮帽子也买了。小禾真是一个大转机，一定可巩固，请勿念。

老黄等今天已到，明天即开始集中，先检疫、置装，人还未正式批下来，飞机票已定21日（原定18日，后因接仰光去金边班机又推迟几天），如一切顺利，可如期走，否则将推迟（办护照有时要耽误很久）。

眼镜已配，验光只175度、200度，同时有散光，比原来浅了一百度，原来的太深了，戴久了眼睛不好受——我原先眼睛不舒服还找不出原因，原来是此缘故。大约是年纪大了，将来还会变浅。镜片9.90元，是在西单精益公司配的，8号可取、镜框大家都说还很大方，总算买到一件如意的东西。

昨晚到政协去看京剧，碰见张副部长（编者注：张执一），邀我们一起坐在前面，得知刘副部长（编者注：外交部刘晓，爸爸在上海从事地下工作时的老领导，张毅是他夫人）已由北京医院回家休养，今天又同二哥一起去东交民8巷号去看他，谈了两个钟头。他把我们一家人都问到了，他现在高血压较好，还需巩固，还要休养几个月，准备去桂林、南宁休养，可能还去湛江、海南，张毅同志住院未见到。

发电机无存货，正设法争取明年订货，田野同志本拟即去广东海南研究十大基地明年计划，现因故已推迟，看来大家都支持我们的工作，解决这些问题只是时间问题。

你身体如何？学习结束后如何安排？盼告。

这次来注意身体，一点没有感冒，也不觉口干舌燥，是几次来京感觉最好一次，希望能巩固下来，请勿念。

盼来信。

康

1963.11.4　北京

"学习结束后我想你还是先回去料理一下再来京较长期工作及休养为好。"

霞：

来后未接来信，怕你又病了，昨天看到你托老黄带来的信，知道发病后又控制住了，很感欣慰，希望能始终控制住不要大犯。

迪儿昨天已退烧，体温36.9℃，我因

太忙未去看他，何敏等去看过都说很好，再静养一时就痊愈了。这孩子难得休息一下，其他的病因目前不能下床，得与七表叔商量后看如何办？

学习结束后，我想你还是先回去料理一下，再来京较长期地工作及休养为好。我们已定21号的票，如顺利可能启程，你19日结束，来京已赶不上。明年2月底回来恐还要在北京住一段时日，以汇报工作等，那时可一同回去，你看如何？冬天里把身体养好一些，可聚会得更愉快一些。

今天上午准备去国家科委研究在京工作日程，下午拟去置装地方看一看，据说有的确良西服料很好，准备做一身，看情况自己要多花一些钱，雨衣准备不买了。

何迪缺衣服，有布先给他做吧（最好做两条裤子）；小禾的布也未做，因他不缺衣服，待你来安排；给我做的最好是较深灰色的，因冬天可穿哔叽的，主要是春秋穿，颜色深一些经脏一些。

就去上班，先发此信。

康

1963.11.6　北京

> "何迪身体素来较弱，借此机会好好休息治疗一下，坏事可变好事，刚好我在这里，一切就近照顾，你完全可释念。"

霞：

本想不告诉您迪儿生病住院，怕你惦念，因为他病情很快好转退烧，所以就写信告诉了你，昨接来电本拟发一电报，又怕说不清楚，因此还是一早打电话给你。我昨天晚上才去看他，烧已全退，精神很好，据医生诊断主要是连续感冒、风湿热引起心肌炎，因是初起，很快就退了热，现在听心脏很正常，无变异。目前是继续防止再发炎，要卧床静养，不增加心脏负担使其迅速恢复，将来不留病变。医生说看目前情况只要好好静养，今后心脏不会受影响及留下后遗症。病可能是鼻窦炎，连续感冒，休息不够，心脏又敏感引起的，看得还很及时，很快就将炎症压下去。现主要是静养，住一个月医院再看，可以看书，就是不要下床走动，好得快的话学业可不影响，否则要影响这学期功课，但是必须好彻底，不要留下后遗症。所以目前病是基本好了，没有什么危险，就是要好好静养，彻底痊愈，好使今后不再复发。我想孩子还小，一切要服从把身体搞好，就是耽搁点学习也是次要的。何迪是不大耐烦，怕耽误学习，我已再三说服他。他已制定一养病计划，一天学习几个小时，温温功课，如好得快，功课还是可以跟上的。总之，何迪身体素来较弱，借此机会好好休息治疗一下，坏事可变好事。刚好我在这里，一切就近照顾，你完全可释念。而且你下月就可来了，还可好好地照顾照顾他。千万放心，把自己身体搞好要紧，不要有所悬念。

我们还未开始置装，要等下星期，我准备做一套的确良的灰色西装（100元左右），一套暗灰色华达呢制服（150元），藏青制服颜色太深了，现有的虽已旧了，还有两套可穿。暗灰色很大方，在热带冬秋穿都合适，我们挑之再三，想来你会满意的。衬衫有白的确良的，14元一件，拟买两件；再买一套棉毛衫，一双黄皮鞋，三套内衣裤，一套东方呢睡衣。另用置装费为110元，可能要多花几十元。

飞机票买到21日，但审批手续及护照还未办好，不知能否按期成行，明天就去检疫打针。

北京已深秋落叶，开始冷了，昨天刮了一夜北风，到零下三度。我已搬到北京

饭店老楼122号住，代表团都住在一起，身体自知小心，一点都未感冒，望您安心保重，好好把学习学完，身体搞好，函电可寄北京饭店老楼122号，电话52231转。

康

1963.11.8　北京

"一定养彻底，可做休学打算。"

霞：

8日来信收到，迪儿的病是风湿性心肌炎，与你所讲的情况完全一样，我因怕你担心，所以讲得不很清楚，但迪儿病的进展情况很好，他病初起即住院，第二天即退烧，心脏正常，血沉、抗联欧等也较正常，无低烧，医生说目前心脏听不出有什么病变，因为病好得快，只用水杨酸剂，没有用激素。**现在的问题是静养，一定养彻底，可做休学打算，我已告医院待你来后再让他出来。这孩子想法很多，同学来去频繁，爷爷奶奶又听他的，回家后即不好控制，你来后再做安排。**住院费交了100元，看急诊、打针、检验用将近10元，住院费内50元

是依妈那拿的，你来后看如何还她，置装费我在团内拿了50元（前在所借200元），不准备借100元了，节省一些也够了，总共250元，如何还法请你安排吧。

新眼镜已配好，较原来的舒服得多，原来的太深，下午眼睛就不舒服，但左眼稍浅一点，验光的说不好再深，因年纪大，还要浅，戴习惯就好了。新眼镜也合适，大家说还大方。

出国人员已集中，今天下午国家科委谈话，明天上午外交部谈话，组织部已正式批准，护照正在办，衣服19日取，看情况21日可成行。我看你还是先回去一趟安排好后再来京长住为佳，迪儿的病已无碍，安排一下，师出有名，出来的时间长些无碍，可一直等我回来，看样子我很可能3月间才能返京（还要总结

半个月），你看如何？

北京这两天较暖，身体很好，睡眠已有改进，勿念。

问候吴、龚。

康

1963.11.13 北京

"由你来京办理一切，你主管财务，人又熟，好办事。"

霞：

出国日期在即，连日均忙于准备工作，前天下午国家科委武副主任（编者注：武衡）找全团谈话，昨天上午外交

1964年，缪希霞出差北京，与休学在家养病的何迪合影

部亚洲司介绍了柬埔寨、锡兰、印尼的政治情况，下午又去外交部谈了援助东非坦噶尼喀问题，决定以农垦部为主组织一个考察团去确定援助项目。今天上午他们又去机关事务局拿大衣、皮箱，我没去，在家看些文件。

爹爹昨晚视察归来，身体很好，情绪也高，我晚上去看了他一下。迪儿一切均好，就是静养问题，大家都主张休学，彻底养好，不要成为终身之累。我已告医院待你来后再让他出院，在医院治疗、休息、生活均好，天天有人去看他，请勿念。

今年预算指标虽定，审批时还会有很多问题，发电机正在向国家计委争取订货，我虽已托人，但一走没有人盯住办也不行。今早我已打电话告郑副所长，他原拟在我行前派人带预算来京给我看，我说来不及了，还是待你回去安排好后，即由你来京办理一切。你主管财务，人又熟，好办事，他已同意。你可做此打算，国家科委处我已提43.7万元设备费，范主任、田局长已原则上同意，也要您来落实，把明年的180万元事业费、71.6万元基建费及学院经费落实，将国家科委的43.7万元争取到，200千瓦发电机能到，即解决了所院明年根本大计。望你来京完成此事，我们回来了也好办了。

我行前可能只能接到你一两次信了，务望保重，我一切自知小心，决不负使命，一定胜利归来，请安心。今后信可请外事处转，你来京后会经常知道我们行程，我会经常写信回来的。此次来京隔一两天给你写一封信已成常规，出去较忙，信恐不能很频繁，千万不要过多悬念。好好注意自己身体，来京后把几件大事办好，身体养好，孩子管好，我回来看到你们都健康，那就是最大愉快，务望注意身体，不要过多悬念！

问候吴、龚，我已另有信给他们。

康

1963.11.15　北京

"我固然处境顺利，
不如意事较少，心情较开朗，
但个人主义较少，遇事谦让，
不计小节也是很重要的，
这也是革命的人生观与修养问题。"

霞：

今天17日了，四天后的现在我已离开北京，时间过得真快。

一切准备工作大致就绪，昨天上午又种了牛痘，拿到了检疫证书，又去买了一套睡衣，绢丝纺的，19元，质量不错，大小合适，贵一些；还买了一条短裤。午后刘副部长召谈出国事，做了指示。晚上去看了爹爹，二哥找去看了一场电影——《刘主席访问朝鲜》，很不错。

小禾已到三妹家，一到就打电话来，这孩子这星期得了五好，拿了奖状，每星期都有进步，很令人高兴。可见只要下功夫，是会有收获的。

衣料很满意，你抱病跑遍了广州找衣料的盛情比什么都好，我的衣服很够了，这次又大大得到了补充，钱花得不少，多为自己及儿子安排吧。

我希望你学习我开朗的性格，不执着，不是原则问题放开一些。世界之大，为何不能容一些不同的看法、意见？而自己最好兴趣广一些，并有所专注，就不会将精力花在人与人之间的关系上去了。要学的事太多，要做的事更多，哪有那些闲工夫介意这些呢？我感到你生活与思想的圈子窄了一些，当然与身体有关，可否宽一些，一是努力把身体搞好，一是学点什么，做点什么。你心地纯良，做到这点并不困难，少比少计较就行了。我固然处境顺利，不如意事较

少，心情较开朗，但个人主义较少，遇事谦让，不计小节也是很重要的，希望注意这点。对否，请考虑，这也是革命的人生观与修养问题。

要赶写报告，不多写了。

康

1963.11.17　北京

"我感到自己年事渐长
对家庭对孩子均有更深的感情。"

霞：

今天6点车即赴机场，8时起飞，中午在重庆吃饭，午后五点半到昆明，昨夜因写了五六封信，晚上睡得不好，在飞机上又睡不着，人有些疲倦，但大家均未晕机，身体很好。

明天一早继续飞往仰光，12点半可到，在仰光住一天，24日飞往金边。

你接到此信可能要去京了，务望把身体养好。**我感到自己年事渐长，对家庭对孩子均有更深的感情，这次在京与迪、禾相处就对他们了解得更深一些。我感到禾待人更诚挚一些，重情感，如能将注意力**

集中到功课上，是个很好的孩子——他有些自卑，但心里又要强。迪儿则不如小禾那样待人诚恳，自视过高，不关心别人，骄傲自满的优越感，以我为主的思想颇深。望你来后多同他们谈谈，好好教育他们。

我的衣服未带出去的均放在箱中，藏青华达呢制服袖口、裤子破了，可去修整一下，另一套花呢哔叽衣服您看给迪儿还是给仲山。工作证在妈妈那，账单等在一封信里，你可找来一看。

信可先由部外事处转，我到使馆问清后，可再直寄使馆。

我们一切自知小心，请勿悬念。祝好。

康

1963.11.21 昆明

六、东南亚考察与"柬埔寨经验"

1963年7月《关于国际共产主义运动总路线的论战》发表，拉开了中苏论

1963年11月，何康率团出访印尼、锡兰（斯里兰卡）、柬埔寨，代表团在柬埔寨合影（左起一赵灿文、四邓平阳、五何康、六黄宗道、八袁子成）

战的大幕，"反帝反修反对一切反动派"成为中国外交的基调。12月13日，周恩来总理、陈毅副总理第一次出访亚非十四个国家。热带作物研究与支援亚非拉热带、亚热带国家的反帝反殖运动联系在一起，列入了"十年规划"。这一年，农垦部与国家科委一直计划让爸爸率团访问非洲国家，但9月接到周总理的指示，让他先访问锡兰、印尼和柬埔寨。与1955—1956年访问不同，此时周边国家关系发生了变化，缅甸仍能途经，但印度则要绕道而行，柬埔寨局势动荡，不得不临时改变行程。柬埔寨的考察给爸爸留下了很深的印象，回国后一再推荐柬埔寨大橡胶园的管理模式。在"文革"中，这成为爸爸崇洋媚外，贬低工人阶级的罪状之一。

"我专心去认树种，采种子去了……一共认了20多种缅甸主要观赏性木材树种，暂采了10多种种子，极为愉快。"

霞：

我现在仰光柬埔寨宫（Kanbawga

Palace）饭店给你写信。

21日8时半离开北京，国家科委及部几位局长均来送行，中午到西安午餐，沿途经过山西黄土高原，满目荒凉，看不到一点绿色，确实不如南方美丽。午后起飞，飞越秦岭（海拔3000多米），飞机尚平稳，在重庆小憩，5时半到昆明，云南农垦局副局长来接。昆明天高气爽，正是深秋季节，田里是一片葱绿，晚上已觉得一些凉意，拜访王部长正值他去安宁温泉未遇。

袋中还剩下3元多人民币，给你发了一个电报，买了一双尼龙袜子，刚刚好全部用完（人民币不准带出国境）。

22日清晨即去机场办离境手续，8时起飞，同机有去尼泊尔开防痨协会的医生及去马里的展览团，还有两位阿尔巴尔尼朋友，一位叙利亚记者，谈谈笑笑，颇不寂寞。飞机向西南经保山，10点多出国境，10时50分到缅古都曼德勒。曼在缅甸是灌溉水道及经济作物区，现在正值水稻黄熟，从机上望下去，一望无际的平坦稻田，灌溉渠道纵横，伊洛瓦底江绕城而过，全城笼罩在绿树丛中。曼德勒尚留有旧王朝的皇城，还有无数的佛塔及一有名的佛教胜地曼德勒山。飞机正从城的上空缓缓低飞降落，很美丽。在曼德勒机场停半小时，加好油后又继续南飞，下面都是成片连接的热带丛林，看起来主要是柚木等热带季风林，出产多种贵重木材，是缅甸人民的巨大财富。快3点时到仰光，使馆同志来接，仰光机场新盖了一个有冷气设备的候机室，花草庭院布置得很雅致。仰光时间比北京时间慢一小时半，仰光时间才一点多钟。在使馆同志帮助下顺利办完了入境手续，驱车去柬埔寨宫饭店。

柬埔寨宫是缅政府国营的饭店，位于仰光郊外去机场的道旁，原来是一华侨巨商陈松的私产，后转让给缅政府，房子建筑是中西合璧式的，上面耸立着一座中国式的三层宝塔。房间不多，住的大部分是中国人同东欧人、日本人，很清静。我们9个人住了两间大房子，每房内又隔成两个小间，每小间2～3个床位，还有一间很大的客厅及厕所浴室；我一个人住了一间。花园很大，房子面前就是一大片平坦草地，几棵大雨树，还有很多热带花草。整个饭店才住20多位客人，我们三个代表团就占了16个人，饭店女经理是一个四五十岁的缅甸、爱尔兰、中国混血儿，单身，住在饭店内，同客人一起吃饭，问茶问水颇为殷勤。

我们原定23日在仰光住一天，24日即乘捷克航空公司飞机去金边，不料23日晨即接国内电示暂缓去柬埔寨，后使馆又接电，因柬埔寨局势，考察不好安排，让我们先去锡兰，原来安排完全需重新搞，因办去锡兰签证订机票费时，只好在仰光等候，截到昨天为止才将手续办好。为了不经过印度，定1日乘巴基斯坦航空公司飞机由仰光经东巴基斯坦吉大港，换机到达卡，再换机从印度上空横过，到西巴基斯坦卡拉奇（原巴基斯坦首都，使馆驻地）。1日午后7时可到卡拉奇，在卡拉奇要等3天，下星期四再乘锡兰航空公司飞机去科伦坡，当日到达。为了不经印度避免麻烦，绕了一个很大圈子，但多看一个国家也很好。

因使馆事多车少人手少，外出又不便，这几天每天都关在饭店里，每天三顿饭，饭后花园散步，余下来的时间就是读书。好在饭店很清静，饮食也不错，完全英国菜，一般是一汤二菜（鱼、鸡或肉）一点心，及salad（编者注：沙拉），天天吃了就睡，又不走动，几天工夫大家都胖了。我就是睡得差一些，入睡已渐习惯，就是总是半夜两三点钟醒来，有时即不能再睡。因此，我胖得不快，我也不希望再胖，天天做些保健体操。

昨天在这儿的专家组租了一个汽车

陪我们去仰光几个名胜，转了一上午，看了瑞光大金塔、昂山墓、昂山公园及动物园，坐在车上转了转闹市。

瑞光大金塔是世界有名的胜地，塔建在一个小山上，高326英尺（约99米），全部贴金，塔顶是真金的，上有5000个宝石，耸立在蓝天中，金碧辉煌，十分壮观。大塔旁有许多小塔及佛殿，很多善男信女在膜拜，各国的游客也来往很多，上塔参观不能穿鞋袜，女人还不准上大金塔。佛教影响在缅甸极深远，这里民风淳朴，受西方黄色文化影响一般较少。

昂山是缅甸的民族英雄，因反英被英帝指使人暗杀，其墓很简单朴素。昂山公园是在燕子湖畔按自然地形布置的，热带树木高大浓荫，有许多国内没有的好观赏树木，我们借机采了一些种子。

动物园也还不错，布置得很整齐，热带动物较多，我专心去认树种，采种子去了，也没顾上看动物，一共认了20多种缅甸主要观赏性木材树种（上面均标有学名），暂采了10多种种子，极为愉快。

仰光现有80万人，多数房子有花园，树木极多，很美丽。

今天星期五，因不去柬埔寨，为节省外汇及人少行动方便，经请示国内让杨炳安同志先回国候命，今午有班机去昆明，

就请他代发此信。现国外寄信均靠使馆信使携带，约一个月一次，来信因我们行址不定，也不方便，我尽可能多写信给你，以免挂念。你给我的信到锡兰可能接不到了，到印尼可由部外事处托外交部信使带印尼使馆交中国橡胶工业考察团。我一切自知小心，身体又很好，大家出国又有些经验，这几个国家均很友好，你完全可放心，不要挂念，我只希望你身体好，就一切满足了，千万好好保重。

不知你是否已离所，此信要杨带广州问明你行址再发。

孩子有你照应，我很放心，请安心盼我胜利归来！

祝好。

康

1963.11.29　仰光

**"这次又认识了一些新热带植物，
颇有些收获。"**

霞：

杨炳安同志因签证未办好，前天班机未走成，今天随新运会加班机回国，

再托他代发此信。

今天上午我们就要离开仰光坐巴基斯坦国际航空公司的飞机，于11时起飞，先到东巴（编著注：东巴基斯坦）吉大港换飞机到东巴边境达卡，休息几小时，换喷气式大飞机横过印度，晚7点多到卡拉奇，在卡拉奇要等三天，再乘锡兰航空公司飞机直飞科伦坡。现在一切行李均收拾好，还有近一小时，再给你写这封信。

缅甸已入凉季，我们来的正是好季节，每天都是天高气爽，不下雨，也不很热，一般穿衬衣，早晚还可加件外衣，晚上都盖薄毯子睡，带来的衣服也都很合适。的确良很容易洗，不用烫就可以了，西服一深色一浅色可替换着穿（我想到香港替您买一两件的确良衬衣，香港的较厚，更经穿一些）。

天天不能外出就关在家中看书，**这次又认识了一些新热带植物，颇有些收获（已托杨带回19种种苗）。**天天吃了不动，自己都觉得有些胖了，离京时是57公斤，现可能长了1～2公斤。我早晚做保健按摩操，有些效果（要坚持），望你也坚持锻炼，一冬天休息下来身体会更好的。

大家等着走了，匆匆不再多写，信

可托部外事处交外交部信使带到印尼大使馆交我。

好好保重。

康

1963.12.1 仰光

"沿途采一些种子，10时出去，5点才回来，9天来一共采了10种旱生植物。"

霞：

我现在巴基斯坦卡拉奇给你写信，明晨4时就要启程去锡兰。

1日10时半到机场，在使馆同志协助下迅速办完了离境手续，飞机原定10点40分起飞，因有两个持国民党护照的蒋帮分子乘该机前来，缅甸政府不许入境，要原机退回，耽搁了些时候。12点40分起程，飞机是巴基斯坦国际航空公司的"友谊号"，是两个发动机的美国飞机，机翼在上面，机窗很大，可坐38人，地方利用得很经济，时速420公里。飞机离仰光向西北飞，下面是一望无际的伊洛瓦底江三角洲稻田，土地极平整，但稻田极零碎，有的已收割，有的尚青绿。不久即飞入阿拉干山区（编者注：阿拉干山脉今称若开山脉），崇山峻岭密布着浓绿的热带森林，阿拉干山区受印度洋西南季风影响，雨量特多，是缅甸主要林区，不久山区过尽又进入沿海稻田。很快，下午1点40分就到了东巴基斯坦商业大城市吉大港。我们在吉大港办入境手续，换飞机，海关很乱，手续办了两小时才搞完，大家弄得很疲劳。巴基斯坦大长老巴沙尼和我们同机由仰到吉，巴沙尼是东巴基斯坦的群众领袖，有好几百群众到机场高呼口号欢迎他，他和我们一一握手告别，极为友好（我们在卡拉奇看到他向报界发表的谈话，极力称赞我国）。4点50分换乘另一"友谊号"去东巴基斯坦首府达卡（Dacca），沿途所经都是恒河三角洲的大片稻田，村落相连，人烟稠密。5点30分即到达卡，达卡为东巴基斯坦最大城市，约40万人，在达卡候至9时换乘波音720喷气式飞机去卡拉奇。波音720是美国最新式的喷气客机，可坐110人，设备很好，起飞后很平稳，飞到12000米高度，机舱内温度、气压很正常，速度800～1000公里每小时，达卡到卡拉奇3000多公里（比北京到海口还长一些），3小时20分就到了，

下降很平稳，耳朵未感到压力。在飞机上吃了一顿热饭，我原来是有些晕机的，也能吃下去。到卡拉奇，使馆同志来接，卡拉奇是国际机场，飞机起落频繁，机场设备很好，1点多到使馆实际已是仰光3点多（每过1个经度拨慢5分），大家都非常疲倦，住在使馆新买来的招待所，安心酣然入睡。

2日上午使馆同志陪我们游览卡拉奇动物园、海滨公园。卡拉奇是第二次世界大战及印巴分治后新兴城市，现有230万人口，城市建设还不错，但贫富悬殊极大，也显得无计划。卡拉奇极干旱，年降雨量仅175毫米，一年仅下几次雨，有时一次雨也没有，完全是一热带荒漠，就在此荒滩上建立了城市。城内虽无高大树木，但绿化还不错，引进栽培了许多耐旱的树种。我们在动物园及海滨均采集了一些种子，3日下午又去海滨采集了一些耐旱豆科植物种子，看了书店。

卡拉奇的建筑多具阿拉伯风格，颜色多是黄、红、灰色，高层建筑较少，不如想象中的欧化，伊斯兰教色彩较浓，商业颇繁盛，无夜市，9点以后就关门了。街上有最新的美国汽车，也有慢慢行走的单峰驼车，没有人力三轮

车，但有许多机动三轮车，可坐二人，每辆车子都画得花花绿绿像花轿一样。骆驼、花轿三轮车及柴油机老式电车（四面都有门随时可上可下）是卡拉奇街头突出的景色。

今天上午向大使汇报了我们的工作，要求加强引种及科技合作，大使及使馆同志均很支持，谈后由使馆黄秘书亲自开车陪我们去郊外采种。卡拉奇郊外是一片旱地荒漠，仅生有牛角瓜、牧豆、霸山鞭、柽柳、阿拉伯胶等灌丛及小树，近村庄处有成群的锡兰针葵（可盖房子）。我们一直跑到离卡拉奇近100公里的塔塔镇旁一个阿拉伯树胶纯林中采种、野餐，沿途采一些种子，早上10点出去，下午5点才回来，9天来一共采了10种旱生植物，准备托使馆带回。

卡拉奇很干燥，相对湿度仅40%多，也较凉，早晚均要穿毛衣（60～70℉，约15～21℃），因为使馆近大街，彻夜车声不绝，大家都睡得不大好。我们明晨4时乘BOAC（编者注：英国海外航空公司）大飞机直飞锡兰科伦坡，大约7点多钟到，恐一夜不能睡了。

要准备启程，匆匆笔此，书报平安，不多写了。信托使馆信使带回，保重身体，想您已到京，请将情况禀告二老哥嫂弟妹及孩子们。

康

1963.12.4　卡拉奇

"晚上整理种子到深夜，
我对此有特别爱好，
许多树木久闻其名，
一旦亲身见到，
或是一种长久未查到的植物，
一旦获知它的学名、用途，
真是其乐无穷。"

霞：

5日晨4时即起床，4时半赴机场，6时半乘BOAC"彗星4号"喷气式客机（可坐67人，不如波音720大，快及舒适）去科伦坡，飞机从印度上空斜过，8：30飞过孟买，10：30到科伦坡。科伦坡正在下雨，飞机穿云下降，沿海密布椰子，机场就在海边。

使馆参赞来接（未通知锡方我们5日来，锡方未来接），从机场到城里约走一小时，路旁全是高大的椰子林，果实累累，间或有槟榔及面包树耸立在椰子林中。使馆就位于市政厅旁，馆前是一大公园，环境很好，我们即住使馆内，房子虽较挤，但一切方便，伙食四菜一汤，面、饭均有，每月50卢比（合25元人民币），还不错。

当天下午休息，晚上参赞介绍了情况，6日上午向大使汇报，锡兰对我们考察植胶可能有所戒心，要特别注意方式方法。

7日上午拜会了锡兰农粮部橡胶监督，说明了来意，他准备自下星期起安排活动，一切费用由我们自理。

午后去市郊海滨浴场 Mount Lavinia 游览，是一个围绕着椰林的海湾，建有旅馆，外国的游客很多，但风浪较大，峰旁岩石较多，不是一个很好的游泳地方，在那稍停即去动物园。

动物园不很大，但布置得很紧凑，利用了地形的婉转曲折，很引人入胜，花草树木也多，整理得很好，动物有各种表演，比仰光、卡拉奇的动物园均好。5点15分大象表演，五只大象由驯象人带领一个个列队，后面的用鼻子牵着前面的尾巴齐步走入一个圆形广场，大家都围在四周高地上看，象表演了吹口琴、舞蹈及各种动作，的确训练得不错，博得了不少掌声，15分钟表演完后即返使馆。

晚上看电影《欢乐歌舞》及《春满人间》。

8日星期天，决定去市郊植物园参观采种，一早还下雨，幸好9点就晴了。由使馆秘书陪同我们前去，出科伦坡路两边均是椰林，间或有一些胶园，低地则是大片稻田。公路很好，一小时即到 Gampaha 镇边的 Henarathgoda 植物园，该园是锡兰三大植物园中最小的一个，代表西南低地自然条件，因近科伦坡成为首都人民游览的胜地。树木高大，草地宽阔，地方不算很大，布置得很好。树木皆有学名牌，**我们从10点起一直到下午5点除了避雨吃饭，一直在记树名、采种（还要注意不要被人看见了），收获很大，认识了很多树种，采了近20种种子，回来时天已快黑了。**

晚上整理种子到深夜，我对此有特别爱好，许多树木久闻其名，一旦亲身见到，或是一种长久未查到的植物，一旦获知它的学名、用途，真是其乐无穷。我想尽可能将所到国家的一些主要的经济植物能认识清楚。

9日上午，橡胶监督通知我们明日去橡胶研究所参观3天，即进行准备，午后去书店买了12本书，有一些锡兰本土出版的书颇有些参考价值。

明天一早即去离锡兰约两小时路程的橡胶研究所考察并住在那边的宾馆里，因为有信使12日回国，匆匆写此信。

来后整天都很忙，希望能多获得一些东西，生活饮食均很好，衣服因拿外面洗不便，都是自己动手洗熨。身体很好，睡眠已渐习惯，近几天都睡得不错，请勿念。

约月底去印尼，信可托信使带印尼使馆。

祝大家好，信中情况请转告大家。

保重身体。祝好。

康

1963.12.9　科伦坡

刚好赶到，万里遥祝，希望您身体健康，心情愉快。

我们在锡兰大约待到25日，还要看一些胶园、制胶厂、植物园及椰子、茶叶研究所，这次收获颇大，任务可以完成，学到了不少东西。

身体很好，睡觉已较习惯，请勿念。

身体如何？迪儿怎样？均在念中，希望到印尼能看到来信（信使每月都有）。

时间很晚了，明天一早就走，专书拜寿，祝你一切康乐。

祝阖家新年快乐。

康

1963.12.12　科伦坡

"因25日是您生日，这封信可能刚好赶到，万里遥祝。"

霞：

我们10日去锡兰橡胶研究所参观3日，今天6点半赶回，参加使馆商务参赞举行的一个告别宴会。到现在才散，人很疲倦，因为明天有信使走，前次已给您写信，因25日是您生日，这封信可能

"锡兰西南部主要胶区差不多都去了，每天早出晚归，很紧张，锡方态度友好，接待颇热情，收获很大。"

霞：

祝大家新年快乐！

来锡兰后去二信不知收到否？

我们10日开始参观，看了锡兰橡胶研

究所、试验工厂、试验站、大胶园、制胶厂及椰子研究所，锡兰西南部主要胶区差不多都去了，每天早出晚归，很紧张，锡方态度友好，接待颇热情，收获很大。

锡兰面积65000平方公里（比海南大约一倍），人口近1100万人，茶叶、橡胶及椰子是三大出口产品。沿海种的是椰子，内陆丘陵种的是橡胶，山区种的是茶叶，土地利用极好，从海边到山顶的土地差不多均利用了。柏油马路四通八达，人烟稠密，科伦坡南北近百公里均是椰子、橡胶，种植园都连接起来，沿途都有人家，不远就是一个小城镇，交通很方便，到处都是绿树红花，风景很美。现在已入凉季，雨水较少，天气不算太热，天高气爽，到处都是一片绿色，成片的椰林、茶园、胶树，从山脚直种到山顶，等高环山，下面全是豆科覆盖，非常整齐，就同图案一样。这次日程安排很紧，很少时间休息，但是大家身体很好，情绪很饱满。

我们都住在使馆，虽挤一些，但食住均很方便，我睡觉已较好，有时太累，在车上也睡着了，看到不少东西也颇愉快。

准备明天出去3天，去看锡兰著名的植物园及茶叶研究所，23日晚才回科伦坡，已定27日BOAC机票去雅加达。

明天有人回国，托带此信，我刚从科伦坡南120公里处哥尔参观回来，匆匆笔此，书报平安，望保重身体。

迪儿身体怎样？情况望告爹妈大人阖家。

康

1963.12.20　科伦坡

"25日圣诞节，这儿放假一天，整晚放鞭炮，很热闹，像是给你拜寿一样。"

霞：

前几次的信不知已收到否？

25日圣诞节，这儿放假一天，整晚放鞭炮，很热闹，像是给你拜寿一样。

我们20日结束橡胶考察，21日～23日到锡兰中部山区的茶园、茶叶研究所参观三日，24日即忙于总结，向大使汇报，举行告别宴会，还抓紧参观在科伦坡项目，工作很紧张。今天午后即启程乘BOAC飞机去雅加达，原定11：30起飞，因欧洲大雪，时间推迟到下午4时，抽空给你写信。

我身体很好，睡觉就是醒得早一些，

可能是年纪较大的关系，使馆伙食清淡可口，吃得很舒服，因为工作较紧，这一段看来也没有胖多少。

在锡兰买了一磅红茶，准备带回去送人（半磅铁盒装），因为很便宜，一磅才4.75卢比（合我们2.40元），其他地方没有什么可带的，也不准备再买了。

你身体如何？颇念，希望到印尼能看到来信，望多多保重，时间过得也快，再一个多月就可见面了。

刚从信使带来12月17日来信，极欣慰，身体要特别注意，激素副作用太大，不可多吃，望请教医生。迪儿身体要好好休养，不要急。小禾向他祝贺，要他继续努力。

康

1963.12.27 科伦坡

"爱国是印尼华侨很好的传统。"

霞：

27日因伊朗德黑兰大雪，BOAC飞机误点，一直等到下午5时50分才起飞，仍旧是坐从伦敦飞来的彗星4号喷气式客机，在暮色中横过锡兰岛，落日余晖照耀着岛中部的崇山峻岭，成块绿色的茶园依稀可见，不久即进入茫茫的印度洋。夜里9时45分到新加坡（当地时间要晚一小时），灯光灿烂，夜景很美，在新加坡机场停了近一小时，喝了一杯橘子水，没有遇到什么习难。10时55分从新加坡起飞，12时20分到雅加达，当地时间已是午夜2时20分了，使馆刘参赞来接，一起均很顺利，即到使馆招待所住宿。

使馆招待所是原来大使住宅，新运会后改装的，房间虽小但还雅静，有个较大的独院、草地，很安静，除我们外还有三个代表团住在一起，颇不寂寞。服务人员都是华侨，海南或广东人，吃的也是广东菜，住在这很有到家的感觉。

在印尼日程还未安排，这儿的机关办事效率奇低，看情况要新年以后才能进行考察。

这两天在招待所整理材料，只是到使馆去玩玩，谈工作。椰城（雅加达）初步印象是城市规模很大（300万人），有些地方布置得很好，如新运会场，但总的来说，车多人杂，显得很乱，椰城有上十万辆汽车，汽油四盾一公斤（汽水要75盾一瓶），比水还便宜。满街是汽车、三轮车（据说也有几万辆），拥塞不堪，从招待所到使馆7～8公里，上班时要走一小时。**另外是华侨多，爱国热情，我们遇到几个华侨大胶商，一见面就要陪我们参观，爱国是印尼华侨很好的传统。**

印尼物价很高，现在官价128盾合我们1元，黑市还要高几倍，我们每天吃饭300盾，要在外面住旅馆每天要几个盾，而每个工人一月仅1500盾，买一件衬衫都不够（大米每公斤150盾，菜70盾），人民生活很苦，政府现正设法解决此问题。

康

1963.12.31　雅加达

> "到国外来更感到自己国家的伟大，
> 对世界影响的深远，
> 也更深体会到自己工作的意义。"

霞：

刚才从使馆会餐、看完电影回来，一路上行人不断，许多地方张灯结彩，爆竹声声，很有些新年景象。**现在差一分钟就是1964年了，我在万里之外，遥祝你们新年快乐。**这一年过得很快，回想起来，也办了不少事，随着整个国家形势的好转，我们的工作也有了进展。

下午大使接见了我们，谈了印尼当前的形势，看来我国威望日高，亚非拉美经济技术交流将大大发展，大使对我们来考察期望颇殷。在这样形势下，我们又当如何努力工作？**到国外来更感到自己国家的伟大，对世界影响的深远，也更深体会到自己工作的意义，1964年要更加努力，戒骄戒躁，扎扎实实把工作搞得更好；**同时，也愿努力多学一些东西，可以更好地为国家服务。

我愿你同孩子都身体健康，我们在共同事业中更加互相帮助、体贴，共同前进。

康

1964.1.1　雅加达

> "这次出来英文大大用上了，
> 方便很多。"

霞：

一夜爆竹声不断，浮想联翩，不能入睡。元旦上午9时使馆请代表团去游茂物（Bogor），茂物离椰城54公里，海拔200多米，在Salak火山脚下，风景美丽，是印尼的避暑胜地，许多有钱人在那都有别墅。椰城郊外景色开阔，不像科伦坡四郊遍布椰子，一眼望不出去，这处是高入云端的火山，椰子、橡胶、果树，碧绿的水稻梯田。10时多到茂物，先游茂物植物园。该园建于1817年，是世界最大的热带植物园，品种7万种，入内大树蔽日，奇花异草，珍奇树木很多，可惜布置得较凌乱，每种树种仅一两株，杂种在一起，没有大的草地及有计划排列，看来不如锡兰Peradeniya（佩拉德尼亚）植物园美丽丰富，同时管理也差，许多地方杂草丛生。植物园的公园部分倒整理得很好，草地宽阔，树木高大，一丛丛地散落在草地中，点缀着鲜艳的草花，颇为美丽。

游完植物园即去使馆在火山脚下的别墅午餐，房子很好，很凉爽，午餐后休息了一会，又到半山的一个咖啡馆玩了玩，就回椰城了。

2号拜会了农园局长，态度友好，商定星期六具体安排日程，星期一开始参观，这几天又要等待了，只好抓紧时间整理锡兰材料，大家整天都关在招待所写东西。

印尼气候不错，中午稍热，晚上还凉快，我每晚盖毛巾被睡，昼夜没有很大差别，一年差别也不大，不知是否适合你的身体。

这次出来英文大大用上了，方便很多，你如有兴趣及时间，我劝你也学一些，说不定哪天会用得上。

信使明天来，这封信即托他们带回，希望能看到你的信。

问候孩子，要迪儿好好注意身体，小禾争取每星期得五好。

我身体很好，勿念。

新春快乐。

康

1964.1.3 雅加达

"身体第一，再不要耽误了，要从长远设想，一切服从身体。"

霞：

今天电影代表团回国，又托带此信。

昨接信使带来12月17日来信，知已安抵北京，迪儿已出院，甚为欣慰（信虽贴邮票还是交信使带来）。

高的脚摔了，要她特别当心，好好养好，向她问好。

刘副部长我已写一详细报告给他，

请到医院看他一下，告诉他我们的近况，愿他好好静养。

国家科委款望抓紧找田局长、范主任决定下来。

向唐文、三妹他们问好，爸爸妈也代请安，我不再另写信了。

最近在报上看到一篇文章讲激素不可多吃，吃得不好可产生许多副作用，如心脏病，肾上腺皮质激素萎缩，经期不调，女的长胡子，性腺萎缩等等，因此，多吃了要千万注意，您最近不是感到心跳不适吗？是否与吃激素有关？千万不要因压气喘，又出来别的毛病，请即找医生好好请教一下。

这次来京身体一定要休息好，身体第一，再不要耽误了，要从长远设想，一切服从身体，迪儿也一样。我要不是身体好，出来这样奔走，根本无法支持，望好好保重，以免远念。

信可请部外事处交外交部信使队带来，日期可请邱处长询问一下，我们在印尼要待到二月初旬才能离开。

匆此祝好

康

1964.1.6 雅加达

"大使很重视我们这次访问，
认为在热作方面与印尼贸易，
科学技术交流的前景极为宽阔，
要我起草了电报向
国内建议加强合作。"

霞：

我们31日由苏南（编者注：南苏门答腊省）访问归来，看到老谢及带来的信，知一切均好，极为欣慰。

我们7日开始参观西爪哇胶园，13日乘飞机去苏门答腊北部棉兰访问，27日再从棉兰到苏南省巨港参观了3天，31日上午返椰城，25天的访问总共参观了大胶园9个，研究所3个，再炼胶厂9个，油棕园1个，剑麻园1个及好几个小胶园，日程安排很紧凑，看的东西较多，收获很大。

在西爪哇参观了离椰城一百多公里处Subang附近的国营吉贡拜胶园，规模较大，管理得不错，胶园行间均间作旱稻，生长也好，随后即去美国人经管的PLT公司大胶园参观，胶园规模更大，新的芽接树生长极整齐，胶片厂亦较新式。参观完胶园就从中部山区穿过到万隆过夜，途中有很多茶园，最高处海拔1800多米，颇有凉意，路过著名的Tangkuban

1963年12月，在中国驻印尼棉兰领馆前合影。大使姚仲民与何康联名向中央写了中国印尼橡胶及热作合作建议

Perahu（覆舟火山）火山口时嗅到强烈的硫黄味，因时间较晚，没有停车一看，颇为遗憾。

到万隆已是万家灯火。万隆是一群山环绕的盆地，海拔700多米，很凉爽。我们住在半山腰的农园宾馆，晚饭农园公司经理请客，饭后游览了万隆街道，比椰城还整齐，特地到亚非会议会址独立大厦门前看了看，又驱车到附近山顶眺望了万隆夜景。万隆约150万人，城市很大，万家灯火闪闪，很美观。

1月8日又参观了一个国营胶园，午餐后稍座谈即坐车返椰城，沿途经过山区及盆地，大面积绿油油的稻田及层层的梯田，山上树木葱茏，尤其是茂物附近Tjipadas地区风景很秀丽，沿着公路都是一幢幢的别墅，是有钱人过周末的地方，7点多才回到椰城。

1月9～12日我们搬到使馆在茂物附近山上芝巴荣别墅住了四天，就近在茂物参观2个研究所，别墅离茂物12公里，海拔690米，很凉快，建筑也好。我们全团人马带了一个厨子住在那里，很方便也很舒适。两个研究所一是以橡胶为主的多年生作物所，一是橡胶工业研究所，都有三四十年的历史，原来基础很好，但目前研究人员、资料、设备均缺，工作陷半停顿（每所研究人员不到10人，许多是华裔，印尼籍华人），两所人员对我们都极热情，我们分组每所看了3天，还请一些主要研究人员来别墅茶会座谈，很融洽，建立了今后交往关系。星期六午后访问完了研究所，又去附近Tjipadas高山植物园参观，Tjipadas海拔1300米，高大的南洋杉与柏树，大片草地、水池，衬着高入云霄的火山锥，很美丽壮观。参观完后他们返椰城，我一人留待大使及参赞来别墅汇报工作，晚上大使来后谈工作，打麻将直到深夜二时。第二天又谈了一上午，**大使很重视我们这次访问，认为在热作方面与印尼贸易，科学技术交流的前景极为宽阔，要我起草了电报向国内建议加强合作，一直到吃了晚饭才同大使一起返椰城。**

1月13日由三位印尼官员及使馆商务秘书陪同去棉兰，坐Elektra涡轮喷气式飞机，约两个多小时到棉兰，沿途经过点缀着点点珊瑚小岛的海西，不久即进入广阔连绵满布热带雨林及沼泽的苏门答腊岛西部平原，在苏岛中部连飞近一小时（飞机近700公里一小时），下面都是不间断密密麻麻蓝绿色的热带雨林，间或在小河畔有些房子，其余全无人烟，真是沉睡、待

开发的宝地！快到棉兰前就出现大面积方方正正道路纵横的大胶园，美丽如图案，据说是美国Goodyear公司在Winjfoot的大胶园，面积达20万顷。到棉兰，领事、印尼苏北（编者注：北苏门答腊省）农园局长、省府交际科长、侨领来接，住在郊外农园公司宾馆，很清静的一座小洋房，只有四个房间，人住不下，刚好领事馆就在斜对门，一部分团员就住在领馆。当天下午安排好两星期日程，苏北农园局长态度很友好，安排也周到，加上领事及领事夫人待我们非常热情周到，生活上照顾极好，大家对棉兰访问都认为很满意。

苏北棉兰是印尼橡胶、油棕、剑麻、烟草大农园集中地区，我们看了三个国营一个私营及一个美国人（在我们参观后不到一星期即被印尼工人接管）经营的大胶园，规模均很大（最大的7万多亩），管理较好，道路、房屋、工厂均有相当规模，看后令人很愉快。油棕园及剑麻园规模亦大，尤其是油棕及剑麻工厂均颇现代化，看后有很大启发。苏北农园研究所历史很悠久，所长是华裔陈中堂，对我们很热情友好，还邀我到他家中吃福建点心，但因人员不多，经费缺乏，工作做得也不多。

在苏北印尼方面接待颇隆重，到后

及行前均拜会省长关先群，省长专派一代表及农园局长从头到尾陪同我们参观，各农园亦安排周到，详细讲解，我们亦尽量进行了友好工作。

在棉兰还利用两个星期天游览了两个地方，一处是离棉兰100多公里的苏北名胜多巴湖（在高山上的断层湖），海拔约1000米，波光万顷，四周群山环绕，树木葱葱，景色很秀丽；还有一处是马达山，离棉兰60多公里是一山间高原蔬菜区，海拔1300米，气候更凉爽。

27日离棉兰又到苏南民胶中心巨港访问了3天，日程安排很紧，接待更为隆重，行前省长专为我们举行了宴会，对印尼民胶情况有进一步了解。

31日回来大家均疲倦得很，所幸身体均好，休息了一下就好了。

现决定6日乘法国飞机去柬埔寨，在柬埔寨访问两星期，最快二月下旬即返广州总结。因此，这两天就忙着汇报、整理资料、拜会、告别，希望尽可能周到地将一切安排好。

我身体很好，这次出来不仅学到许多东西，又受到很大锻炼，收获很大。希望您同迪儿好好注意身体，不久即可见面了。长效西林（编者注：苄星青霉素）我到港后将用零用钱买一些，老谢想代买，不好麻烦他了。

迪儿我不再写信了，要他好好听妈妈话；小禾也鼓励他努力进步，我经常看看他手织的塑料网，就想起他。

不再多写了，一切面谈，勿远念。

明天即托人带上此信。

祝好。

康

1964.2.2　雅加达

"我们春节可能
在外国人胶园中过了。"

霞：

6日晚8时我们乘法航的DC-4喷气式客机平安到达柬埔寨金边。

DC-4客机很大，可容100多人，但不如波音707设备好，飞行也不如波音平稳，可能是气候关系。雅加达到金边飞了2个半小时，金边夜景很美，一下飞机感到天气比雅加达还热一些。

使馆王参赞来接，柬方农业部也有一处长来欢迎，并已准备好初步日程，一共安排了14天，我们要看的都安排了，很感高兴。

我们当晚住水泥厂的招待所，第二天又搬到使馆住，7日向大使汇报了工作，使馆大力支持，8日上午拜会了柬埔寨农业部国务员周成大臣，态度颇友好，讲得一口流利的法文。我们在此全无用武之地了，后又具体地谈了日程，法国柬埔寨公司朱普胶园，研究所均安排了，要从下星期二（11日）才开始参观。

柬埔寨面积180000平方公里，人口570万人，金边40万人，城市小巧玲珑，美化搞得很好（可能太过了一些），马路宽阔，街道整齐，有许多广场，街心花园，行道树都是高大的酸豆、非洲楝、芒果，点缀着宽大的草地，鲜艳的美人蕉，颇为美丽。皇宫就在洞里萨河畔，距与湄公河合流处不远，金碧辉煌，高耸的尖顶，屋檐上向上翘起的七头蛇像，高大的柱子支撑着黄色的琉璃瓦与绿色的镶边大屋顶，非常具有民族风格。独立广场高耸着由紫砂石砌成的独立碑，民族风格也很浓，与旁边美国代为修建如火柴盒一样灰色的高楼格调十分不协调。

柬埔寨华侨很多，20～30万人，商店几乎大部是潮州籍华侨开的，招牌都是中柬文并列，潮州话最通行，国语也可说得通，热闹地方也颇整洁，看来颇愉快。

我一切很好，人也长胖了一些，59将近60公斤了。**法国胶园规模大，设备新式，中法建交后对我们态度尚好，此行可能收获更大。**估计月底即可经港返穗，下月初就可见面了。

我们春节可能在外国胶园中过了，家里节过得如何？出来久了，的确有些想家，遥祝你们春节愉快，万事如意。

向大家问好。

康

1964.2.10 金边

七、建设国家热作基地样板
（依据笔记、"文革" 交代材料编撰）

（一）建立基地样板

落实橡胶热作十年发展规划，建设国家队，树立基地样板，是爸爸在"文革"爆发前为中国热作事业做的最后努力。依据他的工作笔记、"文革"中的交代材料，我将尽可能展现他在1964年到1966年5月这两年半时间的工作、思想情况。

中国华南地区处于热带边缘地区，大规模的橡胶种植和热带作物事业的历史很短，学习东南亚、南亚国家的成功经验是一条捷径。爸爸尽管在1950年代中期访问过缅甸、印度，1961年访问了越南，但都不像这次的东南亚、南亚之行。爸爸已有橡胶、热作事业12年的实践经验，科研成果如何转化，科教与生产如何结合，胶园经营管理如何改进等等问题一直在他心中，他是带着问题出访的，这让他看到了差距，坚定了走建设国家样板之路，以点带面，从科研、教育到推广实验到促进生产。这符合迁所建院、儋州立业的初衷，也为"一统四包三结合"找到了落地生根的途径。

在"文革"交代材料中，他写道，"1963年我去柬埔寨考察橡胶生产回国后，从北京到海南，从领导到群众，到处作考察报告，展览图片，极力鼓吹'走柬埔寨植胶道路'"，即用三高（产量高、质量高、生产效率高）一低（成本低），替代我国营农场的三低一高，"提出学习柬大胶园独立经营，讲求利润的经营管理经验"，"和东南亚植胶国家相比较，我国植胶地区有寒、风、旱，条件较差，优良一等植胶地面积又有限（约五六百万亩），为提高质量，

加强农作物新品种的研究，何康与农场工人合影

降低成本，应采取'少而精'的植胶方针，力求提高质量（单位面积产量）以弥补数量（植胶面积）的不足"。

1964年3月，爸爸在全国农垦工作会议上作了东南亚的考察报告，专门向时任国务院副总理谭震林作了汇报，谭明确指示要学习外国先进经验，专家要发挥作用，以"二公斤、三厘米"为目标，建立高产的橡胶样板基地。国家科委要求落实1963年全国农业科技规划会议提出的十大研究中心、样板五年规划，范长江副主任听取爸爸汇报后，让"以外促内"，加快海南热作基地的样板建设。

海南区党委书记杨泽江大力支持热带作物事业的发展，与何康结下了终身友谊，离休后仍互访，图为何康向杨泽江赠送《何遂遗踪》一书

样板建设也成为科研与生产的结合点，得到海南区党委的大力支持。区党委第一书记杨泽江，书记兼海南农垦总局局长王昌虎听取汇报，共同谋划，决定以西庆农场为样板基地，由热作所与农垦局双重领导，1965年初又成立了所局合组的西庆样板工作队。爸爸和黄宗道亲自蹲点，爸爸为政委，黄宗道作为所方代表任样板工作队副队长。1964年10月，"所院"派出了更多的人员，多时达三四十人，与农垦局"一起搞胶园管理规划，发动群众对西庆胶树、土壤进行了普查，绘制了西庆基本情况，胶园科学管理施工图及分年产胶规划"。并以现场会议、训练班的形式在儋县及

全岛推广科学管理规划。爸爸利用"两院"的教学力量，自1963年起，积极开办农场技术人员生物统计、外文、植保进修班，帮助育种站、农场订阅外文书刊，并创办了《样板简报》。爸爸说"要将'两院'办成农场技术人员可以经常来院学习进修的'技术之家'"，并提出聘请广东省农垦厅与海南农垦局的主要技术人员兼任所的研究职务，利用所的设备条件、助手进行研究。1965年2月9日在西庆召开的场、所领导干部会议上，王昌虎充分肯定了样板工作，称"搞样板极为重要，是好的领导方法"，"是干部思想作风革命化的表现"，"是大搞三大革命运动，是群众路

线的体现"。在计划经济体制下，爸爸大胆提出了"敢想敢干，敢于革命。农垦系统在这方面的劲头不大，改变不快，受计划的约束，不敢从实际出发，束缚了我们手脚。不敢想，不敢干，搞不出名堂，没有创造，没有大幅度增产，就没有说服力"。自1952年中国大规模垦殖橡胶开始，爸爸就与老红军、"林一师"政委王昌虎相识，对他十分敬重，一起为中国的橡胶、热作事业奋斗了几十年。王昌虎关于建设橡胶热作样板基地的五次谈话，爸爸完全同意，在他的"文革"交代材料中仍给予了正面肯定。

（二）西庆样板，东兴四清

1965年2月，爸爸与黄宗道在"全国农业科学实验工作会议"介绍了西庆样板工作。7月，爸爸率"两院"近40人，去万宁东兴农场搞"四清"运动，他认为"四清"最终要落实在样板建设上，"两院"从科研力量、设备与经费支持东兴农场成为东线农垦系统的样板。爸爸还获得了地方党委颁发的"四清"模范奖状。同年，热作所扩充成研究院，形成了"两院两所两站一场"2400多人，及"以何、吴（修一，学院）、龚（硕蕙，党务人事）、郑（克

1966年初"四清"时的何康在万宁东兴农场讲话

何康被地方党委评为"四清模范"

临，行政）、黄（宗道，科研）的领导班子。""我把10多个正、副研究员视为办院的'本钱'，把70多个助理研究员、讲师，看作是'两院'出成果、出人才的'希望所在'，将他们一一提升为院务委员、成果鉴定编译出版委员会委员、系主任、组长、课题负责人。'两院'三个系，11个研究组，上百个研究课题负责人，都是清一色的知识分子。"1965年，"两院"将"巴西橡胶育种引进成就"报国家科委、农垦部，申请"重大科技成果"，但因"文革"的影响，直至1982年"橡胶树在北纬18～24度大面积种植技术"才获得了国家发明一等奖。

（三）"一诺千斤重"

1964年12月，第三届全国人民代表大会召开，爸爸当选为广东省的代表，与作为福建省代表的爷爷再次共同参会。在会议上，周总理首次提出"实现中国四个现代化"的伟大号召，爸爸和爷爷与家人畅谈听总理报告的感想，兴奋、激动之情溢于言表，此情景我至今难忘。

1966年2月22日，周总理召集国家计委、农办、农垦部、财政部、水电部等领导，听取了广东、云南省委及其所属的几个地委，农垦厅（局）长及广西农垦厅的领导，关于广东、云南省橡胶等问题的汇报。因为参会的都是领导，爸爸坐得靠后，但总理一进会议室，就看到了他，马上召他坐到身边，"并问'两院'是否还在那大，搬下去是搬对了，但是你们的房子盖得太好了，要搞半农半读，学大寨，学大庆，缩小三大差别"。汇报从下午3点半开始，7点半结束，整整4个小时。汇报结束后，总理留大家晚餐，爸爸对这餐饭印象深刻：一荤一素两个菜，主食是小米稀饭、玉米面窝头。总理还特别嘱咐广东省的同志应去大庆看看。在余秋里同志亲自安排下，爸爸随省委副书记张根生一起去了大庆，笔记记了一大本。这是爸爸最后一次见到周总理，

距他在重庆第一次见总理整整过去了28年。

1960年2月9日，周总理访问所院，在研究大楼广场与大家合影，中小学生们排队进场，走过爸爸跟前，这时他拉了队伍中的我一把，我就坐在了他的膝下，留下了那张挨着总理的珍贵照片（见本书118页上方插图）。

1967年1月，总理与中央"文革"成员在人民大会堂小礼堂接见北京中学生代表，我作为老红卫兵代表上台发言，总理盯着我问："我好像在哪见过你？"

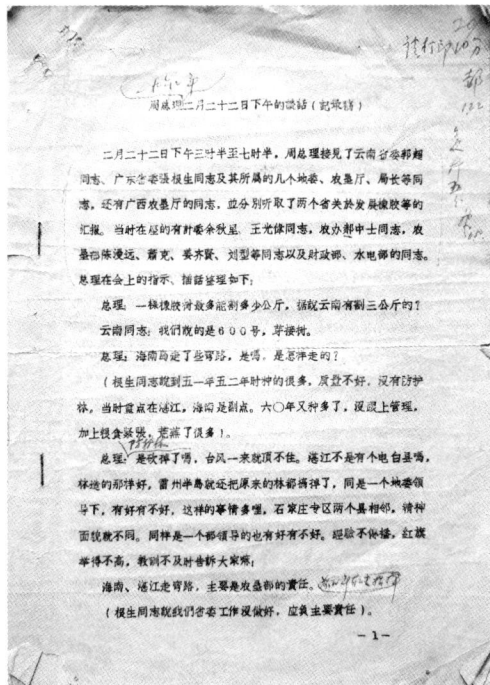

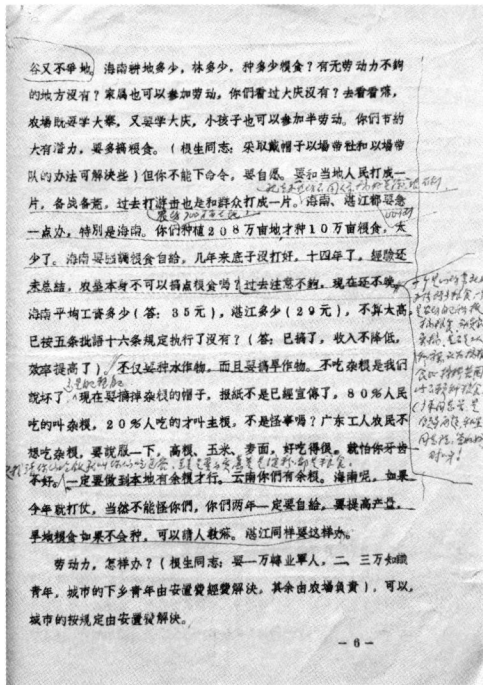

1966年2月22日，周总理听取广东、云南两省汇报橡胶工作记录稿

1960 年 2 月，周总理视察"两院"，何康、缪希霞夫妇陪同，周总理让转达对老朋友（即何康父母与缪希霞父母）的问候

第二年我回宝岛新村告诉爸爸这件事，爸爸问："你回答总理了吗？"我说："没有。"我看出爸爸眼中流露出的失望。

2022 年 1 月 9 日，我写下了《无尽的思念》一文："1 月 8 日是周总理逝世 46 周年，看到网上的纪念文章，也想写点父亲与总理交往的故事。爸爸去年 7 月 3 日逝世，我想他是追随总理去了。虽然年龄有大小，职位有高低，但为中国现代化努力的过程中，总理是他心里最为敬重的为人做事的榜样。46 年前总理逝世的这一天，我在海南陪着父母痛哭失声，怀念总理的画面刻在了心里，终生难忘。"我文中抄录了爸爸于 1960 年 1 月 10 日记述总理访问"所院"的日记《总理视察宝岛新村》，并收录了《经济日报》记者邓维怀念父亲的一则短文《为了总理的嘱托》：

"我第一次采访何老是在 1986 年全

国两会上。那时媒体不多，中央大报很吃香，各部委、各省市的头头脑脑都愿意于两会期间在大报上露露脸。我一向不揽这些活儿，能躲就躲，只拍摄自己认为有新闻价值的人和事。那天采访分组讨论，我记得是在福建团驻地，进会场后见一位头发梳得一丝不苟、遣词造句一丝不苟的老头正在与人争执。争执的内容是我国到底要不要继续种植橡胶，因为那时国际市场的橡胶无论价格还是质量都优于我国。我问工作人员'那老头是谁？'，'农牧渔业部部长何康'。当时的农牧渔业部后来又改回农业部，部长还是何康。按惯例，政府部长两会时依籍贯出席籍贯地代表会议，因此何老出现在福建团顺理成章。我知道何老是苗姐（编者注：'苗姐'即我的妻子王苗）的公公，又特别想知道何老为什么在这种会议上跟人吵架，就向何老的秘书说我想单独采访拍摄何老。我这里正交涉着，那边会议室内声音更高了。我三步并两步跑进会议室，只见何老腰板笔直地站在那，对方也挺胸提腹站在那，四目对视，各不相让……对方（我记得是当时福建主管农业的副省长，跟何老还挺熟）喊：'为什么一定要种，得不偿失嘛！'何老脸都憋红了，大声喊道：'为

什么，因为橡胶是人家卡我们脖子的战略物资，因为这是周总理的嘱托！'此话一出，全场鸦雀无声……

散会后我追上何老，说他刚才与人争论的镜头我拍了，正好能反映代表们畅所欲言，能发表见报吗？老头听说我是《经济日报》的，说：'经济日报？政府报，可以发。但你准备用什么标题发呀，总不能说是何康吵架吧？'我说：'标题是各抒己见，行吗？'老头笑着点头，没走出几步又返回来，一丝不苟地对我说：'记者同志，事关国家利益，是总理（当时老人们口中的"总理"只有周恩来）当面交给我的任务，这确确实实是总理的嘱托！'刹那间，泪水涌满了老头的眼眶……

他历事无数，阅人无数，感知无数，不可能记得我，但他心中铭记不忘的，肯定是中国的大农业，肯定是那时9亿多农民，肯定是完成那刻骨铭心的嘱托。何老，您安心睡吧，好好歇着。你们那一辈人历经坎坷、忍辱负重、矢志不渝，已经尽心竭力了。回忆何老，他'吵架'的那一幕总是映现在我眼前，也令我顿时想到一句古词：'立谈中，死生同。一诺千金重！'"

第五章

1966.5.16—1977.11.30

【历经劫难　凤凰涅槃】

艰辛岁月

1966年5月至1976年10月的"文化大革命",使党、国家、人民遭受了新中国成立以来最严重的挫折和损失。在这十年,爸爸也经历了一段冰火两重天的艰辛岁月,但凭着坚定的理想信念,对人民的赤子之心,他没有被时代的逆流击倒,最终度尽劫波,凤凰涅槃。

1966年6月,爸爸作为"'两院'头号走资本主义道路的当权派"被打倒,经长达近6年的批斗、审查、劳动改造,于1972年1月被"解放",11月重新分配工作,担任广州军区生产建设兵团生产部副部长。1974年兵团撤销,改组为广东省农垦总局,爸爸担任党委副书记、副局长。"热作两院"在"文革"中遭受重大摧残,建制一度被取消,75%的教研人员下放到各农场。1972年"两院"开始逐步恢复,1974年划归广东省农垦总局领导,爸爸兼任了"两院"领导和党的核心小组组长。1977年底爸爸被调回北京,1978年出任农林部副部长,结束了他长达25年的热作生涯,海南岁月。

一、风暴来临

对于"文革"中的个人遭遇,爸爸生前几乎不曾提及。但1968年的一幕,给我留下终生难忘的印象:那是一个晚上,大喇叭里点名让爸爸等几名"走资派"去接受批斗,声称要祭奠两派武斗中"牺牲的烈士"。爸爸的神态非常坦然,他换上了整洁的中山装,从容系上风纪扣,去接受生死难料的所谓批斗。我们在惊恐中焦急地等待着批斗结束。两小时后,他被打得鼻青脸肿,一只眼眶乌黑。弟弟无比愤怒,想冲出去找打爸爸的人算账。爸爸拦住了他,说:"人平安就好",他要我们正确对待类似事情,千万不要冲动。

"文革"结束,平反冤假错案,中组部下达文件,清理"文革""反右"期间形成的干部档案,"两院"落实知识分子政策办公室先后清退了爸爸与妈妈之间近200封书信,从大学时期至1966年,近百本笔记,"文革"中近千页各类交代材料、思想汇报、证明文件等。爸爸去世后，在整理这些遗物时，我更清楚地了解了爸爸从事橡胶、热作事业25年人生轨迹，特别是他不愿提及的种种遭遇。除了皮肉之苦，还遭受了更为痛苦的精神折磨。作为一名忠诚的共产党员，爸爸真诚而坦然地接受了这一切磨难，甚至认为对他这样出身于旧官僚家庭，受过旧大学教育的"小资产阶级知识分子"，要成为一名真正的共产主义战士，这是必须接受的政治淬炼、思想改造。

对爸爸在这一时期留下的文字进行摘抄及简述，是为了铭记和反思历史，也为了展望更加美好的未来。

1966年6月1日，中央人民广播电台播放了聂元梓等人写的大字报，"文化大革命"开始由北京波及全国。

此时爸爸恰好在北京出差，准备迎接柬埔寨橡胶代表团访华。爸爸是5月27日飞到北京的。在京期间，他一边做接待外宾的准备，一边专程到农垦部请示"两院"该如何开展运动。当时部党组明确指示："两院"运动由地方党委领导。面对这场突如其来的运动，爸爸感到有些措手不及，不知回海南后如何开展，于是多方联络老朋友、老上级

——当面请教。因外宾推迟访华，爸爸于6月3日乘火车回广州，5日下午抵穗后又找到中科院中南分院、中山大学等科研院校打听了一番。6月6日一早飞返海口，爸爸即去海南区党委找有关领导汇报了农垦部党组决定，请地方领导指示。得到的答复是：先回"两院"成立核心领导小组，发动群众，具体安排等待省委通知。

6日下午爸爸返回宝岛新村，7日主持召开党委会议。会议决定成立运动核心领导小组，并由爸爸担任组长。8日召开大会宣布八项措施，开始发动群众大鸣大放。大字报矛头很快对准了第一把手。爸爸认为自己不再适合继续担任核心领导小组组长，交权给了其他同志。作为知识分子出身的专业干部，爸爸认为反右派斗争后"两院"已解决了党的领导问题，迁所建院、创立样板执行得也是与工农结合，为生产服务的正确路线，更何况运动兴起之时，爸爸仍在万宁"四清"工作队。但为了贯彻落实好中央指示精神，他尽可能地去了解情况，争取上级党组织的领导，但是从农垦部党组到广东省委再到海南区党委，都应了当时流行的一句话："对于'文化大革命'，我们是老革命遇到新问

题。"爸爸的请示没有也无法得到上级组织的明确指示。

据《院校志》记载:"'两院'运动开展不久,少数同志听到外地揪斗走资派、游街、抄家等活动,他们也在宝岛新村仿效。北京串联过来的几位红卫兵说'两院'运动冷冷清清,因此发动在研究大楼广场召开全院大会,揪出一大批所谓的走资派、反动学术权威,剃阴阳头、涂脸、戴高帽,在会场上只要有人提名,有人响应,就可揪出一个对象,完全是无政府状态。"根据爸爸的交代,8月份被抄家,9月份办了抄家展览,1967年6月再次被抄家。他被揪出批斗、参加劳改队,开始了长达5年的检查、交代、批斗、劳动改造的生活,从1968年7月进入学习班,直到1971年10月,爸爸绝大部分时间都在被集中看管。

根据爸爸的交代材料和学习笔记、日志,我摘录三类文字:第一类,对所谓错误的办院方针、路线、言行的检讨材料,进行"触及灵魂"的自我批判;第二类,劳动改造和学习马列主义、毛泽东思想的体会;第三类,对组织处理自己的意见。

以下为第一类文字,主要摘自爸爸的交代材料。

当时将17年文教科技战线说成为资产阶级的黑线所统治,"两院"大批判的内容、包括同事们的揭发,爸爸都是主要目标。我读了十几本他"文革"中的笔记,真很痛心。这些颠倒是非、混淆黑白的批判,他照单全收,记在交代中。作为单位第一把手,所有问题他都承担下来。第一部分引文涉及办所院方针、干部队伍培养、样板基地、热作中心、生活保障等等,他从不把责任推给别人,我看到的更多的是"担当"。正如《关于建国以来党的若干历史问题的决议》指出的:"'文化大革命'被说成是同修正主义路线或资本主义道路的斗争,这个说法根本没有事实根据,并且在一系列重大理论和政策问题上混淆了是非。'文化大革命'中被当作修正主义和资本主义批判的许多东西,实际上正是马克思主义原理和社会主义原则,其中很多是毛泽东同志自己过去提出或者支持过的。'文化大革命'否定了建国以来17年大量的正确方针、政策和成就,这实际上也就是很大程度否定了包括毛泽东同志自己在内的党中央和人民政府的工作,否定了全国各族人民建设社会主义的艰苦卓绝的奋斗。"爸爸的交代无疑是《决议》的注脚。

"1958年下迁海南后,我多次散布:'反右后研究所领导权已掌握在党手中,大方向是正确的,现在主要是出成果,出人才问题。'提出:'科研为生产服务''广结善缘,好客成风''勤学好业,尊师爱友''热爱事业'等封、资、修口号。说什么'"两院"都是工会会员,只有个别五类分子,而没有阶级。'大家扶老携幼从广州搬下来,都是一条船上的人,要风雨同舟,将'两院'建成为其乐融融的社会主义大家庭。我大肆宣扬资产阶级的'方向学''关系学''大事化小,小事化无'的解决问题的辩证法,及'将心比心''己所不欲,勿施于人'等'合二而一'的阶级调和反动谬论。此外,我还散布'工人文化低,不懂科学,搞研究主要靠科技人员'等'群众落后论';'党内要互相通融,团结友爱,不必势不两立'等'党内和平论';'要做热作专家''学了本领好出国''三十成名,四十成家'等'读书(入党)做官论';'要有事业心''干一番事业,先苦后甜'等'公私溶化论';'要做好服务工作,甘当垫脚石''听党的话,做党的驯服工具'等'驯服工具论',流毒极深,危害极大。"

"重用懂得业务,有文化的知识分子干部,排斥工农干部,转业军人。在此指导思想下,我提出办好'两院'要依靠'三十年代的领导,四十年代的专家,五十年代的骨干''一统四包三结合''政治业务双肩挑一元化领导'等作为我推行这一条反革命修正主义干部路线的黑纲领。"

"大力垄断科学,反对科学实验群众运动。我违反毛主席'政治是统帅'的教导,一贯强调科研教育机关应以'科研教学为中心'。我作为旧'两院'党政主要负责人,长期以来只抓业务,不抓政治(实际上是大抓资产阶级政治)。1957年我一来研究所就向党支部提出,研究所主要问题有三:政治领导,学术领导,学术作风。所是学术机关,从长远看学术领导是主要的。1958年下迁海南后,我提出'科研为生产服务'和'速生高产优质价廉综合利用'作为研究所工作方针,并歪曲说这一方针是贯彻总路线精神的具体体现。我多次强调'两院''一切工作应围绕研究教学这一中心为出成果出人才服务'。1964年初毛主席号召大学、解放军突出无产阶级政治后,我又阳奉阴违用折衷主义手法,多次强调'突出政治要落实到出成果、出人才上去,落实到二公斤、三公分上去'。"

"1960—1962年国民经济暂时困难时期，我在社会上资产阶级向无产阶级猖狂进攻的新形势下，在'两院'更进一步全面推行修正主义。从1960年初我在四省热作技术会议上提出'目前已进入热作科研新阶段'，要建立以我所为中心的热作科研体系。到1961年9月我在党委会传达研究贯彻'科学十四条''高教六十条'时提出：所院工作应以'研究教学为中心'，'为研究教学工作服务'，'为研究教学工作人员服务'，保证'出成果出人才'，'大力提高研究员教学质量，建立研究教学稳定秩序'；建立院务委员会作为党委领导下最高行政机构，撤销各系基层支部的领导权，只起保证监督作用；提拔一批党外业务干部担任系组领导，调整一批研究教学人员等级职别，在高中级研究教学人员中发展一批党员，摘掉一批右派分子帽子以调动知识分子的积极性；保证业务时间，加强'五定''三基'，大力培养研究教学干部；大力改善生活，加速宿舍建设等具体方针措施，形成一整套修正主义的黑纲领。"

"我还组织教研人员环岛参观旅行，在灌溉站几次组织游园联欢大会，大搞吃喝玩乐，而要灌溉站农化队工人供应吃喝，负责接待，影响工人休息，剥夺工人劳动产品。此外，还特意聘请高级理发师来院烫发，高级缝纫师剪裁奇装异服，高级厨师开设高价饭馆等。我还一再强调要把'两院'环境绿化为赏心悦目的热带作物大花园，不惜大量人力物力种植绿篱草地奇花异木。在宝岛新村到处都浸透我资产阶级的思想毒素，使宝岛新村资产阶级臭气弥漫，潜移默化，腐蚀人心，影响极坏。"

第二类文字，摘自爸爸的劳动日志和学习笔记。这部分内容量多，但我只摘录了这5年每逢元旦到春节期间的记录——别人在阖家团圆过春节，爸爸却在接受劳动改造、进行深刻反省。爸爸坚持用阶级斗争理论剖析自己，深感自己从家庭出身到知识分子身份都有"原罪"，于是他虔诚地进行自我改造，甚至主动要求加码，他把劳动改造和思想检查往往归到挖阶级根源，所以这部分文字并不沉重，更多地体现出他与工人们打成一片，以及在劳动磨炼中的愉快体悟。在当时的政治高压和特定形势下，我相信，爸爸写下它们并非"妥协""违心"，更多的是主动、真诚，因为他始终信奉他的主义。

（1）1967年元旦、春节是爸爸被打倒的第一个节日，他是这样度过的：

1966年12月26日—1967年1月1日，二、四、六全日，一、三、五半日劳动，斫芭，淋肥，运砖，写历史材料，学习主席《学习与时局》元旦社论，新的一年开始了。

1月9日至15日，从上星期六起我们就到植物园同工人一起参加修水利，星期二又调到苗圃附近工地修水利，与工人一起劳动，但在思想上的收获很大。

1967年2月16日，正月初八，今天是我44岁的生日，我来研究所也整整的十年了，我应以在此次伟大的无产阶级"文化大革命"中的新生来作为新的开始。伟大的导师，伟大的领袖，伟大

的统帅，伟大的舵手毛主席万岁！万岁！万万岁！

（2）1969年春节前后，爸爸日记上记下了开荒、抢种花生的大会战，其间妈妈犯病，爸爸被允许回家探望两次，晚上仍回隔离点，集中学习。

1月31至2月19日，全日开荒……大会战……全日整花生地。

2月3日，全日劳动，担肥灌葫芦瓜，淋过年白，晚自学。霞血压又高，回家看望并鼓励好好养病。

2月16日（除夕），全日劳动，种黄叶白。

2月17日（春节），全日劳动，淋水施肥……中午回家看霞病。

"文革"期间，何康接受劳动改造，与工人同吃住

2月18日（初二），全日劳动，淋菜肥，晚讨论学习问题。

2月19日（初三），上午劳动，下午准备发言稿，接受审查后自己在两条路线斗争中的表现。

（3）1970年元旦和春节都是在清扫厕所中度过，尽管他在劳动中扭伤了腰，但在爸爸日记里记录了"过了一个革命化的愉快的春节，清厕所污垢如清思想污垢"，但扭伤的腰留下了隐患。这一年11月6日上山运石，爸爸腰伤再犯。思想清污是无形的，身体伤痛是实打实的。

1970年元旦，我在交代材料洗清自己过去的污泥浊水中跨进了伟大的七十年代第一年。昨晚我按领导要求写完了交代材料，今天一早将厕所的积垢彻底地清除了一下，正像清除自己肮脏的旧思想，要刮，要磨，要冲，要洗，一定要完全彻底、全部、干净地洗掉，以新的战斗的姿态进入七十年代的第一年。

1月2日，突击任务上午割茅草，下午打草褥，挑的较重，累一些，还是没有休息，坚持挑回来，内心也很愉快。

1月9日至15日，从上星期六起我们就到植物园同工人一起参加修水利，星期二又调到苗圃附近工地修水利，与工人一起劳动，但在思想上的收获很大。

2月3日，前天下午担水种南瓜时不大觉得地扭伤了腰，昨天疼得很厉害，今天好一些，参加了一些轻微劳动。

2月4日，参加一些轻微劳动，腰仍感到酸疼，拔火罐有些效果，午后洗扫大食堂。

2月5日（三十），淋菜，修整水沟，清除垃圾。

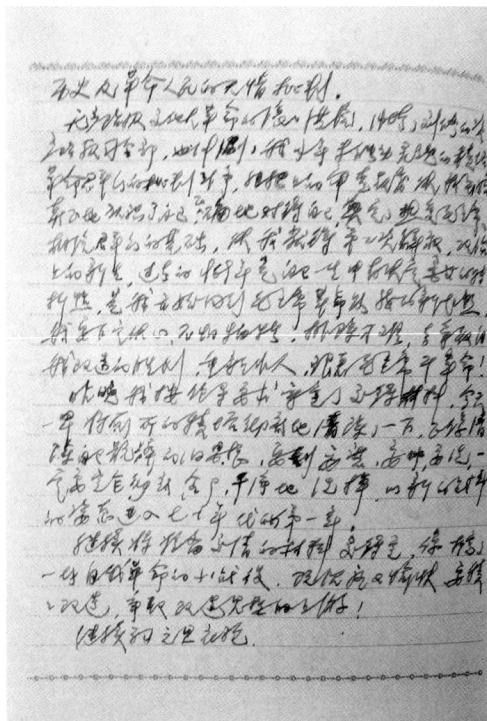

"文革"中的劳动、学习笔记

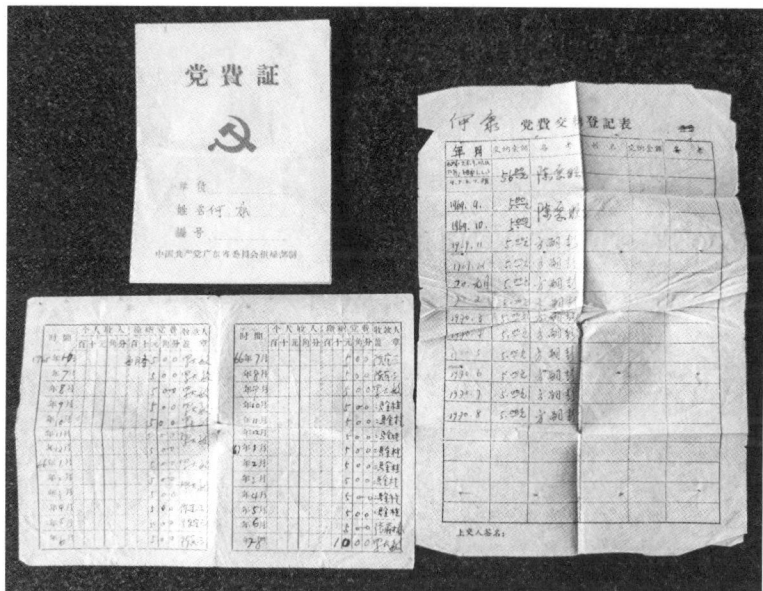

"文革"期间扣发工资，每个月只有20元生活费，何康仍坚持每月交党费5元，1972年补发工资的一半交了党费

2月6日（初一），彻底地将厕所洗刷了一下，我一定坚持像清理自己旧思想的积垢一样不断地清洗。

2月7日，在学习班已过了两个春节，要加速交清问题及早结案，以便跟上"大跃进"的新形势，春节过后要加紧努力。

2月13日，全天劳动，突击抢种花生，大家积极性很高，胜利完成任务，备耕工作做得较好，整地、基肥都是我历年种花生中最好的一次，充分体现新跃进的气象。劳动中心情愉快，虽然腰尚未痊愈，也不感到劳累。晚饭后洗了个热水澡，身体都非常愉快，自己从内心越来越感到劳动时自己思想改造的作

用，更体会毛主席教导做一个普通劳动者的深远意义。

11月6日，上午去大石山运石，不慎又扭伤原老伤处，即回休息，治疗。骨骼关节韧带扭伤，热敷，跌打丸，休息以逐步复原。

11月7、8、9日，全日在家卧床休息，学习，借机看了不少书。

11月10日，全日摘花生，参加劳动，行走已无问题，伤处仍隐隐作痛，要巩固以免复发转风湿。

（4）1971年的元旦，爸爸是在阳江荣山砍木料中度过的，这已是我们没有

爸爸的第五个年节。

1970年12月25日，上午分二组，一组在家安家，一组到装车点调查。我去调查木材，选好一些自己装车的材料。

12月26日，早早选择及锯一些准备装车木材，午后去斫山葵，上到海拔1000公尺还未开路处，林更密，雾更大，山上木材的储蓄还不少。

12月27日，锯木材，自己装车，大约是吃山水不惯，晚泻肚。

12月28日，今天来了四部车子，自己装2车，午后下山到阳江场已近8点，准备斫猪栏材料。

12月29日，在31公里荣山斫木料，上午无经验我努力斫了20条，但未开山路，斫到后面忘了前面，结果只运下15条，午后吸取了经验开了林路，顺路下运，效率提高，全日六人斫了180条。

12月30日，全日运材，一天运了约一百二三十条，人累一些，但很愉快。能坚持干下来了，思想上不怕苦较前有提高，体力也得到锻炼。

12月31日，上午分类整理又斫90条，午后候车返班，因未装上车一直未来。晚听元旦社论，大家都很激动，漫谈体会到11点多，自己久久不能入睡。要更

好地改造自己，以更大的进步来迎接战斗的1971年！

1971年1月1日，今天在六师七团（阳江场）执行斫木料的任务中过元旦。上午等车回班，久候不来，又去荣山斫了一些树枝等做锄把扛到路边。午后兵团学校怕车子出了事又派了一个车来，先回去四人装了一车木料回班，7点车子再来，摸黑装了一车木料，9点多到家，结束9天来斫木运木任务。

第三类文字：在罪行交代、思想检讨、历史审查、群众批判之后，对未来的组织处理，爸爸从未抱幻想，只求"不戴帽子""保留党籍"，在他的内心深处，人民是他的身份，党代表了他的信仰。

在1970年4月20日检查交代的结尾，爸爸写道："根据我所犯错误和罪行的性质和情节应按敌我矛盾从严处理，但根据我最后愿意悔改的表现，可否'坦白从宽'？敌我矛盾性质按人民内部矛盾处理，不戴帽子，撤销党内外一切职务，行政级别降为干部最低一级，长期下放监督劳动以观后效。党籍按新党章规定，为保持党组织的纯洁性与先进性应清洗出党，但可否从宽处理，给我

一个留在党内改造的机会，给予留党察看处分。我保证接受党和群众给我的任何应得的处分，我将把这一处分当做党和群众对我的挽救、宽大和最深刻的教育，当做我前半生罪恶历史的沉痛教训，终生引为鉴戒，不再重犯。"

在1971年8月23日的检查交代则是以这段文字结尾的："我决心到最艰苦的地方去，在劳动和三大革命的斗争实践中接受党和群众对我的监督和考验，不断地用伟大的毛泽东思想改造自己，接受工人阶级再教育，继续革命，立功赎罪，为贯彻林副主席两个'大力发展'的光辉指示奋斗终生！"

20天后，林彪折戟沉沙，坠机死在温都尔汗。处于与世隔绝、劳动改造的父亲没有资格听取党内文件的传达，孤悬海外的宝岛新村最缺的是"新闻"，没有大城市，特别是北京老干部之间私下传播的"小道消息"。比起肉体的劳累，心灵的孤独是更大的痛苦。

随着林彪反革命集团的垮台，1972年1月毛主席出席陈毅元帅的追悼会。周恩来借此推动了解放一大批"文革"中被打倒的领导干部。

1972年1月8日爸爸的日记上写道："上午劳动时叫回，支部宣布昨晚接兵团常委通知我们七人已批准'解放'。

1972年刚获"解放"，何康即前往那大石屋大队，那里有他一直挂念的农民兄弟。"两院"与周边农场、农村建立了密切的帮扶关系，结下深厚友谊（图左一石屋大队书记胡松，为十一届中央候补委员；何康、缪希霞身后为缪希法，前为其女缪晓霞、缪蕾）

即日归班回校，为待分配干部，等候分配，恢复组织生活。衷心感谢伟大领袖毛主席，祝毛主席万寿无疆。下午开座谈会欢送，整理东西回家。晚群众大会宣布我们'解放'。9日，在家休息，写信将喜讯告北京亲人。"

三姨父王唐文的回信代表了北京亲人们对爸爸获得"解放"的欣喜心情："得知你已获得'解放'，恢复组织生活，等待分配工作，大家非常高兴……唯一的盼望是你能早点回来。"三姨父还为此赋诗一首："闻君解放乐，爱党情更深。历尽艰辛苦，练就钢铁身。事业若山岳，名利如浮云。或毁或誉日，为牛为马心。六年长别离，万里怀知音。

高堂与亲友，齐盼南来人。"他还特别提醒爸爸"四年隔离，一旦自由，也需要换换空气，见见世面"。

从1966年6月10日靠边站，8月被打倒，整整5年半的批斗、劳动、审查的日子终于结束了。在待分配期间，劳动与学习依然如旧，但是终于回到了组织，听取文件传达，方知"山中方一日，世上已千年"：林彪垮台了，毛主席、周总理正在领导"批林整风"。爸爸收拾行李回家，补发5年半的工资，一半交了党费。2月27日接北京电报，奶奶病重，爸爸提出申请去北京探亲。经兵团请示，直至4月5日才获广州军区批准。

1972年元旦，何代宁、何美妮来宝岛新村探望三叔三婶（何康、缪希霞），他们当时都是生产建设兵团的广州知青

二、北京之行

1972年4月12日，爸爸终于回到了他阔别了近6年的北京，与亲人们相聚，但这温暖的大家庭，已变得残缺不全。我的外公外婆及三姨被迫害致死，爷爷也于1968年1月病逝，奶奶健在，但双目几乎失明，由爸爸的奶母高奶奶陪伴。二伯、伯母的工作单位全国人大法案委员会未恢复运行，姑父邓裕民（我们称他为邓伯伯）工作的国家科委被撤销，他们都下放到了京外干校；叔叔何达在天津教书，小姑何敏在北大荒农场劳动，只有在新华社参编部工作的姑姑何嘉和早被打倒且病残的三姨父王唐文留在了北京，我和王苗年前才从山西插队的农村病退回京。由于爸爸的到来，身在干校的二伯、伯母、邓伯伯和达叔、敏姑都请假回京团聚。爸爸补发了工资，请京中亲友聚餐。然后相约去游颐和园、北海、动物园，爬长城、香山，参观故宫、十三陵。这样尽兴地陪家人游玩，是爸爸近50年人生中的第一次。"解放"了的爸爸像放飞

1972年5月获"解放"的何康与家人游颐和园，（左二为王唐文，左四为何达）

的鸟儿，享受着自由和亲情。更多的时间是与亲人们谈心。二伯是爸爸他们兄弟三人特别党小组中最早奔赴延安、进抗大、入党的；邓伯伯是爸爸的重庆南开中学同学、爸妈的入党介绍人；姑姑是爸爸在上海开展地下工作的"战友"；三姨父更是家人最为敬重的老干部，入党最早，来自老区，有丰富的基层工作与党内斗争经验，曾任建工部政策研究室主任；达叔、敏姑则来自基层。爸爸与他们的交流，常常谈到深夜。当时正开展"批林整风"运动，大批干部获得

解放，如三姨父信中所言"一旦自由，也需要换换空气，见见世面"，让思想单纯，不擅政治的爸爸思想上也获得了"解放"，对"文革"与党内斗争有了进一步认识。

"九一三"后，王震部长由江西干校返回北京，参加了国务院业务组工作。7月初爸爸去看望老领导，被抓了个正着，马上让爸爸代表他去外贸部做调查，并亲自给外贸部领导写信："国务院、国家计委要我对粮油农副产土特产畜产野生皮张等作些调查。现临时要

1973年，何康与大哥何世庸（左二）、二哥何世平（左一）、妹夫邓裕民（右一）相聚在北京。1939年底兄弟三人组成特别党小组，由叶帅、董老直接领导

热作研究院院长何康同志帮我的忙，故特介绍来外贸部请介绍有关司局研究并谈谈，收集一些资料。"经过多天的调研，整理材料，向王部长请示、汇报。根据爸爸的笔记，8月11日，王部长作了几点指示："一是要坚决贯彻周总理、李先念副总理的指示，无论如何要保证港澳的供应，在广东大力发展农副产品和肥料生产；二是学院要办下去，引进新品种、新技术、新设备；三是建议出国看看。"

8月14日爸爸陪同王部长听取了外贸部核心组的汇报，王部长再次强调了外贸年增长率少了，广交会来人大大下降，有很大盲目性，现在应扭转局面，要研究国外市场趋势，可以以进养出，港澳出口要保证。王部长让爸爸返粤时，向广东省委主要领导同志汇报北京调研的情况及国务院"以进养出"的想法。广东省委领导对此高度重视，让爸爸向王震、国务院业务组汇报并建议，进口粮食不如进口化肥设备，以生产化肥带动粮食和经济作物增产的方案，希望得到中央支持。爸爸的沟通工作起到了积极作用。

年前，尼克松访华、中日邦交正常

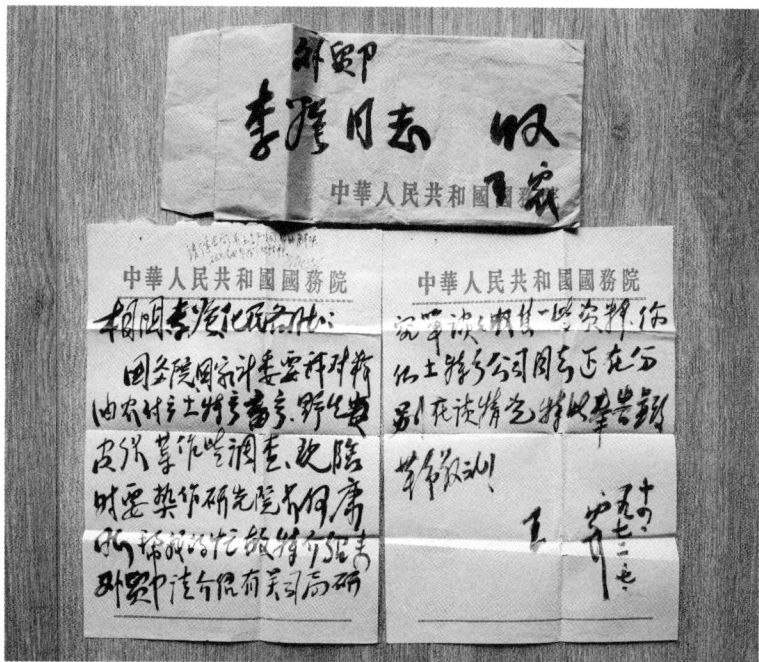

1972年7月，老领导王震介绍何康去外贸部调研信

1974 年 2 月，王震同志视察湛江垦区，背着孙女王京川与何康合影

化、中国恢复了联合国合法席位。1972年2月初，毛泽东审阅同意了国家计委提出的《关于进口成套化纤、化肥技术设备的报告》。在周总理直接指挥下，国家计委提出了43亿美金的成套设备引进方案，广东省委抓住了这一机遇。随后引进13套化肥成套设备中，广州化肥厂为投资额之首，达5亿零739万美元。

被王部长抓差，说明领导急需用人，再加上爸爸仍处于待分配状态，北京的亲人们都认为这是个调回北京的好机会，希望爸爸去向组织提出留在北京工作。但是爸爸没有开这个口，除了1956年坚决要求南下，担任热作所所长，他从未向组织提过任何个人要求。北京调研工作告一段落后，爸爸带着王苗和二姨的女儿莹莹一起乘火车返回广州。路经长沙时，他下车专程前往韶山，瞻仰了毛泽东故居。

三、从兵团到农垦

8月底，爸爸回到海南，听取了兵团"批林整风"运动的传达。这一时期，由于违背经济规律、不尊重科学，特别是受冒进计划影响，兵团的建设发展也陷入困境，出现大量赤字，经费困难等问题。兵团政委也检讨道："兵团组建三年来，时间不长，由于缺乏知识，与担负任务不相称，受林彪路线影响，错误不少。"1952年—1954年由大发展到大转弯，1958年—1960年由"大跃进"到大调整，到了"文革"，走向了巅峰，直至1972年"批林整风"后，才作出重

1975年陪同广东省委书记王首道（前右二）视察海南垦区

大调整。

爸爸是前两次调整的亲历者，在第三次大调整的关键时期，爸爸开始恢复工作。虽然还未接到正式任命，从但爸爸1972年10月起，就开始参与了兵团生产部的工作。首先是科研工作，兵团领导征求他的意见，决定将"两院"的恢复提上了日程；二是尽快熟悉生产情况，落实冬季生产任务。他10月25日去了6师15团，26日、27日在3师4团，28日、29日则到了2师1团，5天跑了3个农场开展调研。11月7日，他正式被任命为兵团生产部副部长。

这个任命，在外人看是贬官降级，但爸爸没有丝毫怨言，而是意气风发地走上了生产第一线，从科研、教育岗位转型到生产、经营领域，爸爸很珍惜重新获得工作的机会，他曾和我说要踏遍兵团10个师所属的每一个农场。曾有一张他走在田间小路上的照片：旁边是稻田，背后是胶林，尽管道路不平，但爸爸满面朝气，步伐坚定，气宇轩昂。因为他心中有热爱的事业，有要抢回被"文革"耽误了的时间的渴望。

按照周总理"要走出去看一看，学习外国的先进经验"的重要指示，1973年7月9日至22日，爸爸与原"两院"的老部下田之宾、肖敬平、赵灿文，率中国化工进出口公司天然橡胶考察组访问了马来西亚，并亲自起草了考察报告。当时，马来西亚橡胶产量世界第一，占全球总产量的44%（1972年数字），爸爸重点介绍了"加强科学研究及先进技术的推广，从栽培到制胶进行了胶园生产技术革新""加工研究及革新，将烟片改为颗粒胶、将外观分级变为技术分级、建立严格的检验制度、从通用胶发展专业胶""加强应用研究，以与合成橡胶竞争"。爸爸还针对中国的情况提出了相应的改进建议。在橡胶开始垦殖的五十年代，爸爸曾组织翻译了《马来西亚橡胶种植》的资料，十几年后，亲眼看到马来西亚橡胶产量在种植面积仅增加了7%的情况下，由1960年的68万吨到1972年的133万吨，12年翻了一番，这完全符合当年爸爸作橡胶发展规划的思路，就是要节约宜林地使用，不盲目扩大种植面积，而要通过科学手段，提高技术和管理水平，以此提高单位面积产量。

1972年11月，何康被任命为广州军区生产建设兵团生产部副部长，在视察东兴农场

1973年7月，何康率团访问马来西亚

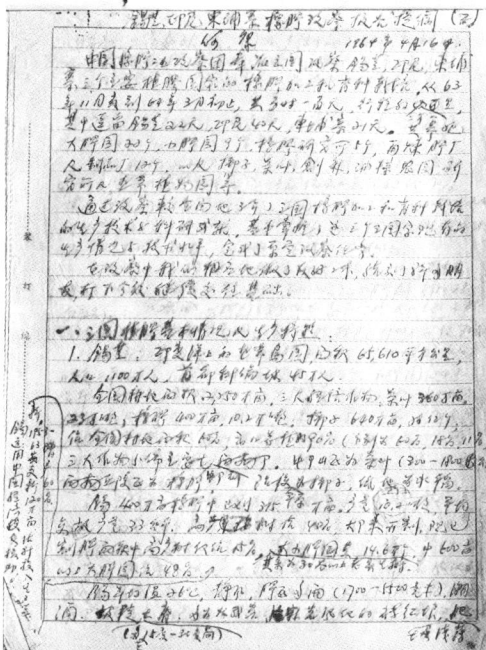

何康考察马来西亚的总结手稿

但是"四人帮"并未消停，1974年初又掀起了"批林批孔、反走后门"运动，接着又批判意大利著名导演安东尼奥尼的纪录片《中国》，批黑画展，把矛头指向周总理和刚被解放恢复工作的老干部。王苗1972年病退，从山西回北京，由二姨介绍，到故宫中国出土文物出国展览工作组，当一名不领薪水的摄影小帮工，天天早出晚归，但被反了"后门"，于是我陪她一起回海口探亲。

但是，厄运并没有结束。先是国家文物局发来调查函，据故宫有人揭发，王苗曾请故宫师傅帮人托裱过黄永玉画

"文革"中恢复工作后，何康与农场工人合影

的猫头鹰，当时被列为黑画之首。接着，王苗到海口尚未开放的自由市场抓拍了一张老太婆拿着鱼篓叫卖的画面，被警惕性极高的工人民兵尾随到了兵团司令部。这都给恢复工作不久的爸爸招来麻烦。但是，爸爸从来没有因此责备过我们一句，这不仅仅是对子女的爱护，更有他对大形势的判断、对"四人帮"借此兴风作浪攻击总理的不满。

1976年1月8日，敬爱的周总理去世。从十里长街送总理到四月清明北京群众到天安门广场举行祭奠活动，王苗一直跟踪拍了许多照片。"四人帮"制造了"四五事件"，第二天王苗带着拍照的底片离京到了海南。4月17日，我和王苗骑着自行车到海口兵团驻地附近的秀英派出所领了结婚证。我们花了10块钱从市场上买了一桶海螃蟹，第二天一起吃了顿螃蟹，算是办了婚礼。在"文革"的苦难中我们寻找到了温暖。

有了小家的温暖，爸爸更关心大家的温暖，他始终惦念着宝岛新村的战友们。

1974年6月兵团撤销，改为广东省农垦总局建制，爸爸担任了党委副书

1974年3月，何康全家在兵团司令部海口住处留影

1976年4月17日，何迪王苗在海口结婚，与父母合影

记、副局长，同时兼任了"热作两院"核心小组、领导小组组长。中国的橡胶热作事业、"热作两院"经历了"文革"风暴的冲击，体制变化的动荡，进入了一个调整与恢复的时期。

1958年是他带领大家迁所建院，到苏东坡流放之地儋县，建立了中国的热带作物科研教育中心的"两院"。在"文革"中，"两院"一度被解散，70%的员工被下放到兵团连队锻炼，派性、武斗、批判、揭发……摧残了事业，伤害了人心。"重整旧河山"，原有领导班子大部分成员恢复了工作，研究院逐步恢复原有建制，学院恢复招生。但是最难恢复的是"两院"创业时期的精神状态，以及被伤害了的人心。迁所建院的三年困难时期，科研人员一个没走，还不断有新鲜血液加入。而此时，人心涣散，主动要求调离的有20多位。1976年10月"四人帮"被打倒，紧接着邓小平同志复出，亲自抓科教，8月4日至8日召开了科教座谈会。爸爸当时正在北京出席农林部召开的全国农田基本会议、农林座谈会。当

1973年，广东省领导决定恢复"两院"，1974年6月何康任"两院"领导小组、核心小组组长。此为1973年下半年何康与时任"两院"领导合影

他听到了邓小平邀请科学家们出席科教座谈会的消息后，立即敏感到这将迎来科学的春天。于是他多方努力，从教育部找到了一份邓小平在座谈会上重要讲话的油印记录稿，带回农垦总局并在机关干部中学习传达。爸爸则直接奔赴儋县"两院"，结合邓小平同志的重要讲话精神，花了两天时间分别与"两院"的所、系、站、场的骨干座谈，分析当前症结所在，逐条分析，一一提出解决方案，将讲话精神转化为重聚人心、重

振事业的磅礴力量。这是爸爸作为"两院"领导人与同志们最后一次工作会议，在将离开为之奋斗了20年的"两院"之际，他把"科学的春天"第一股春风带到了宝岛新村。

1977年9月，爸爸应召去北京，与时任农林部部长沙风出访阿尔及利亚、南斯拉夫。10月回国后，老领导王震告诉他，中央决定改组农林部，邓小平在科教座谈会上批评："农业教育很重要，农林部眼皮底下的农科院、农大都没搞

1974年6月兵团撤销成立广东省农垦总局，何康被任命为副书记、副局长。他与局长王昌虎（右三）下农场检查工作

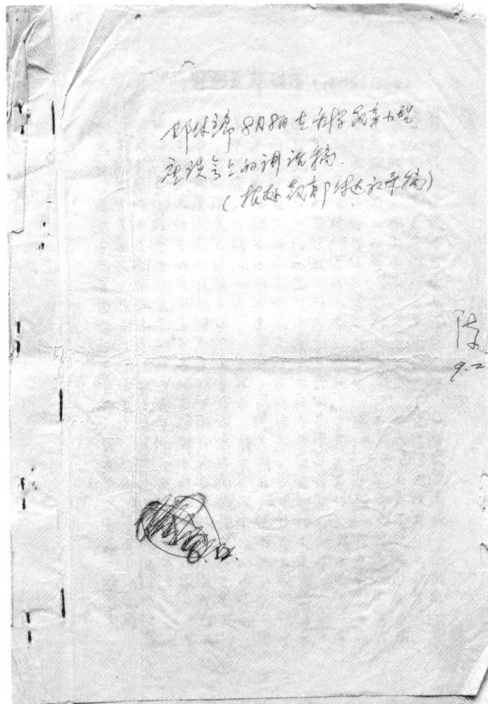

1977年8月4日至8日邓小平在科学家座谈会讲话的油印稿

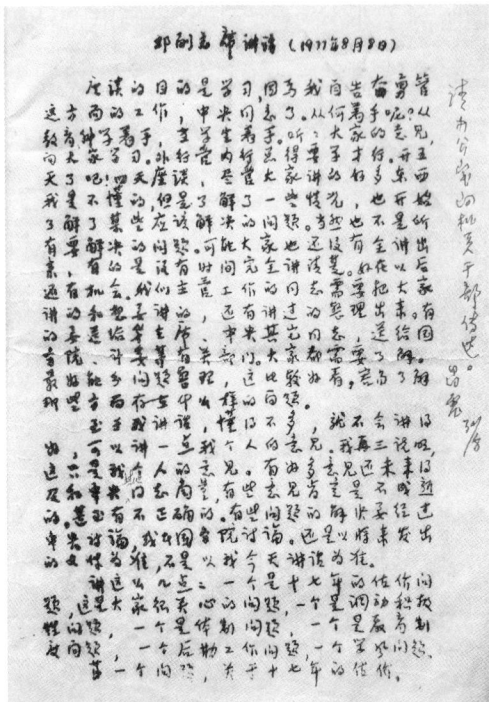

好，太失职了。"国家科委刚刚恢复，也需要干部，究竟让爸爸去哪个部，什么时候去，还要征求广东省委的意见。11月农林部副部长梁昌武率团访问非洲喀麦隆、坦桑尼亚，要爸爸随行。爸爸希望可以换人，因家里工作太多，出来太久很挂念，尤其"两院"才走上轨道。但农林部称再换人要重新审核，来不及了，爸爸只好同行。12月返回北京，便得知他调农林部的事情已经决定，新任部长杨立功让他留下，参加全国农垦工作会议筹备工作。1978年1月，爸爸被任命为农林部副部长，分工主管科教与外事。

1952年7月，他由上海华东农林部调往北京，任林业部特林司司长，时年29岁。作为一位年轻的领导干部，投身到中国橡胶热作事业的开创工作中。1957年2月，从农垦部热作司南下广州，担任了华南亚热带作物研究所的所长，时年34岁。正值壮年，迁所建院，"儋州立业，宝岛生根"，开创了中国热

1977年9月，何康随农林部长沙风（左五）访南斯拉夫，在莫斯塔尔桥前合影

1977年11月随农林部副部长梁昌武（前右三）出访喀麦隆

作科研教育事业。1966年6月,"文革"爆发,时年43岁。经历六年的磨难,恢复工作时已近50岁。从生产建设兵团到农垦总局,生产科教一肩挑。1978年调回北京任农林部副部长,已55岁,进入"知天命"之年。爸爸参加了3月18日召开的全国科学大会,邓小平在开幕辞中指出:四人帮肆虐摧残科学事业,迫害知识分子的那种情形一去不复返了,在我们面前展现了光明灿烂的前景。他强调:四个现代化,关键是科学技术的现代化。爸爸感到非常振奋。这是对科学技术作用的高度肯定,不仅仅包括了他过去20年在"两院"的科教工作,也成为他在新的岗位继续发挥作用的巨大鞭策。年底,中共十一届三中全会决定结束"以阶级斗争为纲",将党的工作转移到"以经济建设为中心"上来,开启了改革开放的新征程。爸爸不再为自己的旧官僚出身和知识分子身份所束缚,焕发出了新的革命青春。

邓小平号召:"解放思想,实事求是,团结一致向前看。"这说到了爸爸的心坎上。从海南回到北京,从基层上

1977年8月,何康参加全国农田基本建设会议在大寨留影

调中央，在海南生产第一线、"两院"基层工作的历练，包括文革中的磨难，都成了他人生的宝贵财富，成了他在新的更广阔的平台上发挥作用，推动中国农业现代化的力量。然而他心系"两院"、心系海南，终生未变，"两院"和海南已然融入了他的生命。

第六章

【为第二故乡鼓与呼】

心系海南

1978年1月，爸爸就任农林部副部长，1983年6月起任农牧渔业部部长、农业部部长，1990年6月卸任，1993年担任全国人大常委会委员、财政经济委员会委员，1999年届满后离休。作为一名开创新中国橡胶事业的老兵，对"热作两院"和海南岛的发展始终倾注着他的满腔热情。

重返北京后，海南成为爸爸访问最多的地方。1988年，他陪同时任国家副主席的老领导王震与农业部和海南省的领导参加了迁所建院30周年的庆祝大会，发表了热情洋溢的讲话，并种下了纪念树。1998年迁所建院40周年的纪念日，他又回到了"两院"。2011年2月，在热科院新址老战友们为他庆贺88岁生日，一派欢乐温馨的样子——回"两院"，就是回家。

1999年2月24日，"两院"老人在广州聚会，为老院长何康过76岁生日

2011年2月，"两院"老同事在海口为何康庆88岁米寿，何康一家四代亲友同贺

1993年，何康在海南经济发展与环境保护国际咨询委员会的合影（左三起孔宪铎、鲍克明，左六起何康、马保之、左天觉、黄宗道）

尽其所能，他先后支持并参与了海南发展国际咨询委员会、海南省人大资源与环境保护委员会中国热带作物学会、橡胶发展国际论坛等，邀请了他的老师、台湾著名农学家马保之，美籍华人科学家左天觉、孔宪铎，以及中国大陆的官员、科学家们参会。以下三封给国务院领导的信，反映了离休后的爸爸，对"两院"对海南的感情从未改变，因为这是他的第二故乡。

一、给中央领导的三封信

（一）2000年4月7日
给时任国务院副总理温家宝的信

尊敬的温家宝副总理：

今年3月20日至28日，我回到了我的第二故乡——"热作两院"（中国热带农业科学院和华南热带农业大学，以下简称"两院"），感触颇深。最让我欣喜的是，40多年来，"两院"在党中央、国务院和农业部、海南省的领导和帮助下，取得了长足的发展，发生了巨大的变化。忆往昔，为了发展我国热作事业的需要，在周恩来、王震等老一辈党和国家领导人的

直接倡导下，1958年"两院"从广州迁到今海南省儋州市的宝岛新村。我亦作为其中的一员随迁到宝岛新村，并担任第一任院长。刚去时，那里是荒山野岭，为建设"两院"，我们吃木薯、住草房，在周恩来总理"儋州立业，宝岛生根"光辉题词的鼓舞下，团结一致，艰苦奋斗，实现了从无到有，从小到大。1978年，我调离"两院"，算起来距今已有20多年了。期间我也到过"两院"几次，但由于行程匆匆，不能深入地了解改革开放以后"两院"的发展状况。这次我用8天的时间，较详细地了解了"两院"的现状。

经过40多年的发展，"两院"已拥有12个研究所，2个研究中心，1个国家重点实验室，2个部级重点实验室，4个部检测中心；7个学院（部），博士后流动站、博士研究生专业各1个，硕士研究生专业7个，本专科专业19个，在校生5000多人；中高级以上专业技术人员1000多人，已初步形成设施较完善、仪器设备较先进的科教城。承担着我国热带、南亚热带农业的科研、开发、推广以及高级专门人才的培养等任务。40多年来，"两院"共取得科研成果850多项，其中获国家或省部级成果奖励250多项。有些成果处于国际领先地位，如1982年

2011年2月，何康重返两院，背后是1958年迁所建院的第一站——联昌办公室兼住处

获国家科技发明一等奖的"橡胶树北纬18～24度大面积种植技术"（与农垦等生产单位合作），打破了国际植胶禁区的预言；"橡胶属优良无性系的引种选育与大面积推广应用"于1999年获国家科技进步一等奖；培育的橡胶抗寒品种93-114是全世界最耐低温的品种；高产品种热研7-33-97，产量比国外高产品种高出30～60%；橡胶木材防腐技术，使原来只能作为薪柴的橡胶木变为可制作高档家具的优质板材，这一项成果每年为植胶农场增加产值7亿元以上；种苗繁殖技术，以香蕉组培苗为主的种子种苗已在海南广泛推广应用，预计2年后，"两院"的香蕉组培苗将满足海南生产总需求的70%以上。另外，"两院"在橡胶割制改革、复合微肥、热带牧草、剑麻、咖啡、胡椒、热带果树、蔬菜、花卉等方面的研究也取得了不少成果。为海南及热带高效农业的发展做出了较大的贡献。人才培养方面，共培养出研究生、本科、专科毕业生16000多人，各类短训班学员5万余人，实现了"凡有热作处，皆有宝岛人"。有不少毕业生还成为我国的精

2011年2月，何康在"两院"门前留影。这是何康生前最后一次回到宝岛新村

英，如中央候补委员、现任中国农业科学院院长的吕飞杰教授和1991年荣获联合国教科文组织"贾乌德·侯赛因"青年科学奖、现任北大副校长的陈章良教授就是"两院"的毕业生。

当前，"两院"正认真贯彻国家科教体制改革和产业结构调整的精神，加大改革力度，已在4个研究所进行企业化管理或"一所两制"的试点工作，取得初步成效。其中热带香料饮料作物研究所探索

"科研、开发、观赏旅游三位一体"的发展模式，在1999年实现总产值1830多万元，人均年收入10万元以上。深化教育改革，修订教学计划，加强实践教学，使之更加有利于培养德、智、体、美全面发展的富有创新精神和实践能力的应用型高级专门人才。进一步发挥科教结合的优势，把大学和科学院专业相似的单位进行重组，实行两块牌子，一套人马，优化资源配置，使大学教师能有时间开展科学

研究，而科学院的科研人员能有机会上讲台传播自己的科研成果。改革后勤管理体制，组建后勤服务中心，使后勤工作逐步社会化。全方位引进竞争机制，激发科教职工的积极性和创造力，大幅度精减机关的机构和人员编制，提高机关工作人员的效率。规范化管理校办产业，成立了校办产业有限公司，走公司制管理道路。这些符合科教发展规律的改革必将对"两院"的进一步发展发挥重要作用。

当前，科教体制改革不断深化，"两院"同全国其他科研院（所）和高校一样，面临着能否快速发展的问题。由于"两院"独具特色（是我国唯一专门从事热带农业科研和高级人才培养的科教机构），其发展水平对我国热带农业的发展又至关重要。因此我想就"两院"的进一步发展问题，谈一些想法，请温副总理批评指正。

1.关于"农科教结合试验示范基地"（以下简称基地）的建设问题。1999年12月10日，您视察"两院"时，提出"把'两院'建成中国一流的农科教结合的试验示范基地"。我认为这一战略决策是符合"两院"的实际情况，而且一定能够实现的。这必将进一步促进"两院"的改革发展，进一步带动海南热带高效农业的发展。因为"两院"有很好的基础：首先，从建院之初，"两院"就实行科研、教学、开发三结合的体制，几十年来，积累了丰富的经验；其次，"两院"有许多科研成果和科技人员，若能投入一定的启动资金，科研成果很快就能在基地内转化，从而实现由小到大，滚动发展。因此，在短短的几个月内，"两院"配合海南省完成了基地的建设方案。目前急需启动一些项目，以逐步实现您提出的"中国一流"目标。据考察，"两院"的"优良种子种苗繁育基地""热带牧草种植和加工""氯化天然橡胶的产业化生产""优质香稻生产和加工"等项目已很成熟，如"优良种子种苗繁育基地"项目，以生产优质香蕉、芦荟组培苗和其他热带作物种苗为主，它的建成，将很好地服务于海南和其他热带、亚热带专区的农业发展；"热带牧草种植和加工"项目，"两院"保存有1000多个牧草品种，现已选育出热研4号王草、热研5号柱花草等5个当家品种，完全可以实现产业化，此项目亦适合在我国西部的亚热带区推广，这与党中央的西部大开发战略吻合；"氯化天然橡胶的产业化生产"项目，以国产天然乳胶为原料生产氯化天然橡胶，无需使用有机溶剂，具有污染小，工艺简单稳定，设备投资少，成本低等突出特点。因此建议国家在必要的基础设施和具有良好发展前景的项目上给予适当支持。并希望国家能尽快批准该基地的建设方案。

2.关于热带农业科学院管理体制问题。目前，华南热带农业大学已实行中央与地方共建，以省为主的管理体制。虽然中国热带农业科学院（简称热科院）和华南热带农业大学是紧密结合在一起的一个整体，但考虑到热科院的具体情况，建议热科院的建制仍保留在农业部，经费渠道不变，管理上实行部省共管，以海南省管理为主，国家特别是农业部能继续加强指导和支持，这样"两院"仍为一个整体，对热带农业科技发展有利。热科院不宜属地化的理由大致有这么几个方面：其一，热区分布的地域广，我国热带、亚热带地区主要分布在8个省区，约有300个县（市），总人口1.8亿人（不含台湾地区），且多为老少边穷地区，热带农业的发展对于解决这些地区人民的温饱和脱贫致富具有重要意义。若完全属地化，不利于热科院在其他省区发挥应有的作用；其二，热科院现在研究的领域广，研究的主要作物有橡胶、椰子、胡椒、咖啡、剑麻、热带水果、花

卉、蔬菜、热带牧草、南药、热带香料饮料等，这是符合国家经济发展的，国家也应该有这样的研究机构；其三，热科院还肩负着代表国家参加有关热带作物科教方面的国际交流任务，目前，该院已与30多个国家和地区的有关科教机构有着广泛的学术往来，建立了合作关系，在国际上享有较高的声誉。热科院的建制继续保留在农业部，有利于这方面工作的深入开展；其四，国际上各国都很重视热带农业的科研工作，凡是热带、亚热带的国家几乎都有国家级的相关研究机构，就是没有热带区域资源的一些发达国家，如英国、美国、法国、德国、日本等都设有热带作物方面的研究机构。而我国本身有很大的热带、亚热带区域，"两院"又有很好的基础，国家把热科院保留，并予以支持，将对我国热带农业的发展是非常有好处的；其五，海南省是小省，建省的时间很短，经济尚不发达，在财力上难以承担。从以上分析可以看出，热科院若完全属地化，将不利于"两院"的发展，同时，也不利于我国热带农业的发展。

3.关于"两院"校办产业发展的问题。"两院"的校办产业已组建有限责任公司，这个公司科技含量较高，效益较

好，按照热带高效农业产业化发展的要求，尽快组建股份公司上市是快速发展热作"两院"和热带农业科教基地的重要途径。因此，建议国家在政策上给予倾斜，支持"两院"的校办产业公司尽快上市。

4.关于热带农业的地位问题。纵观世界各国在热带农业科研方面的动态，许多国家对热带农业的科研是非常重视的，有不少没有热区资源的发达国家（如法国）都投入大量资金开展这方面的研究工作，积极抢占热带农业科技的制高点。在我国的农业中，关系到国计民生的粮棉油占有重要的作用。但随着社会的发展，农业产业结构的调整，热带农业在我国农业中的作用已越来越突出。因此，建议国家将热带农业的科研列入农业重点研究行列。

以上想法，请温副总理关心为盼。

何康于2000.4.7

（二）2000年4月10日，
为热科院管理归属问题，
致信时任国务院副总理李岚清

尊敬的李副总理：

3月20日至28日，我应邀请考察了"热作两院"（即中国热带农业科学院、华南热带农业大学）。所见所闻已完全非20年前我在"热作两院"工作时的情景，与您两年前来"两院"视察时的讲师一家三口蜗住在一间筒子楼里的情景也已有了彻底的改观。目前，正值科教改革的关键时期，"两院"如同全国其他的科教单位一样，正积极贯彻党中央、国务院的有关精神，结合自身优势，稳步推进科研、教学、人事、后勤、产业等各方面的改革，并已取得了很大的成绩。现就"两院"当前的情况及近两年来的变化并结合我的感受，草写了这封信，请李副总理审阅。

1.基础设施得到明显改善。前些年，由于历史欠账较多，"两院"基础设施较为落后，一定程度上影响了"两院"的发展。近三年来，特别是1998年4月您到"两院"视察后，国家加大了投入力度，"两院"亦积极筹集配套资金，共投入资金达8千多万元，用于基础设施建设，使院校面貌发生了很大变化。在您的关心和支持下，共获得筒子楼改造经费2000多万元，加上院校千方百计多方筹集资金，用于科教人员筒子楼改造和其他住宅建设的工程共有6万平方米正在建设。这批工程的建设，大大缓解"两院"多年来科教职工住房困难的问题，

1989 年 7 月视察黑龙江，何康与时任外贸部副部长李岚清（右一）、国务院发展研究中心主任马洪（左一）合影

讲师一家三口住筒子楼的历史将一去不复返！您上次视察的科教人员住的那栋房已改造为科教单身职工居住，配有厨房卫生间。现凡已婚的青年科教人员基本都能住上二室一厅的套房。广大科教人员欢欣鼓舞。科教设施也得到较大改善。新教学楼、科研楼、学生宿舍楼、学生食堂、电网改造、校园网络等项目，有的已竣工，有的正在加紧立项；1999年，新配置高档计算机150台，建立了2个多媒体电教室和4个语言实验室；投入了340万元用于建设教学实验基地和实习工厂等。这批基建项目的建成，使"两院"基础设施得到明显的改善，为院校进一步的发展奠定了基础。

2.科教改革稳步推进。为适应新的形势，近年来，一直在抓科教改革试点，取得了较好成效。其中热带香料饮料研究所，过去是全院最困难的一个研究所，通过改革，以"科研、开发、观赏旅游"三位一体的模式，加速发展步伐，1999年实现总产值1830万元，人均收入10多万元。院校为发挥科教结合的优势，把相关的教学单位和科研单位进行重组合并，组建了三个具有资源配置好，科教实力强，领导班子团结的新单位。加大了人才培养力度，1999年共投入培养经费170多万元，培训了科教人员153人，其中硕士以上和出国培训人员就达115人。另成立了后勤服务中心和海南热带高新技术产业有限公司。

3. 热作事业进一步发展。1998、1999两年有17项成果获得国家、省部级科技进步奖。其中，"橡胶树优良无性系的引种、选育与大面积推广应用"1999年获国家科技进步一等奖。在国内外刊物和国际会议上发表论文900余篇。加强了国内外热带优良种质资源和野生资源的收集与管理工作，目前，共有各类种质资源万余份。深入开展科技推广和科教扶贫工作，积极为地方经济服务，两年共向社会提供良苗1150万株，各类农药、肥料4万多吨，取得了较大的社会效益。"海南热带农业高新技术产业化示范区"建设工作顺利开展，总体规划已经完成，现已选择优良种子种苗工程、校园网络建设、种质资源收集利用等项目在启动。其中种子种苗组培中心将在6月完工。这个中心每年将向海南省提供优良香蕉组增苗3000万株。

总之，自您来"两院"视察以来，"两院"的面貌为之一新，职工们精神焕发，信心很足。您对"两院"前后5次指示，为"两院"指明了发展的方向，鼓舞了士气，为"两院"今后的前景描绘了蓝图，是对"两院"最大的关心和支持。我以"两院"几代科教职工的名义深深感谢您。

热作事业正是"两院"存在的基础和意义。众所周知，我国热带亚热带地区主要分布在9个省区，约有300个县（市），总人口约1.8亿（未含台湾），且多为老少边穷地区，热带农业的发展对于解决这些地区人民的温饱和脱贫致富具有重要的战略意义。随着人民生活水平的提高，国内对热带农产品的需求量剧增，单就热带水果一项我国每年就要进口60多万吨。"两院"人深深认识到发展热带亚热带经济作物的紧迫性及自身所担负的重任，正在通过充分调动科教人员的积极性，以科教体制改革为核心，面向经济建设主战场，促进科技成果转化，切实抓好"产学研三结合试验示范基地"的建设工作；加大人才培养力度，提高科教人员、管理人员的素质，为我国热区特别是海南省的经济建设服务。

李副总理，根据国务院办公厅〔2000〕11号文精神，华南热带农业大学实行中央与地方共建以地方管理为主，划归海南省。目前，该项工作已基本就绪，师生们的情绪比较平稳。"两院"是科学院和大学紧密结合在一起的整体。现在，大学实行了属地化，科学院的何去何从就成了疑问。众所周知，海南省是个小省，再者，"两院"的服务对象是全国九省区的整个热带、亚热带地区，"两院"国际交往密切，科学院实行属地化，不利于"两院"的生存发展，不利于我国热带农业的发展，不利于国际合作与交流。所以，希望中国热带农业科学院的建制仍保留在农业部，经费渠道仍不改变，管理工作实行农业部与海南省共管，以海南省管理为主。同时，国家特别是农业部要加强指导和管理，在科研项目技术支持等方面予以倾斜。"两院"自身要按照国家的要求深化科教体制改革。

李副总理，"热作两院"远在海南，为了国家的热作事业，几十年如一日，曾创造了昨天的辉煌。现在正处在科教改革的关键时期，仍需要您的关心和支持，3月份的海南热作"两院"一行，我联想颇多，特书此信，请李副总理斟酌为盼。

何　康

2000.4.10

（三）2004年9月15日，"以一名普通的橡胶工作者、农业工作者的身份"，给时任国务院副总理回良玉写信

回副总理：

您好！应海南省政府邀请，我于9月10日参加了"中国天然橡胶事业100周年——产业发展高级论坛"。此次活动对于进一步认识我国天然橡胶产业战略地位和促进天然橡胶产业的蓬勃发展起到了非常重要的作用。同时，也勾起了我对天然橡胶产业百年历史的回忆和对橡胶产业发展的思考。

1904年我国引入橡胶树，至今已有百年历史。但天然橡胶的大规模种植和发展则是在中华人民共和国成立之后。新中国成立前，我国仅有各类型小胶园2800公顷，橡胶树120万株，年产天然橡胶约199吨。新中国诞生后，1950年美国发动侵朝战争，并对我国实行封锁禁运，企图切断我国及社会主义国家阵营急需的橡胶等战略物资的来源。为打破美国帝国主义的封锁，1951年8月中央人民政府政务院第100次会议作出"关于扩大培植橡胶树的决定"。决定指出："橡胶为主要战略物资，美帝国主义对我进行经

1984年何康率团访问加拿大（右三为时任吉林省农牧厅厅长回良玉）

济封锁，为保证国防及工业建设的需要，必须争取橡胶自给"。同年10月，我国天然橡胶产业的专门机构——华南垦殖局正式成立，由叶剑英同志任局长，自此，正式拉开了我国天然橡胶产业发展的序幕。为迅速组建垦荒植胶队伍，1952年中央调集中国人民解放军2万多名官兵及科技人员，开赴海南岛、雷州半岛和广西，与当地群众一道，开始大规模种植天然橡胶，开创了我国天然橡胶生产基地。而当时我任华东农林部副部长，6月接调令赶赴北京就任林业部特种林业司司长，根据党中央要求，带领特种林业

司人员深入橡胶农场，进行实地考察调研，组织农场建设和橡胶采种、运种和育种工作，从此开始了我半个多世纪割舍不断的橡胶情缘。

50多年过去了，在党和政府的关怀支持下，经过三代植胶人艰苦奋斗和艰难攻关，克服了我国植胶区台风、低温、干旱等国外植胶地区所没有的种种困难，突破了橡胶树种植的传统禁区，使橡胶树在北纬18～24度地区大面积种植成功，并且取得橡胶树大面积平均单产达到世界先进水平的好成绩。到2003年，我国橡胶种植面积已达到66.1万公顷，天然

中国天然橡胶协会成立大会

橡胶产量达到56.5万吨，产量和面积均居世界第5位，实现产值68亿元，形成了以海南、云南、广东为主的三大天然橡胶优势种植区域，发展成为体系完善的中国天然橡胶产业。天然橡胶产业的发展，已经成为少数民族地区，边疆地区及西南山区群众脱贫致富的重要手段，也为热区生态和经济实现协调和可持续发展开辟了广阔的前景，对维护国家安全、促进经济发展发挥了重要作用。

百年后的今天，在看到橡胶产业发展取得显著成就的同时，我也关切地注意到在经济全球化和区域经济一体化形势下，我国的天然橡胶产业面临的挑战和存在的问题。

首先，我国天然橡胶生产需求不断增大。2000年我国汽车工业进入快速增长期，汽车产业的高速发展带动了轮胎业的发展，天然橡胶的需求量因此不断上升。自2001年开始，我国已连续3年超过美国成为世界第一大天然橡胶消费国，天然橡胶供需缺口呈不断扩大趋势，资源自给率由1998年的48%降低到33.6%，年均下降2.9个百分点，对国际市场的依赖程度逐渐加深。与此同时，主要天然橡胶出口国也在采取限产和减少出口的措施，提高本国国内的消费量，影响包括中国在内的天然橡胶主要消费国的进口资源。

其次，产业自身发展还存在相当多的问题和障碍。一是，我国适宜种植天然橡胶的区域十分有限，适宜植胶区仅有约97万公顷，目前已开发利用66万公顷，开发利用接近70%，继续大幅度扩大橡胶种植面积，已受到土地资源的严重约束。二是，天然橡胶在品种和树龄结构上都不尽合理，低产胶园比例高，胶园更新速度慢，天然橡胶增产潜力受到制约。三是，我国地方民营橡胶已经发展成为橡胶产业中一支重要力量。植胶总面积占全国植胶总面积的39%，总产量占到30%。但由于基础设施建设、新技术推广投入严重不足，管理水平差、科技含量低、单产不高等问题突出，生产潜力还远未得以发挥。四是，天然橡胶初产品加工厂多而分散，存在生产成本高、劳动生产率低、产品质量缺乏一致性等问题。为改变这种状况，加快天然橡胶初加工厂的整合调整，农业部农垦局已于2002年制定计划，将三大植胶区橡胶初加工厂由334家控制到38家以内，但因缺乏资金支持，目前工作进展相对缓慢。

此外，中国加入世贸后，关税保护作用将逐步消失，这将给中国橡胶产业在国际竞争中形成更大的压力；中国——东盟自由贸易区的形成，对中国天然橡胶供需格局也将产生一定影响。

我国的天然橡胶产业一开始就作为战略物资进行开发，一直受到党和国家领导人的高度重视和亲切关怀。在天然橡胶艰难创业发展阶段，在共和国百废待兴的时候，投入了大量的人力、财力、物力，在很短的时间内建成了天然橡胶产业发展基地和科研机构体系，满足了国防安全和经济建设的需要。天然橡胶具有合成胶不具备的优良通用性能，广泛运用于军事工业、化学工业、医药工业、建筑工业等领域，与煤炭、钢铁、石油一起被誉为四大工业原料，其重要的战略地位应引起中央高度重视。在隆重纪念中国天然橡胶事业100周年之际，我以一名普通的橡胶工作者、农业工作者的身份，建议国家在天然橡胶良种补贴、胶园更新、加工布局调整、"走出去"战略实施等方面加大资金、政策支持力度，优化产业发展环境，促进胶工胶农增收，提高资源自给水平，增强产业的可持续发展能力。

敬祝：健康！

何康

2004.9.15

二、情深意笃"两院人"

1957年的大年初三，爸爸离京，到广州赴任新职。他在给妈妈的信中写道："大雪纷飞独南下，人在车中心在家。"1977年底，他被调回北京，告别了工作、生活了二十年的"热作两院"，并于1978年初就任农林部副部长。山高水长，鱼雁传书，"两院人"与老院长的心在一起。在爸爸的遗物中，发现几封当年的来信，今天读起来，仍然打动心弦。尽管地位变了，但感情没变，爸爸仍是他们能敞开心扉、倾诉心声的老院长。我挑选几封加以附言，与读者分享。

（一）1981年3月16日，温洋来信

敬爱的何康伯伯：

您好！当您接到这封信时也许会感到惊奇，不知给您写信的是什么人。我父亲是温健，原华南热带作物研究院副主任，在您领导下工作多年，为发展祖国的热作事业作出了一定贡献。

我是温健的第二个儿子，名叫温洋。

我哥哥名叫温海。

1969年我父亲因蒙受不白之冤，含愤而死。母亲也因写了几张小字报被打成"现行反革命"而被判处10年徒刑，在她即将"刑满"的1978年5月死于劳改农场。在打倒"四人帮"后的1979年，父母亲的冤案才得到了平反昭雪。

1977年我参加了高考，成绩优异。但由于家庭问题没有解决，我所报的几所学院都没有录取我，后来潘衍庆同志将我召回本学院栽培系。在学院学习的几年中，由于我的刻苦努力，学习上我是班上的尖子，政治上我也积极向党组织靠拢。连年被评为"三好学生"。

我还有一年就将毕业，对于自己将来的前途问题，我也考虑了许多，我迫切地希望您能在我的分配问题上给我以帮助。

毕业后我不希望继续留在"两院"工作，这是因为：

1.由于父母的事，我在"两院"已成"众目之的"。无论走到哪里，总会听到背后有人议论我的父母及家庭遭遇如何如何……这是我所难以忍受的，严重地刺伤了我的自尊心。

2.父母的冤案虽已平反，但迫害他们的人并未受到应有的惩治，他们还在这个单位工作，如果要我以后再与这些

人打交道，后果不堪设想。

3.每当我走过研究大楼，在父亲殉难及母亲受折磨的地方走过，对往事的痛苦回忆就折磨着我的心灵。这种心灵上的创伤不是一下子就可愈合的。除非调离这个地方。

4.我在这里除了我哥哥以外，没有其他的亲戚。我哥哥已申请去香港我伯父处。如他走后，剩下我一个人孤独在此，各方面都会遇到更多的困难。因此，我迫切希望调离这个地方。我在北京、广州都有亲戚，他们对我家的遭遇非常同情，待我们兄弟像亲人一样。如果这些地方有单位需要人的话，我希望能够给予照顾。

敬爱的何康伯伯，我因个人的私事打扰您，这使我心中很不安。但我知道您是"两院"的老院长，您对部下的仁慈和关怀是人所共识的。现在，我在孤立无援的情况下想起了您，希望您能谅解我的心情，帮助我摆脱困境吧！

祝您身体健康！

温洋

1981.3.16

1978年爸爸就任农林部副部长后，接到不少老同志、老部下及他们的后代来信，希望运用他的影响力，帮助平反冤假错案或调动工作，温洋的信

与王震同志（左三）一起开荒种地（左二温健，左四何康，左五陆大京）

2000年4月，在黄宗道、余让水陪同下，何康访问原兴隆试验站现热农院香饮所，三位老院长在可可树前留影

是其中一封。在信封背面，爸爸写下了"已办"。

温洋的父亲温健是中国热带作物的专家，与爸爸相识很早，在以橡胶为主，开发热带作物资源方面，成为爸爸得力的助手。1957年爸爸派他与田之宾一起，建立兴隆试验站并担任站长，而后又成为热作系副主任副研究员。1963年又带他一起参与了海南建立热带作物样板基地的调查、规划，制定了十年发展的蓝图。作为专家，他从国内外引进、培育了100多种绿肥牧草，70多种木薯，

参与编写了《热带作物栽培学》《木薯栽培和利用》等多本学术著作和讲义。但这样一位对发展热带农学、开发海南作出了有益贡献的科学家，在"文革"中却受到了残酷迫害。1966年"文革"初起，他就被怀疑为"特嫌"受审查，被关进学习班。因他爱人林书娟写小字报质疑林彪与"文化大革命"，被判为"现行反革命"，关进监狱。1968年10月，温健以死相拼，跳楼获救后，因无内伤，经住院治疗挽回生命。但有人无端捏造出"电台案件"，将他逐出医院，

关进地下室，造成伤口感染，因破伤风而不治身亡。同为难友的爸爸亲自埋葬了这位曾经信赖、依托的同志。此桩冤案于1978年8月25日获得"两院"的正式平反，但是本应成为抗逆英雄的林书娟在曙光来临之际，死于劳改农场。温洋的这份求助信至今读起来仍令人心底作痛。我从网上查到，温洋从热作学院毕业后考上了华南农业学院的研究生，后成为一位事业有成又有社会责任感的民主党派领导人，参政议政，建言献策，我想他为的是"文革"这样的惨剧不再发生！

（二）1981年7月27日，张诒仙来信

尊敬的何副部长：

您好！

非常感谢您的支持，农业出版社已叫我把译稿校对、删节后寄去。

本月（7月）15日梁带回这个信息。我得知后，赶紧又把全部业余时间投了进去。整本译稿从头至尾重校了一遍并又一次作了删节。此外，绘图呀！照片插图的图题翻译呀！写个"译者的话"呀！……一直到今天才算完结，明天可以寄出了。本想请赵灿文所长、杨炳安同志等校对后再行寄出，但他们都没有时间。译稿是连同原著一起寄去的。

今晚看电影，我特地给您写这封信报喜。当然，稿子寄出，并不等于出版已定，也可能他们是慑于您的威望。今后还要请您多多支持、促进和指导。

何副部长！我到情报所工作10年多了。前4年基本上是翻译，此后主要是校改他人译稿和新到外文期刊的选题。我热爱这一行，自己觉得还可以干一些年。我的丈夫张宏定现在图书馆外文书库工作，女儿张琼华在橡胶所分析室工作。我经常向家里和别人讲起，您和缪处长对我的指导、关怀和照顾。我跌伤当初，您亲自向医院请求挽救我，您把苦日子时仅有的糖、饼拿给当时垂危的我。缪处长自己身体不很好，但到了广州总要去医院看望我，连写信寄信这样的事都亲自替我做。离开医院时，还委托别人照顾我。您和缪处长离开海南时，还嘱咐一定要给张诒仙买个摇车……

我下肢瘫痪了，但手还可以，脑袋尚未生锈，做翻译工作还可以是个全劳力。只是海南漫长的夏季气候潮湿，使

我这伤残的腿经常疼痛，加上前信所说的那些理由，很想换个适合我这身体情况的环境：夏季较短，气候不大潮湿，冬季不很冷或有暖气，道路平坦，离医院近医疗条件较好。但我又有顾虑，怕个别单位听到"瘫痪"就摇头，更怕请您帮助会使您为难。请向缪处长转达我衷心地问候。

敬祝

安康

　　　　热作院的残废兵　张诒仙

　　　　　　　　　　　1981.7.27

读着这封信，感受到的是暖暖的温情，仿佛是亲人间的诉说，同时也深深敬佩这位"热作院的残废兵"，有颗残而不废，永不屈服的心。

于是我从网上认识了这位中国的"保尔·柯察金"。算下来，今年她已87岁高龄。在26岁的花样年华，她从椰树上摔下，高位截瘫，在床上、轮椅上度过了60年。通过自学英语，她成为专业翻译，译著达600万字。被评选为全国"三八红旗手"，获得中国热科院"建院55周年突出贡献奖"。她信中提到的那本译作《椰子》，在1984年由农业出版

2004年9月12日，何康访问文昌热科院椰子研究所时题词："世界椰子之窗，中国椰子博览。"

社出版。今天，椰子水成为消暑的最佳饮料，椰子奶糖和食品成为人们喜欢的甜点，在享受清凉之际，应该感谢在酷暑中工作的科技工作者；在口含香甜之际，应该感谢付出一生艰辛的翻译家。信中她希望爸爸能有机会帮她调到一个生活环境更适宜的地方，因为"下肢瘫痪了，但手还可以，脑袋尚未生锈，做翻译工作还可以是个全劳力"，她想的是如何更好地工作，做出更多的贡献。最终，她未离开宝岛新村。2019年入选《海南日报·海南周刊》评选的年度热点人物。她的精神需要宣扬与传承，同样，作为一位87岁的残疾老人她更需要人们的关爱和帮助。不要忘了张诒仙！

（三）2011年8月9日，吴修一来信

何康同志：

　　您好！

　　春节初二与您通电话后，我一直忙于接待亲朋好友，四月初又去潮州参加城南小学母校110周年校庆，顺便去了汕头和

喝着清凉椰子水，不忘奉献"热作人"

澄海，回来先后参加河源旅游、从化温泉干部疗养院离休干部短期疗养，之后，又去龙门参加党组织生活活动……连续二个月的活动，精神状态尚好，不料5月30日早晨测血压竟达208/120 mmHg，即去省人民医院看门诊，医生即要我当天下午住院。住院后，血压平稳下来，查出根源始知由于我回潮汕时见到年幼家贫时常吃的一种小鱼干和小虾干，我如获至宝，餐餐食用，还买了几斤回广州，天天食用。据医生言，此类食物，一般人吃是没问题的，而我既有心脑血管和高血压的病史，吃多了这种食物，便很容易引发高血压，或引起其他病变。这次住院，将近二个月（硕蕙也于6月3日去住院，一起出院），看来还是收获不少。我因硕蕙前两三年连续跌伤左、右脚，生活不能自理，故我为照顾家务（已请了两个保姆才照顾得了硕蕙），一再拖延没有去住院治疗。这次住院，多种检查都做，发现由于年迈和没及时治疗，身体各种器官均有明显衰退现象（表面看尚未有明显的衰老症状，但实际上已大不如前了）。我认为这是好事，知道自己身体的状况，便利于在平日注意保健和调理。

现在应该"言归正传"：我们年初二电话中约定今年请你找个时间来广州与过去"两院"的同志团聚，不知你能确定日期否？我上面所述我的情况，除了说明我这半年时间没能具体考虑团聚的事，也曾考虑今年建党90周年，你也许有参加庆祝活动，故觉得安排在今年下半年较为妥当。我在1985年率先在广州成立校友会后，连续有好几次大型的团聚活动，我们还主动第一批参加了社团登记，后来省民政厅发现我们仅是联谊性质，劝告我们不必再参加社团的登记，我当时是任校友会会长的，所以我宣布校友会"名亡实存"。我觉得校友会的活动主体，在学生中主要是班级之间，在干部、老师则主要是同科室，他们平时能保持联系，这也够了。前年，6-8班一批学生去云南，回来后又在广州团聚，4月初61级广州学生，在荔湾公园团聚，共去了近30人，听说今年9月15日，湛江、海南61级学生又将来广州，与在穗的学生同欢庆同学50周年，据说北京的邱建德也拟来参加。对于学生的团聚，我一向采取支持的态度，去年潮州成立校友会，99%的学生我都不认识，我还是承诺了担任名誉会长，上述各年级团聚，都有邀我参加。我解放以来，曾先后在中共中央华南分局工作，华南垦殖局工作，西联农场工作，"两院"工作最长，共达20年，我都一直与这些单位的同事保持联系。对于"两院"和西联，更是由于历史的原因，凝聚的情感永不分离！

如果你能在9月份（或10月份）来广州，希望多住几天，我将通知在穗的同志们集中在一家宾馆（届时可能会适逢广交会，若不能在宾馆，则来我省电大礼堂也可以）团聚半天，大会发言请你准备。主要是各年级、各单位小组团聚活动，外地的同志们如愿意前来，再自找住处、自负来往交通费原则下，同意参加。当日中午由我招待午餐（最好自助餐，否则其他形式也可以），请你接

信后确定如下几个问题：1.何时能来广州，拟在广州住几天，住何处，是否要联系住广东迎宾馆；2.交通工具是否要"两院"广州办事处解决；3.此次团聚可否名为"宝岛新村人团聚日"，不称为校友会，但召集人则署名吴修一、吴妙明和"两院"办事处一位负责人，具体办事可请省农垦局一些"两院"学生、干部参加；4.你还有何建议或打算，请告。收到此信后，先电话告知。

附去照片五张，一张是去年国庆日照的全家福；一张是在从化周总理塑像

1999年2月24日广州草暖公园，"两院"校友大聚会，新老领导合影

1999年春节前夕，昔日"两院三家村"之何、吴、龚，相聚于广州市园林研究所，这里距当年他们初识的石牌南秀村不到两公里，可时间已过40余年

前留影；一张是在澄海塔园与汕头电大校长合影的，背后有任仲夷题词，摘录党中央对"文革"的评价；一张是我住医院时省委发的建党90周年奖章，同时中共中央组织部通知我提高为副省级医疗待遇；一张是去年我生日时的合影。

　　匆此，祝

康健！

吴修一

2011.8.9

　　吴修一、龚硕蕙夫妇是爸爸、妈妈在"热作两院"的老战友、老搭档。他们是最早一批投身于华南橡胶垦殖事业

的老干部，分别为西联农场的场长、党委书记。1956年，爸爸带着农业部热作司整体划入了新成立的农垦部，开始从前所长李嘉人那接手华南亚热带作物研究所的工作。李嘉人向爸爸推荐了吴、龚夫妇，一是李熟悉他们的人品与工作能力，二是西联农场将有一部分土地划入热作所，建立联昌实验站。1957年2月，爸爸正式就任热作所所长、党委书记，吴、龚二人都成是党委成员。经过迁所建院、三年困难时期的考验，"热作两院"的发展如爸爸在1963年的信中欣慰地提及由郑克临负责行政，吴修一负责学院管理，黄宗道负责研究院科研，龚硕蕙负责党务，父亲统领"两院"工作

的领导核心终于成型。吴、龚与爸爸相处最久，而且没有中断，成为他的左膀右臂。"文化大革命"爆发，何、吴、龚首当其冲地成了走资本主义道路当权派的"三家村"。

由于爸爸不擅长也不喜欢搞人事关系，做思想工作也是弱项，这担子自然落在了党委办公室主任龚硕蕙的身上。为此，在"文革"中她受了更多的批斗和折磨，有部分应是替爸爸分担的罪责。龚患哮喘病，很难适应海南岛的气候，与妈妈同病相怜，三年困难时期在宝岛新村的坚守，大大损害了她们的健康。在"两院"情况稳定后，她们曾一起到广州从化养病。1966年，妈妈请病假回京治疗，兼为"两院"办事，龚阿姨则希望调回广州工作。"文革"爆发的6月5日，爸爸在中山大学等候李嘉人直至晚上8点见面，除了取经之外，还专门谈了龚调中大后的工作安排问题。很快妈妈治病、龚阿姨调动都告吹，被爸爸和吴伯伯召回"两院"，一起接受"文化大革命"的严峻考验。

"文革"后，何、缪、吴、龚先后调离，但"两院"成为他们割不断的连线。1985年吴伯伯发起成立了"热作两院"校友会并担任会长，这成为"两院人"寄托情感，相互联系的平台。正如他信中所言："对于'两院'和西联，更是由于历史的原因，凝聚的情感永不分离。"1999年2月24日，爸爸参加了在广州草暖公园举行的校友迎春会。"两院"新老领导悉数参加，校友300多人，几乎挤爆了公园。"不忘热作事业，怀念宝岛新村"的横幅表达了大家的心声。恰逢爸爸76岁诞辰，大家送上蛋糕，齐唱生日歌，尽管没有子女的伴随，但"两院人"就是家人。正如悬挂的条幅所言："桃李满天下，难忘宝岛家。"2011年2月10日，"两院人"再次相聚在热科院在海口的新址，共同庆贺爸爸88岁米寿。这次爸爸携儿、孙、重孙四代同堂前来，因为我们都是"两院人"。爸爸带着家人一起重返宝岛新村，这也是他最后一次返回"两院"。在"热作两院"大门旁的"儋州立业，宝岛生根"牌下，88岁的爸爸和他3岁的重孙，留下了影像。爸爸希望我们记住这里是我们的家，"两院精神"要代代相传。

（四）2009年5月22日，61级学生杨振堂来信；2011年10月15日，"两院"校友广州聚会筹备组来信

何部长：

您好！我叫杨振堂。那天，询问您家住区邮编时，我在电话里说，我们是"老交情"了……也许，您淡忘了。我们不妨先"侃"一下往事与旧交吧。

1972年，您的小儿子何巍插班到前"两院"附中高二（2）班就读，我任该班班主任和语文教师。离别时，他到我办公室送给我两册书（《先秦两汉文学史》上下册）和一本《汉语成语小词典》（我至今保留着这些书），并说："我爸问我，你的班主任是谁，并说买些礼物送他留念。我答，杨振堂。爸说，杨振堂，有印象。"我想，我和您没有个别接触，这印象可能是，1965年下半年参加万宁县东兴农场"四清"工作期间，我曾在"四清"工作团里召开的一次活学活用毛主席著作讲用会上汇报自己学习毛主席著作体会时，在您脑中留下的。因为那时您是东兴农场"四清"工作团团长，参加了那次会议，听我的汇报，并边听边做笔记。在做总结时，还肯定了我的学习体会。

自从2006年我参与《天然橡胶事业回忆录》稿件征编工作，我与您有电话联系，及信件往来过若干次。2007年，曾给您寄过十多篇经我编辑刊登在《红椰新闻网》上的老同志的回忆录，以及多张我用电脑打印的您和前"两院"老同志合影照片。您收到后，很高兴，在电话里与我说起宝岛新村耐人寻味的往事……热情邀我到您家做客……这些，想必您会有些记忆。可惜，我没机会去北京与您单独会面。

虽有旧交，但尚未知根知底。现在，将我的简要历史向您说明一下。我1942年生，广东省大埔县人。中共党员。1961级华南热带作物学院学生。毕业后，留校工作。1965—1992年，历任学院教务处助教，附属中学教师、校长、党支部书记，"两院"图书馆馆长（主持全面工作）。1993—1999年，历任图书与科技信息中心主任、党总支书记，《热带作物学报》副主编，《热带农业科学》副主编等职。2000—2002年退居二线，任《热带农业科学》专职主编。工作勤奋努力，先后加强附中和"两院"图书馆建设。1982年，被评为海南行政区先进党支部；1980年，我被评为海南行政区优秀党员。1993

何康在1961级毕业典礼上讲话

年，"两院"图书馆在海南省高校图书馆评估中获总分第一，和教育职能、情报职能、自动化管理、科研成果四个单项第一，获海南省教育厅通报表彰和奖励。1994年获海南省政府有突出贡献优秀专家特殊津贴。2002年退休。2003—2004年，返聘主编《热带作物学报》。2006—2008年，任前"两院"橡胶史料室副主任、海南省政协文史委天然橡胶事业史料征编工作委员会委员、《海南天然橡胶事业》执行编辑。说到这，要声明：我不是"自吹"或为自己"表功"，而是"实话实说"——我并没有辜负您创建的母校前热作学院的培养；我的一切都是党和人民给的，成绩当然是要归功于党和人民的。

通过上面的自我介绍，我想，您对我应该有一个大概的了解了吧。

您对前"两院"的老专家老教授和老干部，总是一往情深，情同手足，每次来海口总要看望他们，表示您老院长的深切关怀。我虽不是参与迁所建院的老同志，但有幸参加今年4月3日您与海口市城西院校区老同志的会面，说往事叙旧情，谈笑风生……给我留下温馨欢乐的记忆，于是，在网上发表了博客《我参加了何康老院长与海口城西院校区老同志叙会》。广州的关其能老师看了不胜感慨，又将其下载转发给项斯桂副院长等老领导看……那天，干休所工作人员拍了一些叙会时的照片，拷到我的U盘上，我将其输入电脑，筛选15张，用Photoshop软件整理加工，并用Word汇编成了两个部分。现冲印17张，送您做

"两院"附中、附小的老师们重聚（前排左起第六
人为杨振堂）

留念。照片汇编之一最下端一张中，坐
在邢诒能旁边的就是我。这一张张照片
情意浓浓，如果您和您夫人看后能开心，
我的目的也就达到了。

此祝大安！并代问候您夫人郁阿姨。

学生：杨振堂

2009.5.22

尊敬的何康院长：

我们是华南热带作物学院61级1-5
班的学子，1961年9月入学，1965年8月
毕业。2011年9月15日至17日，我们在
广州市广州大厦聚会，纪念我们"宝岛
新村相聚50周年"，老师、老同学、同
学夫人、子女共122人参加聚会。

宝岛新村四年大学行，换来人生一
世同学情。相隔半个世纪后，我们仍然
重逢相聚，同学们和老师欢聚一堂、见
面叙旧、联谊关爱、共贺安康，共同回
忆宝岛新村的峥嵘岁月、共叙师生之间
的友爱之情。

我们为能够成为"宝岛新村人"的
一分子感到骄傲和自豪。

我们一直为我国的热带作物事业努
力奋斗，默默奉献，无怨无悔。

我们一直怀念宝岛新村。专程重返宝岛新村采访，并编制了历史回忆片《怀旧之旅》。

我们一直想念您，是您的谆谆教导、真情关爱、孜孜裁剪，使我们健康成长，走向社会，为热作事业作出贡献。为此，我们把这次广州聚会的"重逢"相册和录音带寄给你，一同分享我们的快乐。

1999年您来广州时到过我们园林科研所，当时照的照片补寄给您，真的很抱歉。

祝您身体健康，家庭幸福。

广州聚会筹备组

2011年10月15日

这是两封华南热带作物学院61级学生写来的信。入学时是年轻小伙，2011年聚会时都应是年近七旬的老人，他们称自己是"宝岛新村人"，老院长是他们的家长，不是亲人胜似亲人。

华南热带作物学院是"大跃进"的产物，在三年困难时期，大批院校下马，已成为仅存的硕果。这是用"两院"开创者们的汗水浇灌，爱心培育，抗风防害，精心呵护结出的果实——"凡有热作处，皆有宝岛人"，也成为今天海南大学的根。

爸爸爱这些学生们，因为在草棚里，他们能静下心来读书听课；在饥饿中，能开垦种地自力更生；在晚会上，能翩翩起舞共享欢乐。1960年，爸爸率先带队与学生们"三同"，采集标本，现场教学，朝气蓬勃，努力学习的学生们把爸爸带回了他求学的青年时代。

1961级校友会赠送的光盘

1962年元旦，与毕业班全体同学座谈，爸爸感叹道："青年学生确实可爱，尤其是我们的学生特别朴实好学，更应好好对他们负责，教育他们。"这是真心话，看看爸爸一直保存着这些来信、相册、光盘以及附在信中近百名学生的名单和通讯录。十年过去了，我们得以见到这些大哥哥、大姐姐们（1961年他们入学时，我在学院附中读初三，15岁）给爸爸的信："我们一直想念您！"这是对88岁老院长的最大安慰，这种患难与共的亲情支撑着爸爸活到了99岁。我由衷地感谢"宝岛新村人"。

（五）2003年10月11日，何康农业教育科研基金申请表，申请人蔡雪琴来信

尊敬的何康奖学金基金委员会：

我叫蔡雪琴，我现于华南热带农业大学2000级园艺（4）班就读，我来自广西贺州市一个贫困的小山村，我家是全村的特困户，经济困难，我在学校里德智体全面发展，品学兼优，符合何康助学金的申请标准，现特向何康助学基金委员会申请何康助学金。

我家里一共7口人，爸爸妈妈和五姐弟。家里祖祖辈辈都是面朝黄土背朝天的农民，唯一的经济来源就在于三亩水稻田，收成靠天，要是在风调雨顺的时候还可以，若是遇到天旱涝灾虫灾的时候连温饱都难解决。而家里只有妈妈一个劳力，我和弟弟都在读大学，还有一个妹妹在读初中，有两个妹妹因为家里没法负担学杂费而辍学在家。

家里早在我入大学前为了给重病的奶奶治病已欠下五六万元的债，但还是未能挽回苦命的奶奶，在我入大学前一年去世了。穷困潦倒的家在我入大学时又新添了近万元的债务，那时爸爸妈妈不想因为家里经济困难而让家里的第一个大学生夭折了，怕断送了我的前程，还是把我送进大学了。进了大学，我知道家里的困境，省吃俭用，参加勤工助学，打暑期工，拼命地学习就是为了争取奖学金以解决生活费用。毕竟边挣钱边读书对学习有点影响，但这些困难我还是可以担当的，我不放弃自己的理想，勤奋学习，三年来，我的成绩一直都名列班上前三名。

爸爸为了尽快还清债务和为了挣钱糊口、供我们几姐妹读书，去给别人建

房子挣钱，这是一个危险的工作。俗话说"天有不测风云"，在2003年1月19日，这个危险还是来临了，爸爸在帮别人砌房子的时候从楼上摔下来，把腰骨给摔断了，这无疑是雪上加霜。妈妈一夜间头发白了很多，她为了能借到钱给爸爸治病，嘴皮都磨破了，还是凑不齐2万多块钱的医疗费，毕竟亲朋好友也没有什么钱，而且我们家还欠他们很多钱呢。实在没办法，妈妈去借了高利贷，妹妹退学了，才勉强凑齐爸爸的医药费，但是爸爸现在不能干活，成了半瘫痪，只能挂着拐杖走一点点路。家里的顶梁柱倒下了，我们走投无路。上个学期我本来就打算退学了，但妈妈死命不肯，硬是要我来学校继续把学业学完，为了不让她伤心和失望，我还是到了学校了，但心里总是想着如何挣钱，想着家里躺在床上的爸爸。

为了给爸爸治病，家里已经一贫如洗，而这两年也因投入农业的资金不足而收成不好。实在没有钱了。偏偏今年弟弟高考以全县第一名的好成绩考入华中科技大学，学费近万元，去哪找这笔钱啊！但又不能浪费这名高材生学子啊。妈妈变卖了家里的许多东西才凑够500元

1993年何康获世界粮食奖，接受20万美金支票，全部捐出设立了何康农业教育科研奖学金

的路费给他，弟弟的学费、住宿费、生活费还只是个未知数，弟弟说到时候看学校有没有贷款，也只能这样了。家里还有一个读初中的妹妹呢，有两个妹妹因家里实在没有钱而辍学，每当面对她们的时候我就觉得很强的内疚感。

我在大学里，刻苦学习，成绩优秀，大一时获得"二等综合奖学金"，班上排名第二，大二、大三两年都获得了"一等综合奖学金"和"三好学生"光荣称号，还获得了"优秀团员"光荣称号，在学习文化基础知识的同时也积极参加各项课外活动，文化下乡等等。在此我还积极拥护中国共产党的领导，拥护党的基本路线和重大决策，积极向党组织

靠拢，现已加入了中国共产党，成为一名中共预备党员。我会以一名党员的标准来严格要求自己，处处起模范带头作用，为党的四化建设贡献我的一份力。现在我已进入大四了，将要面临毕业后何去何从问题，我愿意听从党的安排，无论在什么岗位上我都会努力做好，而且我的理想就是到西部地区去，为建设西部开发西部尽自己的责任。为了理想和目标我会更加努力学习，只有自身的素质提高了才能更好地为四个现代化建设添砖加瓦。

鉴于以上情况，我认为我已符合申请何康助学金的标准，因此特向何康助学基金委员会提出申请，恳请你们的批

中华农业科教基金会何康基金第三次理事会在海口召开

准。我会更为发奋读书，以更优异的成绩来报答你们对我的帮助和鼓励。

此致

敬礼

申请人：蔡雪琴

2003年10月11日

该申请表经院系和学校签署同意推荐，并由院系、校领导签字加盖公章送到了北京，考虑到与华南热带农业大学特殊关系，基金会送来这张申请，让爸爸知晓。读了蔡雪琴同学的来信，深感爸爸在十年前的决定何等正确——将"世界粮食奖"的奖金20万美元捐出，设立了何康农业教育科研基金。

"世界粮食奖"（The World Food Prize）是由1970年诺贝尔和平奖获得者、美国科学家诺曼·博洛格（Norman Ernest Borlaug）于1986年设立，旨在表彰在改进全球粮食质量、数量和供应及推动人类发展方面作出突出贡献的个人，是国际上农业领域的最高荣誉。爸爸是获此奖项的第一位中国人（第二位是2004年获奖的袁隆平），在领取该奖项时说：他是代表八亿中国农民来领奖的，由于中国实行了改革开放，在农村

通过家庭联产承包责任制、科学种田、增加投入，在80年代解决了粮食自给自足问题，用世界上7%的土地养活了占世界23%的人口。左天觉、孔宪铎和爸爸的老师张信诚等美籍华人科学家参加了颁奖仪式，美国前总统卡特发表了电视讲话，时任美国总统克林顿在白宫接见了爸爸。

爸爸带着20万美元的支票回国，按1:8.6汇率，在当时是一笔不小的数目，爸爸悉数捐出。为了兑现美元支票和设立奖学基金，我陪着爸爸专门与当时的中国人民银行副行长通话请教。农业部决定在中华农业科教基金会下设立何康专项基金，用20万元美元为本金，其利息及其他收益资助"考入农业大中专院校和部分贫困地区农业职业中学的在校贫困学生，资助重点适当向中西部、老少边穷地区、农业生产区倾斜"。

据中华农业科教基金会2021年7月15日悼念文章《抚今悼昔　怆然悲鸣——缅怀名誉理事长何康》介绍，从1997—2020年，共计31所大中专专业院校（目前为15所）的2959名学生获得"何康农业教育奖学金"的资助，累计资助金额658.8万元。

蔡雪琴同学就是其中一位，衷心希

望她事业有成，生活幸福。这是老院长在天堂的期盼。

（六）2011年5月11日，苏联专家叶尔马科夫之子叶华森来信

尊敬的韩长赋先生、李辉先生：

很抱歉占用你们宝贵的时间，希望得到您的关注。

我是弗拉基米尔·叶尔马科夫的儿子，我很幸运地于1955年在中国出生。我父亲叶尔马科夫，作为苏联橡胶品种选育专家在中国工作了四年（1954—1958年）。他的成绩得到中国政府的关注和高度评价，收到了时任农垦部部长王震的感谢信。

我父亲的主要中国同事是何康先生，一位知名的科学家和绅士。他在给我父亲的信中也谈到了我个人。但是他们的联系在20世纪60年代早期中断了。最近，我得知何康先生在80年代担任农业部部

1958年1月，何康与苏联专家叶尔马科夫种植友谊树

长，并在任职期间取得了很大的成功。

从中国回来以后，我父亲在位于彼得罗扎沃茨克的苏联科学院卡累利亚分院森林研究所担任了多年所长。他从1958年到1999年近80岁高龄离世时，一直都非常思念在中国的工作以及中国的同事。

他的妻子，我的母亲玛利亚和我本人非常想知道何康先生和他的妻子是否健在，我们非常希望他们都健在。我从母亲那儿得知何康先生有两个儿子，比我略长数年。

尊敬的大使和部长先生，您能否施以援手，帮助我们找到何康先生，并且让何康家人得知我们正在寻找他们？

我深深地体会到时光之河的真正含义，内心焦虑异常……

我对您的关注和帮助，致以最为热烈的感谢。

致敬

叶华森（弗拉基米尔·叶尔马科夫）

（1955年7月3日生于北京）

2011年5月11日

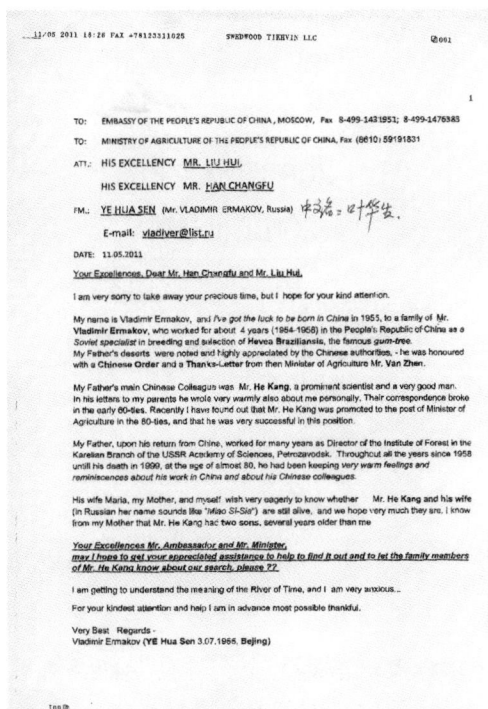

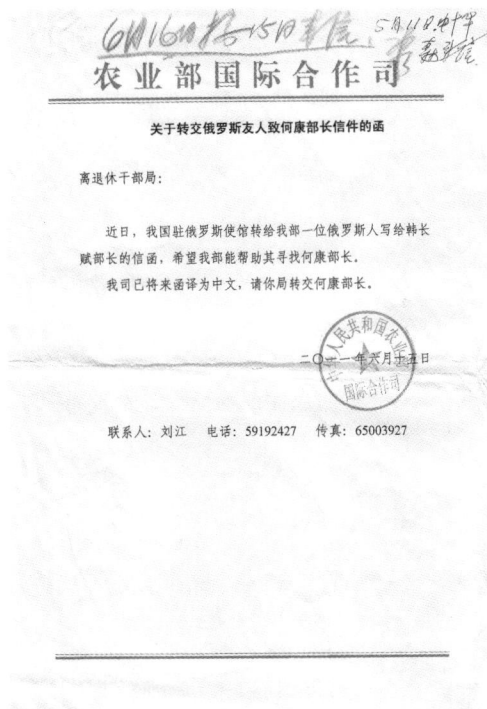

叶华森来信

这是一封非常有意思的信，因为爸爸给妈妈的信中、日记中多次提及了叶尔马科夫一家。记得小时候在北京、广州时，爸爸都曾带我去过苏联专家的家，是我最早见过的外国人，留下了较深的印象。1957年2月6日在广州热作所就任新职的第一封信，爸爸就提到："叶尔马科夫夫妇一路为孩子沃洛加（中文名叫叶华森）操不少心，中外孩子一样如此，一会儿都静不下来，二个人为孩子也不时吵上两句。专家要看小说，玛利亚嫌他光看书不管孩子，吵急了每人打孩子两巴掌。可见对付孩子不独你我，中外都是一样，办法与耐心不多。"

1952年爸爸从华东农林部调往中央林业部，重要原因之一就是要与苏联专家打交道，先是陪同苏联林业部副部长高尔丹诺夫专家组，后续有古里等，叶尔马科夫是最后一位苏联专家，在近4年的工作中与爸爸结下了深厚友谊。在其中一次殖区考察时，他因病未能完成任务，抱愧而痛哭，让爸爸深受感动。

爸爸在1958年元旦（在联昌）日记中写道："周总理给专家的拜年信，研究所的贺电均赶到了，临时组织了一些人，举行了一个小仪式给专家拜

年，宣读了贺信及贺电，大家一起在椰子树及明朗的阳光下照了相，专家很感动。"2月13日日记（在广州）："午后进城为专家送行，举行了简单的宴会，很多人都来送专家上车，玛利亚在临开车前都落泪了，别了！"没想到这一别，再未见面，中苏关系走上下坡路，从公开论战，到武装冲突，从关系恢复正常化，到苏联解体。叶华森那时还不到两岁，应该正是逗人爱的时候，而当他写这封信时，已是56岁了。世事沧桑，当年的苏联主体已变成了俄罗斯联邦。

（七）2003年4月26日，黄宗道逝世讣告

2003年4月26日，中国工程院院士、原海南省人民代表会议常务委员会副主任黄宗道因病医治无效，在南京逝世，享年82岁。

黄宗道（1921—2003），湖北省孝感人。1949年4月参加革命工作，1956年1月加入中国共产党。历任华南热带作物科学院副研究员、研究员、橡胶栽培

系主任、院长，华南热带作物学院院长、研究员，中国热带作物学会理事长，中国农学会副会长，国际橡胶研究和发展委员会理事。1988年当选为海南省人民代表大会常务委员会副主任。1990年享受国务院颁发的政府特殊津贴，1997年被中国工程院选为院士。1995年12月离休。长期从事橡胶营养生理、施肥制度、割胶技术、热作区划的研究，为中国橡胶北移作出了贡献。

这不是黄宗道的来信，而是他的讣告。因讣告是以信件的方式寄给爸爸的，故列于此。他是爸爸亲密的战友、"接班人"，在"热作两院"，他们的名字连为一体。

黄伯伯于南京病逝，爸爸闻讯大哭，想去做最后告别，被我们与黄伯伯家人劝阻。大家都担心爸爸到现场伤心过度，出现意外。曾任中国新闻社海南记者站站长的叔叔何达，与爸爸、郁阿姨一起起草了送别黄伯伯的挽联。一是

何康与黄宗道环抱老胶树

1990年9月何康部长视察两院工作时合影留念

何康与"两院"领导及专家教授们合影（前排左起
为张开明、刘松泉、黄宗道、何康、郑学勤、陆行
政，后排为梁荫东、俞浩、梁茂寰、吕飞杰、陈河
楷、黎仕聪、王泽云、凌绪柏，林德光）

写公心："宗道院士千古 坦荡长者醇醇育人桃李遍华夏 卓勋院士孜孜热作深根植宝岛"；另一是抒私谊："宗道吾兄千古 数十载风雨同舟亲如兄弟恸哭失君 半世纪宝岛生根叶茂果硕笑慰长留"。

第二年3月24日，爸爸亲往海口，参加次日举行的"黄宗道院士追思大会"。抵琼已是晚上，他坚持立即去黄伯伯家。见到邓超雄阿姨，抱着痛哭，大家劝不能止。他挽联上写的"恸哭失君"，发自内心深处。

第二天，爸爸在追思会上，开篇便讲到了昨天深夜探望黄伯伯一家，看了居室与厨房，突然想到了欧阳修的话"忧劳可以兴国，逸豫可以亡身"。"两院"正面临二次创业，向更高更难处进军，中国热带地区小，世界热带地区

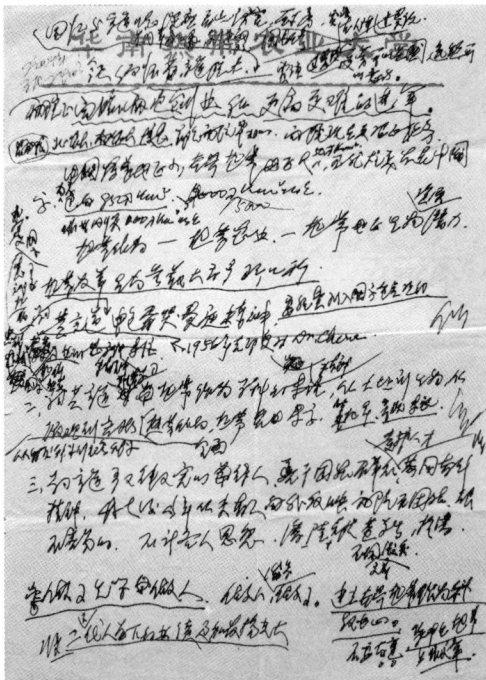

2004年3月25日，黄宗道院士追思会何康讲话提纲

大，"两院"从热带作物，到热带农业，向热带地区生物资源进军。为此，我们首先要学习黄宗道热爱国家，忠于热作事业，以申包胥哭秦庭的精神，把"两院"发展经费列入国家重点项目。他深情地回忆1956年与黄宗道一起访问印度，Dr.chore百折不挠地建立热作研究站给他们留下的深刻印象。古今中外，欲成事业，必有锲而不舍的精神。其次，要学习黄宗道刻苦学习热带作物科学的精神，从土壤到生物，从微观到宏观，从自然科学到社会科学，成为热带作物、

热带农业的专家。第三，要学习黄宗道严以律己，宽以待人，善于团结群众，爱护人才，共同奋斗的精神。他说："我走后多年，从来没有人向我反映'两院'不团结，这很不容易。"宗道不计个人恩怨，潘衍庆是他的学生，但"文革"中为不同派系，而他推荐了潘衍庆同志接替他。要做事先学做人，要将两代人留下的业绩更加发扬光大，将"两院"建成世界热带作物科教中心。

立志、敬业、做人，爸爸与黄伯伯拥有共同的价值观和追求。他比爸爸年长两岁，爸爸挽联中称为"吾兄"，体现了他们亦友亦亲的关系。爸爸在"文革"交代中，依靠专家治院"罪行"中的一条就是"重用黄宗道"。1956年考察印度，1963年底考察印尼、锡兰、柬埔寨，黄伯伯都是主要成员。他们一起编撰《橡胶栽培学》等学术著作；制定橡胶热作发展7年规划、10年规划，以及海南热作样板基地建设规划；一起去西庆农场蹲点，支持黄伯伯总结出橡胶养、割、管的一套经验。总之，涉及"两院"橡胶热作科教事业发展的事项，爸爸都请黄伯伯参与；"两院"的核心研究项目橡胶系由黄伯伯担任主任，1963年成为党委委员，爸爸曾数次向农

垦部提名他为副院长。

爸爸在追思会的讲话中，把何、黄称为"两院"发展的第一代、第二代领导人，名副其实。但是，他们首先是"宝岛新村人"，职务可退，他们所代表的"热作两院"精神应该得到传承，这是我们今天怀念他们的所在意义。

附录

【把心交给人民】

我国热带作物科技高教事业的开拓者

——何康与『两院』发展

深切缅怀何康同志

我国热带作物科技高教事业的开拓者

——何康与"两院"发展

梁荫东

（中国热带农业科学院原副院长，原华南热带农业大学副校长，副研究员）

何康原籍福建闽侯。他的父亲何遂是有名的儒将，工诗善画，早年参加中国同盟会，拥护国共合作。抗战初即与我党周恩来、叶剑英等同志建立了联系。母亲为留日生。抗战时期，中学读书期间，何康积极参加农村矿山巡回文艺演出、经常撰写诗文宣传抗日救亡，并积极参加抗日募捐等活动。16岁加入了中国共产党，曾担任学校地下党支部书记。何康的两个哥哥也在抗战初期奔赴延安投身革命，加入共产党后，派回国统区长期从事党的地下工作，并曾与何康组成兄弟3人的党小组直接与叶剑英联系。1941年皖南事变后，经董必武同意，于当年进入广西大学就读，先学经济，后改学农业。1946年大学毕业后，即到南京与董必武接上关系。后调上海，

在中共上海局刘晓、刘长胜等同志直接领导下从事党的地下工作。1949年5月上海解放后，任上海军管会农林处处长。建国初期，任华东军政委员会农林部副部长。1952年调中央林垦部任特种林业司司长。1957—1978年，先后任华南热带作物科学研究所（后改华南热带作物科学研究院）、华南热带作物学院（简称"热作两院"）所长、院长和党委书记，"两院"院长和党委书记，"两院"党的核心小组和领导小组组长。1978年调中央，先后任农林部副部长、农业部副部长、国家农委副主任、农牧渔业部部长、农业部部长兼国家计委副主任，党的十二、十三届中央委员会委员，全国人大常委会委员。兼任过中国科协副主席，中国农学会名誉会长，中国农业广播

电视学校领导小组组长，中国热带作物学会名誉会长。1993年荣获世界粮食奖，是我国获得此奖项的第一人。何康长期从事农业科研、教育、生产的组织领导工作，为我国农业社会主义现代化建设，特别是橡胶热作事业的发展作出了重大贡献。

从1952年至1978年，除"文革"一段时期（1966—1971年），何康专门从事橡胶热作事业领导工作20多年。其间，1957至1978年，除"文革"一段时期（1967—1973年），何康有14年在"两院"主持工作，这也是"两院"艰苦创业的关键时期，何康在这一时期开拓了我国橡胶热带作物科技事业，开创了我国热带作物高等教育事业，将"两院"初步办成我国橡胶热带作物科学研究和高等教育中心。因此，回顾"两院"艰苦奋斗的历程，论述有关"两院"的发展和成就、"两院"的优良传统、"两院"独具特色的体制、"两院"在我国橡胶热带作物生产发展中的作用，都不能不和何康紧密联系在一起，所有这一切无不渗透着何康的智慧和心血。

一、胸怀大志，毅然下到华南亚热带作物科学研究所，决心开拓我国橡胶热带作物科技事业

何康调到华南亚热带作物科学研究所之前，尚有其他两个条件优越的工作岗位供他选择：一是去我国驻印尼大使馆任科技参赞，二是到中国科学院综合考察委员会任副主任。但是，此时当过特种林业司司长和热带作物司司长，对发展天然橡胶、热带作物有丰富的华南垦殖组织领导阅历，对天然橡胶、热带作物已有深入学术研究的何康，怀着发展祖国橡胶热作事业的远大理想和宏伟蓝图，放弃了上述两个工作条件优越的单位，毅然选择了能实现其理想志向的热作所，以干一番大事业。而这时的热作所在经历了科研任务和领导体制的几度调整后，正面临着新的大转折——当时的农垦部王震部长为使科学研究与生产实际更好地结合，已决定将研究所由广州全部迁往海南岛橡胶生产中心。当然，经历了长期艰险革命斗争锻炼和考验的何康勇敢而愉快地接受了这个艰巨任务。

1952年底，原国家林垦部根据中央发展天然橡胶的需要，决定以原广西桐油研究所、重庆工业试验所橡胶组的

人员和设备为基础，从有关科教单位抽调一批专家和应届毕业生组建研究所。1953年成立了建所筹备委员会，起名特种林业研究所。1954年3月1日正式成立后定名华南热带林业研究所，为的是不对外公开我国天然橡胶研究，作为保密单位，隶属于华南垦殖局，并由华南垦殖局李嘉人副局长兼任所长，副所长有乐天宇、彭光钦、林西。研究所的任务是研究天然橡胶生产中栽培和加工的科学技术问题。

在筹备期间，华南垦殖局海南分局的那大试验站划给了研究所，成为研究所的海南试验站，随后又在广东徐闻建立徐闻试验站，在广西龙州建立龙州试验站。从大陆各地来到研究所的人员包括专家，许多人在此之前都未见过橡胶树。筹备期间，组织他们到粤西、合浦（当时属广西）和海南对垦区环境、老胶园进行考察，既是了解垦区环境和生产情况，也是认识和熟悉橡胶树，在此基础上逐步开展了研究。

由于所址在广州，远离研究对象，研究工作每年靠科研人员出差到千里之外的海南、粤西的生产农场去进行，这在很大程度上影响了研究工作的开展。这一时期可以说是天然橡胶研究工作的探索阶段。其间，天然橡胶事业和管理体制发生了很大变化。

我们知道，当时的国际形势——1950年6月朝鲜战争爆发后，帝国主义即对我国以及其他社会主义阵营国家实行经济封锁，并于1951年春对我国实行橡胶封锁。为了反封锁反禁运，1951年中苏双方曾协议过合作发展橡胶，即苏方提供资金、物资和技术，换取橡胶开割后每年获得成品胶的回报，苏方的投入，以中方提供的橡胶相抵。1952年9月，我国同苏联正式签订了《中苏关于橡胶技术合作协议》。因此，植胶大发展初期，中国曾向苏联贷款，购买了苏联开垦森林土地的拖拉机等机械设备和运输车辆等物资，苏联还派出了专家，帮助我国在华南地区建立天然橡胶基地。

由于任务紧迫和缺乏经验，当时提出了"先大陆后海南，先草原后森林，先平原后丘陵"的植胶方针。计划1952年至1957年，在广东、广西、云南、福建、四川等5省区，以最快速度种植800万亩橡胶，其中广东、广西应于1954年完成400万亩，以争取10年后在大陆可达每年产胶10万吨的目标。

然而，到1953年6月，各方面情况发生了很大变化：国际形势已有所缓和，中、朝、美签署了停战协议；我国和锡兰（斯里兰卡）签订了橡胶贸易合同，可从锡兰进口橡胶，从而打破了西方对我国封锁禁运橡胶的政策；斯大林逝世后，1957年，苏联政府单方面中止了合作协议，中断了后续资金、物资供应，并撤走了专家；第一批大发展种植的橡胶因受风寒危害，遭到严重挫折。

因此，中央调整了橡胶发展的速度、规模和种植方针。将植胶计划的面积做了压缩。提出了"提高质量，增加产量，改善经营，降低成本，巩固发展，稳步前进"的方针，从单一种植橡胶调整为"以橡胶为主，农林牧结合，实行多种经营"。1954年，从植胶失败中吸取教训，中央决定发展重点从大陆移到海南，并总结出了植胶必须"依山靠林"四字真理。领导体制也有了变更，1954年，研究所随同华南垦殖局从林业部划归农业部领导，改名为华南热带作物科学研究所。广西垦殖分局划归广西壮族自治区；华南垦殖局系统党的工作交给地方（广东省）领导。

由于这一系列的变化，广东省曾有意将研究所合并到华南农业科学研究所，党政工作人员已开始调出。1955年11月，全国农业科研工作会上讨论

热带资源开发问题，要求研究所以橡胶为主，同时大力开展热带经济作物的研究，并把服务范围从华南扩大到西南热带、南亚热带地区。1956年中央成立了农垦部，华南垦殖局和研究所都从农业部划归农垦部领导。而且将研究所从华南垦殖局领导转为直属农垦部，改名为华南亚热带作物科学研究所。农垦部要求研究所下迁到海南热带作物生产中心，结合生产开展研究。广东省也改变初衷，要求研究所下迁海南。

何康到任前，从热带林业司调了几名高中级科技人员（如许成文、肖敏源、肖敬平、孔德骞、郑学勤等）到研究所工作，加强研究所的科研力量。到任之后，根据农垦部特别是王震部长的指示精神，为建立以"两院"为中心的中国热带作物科研体系，采取了一系列举措。

（一）加强试验站领导力量，扩大试验基地

抽调了一批科研骨干下到海南和徐闻试验站，刘松泉到海南站任站长，庞廷祥到徐闻站任副站长。派田之宾、温

健等到海南万宁筹建兴隆试验站，开展胡椒、咖啡、可可等热带作物的研究和引种。在海南农垦局的支持下，从西庆农场划进两个生产队，扩大海南站的试验基地和规模；在粤西农垦局的支持下，将徐闻站从徐闻迁到湛江湖光岩，并由湖光农场划出土地，建立了约470公顷的试验基地，改名为粤西试验站。将广西龙州试验站划交广西农垦局。

（二）坚决贯彻中央农垦部将研究所搬迁到海南橡胶生产基地的决定

研究所在1954年成立时，对所址曾有过讨论。由于专家们，包括帮助筹建研究所的苏联专家都认为，科研机构离不开现代化水电设施、交通信息，最后选定建在广州石牌。作为以热带作物为研究对象的科学机构，远离热带作物，试验工作确有很多不便，同当时强调理论结合实际，知识分子同工农相结合的要求也不适应。1957年10月，王震部长赴日本考察途经广州时，又召集专家们座谈，动员下迁。所以研究所的搬迁已势在必行。经过多方工作，在"整风反右"运动后期，即1958年初，何康同志派出陆行正、缪希法、朱荣耀到海南进行所址勘察。对选址有过几种提议——有的主张将华南农学院海南分院与研究所分开，有的地方政府有关领导主张建在海口，有的建议放在那大……经多方论证比较，最终选定在儋县那大西距县城12公里，离海口市约150公里的铺仔北边一块2500亩荒地上，即现在的儋州市"宝岛新村"，研究所和学院建在一起。

为什么把所址选在这个地方呢？一是儋州位于海南西北部，温度虽不及南部保亭等地高，冬季偶有低温寒潮影响，但台风频率小，风害较轻，在我国热带北缘垦区具有一定代表性；二是儋县有10个国营橡胶农场，是橡胶生产最有利的地区之一，也是海南最大的植胶县，有利于科研同生产的结合；三是研究所原来的海南试验站就在其北面，有相当规模的试验基地和简易办公用房与住房，研究所在搬迁过程中有落脚之地，且可同新址连成一片。

各项准备工作就绪后，1958年3月3日所务会议研究决定，3月15日和16日，全所200多名职工分水陆两路，由何康所长和武树藩副所长带领，分别乘汽车和轮船分两路下到海南。除橡胶北移研究组留在广州继续研究，2名电工不愿来海南外，全所200多名职工及其家属义无反顾地离开了繁华的广州，来到了宝岛新村。

新所址距儋县县城12公里，离海口143公里，周围除几个农村和几片零星橡胶园外，全是荒山野岭，完全没有社会服务依托。"宝岛新村"这个名字也是研究所迁来后才起的。原来，在离新址南面约两公里的公路边有几间木板房和茅草房，地名叫铺仔的汽车上落站。因而1958年刚迁来时"所院"址名也就叫铺仔，与汽车上落站的地名混在一起。1959年初，为了把所院地址和汽车上落站区分开来，以便于对外联系与沟通，何康同志充分发扬民主，让所院办公室发出征集所院新址命名通知，发动群众为新址另起一个新名，大家很热情，踊跃地提出了20多个名字。由何康同志主持会议讨论评定，最后选中了时任人事处干部科副科长的王永昌同志提出的"宝岛新村"这个名字。在"公社化运动"中，"所院"周围农村成立人民公社，也以此地名为公社起名为"宝岛人民公社"。这个名字经上级主管部门批准后，海南岛的地图上就多了一个新的地名。研究所是下迁到宝岛新村开始新一轮创业的，新的一页也由此揭开，从而迈上了新的征途。而学院（华南热带作物学院）创建则以宝岛新村为起点，进而逐步走出自己特色的办学道路。

（三）支援垦区热带作物科研机构，增强其科技力量

天然橡胶从1904年引进中国，新中国成立前没有多大发展，生产规模很小，科学技术、高等教育完全空白。新中国成立后，随着以橡胶为主的热带作物业的发展，垦区各地相继成立了试验机构。广东是在原育种苗圃基础上扩建成育种站，稍后才建研究所。云南在西双版纳试验场的基础上于1959年成立研究所，广西则在原龙州试验站的基础上成立了研究所。这些所站也都是地处边陲农村，交通不便，信息不灵。除广东外，其他省区科技力量比较薄弱。何康早在1952年从华东调中央林垦部特种林业司时，就已意识到我国发展天然橡胶，一定会遇到不少科学技术问题需要研究，要有一支专业科研队伍。所以，

他虽然是在"华南热作所"任职，但工作着眼点绝不仅限于本所，而是全国热带作物的科学技术工作的开展，是建立我国自己的热带作物科技体系。他到所之前，下调高中级科技人员到研究所的同时，也下调了李一鲲、戴渊到云南。在研究所下迁时，派出了16人，1960年又派出30人到云南和广西，支援他们的科研机构。并先后接受福建、广西派来40名科技人员到本所跟班学习，为他们培养热带作物科研人员，以加强这些省区的科技力量。

（四）建立与广东、广西、云南、福建四省（区）热作科研机构的联系与合作

对橡胶重大科研项目组织联合攻关，分工协作，交流进展情况与经验，派出科研人员协助考察，提供并交流科技情报资料。如研究所下迁之前，1958年1月23日在广州召开云南、广西、福建热作试验场、站工作座谈会。1959年3月6日召开四省（区）科技座谈会，分别讨论各省重点课题和课题的分工与协

作。1960年1月10日至27日在本所召开的科技工作会议，除热作垦区六省（区）（增加川、贵）热作科研机构外，中国科学院土壤所，植物生理所，地理所，华南植物所，包括学部委员李庆逵在内的有关专家参加了会议。还有化工部、轻工部所属科研单位及有关高等院校97个单位178人参加了会议。由何康传达了国家科委科技工作会议精神，提出了"开展全国大协作，生产、科研、教学拧成一股绳"的主张。中国农业科学院副院长朱则民在会上讲了话。会议交流了学术论文。讨论了本所1960年科研计划和1960—1967年长远规划，对各省热作科研课题、作业计划提出了修订意见和部署。并讨论了科技情报工作，建立热作科技情报网。1961年7月7日至12日，召开科技工作汇报会，除云南、广西、福建、四川热作所站外，江西农科所，赣南科学院和湖南宜章热作所也派代表参加。

1962年农垦部刘型副部长在湛江主持召开热作四省（区）所站长会议，提出华南热带作物研究所对四省（区）所站（包括各育种站）进行业务指导的要求。1965年经农垦部和国家科委批准，研究所扩建成为华南热带作物科学研

究院。农垦部明确要求研究院承担对四省（区）热带作物科技指导任务。至此，我国初步构建起以"两院"为中心的热带作物科研体系。

二、把握机遇，利用有利形势，知难而进，艰苦奋斗，开创我国热带作物高等教育事业

早在研究所酝酿搬迁的时候，何康就已设想借鉴美国贝尔茨维尔（Beltsville）农业科学城的做法，研究所建到生产基地后，应该开展科技培训和技术推广，办成科研、教学、推广三结合的基地。但是要实现这一目标，仅靠研究所的力量是不够的。1958年，在全国"大跃进"的形势下，华南农学院正准备在全省各地区办分院，由于人力不足，海南分院要推迟开办。得此信息后，何康立即与华南农学院的领导杜雷联系洽商，提出由研究所与该院合办其海南分院。这时农业部高教局邢毅副局长正在华南农学院检查工作，经过向邢副局长汇报，由他召集双方领导协商确定，海南分院由华南农学院与研究所合办，院址与研究所在一起。在海南行署的领导与支持下，当年

挂牌招生，设橡胶栽培、热带作物栽培、热带作物加工3个本科专业。另设干部进修班和工农预备班，干部进修班培养农场领导，工农预备班招收工农兵学员，学习一年文化后进入本科。就这样，开始了一场艰苦创业的历程。

在宝岛新村一片荒山野岭上，创建"所院"，一切从头开始。在当时严格的计划经济体制下，在农村基层，远离城镇，没有社会服务依托，各种重要物资，科教仪器设备以及人们生活所需的粮油、副食品供应，完全靠自己组织订购、转运或组织生产。总之，几乎全靠自力更生创造工作生活条件。

（一）自盖房子，"草房大学"上马

学院开办，当年招生，要赶在9月开学，留在广州的职工家属，也因房屋要在9月前交给新创办的华南化工学院开学使用，人员必须在此之前撤离，宝岛新村的建设，完全靠国家的建筑公司已来不及，只好组织职工自己动手。首先盖起16幢茅草房，做学生食堂、课室、图书馆。9月18日被人称为"草房

大学"的华南农学院海南分院正式开学。为了加快基建速度，成立了自己的工程队，烧砖瓦、石灰，砍木材，至年底盖起一批简易砖瓦平房，职工和家属有了初步安身之地。随后建起科研和教学大楼，科研教学有了基本场地。

（二）组织副食品、杂粮生产，弥补国家供应不足

"所院"办在农村，各种供应本已困难，加上随后发生的三年经济困难，1959年职工粮食每月定量只有19斤，大学生也才22斤，还要搭配甘薯干、木薯干。有时是倒仓发霉的大米；有时没有大米，只有稻谷，要自己拉回来加工；有时因公路不通，拉运粮食的车受阻，不能及时运回而无米下炊，只好动员职工包括研究员、教授上山挖野菜充饥。其他副食品基本没有供应。为了满足大学生和职工的基本生活需求，"所院"开办时就建立了副食品生产基地，种菜、养猪，为职工和大学生提供副食。在特别困难的1960年，响应中央大办农业的号召，动员职工、大学生生产粮食（杂

粮）、蔬菜。好在自己有土地，加上海南优越的气候条件，种下去3个月就有收获，以此补充国家供应不足，渡过难关。

这里特别要提到烧柴。海南不产煤，大陆的煤难以运达。除像海口这样的城市有少量供应外，一般县城根本看不见煤炭，更不用说农村了。"所院"生活用燃料无论集体或个人，都靠到山上捡柴、砍柴，附近没有了，就派出车辆到远处去拉。各家各户则靠自己上山拾捡。所以每逢节假日，"所院"职工包括教授、研究员很多都忙着上山捡柴，每次台风过后则是各家各户全家出动，砍捡断倒橡胶木。为了节省用柴和寻找替代品，有的同志还创造了省柴灶：一种用锯木屑等夯实燃烧的拢糠灶，可用木屑代替煤炭作燃料。直到改革开放后，大多数科教人员和干部才逐渐用上煤炭和煤气。

（三）建立社会服务系统，创造适应科教生产和职工生活需要的社会环境

1960年，"所院"接收一批退伍军人，职工人数猛增到2000多人，学院也

扩大专业，增加招生，大学生增多，还有一大批职工家属，总共3000多人。从衣食住行到生老病死，所需要的社会服务系统都要靠自己创办。托儿所、幼儿园，小学、中学，医疗卫生机构，也都逐步建立起来。水电设施也从小到大发展起来。刚搬来时用煤油灯。买来的第一台发电机才5千瓦，用于晚上2个小时的照明。后来发电机逐步增大到80千瓦，建立起发电厂，修建了水电站。用水先是挖井，何康亲自带领后勤人员寻找水源，挖一口井不够，再挖第二口，后来发展建起了水厂。在地方政府的支持下，建立了邮电、银行、书店等机构。一个社会功能基本配套的小社会便逐步形成。

1959年，华南农学院在各地的分院相继下马。2月14日，广东省委召开加速开发海南和湛江热带地区的座谈会，王震部长参加了这次会议，传达了周总理关于开发海南，发展橡胶等热带作物的指示精神，根据华农撤销各地区分院的形势，会议决定由农垦部接管华南农学院海南分院。经教育部批准改名为"华南热带作物学院"。学院遂成为面向热带、南亚热带地区，唯一培养热带作物专业人才的高等院校。从此"所院"

不仅内部管理，而且在领导关系上也统一于农垦部，实现了何康创办热带作物高等教育事业的意图。

三、锐意改革，大胆创新，不断探索和改进科研、教学、生产三结合的形式，加强科研教学工作

学院创办时，华南农学院仅派出李锦厚副教务长带领的7名教师。教师严重不足，专业教材和教学设备完全没有，只有调动研究所的力量，学院才能开办起来。为此，何康主持"所院"党委会议研究，作出一系列锐意改革，大胆创新，不断探索和改进科研、教学、生产三结合的形式，加强科研教学工作的决定。

（一）改革研究所的科研机构，适应教学需要

将研究所原来按学科设置的研究室，改为以作物为对象多学科综合研究

的机构,使各研究系和研究室与学院相应的系、室相结合成为科教系,当时各个研究室正在建立自己的试验基地,所以把基地建设也归到一起,由科教系管理,实行科研、教学、生产(试验基地的生产)三结合。成立了橡胶栽培、热带作物栽培、热带作物产品加工、热带农学和综合技术5个系及图书情报室,承担科研和教学两方面的任务。同时提出"一统四包三结合"的工作方针,即在党委统一领导下,科教人员包科研、包教学、包生产、包推广,实行科研、教学、生产三结合。这样才保证了科教工作的顺利进行。但这种把科研、教学、试验基地机构完全合在一起的做法,在实践中也出现了不少矛盾和问题。主要是科研、教学和生产都有各自的特点和规律,科教人员,特别是教学人员变动太多,不利于自身经验的积累和骨干队伍的形成,影响教学质量提高。科研人员也不能专心致志地坚持研究,不利于国家重点科研任务的完成。因此经过一段时间实践后,对组织机构进行了调整,将科研、教学机构分开,各自成立研究系、教学系,党政后勤部门仍然统一在一起,但人员明确分工,"所院"领导也明确分工,各有侧重。进一

步制定出"一主二副三结合"的方针,代替"四包"的提法。明确研究所以科研为主,兼顾教学和生产;学院以教学为主,兼顾科研和生产任务;试验农场以生产为主,保证科学试验和教学实习任务的完成。各部门相互协调配合,做到如同何康所说的"分而不离在于统"(统一领导),"合而不混在于专"(业务工作专人管理),使"三结合"形式臻于完善,向前推进一步。

(二)加强基础建设,不断提高科研教学质量

1960年,学院已发展有6个系7个专业和6个定向培养组。1961年中央提出了"调整、巩固、充实、提高"的八字方针,随后又制定了"科学十四条""高教六十条",为了贯彻中央方针和科、教条例,同时,针对贯彻"一统四包三结合"中出现的问题,经党委研究,何康根据科研和教学工作任务各自的特点,采取了一系列措施。

一是改善科研工作。在围绕橡胶速生高产生产中出现的重大问题,系统地

布置了各项试验。同时，开展基础性工作，加强试验基地的建设与管理，由科研人员中课题负责人兼任试验队长，统一安排试验和生产。建立培养一支具有熟练操作技能的技工队伍，做好田间试验观测与记录。

二是加强学院教学工作。由于学生增多，教学规模扩大，而前一段时间因统得过死，教学中出现的问题得不到及时解决，影响教学工作的顺利进行。为了保证教学工作顺利发展，提高教学质量，在党委领导下，成立了学院工作组，由吴修一副书记任组长，成员有项斯桂、李亨春、郭善庆、吴妙明、马放等。除重大问题须经党委讨论外，一般问题均由工作组独立处理，包括原后勤服务工作在内。加强基础课教学和实验课，减少大学生劳动，取消教师坐班制，减少教师参加与教学无关的会议。何康还亲自主持组织科教人员编写教科书，系统地总结我国橡胶、热作栽培的经验，广泛收集国外橡胶、热作种植的科技成果和生产经验，编写出《橡胶栽培学》《热带作物栽培学》。组织和参与将60多万字的《马来西亚橡胶栽培手册》翻译出版。作为参考书，这本书集中了马来西亚橡胶研究的科研成果和生产经验，有较大的参考价值。

此外，还为科教人员开办外语培训班和试验操作训练班。除要求能阅读英语的专业文献外，按其专业分别要求掌握芽接、授粉或割胶等技术。经过这一段时间工作，科研教学建立起了良好的秩序，取得很大进展，质量显著提高，工作、生活条件也有明显改善。这段时间的工作，为以后的发展打下了扎实的基础，为后来出成果、出人才创造了条件。所以20世纪80年代，国家开展成果鉴定，实行成果奖励时，"两院"有一大批获得国家、部、省级奖励的科研成果；恢复高考后第一批大学毕业生中，就涌现出陈章良等一批优秀人才。

四、坚持为生产服务，利用各种条件，加强同生产结合，促进热带作物生产发展

科研、教学、生产三结合，前面所讲的仅是内部管理的探索实践，而更重要的也是根本的是，科研、教学同广大垦区的橡胶热作生产的结合——就是坚持为生产服务。何康为此进行了不懈的努力。

（一）开展对各地资源环境的考察，为橡胶生产发展提供科学依据；关心和帮助农村农民植胶和制胶

1952年6月，何康调到北京就任林垦部特种林业司司长，到任的第三天就南下到广东的湛江、海南和广西，进行了3个月的实地考察，为中央作出建立橡胶生产基地决策提供依据。1954年初，又到云南同植物学家蔡希陶一起，骑着马跋山涉水到西双版纳、德宏地区考察，选定在西双版纳的景洪建立特种林业试验站，先行试种橡胶，为以后发展做准备。在华南地区第一批大发展受到挫折后，何康参考国外资料，在调查研究国内外植胶经验的基础上，起草了给中央的报告，分析了遭受挫折的原因，提出了应根据橡胶的习性，选择高温多雨静风的环境，依山靠林，种植优良品种的芽接树等建议。很快，中央批准了他的报告，周总理办公室还特地找他询问了什么是芽接树及其增产效益等有关问题。据此，中央提出了橡胶发展要"提高质量，增加产量，改善经营，降低成本，巩固发展，稳步前进"的方针。

到研究所后，何康更是争取各种机会为生产提供服务，促进科研同生产的结合。1958年，研究所刚刚下迁，就根据海南区党委的要求，派出微生物研究组的科研骨干，在海口创办细菌肥料工厂，满足海南行政区农业生产的需求。根据农垦部指示，1960年7月，由何康率领，组织由垦区热作科研单位共同组成的"云南热带作物科学技术工作队"到云南进行考察。工作队成员有本所各专业人员，有广西热作所、华南植物所、福建诏安热作试验站、四川西昌热作试验站的科技人员。考察历时一个半月，走遍了云南的河口、西双版纳、德宏3个垦区，分析了各垦区的气象资料、土地资源，作了考察报告和橡胶（包括育种、栽培、间作、病害、割胶、加工）、油棕、咖啡等专题报告，以及提出云南橡胶发展规划，并针对栽培中的问题提出系统意见与建议。这次云南考察所经历的艰辛和险情鲜为人知，在此应该特别记述一笔。许成文教授是参加这次考察的成员之一，从他的考察经历回忆，可见当时考察情景的一斑：

1960年是经济生活最困难的时期。云南农垦局刚从省农业厅分出成立农垦局，家底很薄，仅能派出一辆货车给考

察队使用,20余人挤在一辆卡车中谈天说地,一路谈笑风生,其乐融融,而沿途则历尽艰辛。

1.途经楚雄时,地区林业局送来半麻袋核桃,称这是他们作种用的,分一些给考察队,当沿途赶不上客店或买不到吃的的时候可以充饥。一路上这些核桃作用可大了,每当大家饥肠辘辘时,每人分几个核桃吃,那是再好不过的事了。

2.云南的山区公路,都是沿半山腰修筑的,道路狭窄,坐在卡车上看不到旁边的路,只见路下方的陡坡深谷。初到云南的人,身历此景,总会有些担心害怕。考察队结束德宏地区的考察,向西双版纳地区转移,路经景东、景谷,有段公路被雨水冲垮半边。开车的黄司机是位驾车多年的老师傅,经验丰富,小心谨慎。遇此情况,他停车下来仔细查看路况和路上有无来往车辆印迹,然后和大家商量说:此处前不接村后不靠店,需要前进,但路况又是如此,为了安全,请大家下车,我试着向前开,如能闯过去,大家就可步行走过这段险路,到前边上车。那时,别无他法,只好如此。黄司机小心翼翼缓慢地向前开去,大家为此都把心提到嗓子眼上来了。当车子安然地开过去时,大家激动、高兴的心情,那就不用说了。

3.到西双版纳,住云南省热作所,向橄榄坝、南联山、小街、云南省热作所的高海拔试种点作放射形调研,加上在此地进行初步小结,住留时间较长。一下增添了20来口人吃饭,云南省热作所真是"舍命陪君子"。能够提供的食物都吃光了,后来连蔬菜也吃光了,仅有的一块玉米地嫩玉米顶上的棒子也行将掰光吃完。好在考察任务已经完成,否则,真要山穷水尽,无粮断炊了。

4.由景洪返昆明,行至通关,适逢暴雨造成塌方滑坡,道路堵塞。通关的小旅店里,挤满了被阻滞留的旅客,男女混杂挤在一起住。阻留几天,待路整修可通行人时,每人才携带必要资料和衣物,步行通过。好在附近还有通关小镇,总算有个落脚吃饭的地方,否则真要做"山大王"了。

在何康赴云南考察之后,还派出专人到贵州(黔南)、福建考察,提出橡胶和多种热带作物适宜发展的土地规划意见。

1962年,何康和黄宗道、彭光钦、许成文一起写出《关于发展我国天然橡胶生产的几点建议》，提出以海南、云南南部为重点，优先发展一级宜林地的意见。时任国务院副总理邓子恢看后作了批示：这是一个关于橡胶生产和制造的报告，把国内外橡胶生产的历史现状、橡胶的特性和生产管理、经营方针、橡胶制造与科学研究等都讲得很周详、很恰当，负责橡胶经营管理的干部，不可不看。

何康对农民种植橡胶也十分关注，帮助儋县石屋大队发展橡胶致富就是很生动的事例。这个大队原来以粮食生产为主，也种有部分橡胶，但都是低产实生树，产量很低，农民收入不高。何康无偿提供良种橡胶芽条，并派出科技人员帮他们芽接，加强胶园管理，传授割胶技术和制胶工艺，使石屋橡胶产量大幅度提高，集体经济增强，农民收入提高。大队给全队农民建起了两层的楼房；农民子女上学、社员生病就医等经费全部由大队支付。石屋大队对"两院"和何康的帮助一直念念不忘，每年春节大队长到"两院"拜年都要送一头肥猪做礼物，一直持续到"文化大革命"兵团时期。

（二）开展技术培训，提高生产干部科技水平

橡胶事业发展初期，除新中国成立前留下的胶工和归国华侨中有少数人懂得种橡胶树外，绝大多数农场职工和管理干部都来自部队官兵和地方民工与干部，没有植胶经验。加强技术培训，迅速提高他们的科技水平，是生产顺利发展的重要保证，何康对此十分重视。到研究所后，他在积极筹建学院的同时，大力开展短期培训工作。据统计，从1957年到1960年就开办训练班24次，1330人参加了学习。以后又接连不断地同生产部门合作或研究所单独开办各种技术培训班。其中重要的有：

1958年8月，开办选育种培训班，6省（区）场、站、所、局25个单位38人参加学习，时间3个月，主要是学习理论，总结经验，并参观了育种站。

1962年1月15日至4月26日，举办场长生产技术培训班，102人参加学习。

1963年10月，举办橡胶无性系形态鉴定进修班，云南、广西、福建，以及海南、湛江、汕头及本所共60人参加学习，掌握了形态鉴定的方法和要点。广东省农垦厅罗耘夫副厅长、农垦部刘文

聚同志到学习班讲了话。

1964年1月，与海南农垦局联合在"两院"开办化学除锈训练班，广东41个场、站及云、桂、闽的热作所、林学院9个单位的生产科长57人参加学习。讲课教师有中国农业科学院植保所、北京农业大学、湖南农科所、广东省农垦厅、海南农垦局及"两院"的科教人员。重点介绍了常用除草剂的性质和使用技术，亚砷酸钠使用的安全措施。农垦部热作局局长陆平东到班讲了话；北京农业大学林传光教授在班上做了橡胶条溃疡考察报告。

1965年7月16日至8月9日，与广东省农垦厅联合开办群众选种培训班，16个单位40人参加，主要学习潘枝凡、叶官裕从外部形态鉴别橡胶树高部位及产量的经验。同年10月还共同举办专题讲座，学习理论与总结交流经验相结合，参加人员69人，其中海南40人，湛江16人，汕头3人，云南5人，广西5人。

（三）组织大批科技人员，下楼出院开展样板田活动

1964年，中央决定开展以丰产为目标的农业样板田活动，在何康积极争取下，海南以橡胶为主的热带作物列为全国十大样板之一。儋县8个国营农场是橡胶样板的主要基地。根据这一形势，何康派出科研人员参加海南农垦组织的工作组，对8个农场进行以土地综合利用，林段"四化"，抚育管理为主的生产管理规划，为生产建设与管理提供依据。为了利用这一有利形势，带动其他热带作物的发展，在他主持下，编制了海南热带资源综合开发利用科学研究计划任务书，椰子、油棕、剑麻、药用植物、香料饮料作物等专项计划任务书。另一方面，组织科研人员下楼出院，根据自己的专业分散到各个农场、公社蹲点建立专业样板，总结生产经验，进行试验和推广成果。

时任橡胶系主任黄宗道带领由育种、栽培、土化、割胶等专业科研人员组成的橡胶样板组到西庆农场蹲点，与工人实行"三同"（同吃、同住、同劳动），总结生产经验，推广科研成果，结合生产开展科学试验。黄宗道在与工人同劳动中，发现了先进胶工邓尧的"三看"（看物候、看天气、看产胶）割胶经验，总结成为"割、管、养"系统经验。随后橡胶系副主任肖敬平用生理

动态理论解释"三看"经验,从理论上阐述了割胶与养树的关系问题。海南农垦局对橡胶系样板组在西庆蹲点十分支持,对黄宗道总结的"割、管、养"经验特别重视,邀请肖敬平到割胶神刀手大会上作报告。局长王昌虎还仔细斟酌"割、管、养"的提法,将其调整为"管、养、割"的次序,体现出"管"是基础,"养"是条件,"割"是目的三者的相互关系,使这一经验成为有我国特色的胶园丰产综合技术措施之一。

热作所邓励教授带领椰子研究组在文昌建华山样板点,总结椰农改造老椰园的"五养"经验:以山养园,消灭荒芜;以农养园,合理间作;以海养园,利用海藻、海泥施肥;以园养园,种绿肥、覆盖;以牧养园,椰园放牧。1965年9月5日至8日,海南行署在东郊公社召开椰子生产现场会,各县五料局,重点公社领导参加,椰子样板组作椰子生产技术措施报告,提出了留种、育苗和管理技术规程。

1965年,根据中央关于国家干部都要参加"四清"运动的要求,"两院"党委副书记林令秋带领一支主要由党政后勤干部组成的队伍到澄迈县参加四清运动;何康则带领主要由科教人员组成的工作队,到海南东兴农场搞"四清",历时一年多。参加东兴农场四清分团的还有西培、西华、西达、红光等农场的40多人,以及解放军总参有关部门的3位领导同志,何康任团长。在运动中,何康经常教育工作队员要团结合作,加强调查研究,注意工作方法,严格执行政策,实事求是,不乱批乱斗,以理服人。他经常与农场领导谈心,耐心帮助,使他们真正从思想上认识错误,心悦诚服地从行动上改正错误。因此,东兴农场"四清"分团被海南行署评为先进单位,受到海南区党委表彰。何康还在全岛介绍了工作经验。另外还派出许成文、郝永禄、胡耀华等几十人到云南橡胶农场结合办样板参加当地"四清"。

"文化大革命"后期,生产建设兵团撤销后,何康任广东省农垦总局副局长,兼任"两院"党的核心小组和领导小组组长。"两院"也划归广东省农垦总局领导。何康创造科研为生产服务、同生产结合的机会,组织科研单位与生产部门共同创办高产示范区,推广新技术成果。乙烯利刺激橡胶增产试验,就是科研单位同生产单位合作,采取多点试验迅速取得成果,并迅速推广应用于生产,取得巨大经济效益的突出事例。

五、培养和树立良好的学风、校风，言传身教，形成热作"两院"的优良传统

一个科研单位要有良好的学术风气，一所高等学校要有良好的校风，学风和校风体现了科教单位的形象和精神，是其生命力之所在。何康在"两院"任职期间，是"两院"开创时期，也是最为艰苦困难、坎坷曲折的时期。先是迁所建院，接下来是三年困难时期，以后又经历"反右倾""四清""文化大革命"等政治运动。三年困难时期，一些在"大跃进"中下到农村的高等院校、科研院所，纷纷搬回了城市，而"两院"科教员工，仍然能坚持扎根农村生产基地，这是为什么？是什么力量在支持着我们呢？除中央领导关怀支持外，我想主要是由于大家热爱热带作物科教事业，有为之献身的精神，同时也是由于以何康为核心的"两院"党委和领导长期严格要求、精心培养，逐渐形成了优良学风与校风，是他们以身作则的表率行动深刻教育、感染科教员工的结果。

（一）以强烈的事业心和创业精神，为热带作物科教和生产事业而艰苦奋斗、无私奉献

到研究所之前，何康本来可以选择良好环境中的工作岗位，但他从事业考虑，主动放弃，而选择了环境艰苦但合乎创业理想的研究所。他的夫人缪希霞有哮喘病，到海南后更会加重。她也坚定地支持何康，带着年幼的孩子，一起来到海南。其他领导成员也是如此。吴修一副书记和夫人龚硕蕙，原是西联农场的场长和党委书记，他们夫妇和一个孩子都患有哮喘病，龚硕蕙特别严重。本来是照顾他们调回广州的，然而为了热带作物科教事业，他们也毅然又从广州回到海南。我国著名的柑橘专家钟俊麟教授，从沈阳调回广州的华南农学院，本是为了有利于他从事自己的专业研究，但为了发展热带作物高教事业，将他借调到研究所任副所长和新创办的华南农学院海南分院副院长，他也带着夫人同我们一起下到海南。还有原华南农学院副教务长李锦厚教授，后任华南热带作物学院副院长，他是我国著名的甘蔗专家，从筹办华南农学院海南分院时就来到海南，同钟教授一样，坚持到"文化大革命"后期才同他们的夫人回广州。

（二）团结和关心广大科教员工，
同甘共苦，
为热带作物事业共同奋斗

在所院领导中，还有武树藩副"所院"长，林令秋副书记，以及稍后调来的郑克临副"所院"长。他们都是经历过严峻的长期革命斗争考验的老革命。在宝岛新村，他们都以艰苦朴素闻名，在"所院"员工中，他们都和普通群众一样，同甘共苦，平易近人，关心群众，积极帮助群众解决他们的困难。1973年，兴隆试验站一名普通科技人员郑一心身患脑肿瘤，郑克临送他到广州市广东省人民医院治疗，并派车到农村找到他妻子，安排她前往照顾。到郑一心病好出院，郑克临还亲自去看望。郑克临虽已去世多年了，但郑一心至今还将此事铭记在心。

海南经常受到台风的袭击和影响，当年只要听到台风经过海南的消息，何康和其他所院领导都要紧急召集有关部门商讨研究台风的方向、路线和强度，采取相应的对策。各位领导分头去安排落实，同广大职工一起抗御灾害。何康总是身先士卒，指挥有关人员战斗在各自岗位上，并在狂风暴雨中到职工住宅、学生宿舍和物资仓库区查看，对危房及时组织力量抢修，以保障人员生命财产安全，并检查供电、供水。何康对试验基地也十分重视，如有险情及时排除，使损失减少到最低程度。"所院"领导在抗御台风战斗中以身作则、无私无畏的革命精神，使广大科教员工、学生深受感动。

在生活上何康也同大家一样，过着艰苦生活，吃19斤一个月的配额大米、空心菜（大家称之为"无缝钢管"），喝木薯汤。领导的住房，是研究所下迁初期盖起的第一批砖瓦平房，后来"所院"居住条件有所改善，后勤部门请他们搬到比较宽敞的楼房住，但他们都谢绝了。因为那个年代住房虽说有所改善但还是一直紧张的，他们要把不多的好房子让给年纪较大的科教人员。一直到"文革"时期，除2位教授外，其他"所院"领导都是住在两居室、三居室的平房，何康住两居室的平房一直到他调离"两院"。何康能够广泛联系"所院"群众，从研究员、教授到工人，从机关到试验基地，对很多人他都能叫出他们的名字。每逢节假日，每次出差回来，都要到实验室、课室和试验基地，去看望科教人员和工人，这已成为他的习惯。即便他到农业部任部长和离休后，每次回到"两院"还是如此，除在院部同大家见面，还一定要去试验队看望那些老工人。对不少试验队的队长、许多老工人他都十分熟悉，如三队队长金灼修、五队副队长黎昌茂，归国华侨苏友、叶官裕，割胶能手石博美、徐忠、陈应生等，何康每次回来都要去看望他们。他们中只要还健在的，至今对何康念念不忘。

（三）发扬团结合作精神，广泛吸引人才，投身到我国热带作物科教事业中来

何康为办好"所院"，发展我国热带作物科教事业，多方吸引人才。在当时条件下，不可能靠物质条件，也没有"优惠"政策，靠的是思想政治工作，对事业的热爱。何康善于用自己的言行和诚意招引人才。他先后从中国农林科学院、中科院以至到部队和广州等地吸引科技人员到"所院"工作。为争取分配到大学生，何康曾两次直接到北京农业大学找到沈其益教授，向他介绍热带作物事业的情况、重要性及发展前景，请

求农大给予支持。何康很清楚，热带作物科教事业的发展，仅靠我们"所院"是不够的，必须吸引更多的单位参加进来，共同奋斗。他有一个通俗而风趣的口号大家都熟悉，叫"广结善缘，好客成风"。1960年，中国科学院在海南建立热带作物综合工作站，站址设在"所院"，在此期间土壤所、植物生理所、植物所都曾派出研究人员前来参加考察或设题研究。这时正是经济生活最艰苦的时期，何康要求"所院"后勤部门尽力为他们创造工作、生活条件，把最好的住地让给他们，尽可能地为他们提供副食品，使他们安心工作。前面提到，在召开科技工作会议时，除邀请中科院系统外，还邀请化工部、轻工部的有关科研单位参加，也是为了请他们参加热带作物的研究和教学活动。如化工部沈阳化工研究院，天津南开大学农药研究室，都长期与"两院"合作研究开发发展热带作物所需要的农药。为了稳定科教人才，解除他们的后顾之忧，特地从广州等地招引来医生、中小学教师，办好医务室、中小学。其中，有一个从广州引来的姓甄的个体牙科医生，请他时月工资100元，这在当时是比较高的，但因他没有工资级别，后来很长一段时间无

法给他调资。甄医生牙医技术很高，不仅在"两院"，在海南也是远近闻名。直到1983年才因年老退休回广州。

（四）谦虚谨慎，热情真诚，
不计较个人名位，
处理好各方面的关系

何康调到研究所时，已是正司局级干部，因此，他下来时部里给他配了一辆小卧车，这在当时的海南是很少有的。当时海南是广东省的一个行政区，所以，无论资历、级别，何康在海南都是很高的，但是他从不以此自居，一直保持谦虚谨慎的态度，宽以待人。他总是以研究所所长身份，把行署以至儋县县委领导都当作重要的地方负责人，尊重他们。向他们汇报工作，他参加中央有关重要会议，回来都向他们通报。我们知道，"文革"之前，社会上"左"的倾向严重，对知识分子另眼看待。极少数工农出身的领导同志，以自己资格老、工农出身自居，以对待一般知识分子的态度对待何康。何康满怀热情地对生产中出现的一些问题提出意见和建

议，希望提高我国橡胶生产的科学技术水平和种植质量，然而不仅未能引起他们的重视，还常常受到冷遇。为了发展我国橡胶事业，何康委曲求全，虚怀若谷，处之泰然，从不计较。

（五）发扬学术民主，
开展学术交流，
促进科学研究的深入发展

学术上实行"百家争鸣"，这是党的方针。研究所成立之初就有这种风气，如最早的橡胶树阴性、阳性之争。何康到所之后，又有橡胶树老态、幼态的争论，以后的"管、养、割"丰产经验、乙烯利刺激机理和产胶动态、橡胶树死皮原因、白粉病预测预报等问题，都出现过不同认识的争论。何康从不采取行政干预，而是通过试验研究和学术交流讨论来解决。

我国天然橡胶和多种热带作物都是从国外引进，我们自己缺乏种植经验，研究所成立后就很注意学习国外经验和收集国外资料。1956年，华南垦殖局副局长兼研究所所长李嘉人，就带领彭光

钦、温健、赵灿文等人到印尼考察。同年，彭光钦组织翻译出版《三叶橡胶研究三十年》。何康更是十分重视国外的经验和科研成果，一有机会就争取派员出国考察或参加别人的组团到有关国家考察。他到研究所之前，1956年，就带领何敬真、黄宗道、王长卓等到印度考察。1964年派出潘衍庆、孟庆岩、杨炳安到柬埔寨法国人管理的大胶园实习，学习橡胶栽培、割胶、制胶等技术。"文化大革命"期间的1973年，何康复出任兵团生产部副部长。他带领有田之宾、肖敬平、赵灿文参加的考察团赴马来西亚考察，参观了标准胶生产，回国后随即安排加工"所院"本部和国营南田农场分别采用3种不同的方式，开始了我国标准胶的研制，并在马来西亚的基础上实现制胶连续化生产，比他们前进了一步。到1978年何康离开"两院"之前，"两院"先后派员出国考察14次，共35人次，到过12个东南亚、美洲、非洲等热带、亚热带国家。这在改革开放之前，我国尚处在半封闭状态下是很不容易的。改革开放后，后继的各任"两院"领导，进一步开展多种方式的对外交流活动，从留学进修到实习访问，从科技考察到对外合作研究，从参加学术会议

到援助受聘，等等。到20世纪末，"两院"派遣出国留学、进修和访问学者128人，到过17个国家和地区；出国考察104次，254人次，考察了25个国家和地区；参加国际会议和合作研究100次，158人次，涉及26个国家和地区。如此频繁的对外活动，是这个事业的需要，也是"两院"的特色之一。

为了加强与科研、教学、生产部门的学术交流，更好地团结热带作物科技人员，1962年何康发起，并与农垦部、广东省农垦厅有关领导酝酿，筹建中国热带作物学会，使之成为热带作物科技人员之家。1963年经中国科协批准，正式成立了筹备委员会。后因接踵而来的"四清""文化大革命"而中断，直到1978年科学大会后才得以成立。

何康本人的英语和专业基础很好，能讲一口流利的英语。人们常常见到他临下班之前到图书馆，把新到的英文书刊成堆借回家去，争分夺秒地翻阅浏览。他知识丰富，兴趣广泛，尤其爱好植物，对栽培和野生植物博学强记。他在陪同国务院总理、国际友人参观植物园时，能够随口念出植物的拉丁学名，使客人十分吃惊。赴澳大利亚、新西兰访问时，他对当地的多种栽培作物和野

生植物，都能说出中名、英名和拉丁学名，同两国专家无拘束、无限制地进行交流。沙风任农林部部长时，一次何康随他组团去欧洲，随行翻译对有些国家的历史和有关专业知识不太懂，翻译感到困难，每当此时，何康便充当临时翻译和解说员。两次出国访问同行人员都对他留下了深刻印象，认为他知识面广，知道的东西多，记忆力强。

为便于翻阅热带作物英文资料，开展对外学术交流，他特别要求科教人员学好英语。在20世纪60年代前期，所院内开办高、中、初级三个英语短训班，科教人员按自己的程度参加培训班学习，每天一到两个小时，坚持数年，使"两院"科教人员英语水平有了较大的提高。

（六）积极开展文娱、体育活动，丰富职工精神生活

在当时的偏僻的农村，社会上几乎无文化娱乐可言。在何康积极倡导与大力支持下，"所院"党委发动机关各部门、工会组织各个单位广泛地开展文娱体育活动。农村没有电影院，部里配了一部电影机，自己放映电影，除在院部为大学生和职工放映外，还到试验队和附近农村放映。成立自己的乐队，周末举行舞会或轻音乐会，何康和夫人缪希霞带头上场，翩翩起舞。每逢节假日，都要组织文艺晚会，大学生、中小学生，幼儿园、机关全都上场，何康和缪希霞夫妻登台清唱京剧。没有礼堂，这些活动原来在一个简易的饭堂里举行。记不清什么原因，饭堂突然倒塌了，好在没有伤人。后来建了一个露天放映场。那时我在植保系，记得有一次（是国庆或劳动节），全院举行文艺晚会，我们植保系在系主任陆大京教授带领下自编自演芭蕾舞，虽然表演很蹩脚，说不上是芭蕾舞，但那种认真的精神，却引起全场欢笑和掌声。幼儿园、小学生的演出，每次都受到普遍赞赏。每逢重大活动，都安排他们演出，这已成为传统。为了丰富这偏僻农村的文艺生活，何康还邀请到国内著名的文艺团体前来演出，如辽宁话剧团，著名的艺术家李默然就曾经到我们的露天舞台上演出；歌唱家郭兰英到"两院"参观时，也在研究楼前的广场即席为大家演唱《南泥湾》。这在当时的海南来说，恐怕是绝无仅有的。"所院"体育运动也有广泛开展，尤其篮

球队，当时在海南也小有名气。总之，我们物质生活虽然很艰苦、简单，而精神生活却丰富多彩，心情轻松愉快，反映了当时"两院"人的精神面貌。

六、争取中央、上级领导的关怀支持，推进我国热带作物科教事业发展，鼓舞我们为之奋斗

儋县是北宋文学家苏东坡被流放的地方，他在这里传播了中原文化。"所院"在这里创建时，海南只在海口有两所大专院校（医专、师专）。像研究所这样的科研机构和华南热带作物学院，在海南是绝无仅有的。而"所院"却建在偏僻的农村，不仅科研、教学具有特色，地理位置也特殊。加上何康善于利用各种机会，向上级及有关部门汇报、介绍橡胶等热带作物生产、科研、高教事业的情况，争取多方的关心与支持，所以当时到海南来视察参观的中央领导、知名人士，都会到"两院"视察参观。

周恩来总理于1960年1月9日视察"所院"，仔细听取了"所院"长何康同志的汇报，参观了红专展览、图书情报室、实验室，赞扬"所院"知识分子创业、敬业精神，对在如此艰苦条件下做出了成绩，十分赞赏。对当时"所院"正在进行的机构调整，以及针对执行"一统四包三结合"工作方针中出现的问题，提出要实行在党委统一领导下的"一主二副三结合"，改变"四包"不分主次，分清研究所和学院各自的主次关系，进一步理顺"三结合"诸方面的关系，予以肯定。此后"所院"就以后者代替了前者。总理还亲自品尝了我们用自己生产的木薯做的点心。参观中还与陪同他参观的何康夫人缪希霞亲切交谈，说："我多年没有听到你父亲的消息了，我们都是多年的老朋友，回到北京一定找时间去看望他。"当缪希霞表示总理国事繁忙，就不用去的意思时，总理笑着说："老朋友见见面，叙叙旧，听听他对我们的意见不是很好吗？"总理临走之前与当时在场的"所院"科教员工、大中小学生一起合影留念。何康还派学术秘书王永昌到儋县县委送去题字簿，请总理为"所院"题字。总理欣然应允，挥笔题写了"儋州立业，宝岛生根"八个熠熠生辉的大字，并应何康请求，为学院题写了"华南热带作物学院"八个字在校徽上使用。题词不仅在当时坚定了"所院"科教员工战胜困

难、扎根海南热作生产中心的信心，而且至今仍然鼓舞"两院"人为热带作物科教、生产事业贡献力量。

随后不久，国家副主席董必武和民政部部长谢觉哉视察所院并题诗。在此之前的1959年2月，叶剑英元帅视察"所院"，接见工作人员，看了联昌老胶园并题诗。

主管"所院"的农垦部王震部长，在研究所下迁初期（1959—1961年），几乎每年冬天都要到"所院"来现场办公。对"所院"建设在经费和物资上给予大力支持。在三年困难时期，看到科教员工因营养不良而引起水肿时，他准备从东北调运大豆支援，后虽因路途遥远调运不便未能实现，但"所院"员工对王部长的关怀仍然铭记在心。1988年，"两院"迁所建院30周年庆典，时任国家副主席的王震同志，已80岁高龄，仍到会祝贺，肯定"两院"科研、高教取得的成就，特别赞扬了广大知识分子热爱祖国、献身四化建设的崇高精神风貌。

主管农垦和"所院"科教工作的刘型副部长也多次到"所院"检查指导工作，将"所院"提出的"四包一统三结合"工作方针修改为"一统四包三结合"，进一步理顺了党委领导与科研教

学生产的相互关系。

1960年3月，邓子恢副总理视察"所院"，要求"两院"研究解决橡胶速生丰产的水肥措施，适合橡胶栽培、割胶、制胶过程的机械化、自动化，以保证橡胶速生高产。

1961年3月，郭沫若副委员长视察"所院"，分别为研究所和学院题诗。此外，在此前后，时任中央书记处总书记邓小平和政治局委员彭真、朱德委员长先后视察粤西试验站。朱委员长对试验站站长、书记指出："种好橡胶对巩固国防很重要，要把主要力量放在橡胶抗寒高产研究上。"

其他还有部、省级领导，将军，全国人大、政协领导等多人在困难时期来"所院"视察。

在经济困难时期，广东省委书记陶铸明确表示，"所院"科研人员和教师享受广州地区高等院校、研究机构知识分子同等待遇，要求省政府有关部门大力支持。

十一届三中全会后，同样如此。党中央两任总书记都到"两院"视察过。江泽民总书记还在"两院"住宿，召开专家座谈会，接见大学生，鼓励他们要弘扬老一辈的创业精神，学习新知识，创造新业绩。胡锦涛同志在任政治局常

委时也曾于1996年4月到"两院"视察。

此外，到"两院"视察的总理、副总理有李鹏、田纪云、万里、邹家华、朱镕基、李岚清、温家宝等；委员长、副委员长有乔石、彭冲、王汉斌、阿沛·阿旺晋美、李沛瑶、陈慕华、姬鹏飞、王丙乾等；政协主席、副主席有李瑞环、钱伟长、周光召、王光英、铁木尔等。

一所普通的科研机构和一间普通的高等学校结合为一个整体的"两院"，地处海岛偏远农村，有如此众多的党和国家领导人前来参观视察，检查指导工作，在全国确实是少有的。中央领导、老一辈革命家和上级领导对这个事业的关心、支持，说明"两院"事业确实重要，坚定了我们扎根生产中心不动摇的信念。这也是"两院"的特色之一。

七、离开"两院"后，继续关心支持"两院"事业，帮助解决前进中的困难，推进"两院"发展

何康于1978年调到中央任农业部副部长、国家农委副主任。此时是粉碎"四人帮"之后，改革开放之初，"文

革"中被合并的农垦部已经恢复，成立了国家农垦总局，"两院"也回归到农垦领导的体制，进行治理整顿，总结基地办学的经验教训。这时，全国一些在农村的高等院校和科研单位，纷纷搬回城市，包括那些早期就在农村的研究机构也不例外。这股搬迁浪潮波及"两院"，由此引起学院搬家的意见。不少同志认为，海南与大陆隔着琼州海峡，交通不便，信息闭塞，科教人员和大学生来源不足，所以主张将学院搬到湛江。当年底我跟随"两院"领导周嘉达、黄宗道到北京向国家农垦总局汇报体制恢复后的有关问题，同时反映了学院搬家的意见。农林部赵凡副部长（兼国家农垦总局局长）和农业部何康副部长听取了汇报。赵副部长表示，"两院"不能离开生产基地，要搬只能搬到海口；何副部长也同意搬到海口。但由于"两院"内部意见不一，没有接受这种意见。最后农业部明确表示，不同意搬迁。学院后来在湛江开办教学点。但没有多久，也因部里要求只能"一地办学"，湛江教学点也搬回宝岛新村。

在学院搬迁问题上，何康对基地办学的困难和问题深有体会，对大家的意见也十分理解。十一届三中全会后，国

家进入了一个新时期。改革开放形成的城乡反差，给了"两院"带来巨大压力，国家分配的大学生不来报到，院内科教人员留不住。科教骨干先后离开的已有20多人。何康提出搬到海口，办成热带农业大学，而且提出可借鉴美国的做法，大学办科研机构。这既适应当时的形势，有利于学院今后的发展，也不违背不离开橡胶主要生产基地的前提。而且当时"两院"党委书记、院长于光，兼任海南区党委副书记，他也同意搬到海口，并已选定3000亩用地指标。此外，副院长梁文墀原兼任海南农垦局副局长——这些都是搬迁海口的有利条件。可是由于内部意见不一未能搬成。时间已过去20多年了，现在回头设想，当时如果"两院"搬到海口，办成热带农业大学，进而发展成综合性大学，现在海南高等院校的结构与布局也许是另一种局面了；而学院要是搬去了湛江，随着橡胶生产形势变化，学院能否存在呢？如此看来，未搬湛江也是一件好事，促成了"两院"有现在这样的发展。

由于得到何康的支持和帮助，"两院"获得了2次世界银行贷款：一次教育贷款400万美元，一次科技贷款150万美元。利用这两笔贷款先后建起了测试中心大楼、图书馆、科技情报所、计算中心大楼，引进了当时具有世界先进水平的教学、科研设备，订购了一批外文图书，不仅大大改善了科研、教学条件，更为派出国留学生、访问学者提供了机会。此后"两院"人员出国留学、访问年年不断。在留学生中涌现出不少学术造诣很高的青年科学家。

橡胶热带作物大都是多年生，取得成果需较长时间。何康在"两院"任职时国家尚没有成果鉴定、报审奖励的制度，取得成果当即推广应用。如乙烯利刺激增产，"管、养、割"综合丰产技术措施，橡胶白粉病、条溃疡防治等，推广于生产都产生了巨大的效益。20世纪80年代后申报、获奖的大批成果，都是何康时期打下的基础。此外，1962—1967年毕业的热带作物学院的大学生，广布到我国热带作物垦区，初步实现了何康"凡有热作处，皆有宝岛人"的愿望。其中，许多人走上了农垦生产的各级领导岗位或成为科技骨干，他们对橡胶热带作物事业的发展和农垦改革、开放、体制转变、生产结构调整，发挥了重要作用，为创立具有中国特色的以橡胶为主的热带作物科学技术体系作出了贡献。

何康离院之后，"两院"经历了黄宗道、吕飞杰、潘衍庆、余让水、陈河楷，张春发、马道文，王庆煌、刘康德等多任领导。他们继续何康开创的事业，深化改革，不断拓宽研究领域，调整各类研究比例，发展高新技术；扩大教学专业和招生规模，优化专业结构，发展成人教育；加强学科建设和学术带头人的培养；完善办学层次（已有大专、大学本科、研究生、博士点、博士后各个层次）。"两院"已发展成为综合性热带农业科研机构和高等院校。招生范围也从原来的热带、南亚热带省（区）扩大到全国26个省（区、市），在校学生从原来不足千名发展到1.2万人，其中研究生达700名。"两院"已先后更名为中国热带农业科学院、华南热带农业大学。以刘康德、王庆煌为带头人的新的"院校"党委和行政业务领导班子，带领"院校"全体科教员工，基本完成了"十五"计划。科研创新能力快速提高，人才培养能力显著增强，科教队伍和科教条件进一步改善，经济实力不断增强，国际交流合作日益频繁，为三农服务成效显著。在新的形势下，"两院"领导正以邓小平理论和"三个代表"重要思想为指导，坚定不移地贯彻落实科学发展观，从建设小康社会和社会主义新农村的全局出发，带领院校全体员工，朝着"一个中心，三个基地"（即创建高水平热带农业科技教育中心，建设现代化的国家热带农业科技创新基地、国家热带农业人才培养基地、国家热带农业科技服务与成果产业化基地）目标，团结协作，求真务实，不畏艰险，勇于攀登，面向世界，阔步前进。

注：一、主要参考资料有：1.金善宝主编的《中国现代农学家传》第二卷；2.中国热带农业科学院、华南热带农业大学编印《中国热带农业科学院华南热带农业大学志》；3.《中国天然橡胶生产42年纪事》。二、本文写成初稿后，先后送请原"两院"有关老同志、老领导王永昌、许成文、肖敬平、吴修一审阅，他们提出了宝贵意见，补充了史料；林禾生对文章结构、文字提出了修改意见。在此一并致以衷心感谢！

本文摘自《山野崛伟业》（海南出版社，2009年6月出版）一书

深切缅怀何康同志

中国共产党的优秀党员，久经考验的忠诚的共产主义战士，原农业部部长、党组书记何康同志，因病医治无效，于2021年7月3日8时01分在北京逝世，享年99岁。

何康同志，曾用名王相国，祖籍福建福州，1923年2月23日出生于河北大名，自幼随父亲何遂辗转北京、西安、南京等地读书。1936年5月考入福建马尾海军军官学校，开始接触进步书刊，接受新思想启蒙。

抗日战争全面爆发后，何康同志因反对学校压制民主活动被校方开除。1938年1月，加入中华抗敌演剧宣传第七队，接受党的领导并参加革命工作，在湖北各地进行抗日宣传。同年9月考入重庆南开中学读书。其间不断学习革命理论，提高思想认识，于1939年5月加入中国共产党，任党支部书记。1940年7月起，先后就读成都光华大学和广西大学经济系，后按党的要求转入广西大学农学院农学系学习，并受中共南方局领导，从事党的地下统战工作。同时坚持学习，试办实验农场，投身生产实践，打下了坚实的农业专业知识基础。1947年10月，他担任上海瑞明股份有限公司总经理，在中共上海局直接领导下，开展对国民党上层的统战、策反工作，为党管理活动经费，筹措药品及各种物资。其间，联络国民党军官吴石与中共上海局建立联系，传递了重要情报，舍生忘死奋战在我党的隐蔽战线上。他还创办了栖霞农场，从事地下党的经济工作，并协助创建了中国农业科学研究社。上海解放后，担任上海军管会农林处处长。

新中国成立后，何康同志历任华东区财委农林水利部副部长、华东军政委员会农林部副部长。在接管旧政府的农业领导机构和恢复华东地区农业生产中，倾注了大量心血。1952年7月起，历任林业部特种林业司司长、农业部热带作物司司长、农垦部热带作物司司长。他按照中央指示，参与新中国橡胶生产基地的建设，具体负责以海南为主的华南橡胶开发工作。他足迹踏遍华南四省，进行实地考察，努力推进我国橡胶产业发展，取得了良好效果。1957年3月起，他先后担任农垦部亚热带作物研究所所长，华南热带作物研究院院长、党委书记，华南热带作物学院院长、党委书记，致力于新生的天然橡胶及热带作物事业发展。在艰苦的创业年代，他率先垂范，带领科研人员和教师白手起家，建起了数万亩胶园以及热带植物园，形成初具规模的热带作物科研和教学基地。他所领导的华南热带作物学院为我国培养了第一代热带作物科技人才，组织研发天然橡胶在北纬17度线以北栽培技术，"橡胶树在北纬18～24度大面积种植技术"获得国家科技发明一等奖。"文化大革命"中，他受到冲击，下放劳动。1972年起，历任广州军区生产建设兵团生产部副部长，广东农垦总局副书记、副局长。在特殊时期，他始终排除干扰，狠抓橡胶生产与技术革新，主持制订了《天然橡胶技术规程》，推广技术革新和林业管理的机械化，切实保障了橡胶产量。

1978年1月起，何康同志历任农林部副部长，国家农委副主任、党组成员兼农业部副部长、党组成员，农牧渔业部副部长、党组成员兼国家计委副主任。他坚决拥护党的十一届三中全会以来的路线方针政策，大抓农业生产建设。他组织开展全国农业资源与农业区划工作，完成了《中国农业资源调查报告》，为农业投资立项和农林牧渔各类商品基地建设项目提供了依据。他参与恢复农业科研院校科研教学工作，给予大力支持。他重视提高农业干部文化素质，依托农业院校，举办各种形式的培训班，亲自讲授农业现代化课程。他尤为重视提高农民科学文化素质，兼任中央农业广播学校领导小组组长，选派优秀干部充实学校领导队伍，并加强学校的设施建设。

1983年5月起，何康同志历任农牧渔业部部长、党组书记，农业部部长、党组书记，1986年6月起兼任中国科学技术协会第三届、四届副主席。他严格按照中央指示，积极推进农业农村改革，维护农民合法权益，努力减轻农民负担，增加农民收入。他高度重视贫困地区开发，大力支持国务院"三西"地区农业建设领导小组工作，开展武陵山区定点扶贫。他认真落实中央农林牧副渔全面发展的方针，提高农业综合生产能力，保障农产品供应，按照统一部署分期分批组织建设了194个商品粮基地县，有效缓解了粮食供需矛盾，确保粮食安全。按照中央要求，积极推进农产品购销体制改革，以水产品与畜产品等为先导，陆续全面放开农产品价格，加快棉、油、糖等经济作物商品化步伐。倡导并大力推动了中国花卉产业的兴起与发展。他积极推进生态农业建设，建设了一大批小流域综合治理、水土保持建设示范、山区综合开发等试点工程。他高度重视基层农业技术推广体系和队伍建设，在全国县一级恢复建立了农技推广体系，积极争取国家投资，并与人事部门共同努力解决农技人员的干部编制指标问题。他大力扶持乡镇企业，着力调整农村产业结构，在"五业并举"（工、商、建、运、服）和"四轮驱动"（乡办、村办、个体、私营）中，引导乡镇企业规范、有序、健康发展。他积极开展国际农业交流，加强与联合国有关组织的联系合作，推进中外合资开发农业建设项目，推动国内高等农业院校与发达国家大学农学院建立学术交流渠道，实现互利双赢。他广泛联络海外华人农业科技人才，建立交流平台，积极推动了两岸三地的农业交流。他组织开展农村科普工作，要求各级农业专业技术学会加强对农民进行科学文化知识宣传和农业生产技术普及力度，加速了农业科技进步，为我国农业农村的改革发展，实现粮食增产、农民增收作出了贡献。

1990年6月后，何康同志担任全国农业区划委员会副主任、中国乡镇企业协会会长、中国花卉协会会长、全国人大常委会委员等职务，深入研究农业法律体系的建设，参与《中华人民共和国农业法》《中华人民共和国乡镇企业法》等立法工作，为农业农村经济逐步走上法治轨道，加强农业执法监督工作，维护农民合法权益贡献自己的力量。1999年1月离休后，他继续关心农村改革和"三农"事业的发展，继续关注海南和家乡经济社会发展，为加快社会主义新农村建设积极建言献策，贡献力量。

何康同志是中共第十二次、十三次、十四次全国代表大会代表，中共第十二届、十三届中央委员会委员，第三届、八届全国人民代表大会代表，第八届全国人大常委会委员、财经委员会委员。他是中国农业大学荣誉教授，美国马里兰大学荣誉科学博士。他曾荣获世界粮食奖基金会颁发的1993年度"世界粮食奖"。著有《何康文集》、《80年代中国农业改革与发展》、英文版《中国乡镇企业的发展》，主编了《中国橡胶栽培学》《热带北缘橡胶树栽培》等著作。

在80余年的革命生涯中，何康同志对党和人民无限忠诚，为中华民族的独立和解放，为社会主义建设和改革开放事业奉献了毕生的精力。他始终把党的事业和人民的利益放在首位，践行全心全意为人民服务的宗旨，兢兢业业为党和人民的事业工作。他以"三农"事业为重，具有较高的农业科学素养，献身农业，服务农民。他顾全大局，从不计较个人得失，光明磊落，作风严谨。他勤于思考，重视调查研究，实事求是，作风民主，尊重知识，尊重农业科技工作者的首创精神。他为人忠厚，谦虚谨慎，严以律己，宽以待人，关心同志，爱护干部，廉洁奉公，不谋私利，始终保持了共产党人的政治本色。

何康同志的一生，是革命的一生，战斗的一生，全心全意为人民服务的一生。他的逝世，使我们失去了一位好党员、好干部、好同志。我们要学习他崇高的革命精神和优良作风，更加紧密地团结在以习近平同志为核心的党中央周围，高举中国特色社会主义伟大旗帜，深入学习贯彻习近平新时代中国特色社会主义思想，不忘初心，牢记使命，锐意进取，埋头苦干，为全面建设社会主义现代化国家，夺取新时代中国特色社会主义伟大胜利、实现中华民族伟大复兴的中国梦而努力奋斗！

何康同志永垂不朽！

农业农村部

2021年7月15日

图书在版编目（CIP）数据

把心交给人民：何康海南岁月家信文稿珍辑 / 何迪
编撰 . -- 海口：海南出版社，2023.1
ISBN 978-7-5730-1025-4

Ⅰ . ①把… Ⅱ . ①何… Ⅲ . ①何康（1923-2021）—
书信集 Ⅳ . ①K826.3

中国国家版本馆CIP数据核字 (2023) 第011167号

把心交给人民——何康海南岁月家信文稿珍辑
BA XIN JIAOGEI RENMIN——HE KANG HAINAN SUIYUE JIAXIN
WENGAO ZHENJI

编　　撰：	何　迪
责任编辑：	张俊明
特约编辑：	吴克群　王　蕾
特约图片编辑：	王　苗
封面设计：	李明元
责任印制：	符燕梅

海南出版社　出版发行

地　　址：	海口市金盘开发区建设三横路 2 号
邮　　编：	570216
电　　话：	0898-66822397
印刷装订：	海口永发印刷股份有限公司
版　　次：	2023年1月第1版
印　　次：	2023年1月第1次印刷
开　　本：	889 mm × 1 194 mm　1/16
印　　张：	26.5
字　　数：	406千字
书　　号：	ISBN 978-7-5730-1025-4
定　　价：	108.00元

如发现印装质量问题，影响阅读，请联系海南出版社调换。